서구 사회민주주의의 배신 1944~1985

이 도서의 국립중앙도서관 출판예정도서목록(CIP)은 서지정보유통지원시스템 홈페이지(http://seoji.nl.go.kr)와 국가자료종합목록 구축시스템(http://kolis-net.nl.go.kr)에서 이용하실 수 있습니다. (CIP제어번호 : CIP2020019795)

서구 사회민주주의의 배신 1944~1985

이언 버철 지음 | 이수현 옮김

책갈피

Bailing out the System: Reformist Socialism in Western Europe 1944-1985 by Ian Birchall
Published in October 1986 by Bookmarks Publications
© Bookmarks Publications Ltd

Korean translation edition © 2020 by Chaekgalpi Publishing Co
Bookmarks와의 협약에 따라 이 책의 한국어 판권은 책갈피 출판사에 있습니다.

서구 사회민주주의의 배신 1944~1985

지은이 | 이언 버철
옮긴이 | 이수현

펴낸이 | 김태훈
편집 | 최재필

펴낸곳 | 도서출판 책갈피
등록 | 1992년 2월 14일(제2014-000019호)
주소 | 서울 성동구 무학봉15길 12 2층
전화 | 02) 2265-6354
팩스 | 02) 2265-6395
이메일 | bookmarx@naver.com
홈페이지 | http://chaekgalpi.com
페이스북 | http://facebook.com/chaekgalpi
인스타그램 | http://instagram.com/chaekgalpi_books

첫 번째 찍은 날 2020년 6월 29일

값 20,000원

ISBN 978-89-7966-183-5

잘못된 책은 바꿔 드립니다.

차례

차례

일러두기

1. 인명과 지명 등의 외래어는 최대한 외래어 표기법에 맞춰 표기했다.

2. 《 》부호는 책과 잡지를 나타내고, 〈 〉부호는 신문, 주간지, 방송 프로그램 등을 나타
   낸다. 논문과 신문 기사 등은 " "로 나타냈다.

3. 본문에서 [ ]는 옮긴이나 편집자가 독자의 이해를 돕거나 문맥을 매끄럽게 하려고
   덧붙인 것이다. 인용문에서 지은이가 덧붙인 것은 [— 지은이]로 표기했다.

4. 본문의 각주는 옮긴이나 편집자가 넣은 것이다. 지은이의 각주는 ' — 지은이'로 표기
   했다.

감사의 말

나는 이 책을 영국 사회주의노동자당SWP의 당원 자격으로 썼다. 따라서 이 책에 담긴 주요 생각들은 내 것이 아니라 우리 당의 것이다. 물론 모든 오류와 세부적 표현들의 책임은 나에게 있다. 그러나 많은 세부적 요점에서 내가 사회주의노동자당 동지들에게 빚지고 있다는 것은 분명하다. 나는 공식·비공식적으로 그들을 만나 쟁점들을 함께 토론했다. 또 나는 〈소셜리스트 워커〉와 《소셜리스트 리뷰》에* 실린 수많은 기사에 의지했는데, 그중 일부만을 후주에서 밝혀 놨다. 또 많은 유럽 동지들에게도 빚지고 있는데, 지난 20년 동안 그들을 만나서 많은 것을 배웠다. 특히, 초고를 읽고 날카로운 비판을 해 준 알렉스 캘리니코스, 노라 칼린, 토니 클리프, 피트 굿윈, 던컨 핼러스, 피트 마스든, 앨런 로저스, 스티브 라이트에게 감사한다. 찾아보기 작업을 도와준 대니 버철에게도 감사한다.

---

* 〈소셜리스트 워커〉(사회주의 노동자)와 《소셜리스트 리뷰》(사회주의 평론)는 각각 사회주의노동자당이 발행하는 주간지와 월간지다.

또 지난 25년 동안 다양한 정치적 맥락 속에서 나와 같은 편에서 또는 반대편에서 활동해 온 많은 노동당원에게도 감사해야겠다. 그들 덕분에 나는 개혁주의의 본질을 더 잘 이해할 수 있었다. 이 책의 초고는 1984~1985년의 광원 파업 기간에 쓰였다. 그래서 나는 노동당 국회의원 닐 키넉에게 특별히 감사한다. 그는 그 영웅적 투쟁이 벌어지는 동안 하루도 빠짐없이 자신의 행동을 통해 내 기본적 주장이 옳다는 것을 입증해 줬기 때문이다.

이언 버철
1986년 2월

2020년 한국어판 머리말

이 책은 1984년 여름 영국 광원들이 대처 정부에 맞서 대규모 파업을 벌이고 있을 때 쓰였고, 이런저런 수정을 거쳐 1986년에 출판됐다. 내가 이 책의 독자로 생각한 사람들은 두 부류였다. 첫째는 1968년 이후 정치 활동에 뛰어든 영국 사회주의노동자당SWP 당원과 지지자였고, 둘째는 다양한 쟁점에서 우리와 협력해 온, 특히 파업 중인 광원들을 지지하는 활동을 우리와 함께한 노동당 당원과 지지자였다.

사회주의노동자당의 전신인 국제사회주의자들IS은 1968년 이전에 노동당 안에서, 특히 노동당 청년 조직에서 활동했다. 이것은 트로츠키가 말한 고전적 '입당' 전술이라기보다는 소규모 조직은 활동할 수 있는 주위 환경이 필요하고 신입 회원의 잠재적 원천이 있어야 한다는 인식의 결과였다. 그러나 1968년 이후 국제사회주의자들은 공공연한 혁명적 정당을 건설하는 일에 헌신했는데, 1968년 반란의 여파로 극좌파 정치에 입문한 세대의 대다수는 노동당을 경멸하는 경향이 있었다. 노동당은 1970년 총선에서 패배하고 쇠퇴하는 것처럼 보였다.

그러나 1970년대와 1980년대 초의 다양한 사태 전개로 말미암아 우리는 일부 입장을 재고할 수밖에 없었다. 1970년대 초에는 영국의 산업 투쟁 수준이 매우 높았다. 광원과 항만 노동자 등의 파업 투쟁으로 보수당 정부가 무너지고 노동당이 다시 집권했다. 우리는 대부분 짧은 '밀월 기간'이 끝나면 산업 투쟁이 부활할 것이라고 예상했다. 그러나 노동당 정부는 노조 지도자들과 협정을 맺고(이른바 '사회협약') 임금 인상을 엄격하게 통제하려 했다. 그 정책은 성공했고, 5년간의 노동당 집권기가 끝났을 때 노동계급의 생활수준은 실제로 하락했고 동시에 실업률은 올라갔다.

포르투갈에서는 훨씬 더 극적인 사건들이 벌어졌다. 1974년 카에타누 독재 정권이 전복되자 노동계급 투쟁이 분출했다. 사회주의 혁명이 현실적 가능성처럼 보였다. 그러나 혁명적 기회가 유실된다면 극우파가 공격을 개시해서 1973년 칠레의 군사 쿠데타 같은 일이 벌어질 가능성도 농후한 것처럼 보였다. 사회주의냐 파시즘이냐 하는 선택이 제기된 듯했다. 그러나 실제로는 예기치 못한 중도파가(마리우 소아레스의 사회당이라는 형태로) 등장해서 좌파와 우파의 도전을 모두 물리쳤다.

프랑스에서는 사회당이 알제리 전쟁[1954~1962년] 당시 끔찍한 구실을 한 것 때문에 신뢰가 땅에 떨어졌고 1968년 무렵에는 거의 붕괴한 상태였다. 그러나 노련한 정치적 책략가인 프랑수아 미테랑이 사회당을 새롭게 재건해서 공산당과 동맹을 맺고 사회당의 힘을 강화했다. 1981년 대통령 선거에서 미테랑이 당선하자 희망이 널리 퍼졌지만, 그는 짧은 급진적 시기 뒤에 긴축정책을 도입하기 시작했다.

영국에서는 노동당이 1979년 총선 패배로 정권을 잃었고 마거릿 대처가 이끄는 강경 우파 보수당 정부가 들어섰다. 그러나 노동당 내에서도 새로운 사태 전개가 있었다. 1979년까지 노동당 정부에서 장관을 지내며 기껏해야 당의 정책을 간접적으로 비판할 수 있었던 토니 벤이 이제는 급진적 좌파 정책의 옹호자를 자처하고 나섰다. 그는 노동당 부대표 선거에 출마해서 1퍼센트 미만의 근소한 차이로 패배했다. 그러자 극좌파 조직들과 개인들이 다시 노동당으로 들어가기 시작했다.

이 책은 제2차세계대전 이후 유럽 사회민주주의의 역사를 서술한 것이다. 그러나 나는 두 가지 주요 주제에 집중하려 했다. 첫째는 사회민주주의 형태의 개혁주의가 아직도 엄연히 살아 있고 상당한 영향력을 발휘할 수 있다는 것이었다. 그러나 둘째로 사회민주주의의 지속적 영향력을 인정한다고 해서 좌파가 그것에 굴복해야 하는 것은 아니라는 점이었다. 오히려 독립적인 혁명적 좌파의 필요성은 여전히 가장 중요했다.

나는 1945년부터 1985년까지 40년간의 역사를 서술한 이 책의 설명이 여전히 대체로 타당하다고 생각한다. 분명히 그 시기를 다룬 책이 많이 나왔고, 지금 우리는 당시 사건들의 배경에 관해 더 많은 것을 알고 있다. 한 가지 사례만 들자면, 알제리 전쟁 때 미테랑의 매우 수치스러운 행동에 관한 자료가 최근 공개됐다. 당시 법무부 장관이던 미테랑은 알제리인 포로들의 처형을 강경하게 옹호했다.

그러나 사실 내가 이 책에서 묘사한 시대는 빠르게 끝나 가고 있었다. 예컨대, 나는 이탈리아의 베티노 크락시가 미테랑을 모방해서 이탈리아 사회당을 재건하고 공산당을 약화시킬 수 있을 것이라고 생각했다. 완전히 틀린 생각이었다! 크락시는 짧은 총리 임기를 마친 후 [1992년] 부패 혐의로 기소되자 구속을 피하려고 튀니지로 도망쳤[고 거기서 죽었]다. 온갖 결함에도 불구하고 미테랑은 결코 그렇게 어리석지 않았을 것이다. 2년이 채 안 돼 이탈리아사회당은 해체됐(고 한때 강력하던 이탈리아공산당도 동구권 공산주의 붕괴 후 스스로 해산했)다.

실제로 훨씬 더 급진적인 정치적 구조조정 과정이 진행되고 있었다. 2017년에 프랑스에서는 사회당 대통령이 5년 임기 동안 반동적이고 무능한 통치를 한 것 때문에 사회당은 마크롱이 이끄는 새로운 중도파 정치 세력에 밀려 하찮은 존재로 전락했다. 결국 대통령 선거에서 사회당 후보는 겨우 6.5퍼센트를 득표했다(그러나 좌파 개혁주의를 대변한 장뤼크 멜랑숑은 거의 20퍼센트를 득표했다).

독일에서는 사회민주당SPD의 당원과 선거 득표가 꾸준히 감소하는 동안 기독교민주당과 거듭거듭 연립정부를 구성하면서 그 영향력도 약해졌다. 스웨덴에서도 사회민주노동당의 선거 득표가 꾸준히 감소했다.

영국에서는 보수당의 장기 집권 시절인 1980년대에 일부 사람들에게 더는 가망 없는 세력으로 평가받던 노동당이 토니 블레어의 공격적인 우파 지도부 아래서 [1997년에] 다시 집권하는 데 성공했다(블레어는 노동당 당헌에서 사회주의 공약을 폐기해 버렸다). 이후 13년간 노동당 집권기를 지배한 것은 미국의 정책에 대한 비굴한 종속이었는데, 이 점은 재앙적인 이라크 전쟁에서 단적으로 드러났다.

그러나 2015년 총선 패배 후 노동당원들은 새 대표로 당내 극좌파인 제러미 코빈을 선출해서 모든 사람을 놀라게 만들었다. 코빈은 정직한 사람이었고(의회정치에서는 희귀한 존재다), 그의 강령이 특별히 급진적이지는 않았지만 그는 사회주의의 가치들을 강조했다. 코빈은 노동당 기층 당원들 사이에서만이 아니라 당 밖에서도 상당한 열정을 불러일으켰고, 그래서 수많은 사람이 노동당에 새로 가입했다. 그러나 노동당 국회의원의 다수는 그에게 적대적이었고, 그들의 공공연한 반대는 코빈을 비난하는 주류 언론의 맹렬한 공세로 뒷받침됐다. 결국 2019년 총선에서 코빈이 이끄는 노동당이 패배하자 당 대표는 더 우파적인 인물로 교체됐다. 급진적 지도자를 선출해 노동당을 위로부터 변화시키려는 시도는 실패할 수밖에 없었다.

사회민주주의 정당은 여전히 많은 나라에서 영향력이 있다. 그러나 제2차세계대전 이후 수십 년 동안 세계는 많이 변했다. 노동계급 자체가 변했듯이 노동계급이 전통적으로 충성하던 정당들도 변했다. 오늘날 정당에 대한 지지는 더 실용적이고, 따라서 더 변덕스럽고 예측하기 힘들다. 그리고 항상은 아니지만 흔히 투표소에 애써 나가려는 사람의 수도 줄어들었다. 투표하러 가지 않을 가능성이 높은 사람은 많은 경우 청년과 빈민이다. 어떤 나라에서는 사회민주주의의 좌파적 대안이 등장하기도 했다. 예컨대, 독일의 좌파당이나 스페인의 포데모스가 그렇다. 그들이 얼마나 발전할 수 있는지는 불확실하다. 그리고 많은 나라에서 녹색당이 출현했는데, 그들은 인류의 미래에 기후변화 문제가 중요하다는 점을 인정한다. 비록 그 문제에 대한 전략은 여전히 불분명하지만 말이다.

따라서 사회민주주의의 미래는 정치적 대의가 환경적 요인들과 갈수록 뒤얽히게 될 불확실한 세계에서 불분명하다. 그러나 한 가지는 분명하다. 미국의 마르크스주의자 핼 드레이퍼는 오래전에 쓴 글 "사회주의의 두 가지 정신"에서* 이른바 '위로부터 사회주의'와 '아래로부터 사회주의'라는 결정적으로 중요한 구분을 했다. 사회민주주의는 그 수도 많고 형태도 다양하지만 모두 '위로부터 사회주의'에 속한다. 사회민주주의가 우리에게 요구하는 것은 대표들에게 투표한 뒤에는 사회를 만드는 과제를 그들에게 맡겨 두라는 것이다. 그러나 사회주의라고 부를 만한 진정한 사회주의는 오직 아래로부터 사회주의뿐이다. 그것은 억압받고 착취당하는 사람들이 스스로 사회를 운영하고, 자신들의 집단적 힘을 이용해서 압도 다수 인류의 이익이 실현되는 사회를 건설하기 위해 투쟁하는 것이다. 로자 룩셈부르크가 주장했듯이 인류는 사회주의냐 야만이냐의 선택에 직면해 있다. 오늘날 기후변화, 핵전쟁의 위협, 다양한 극우파의 성장은 인류 문명의 생존 자체를 의심스럽게 만드는 야만을 보여 준다. 야만이냐 진정한 아래로부터 사회주의냐의 선택이 21세기의 역사를 좌우할 것이다.

이언 버철
2020년 4월

---

* 국역: "사회주의의 두 가지 정신", 《사회주의의 진정한 의미를 찾아서》, 책갈피, 2019.

1부
들어가며

1장 사회민주주의의 길고 구불구불한 길

　유럽의 좌파는 위기를 겪고 있다. 공산당은 쇠퇴하고 있고, 사회당은 더 우경화하고 있으며, 혁명적 좌파는 혼란에 빠져 있다. 그러나 오늘날 세계가 어떤 상태인지를 힐끗 보기만 해도 사회주의가 옳다는 것을 알 수 있다. 심각한 불황은 끝이 안 보이고, 제3세계는 기근에 시달리고, 핵전쟁의 위협이 늘 존재한다. 사회체제 전체를 폐지해야 한다는 주장은 그 어느 때보다 더 설득력이 있다.

　노동계급이 사라진 것도 아니다. 비록 학자와 언론인은 노동계급이 사라졌다거나 '안녕'을 고했다고 거듭거듭 주장하지만 말이다. 제2차세계대전 직후 엄청나게 분출한 투쟁부터 1956년 헝가리 혁명, 1960년 벨기에 총파업, 1968년 프랑스 대중 파업, 1974~1975년 포르투갈 혁명을 거쳐 1984~1985년 영국 광원 파업까지 노동자들은 계속해서 투지와 잠재력을 보여 줬다.

　그렇다면 왜 유럽의 좌파는 지난 40년 동안 거의 전진하지 못했는가? 그 이유는 무엇보다도 노동계급의 이익을 대변한다고 자처하는 조직들이 거듭거듭 노동계급의 전진을 가로막았기 때문이다. 따지고 보면, 영국 광원 파업 때 광원들이 승리하지 못한 이유도 정부

정책이나 국가기구의 체계적 폭력 때문이 아니었다. 노동당 지도자들과 노동조합 관료들이 연대를 조직하고 투쟁하지 않았기 때문에, 승리할 수도 있었던 파업이 패배하고 만 것이다.

이 책의 목적은 제2차세계대전 후 서유럽 사회민주주의 정당의 역사를 추적해서, 그들이 계급투쟁에서 어떤 구실을 했는지를 보여 주고 결국 누구의 이익에 봉사했는지를 따져 보는 것이다.

개혁이냐 혁명이냐 하는 논쟁, 즉 기존 질서의 틀 안에서 그것을 바꿀 것인지 아니면 그것을 분쇄하고 새로운 질서를 건설할 것인지 하는 논쟁은 사회주의 사상 자체만큼이나 오래된 것이다. 여기서 쟁점은 단지 개혁을 쟁취할 수 있는지 없는지가 아니다. 역사적으로 발전하는 체제인 자본주의 자체가, 개혁을 위해 투쟁하고 개혁을 쟁취하는 것을 가능하게 만든다. 논쟁의 핵심은 어떻게 해야 사회주의를 성취할 수 있는지, 그리고 우리는 어떤 종류의 사회주의를 건설하려고 하는지다.

여기서 국가 문제가 결정적으로 중요하다. 혁명가들은 한 계급이 다른 계급을 억압하는 데 사용하는 무기가 바로 국가라는 것을 알고 있다. 따라서 국가의 여러 기관, 즉 법원·경찰·군대 등은 혁명가들이 침투해서 사용할 수 있는 것이 결코 아니다. 국가기구는 분쇄하고 대체해야 한다. 사회주의로 가는 길 어디에선가 신속하고 급격하게 권력이 이양돼야 한다고 혁명가들이 주장하는 이유는 바로 위와 같은 사실을 인정하기 때문이지 그들이 모종의 무장봉기를 즐기는 낭만주의자들이기 때문이 아니다. [영국의 기독교 사회주의자] R H 토니의 말을 빌리면 "양파는 한 꺼풀씩 벗겨서 먹을 수 있지만, 살아 있는 호랑이의 발톱을 하나씩 뽑을 수는 없다. [그랬다가는 먼저 호랑이에게 잡아먹히고 말 것이다.]"[1]

　개혁이냐 혁명이냐의 차이는 사실 더 심원하다. 개혁주의자와 혁명가는 똑같은 목적지를 향해 가는 길만 서로 다른 것이 아니다. 목적지 자체가 아예 다르다. 사회주의가 단지 계획경제나 국가 소유 체제가 아니라, 인간이 집단적으로 생산을 통제해서 자신의 운명도 통제하는 사회라면, 그 정의상 개혁주의적 수단으로 사회주의를 성취할 수 없다는 것은 분명하다. 의회는 최저임금이나 내 연금의 인상을 법으로 제정할 수 있다. 그러나 내가 내 손으로 권력을 잡아야 한다는 것을 법으로 제정할 수 있는 사람은 아무도 없다. 권력은 내가 스스로 장악해야 한다. 사회주의라는 이름에 어울릴 만한 사회주의는 노동계급의 자주적 행동의 결과여야 한다. 그리고 그것이 뜻하는 바는 노동자들의 자주적 조직, 즉 노동자 평의회가 필수적 수단이라는 것이다. 낡은 질서를 파괴하고 새로운 질서를 건설하려면 그런 수단이 반드시 있어야 한다.

　현대 사회민주주의의 역사는 1889년 제2인터내셔널 창립으로 시작됐다고 할 수 있다. 노년의 엥겔스가 적극 관여한 덕분에 제2인터내셔널은 마르크스주의 원칙, 즉 계급투쟁과 프롤레타리아 국제주의에 헌신하게 됐다. 제2인터내셔널의 주요 지부들은 서유럽의 선진 자본주의 국가들에 있었다. 즉, 영국·프랑스·오스트리아, 특히 독일이 그 중심지였다. 독일사회민주당SPD[이하 사민당]은 혁명적 원칙을 지키며 권위주의 국가에 맞서 강경하게 투쟁한 전력이 있었다. 그 당원들은 사회주의 활동 때문에 거듭거듭 투옥됐다.

　그러나 독일 사민당과 사회주의인터내셔널 전체의 핵심에는 치명적 이중성이 있었다. 한편으로 그들은 자본주의 체제 전체가 필연적으로 붕괴할 것이라고 선언했다. 다른 한편으로 그들은 점차 기존 질서의 제도들 안에서 단기적 성과를 쟁취하는 데 몰두했다. 개혁주의 전략을 공공연히 주장하려고 시도한 사람들, 예컨대 "나는 사회주의라는 최종 목표를 믿지 않는다"고 말한[2] 에두아르트 베른슈타인 같은 사람들은 곧바로 당대회에서 패배했다. 한편, 말로는 순수한 정설[혁명적 사회주의]을 주장한 [카를 카우츠키 같은] 사람들이 실천에서는 개혁주의에 엄청난 양보를 했다.

그와 동시에 제2인터내셔널은 압도적으로 유럽 조직이었다. 그래서 사회민주주의자들이 자국 지배계급의 제국주의적 이익을 옹호하라는 엄청난 압력을 받는 것은 피할 수 없었다. 이 점에서도 혁명적 원칙들은 미묘하게 약해졌다.

그러나 제1차세계대전 직전까지도 제2인터내셔널은 유럽 노동자들의 성과와 계급의식을 구현한 대단한 조직이었다. 1912년에 제2인터내셔널 소속 정당들의 당원은 총 300만 명이 넘었다. 그 정당들과 연관된 협동조합의 회원은 700만 명이 넘었고, 노동조합원은 거의 1100만 명이었다. 또 유권자 1100만~1200만 명의 지지를 받는 선거 기반도 있었고, 모두 합쳐 200개의 일간지를 발행했다.

[그러나] 제1차세계대전이 발발하자 그 웅장한 건축물의 취약성이 드러났다. 독일 사민당은 "우리 나라의 문화와 독립을 지키기" 위해 국제주의를 포기했다.[3] 유럽의 거의 모든 나라 사회민주주의 정당도 마찬가지였다. 고립된 소규모 조직들만이 전쟁을 반대하고 나섰다.

[사회민주주의의] 길은 거기서 끝나지 않았다. 사회민주주의는 전쟁에서 살아남았고, 다시 평화가 찾아왔을 때 엄청난 이득을 볼 수

있었다. 전쟁의 쓰라린 경험 때문에 급진화한 수많은 남성과 여성은 여전히 전통적 좌파 조직들에 기대를 걸었다. 거의 모든 나라에서 사회민주주의 정당의 당원과 득표수가 엄청나게 증가했다. 그러나 1917년 이후 유럽을 뒤흔든 혁명의 물결 한복판에서 사회민주주의 지도자들은 확고하게 구질서의 편에 섰다. 이 점은 독일에서 가장 분명히 드러났다. 사민당은 1918년부터 1923년까지 노동계급 혁명의 성공을 가로막은 주요 장애물이었다.[4]

고통스럽게 재구성된 사회주의인터내셔널은 이제 공공연한 개혁주의 조직이 된 반면에, 혁명적 사회주의 전통의 깃발을 치켜든 것은 신생 조직인 공산주의인터내셔널[이하 코민테른]이었다. 러시아 혁명의 성과를 지키고 확산시키려고 1919년에 창립한 코민테른은 사회주의로 가는 의회적 길을 철저히 거부하고 노동자 평의회 권력과 프롤레타리아 독재를 고수했다. 많은 나라에서 사회민주주의 정당의 좌파가 분열해 나와서 새로운 코민테른의 깃발 아래로 모여들었다.

전후의 혁명적 물결이 가라앉기 시작하자 사회민주주의 정당들은 더 이득을 봤다. 득표수와 당원이 증가하기 시작했다. 그러나 손에 잡히는 성과는 하나도 없었다. 영국에서는 단명한 노동당 정부가 두 차례 들어섰다. [1924년에 집권한] 첫 번째 정부는 성과가 거의 없었고, [1929년에 집권한] 두 번째 정부는 그 지도자들이 [1931년에 노동당과 결별하고] 보수당과 연립정부를 구성하는 바람에 비겁한 배신으로 끝나고 말았다. 1930년대의 심각한 위기 상황에서 사회민주주의 정당이 제공할 수 있는 것은 거의 없었다. 파시즘에 맞서 싸울 전략도 없었다. 독일 사민당은 전후에 지배계급에게 헌신적으로 봉사했지만 지배계급은 그들에게 전혀 고마워하지 않았다. 부르주아지가 마침내 히틀러를 지지하는 쪽으로 돌아서자 사민당은 다른 모든 노동자 조직과 함께 분쇄됐다. 프랑스에서는 사회당 지도자 레옹 블룸이 이끄는 민중전선 정부의 첫 임무가 노동자 200만 명의 대중 파업에 반대하는 것이었다. 그 정부는 머지않아 무너졌다. 경제 불황과 대량 실업 때문에 개혁주의적 해결책을 신뢰하기 힘들어진 시대에 사회민주주의 정당은 미래가 없는 것처럼 보였다.

한편, 사회민주주의 정당의 주요 경쟁자인 코민테른도 중대한 변화를 겪고 있었다. 전쟁으로 황폐해진 가난한 소련에서는 혁명이 고립된 결과로 노동자 민주주의가 쇠퇴했다. [노동자] 권력의 공백을 메운 것은 성장하는 관료 집단이었다. 1930년대가 되자 스탈린 일당은 노동자 권력의 마지막 흔적까지 쓸어버리고 무자비한 독재 체제를 구축했다. '일국사회주의' 정책을 표방한 스탈린에게는 세계혁명의 전망 따위는 없었다. 코민테른은 소련을 지배하는 관료 집단의 일국적 이익을 위한 도구로 변질되고 말았다. 전 세계의 공산당은 정신없이 우왕좌왕했다. 이른바 '제3기'의* 정신 나간 초좌파주의 노선("사회민주주의자들은 파시스트와 똑같다")에서 우파적 민중전선 노선("파시즘에 맞서 진보적 부르주아지와 연합하라")으로 어지럽게 오락가락한 것이다. 제2차세계대전 직전에 사회민주주의와 스탈린주의는 똑같이 파산한 것처럼 보였다.

그러나 사회민주주의의 역사는 거기서 끝나지 않았다. 제2차세

---

* 1928년에 스탈린이 선언한 이론. 대규모 경제 붕괴가 임박했다고 보고 혁명가들이 개혁주의자들과의 협력을 일절 거부해야 한다는 입장이다.

계대전 후의 장기 호황 덕분에 자본주의는 수명이 연장됐고, 그와 함께 개혁주의도 수명이 연장됐다. [자본주의] 체제가 여전히 개혁을 제공할 수 있음을 보여 주자 개혁주의 정치도 어느 정도 신뢰를 회복했다. 1945년부터 1985년까지 서유럽의 사회민주주의 정당들은 (단독으로 또는 연합해서) 정권을 잡았다. 어떤 때는 거의 모든 나라에서 그랬다. 사회민주주의 정당의 영향력과 탄력성이 유지될 수 있던 이유는 그 경쟁자[공산당]가 쇠퇴했고 현대 자본주의에서 사회민주주의 정당이 해야 할 독특한 정치적 구실이 있었기 때문이다.

1950년대부터 국제 스탈린주의의 오랜 역사적 쇠퇴 과정이 시작됐다.[5] 주된 이유는 세 가지였다. 첫째, 핵무기 경쟁이 시작되자 각국 공산당은 소련 관료 집단의 외교정책에서 훨씬 덜 중요해졌다. 1945년에는 서방 공산당에 대한 스탈린의 지배력이 그가 서방 열강들과 협상할 때 결정적으로 중요한 요인이었다. [그러나] 1962년 쿠바 위기 때는 스탈린의 후계자 흐루쇼프에게 서방 공산당은 거의 무의미했다.

둘째, 여러 '사회주의' 국가들이 출현해서 소련과 경쟁하게 되자 소련이 유일한 '사회주의 조국'이라는 매력은 크게 약해졌다. 1948년에 [유고슬라비아의] 티토가 스탈린과 갈라선 데 이어서 1960년대 초에는 [중국의] 마오쩌둥이 흐루쇼프와 결별했다. 1960년대 말쯤 소련은 중국과 전쟁 직전까지 갔고, 1970년대 말에는 베트남·캄보디아·중국 사이에 추잡한 충돌이 벌어졌다. 더욱이, 1956년에 흐루쇼프가 스탈린의 범죄 일부를 폭로하자 소련의 이미지는 돌이킬 수 없을 만큼 손상됐다.

셋째, 스탈린주의는 [노동계급이 겪은] 패배와 절망의 산물이었다. 소련의 신화가 가장 강력했던 1930년대에 서방 노동자들은 발흥하는 파시즘과 대량 실업의 대안은 오직 스탈린뿐이라고 생각했다. [그러나] 제2차세계대전 후에는 노동자들이 훨씬 더 자신감이 있었고, 따라서 멀리 떨어진 지상낙원[소련]의 필요성을 훨씬 덜 느꼈다.

이 모든 것 때문에 서방 공산당은 두 가지 선택에 직면했다. 즉, 스탈린이 크렘린에 버티고 있어서 만사형통이던 시절을 감상적으로 그리워하며 종파주의로 후퇴하든지 아니면 스스로 사회민주주의 정당과 비슷한 조직으로 탈바꿈하는 것이었다. 이 둘째 대안은 위험한 길이었다. 왜냐하면 사람들은 같은 값이라면 버터 맛이 나는 마가린보다는 버터를 더 좋아할 것이기 때문이다.

스탈린주의가 파산하자 자본과 노동을 중재하는 근본적 임무는 사회민주주의가 맡게 됐다. 현대의 산업 자본주의는 거대하고 강력한 노동계급을 만들어 낸다. 노동계급을 힘으로만 억누르는 것은 불가능하다. 노동계급이 묵묵히 따라 주지 않으면 [자본주의] 체제는 제대로 돌아갈 수 없다. 노동계급이 만들었지만 기존 질서를 유지하는 일에 완전히 헌신하는 사회민주주의 정당이야말로 노동계급의 이런 묵인과 복종을 끌어낼 수 있는 최상의 조직이다.

물론 그렇다고 해서 지배계급이 사회민주주의 정당을 이상적인 집권당으로 여긴다는 말은 아니다. 그들은 사회민주주의 정당이 체제를 위협하면서도 지탱하는 존재라고 본다. 사회민주주의 정당은 노동계급 속에 뿌리내리고 있기 때문에, 노동계급을 설득해서 억제하는 일을 우파 정당보다 잘 해낼 수 있고, 우파 정당이 실행하지 못하는 인기 없는 정책을 노동계급에게 납득시킬 수 있는 것이다.

그와 동시에 사회민주주의 정당은 노동계급과 연결돼 있다는 점 때문에 체제를 확고하게 수호하려는 열의가 약할 수 있다. 1970~1973년에 칠레에서 일어난 사건들, 즉 아옌데 정부가 노동계급의 투쟁을 억제하다가 결국 군사 쿠데타로 제거된 것은 이런 이중성을 생생하게 보여 준다.

부르주아지에게 알맞은 체제는 위기의 해결책으로 사회민주주의 정당이라는 대안이 남아 있는 그런 체제다. 2개 이상의 정당에 바탕을 둔 의회 [민주주의] 체제가 가장 좋은 방식이다. 자본주의 체제에는 보수성과 혁신이 모두 필요한데, 적당히 균형 잡힌 양당 체제는 이 둘을 모두 적절히 제공할 것이다.

이것의 이상적 형태는 미국식 양당 체제다. 미국에서는 공화당과 민주당이 비록 강조점이나 스타일의 차이는 있지만 말로든 행동으로든 기존 체제를 유지하는 일에 똑같이 헌신한다. 그러나 미국식 양당 체제는 독특한 역사적 상황의 산물이다. 다른 나라에서는 사회민주주의 정당이 일반적으로 의회 권력을 차지하려고 다투는 주요 세력 중 하나이고, 미국은 흔히 [전 세계에서] 사회민주주의 정당이 체제의 수호자 구실을 하도록 부추긴다.

사회민주주의 정당의 영향력과 탄력성의 또 다른 측면은 더 좌파적인 세력들을 끌어들일 능력이 있다는 것이다. 사회민주주의 정당은 항상 더 왼쪽에 있는 집단들을 끌어당겨서 흡수하는 동시에 점잖고 온건한 이미지를 유지하는 데 능숙했다. 그러기 위해 때로는 자신들과 혁명가들의 차이를 교묘하게 흐린다. 그래서 1971년에 [프랑스 사회당 지도자] 프랑수아 미테랑은 다음과 같이 선언했다.

폭력혁명이든 평화혁명이든 혁명은 무엇보다도 단절이다. 이런 단절을 받아들이지 않는 사람(단절의 방식에 대해서는 나중에 이야기하겠다), 즉 기존 질서(물론 내가 말하는 것은 정치 질서다)와 단절하고 자본주의 사회와 단절하는 것에 동의하지 않는 사람은 결코 사회당의 당원이 될 수 없다.[6]

물론 미테랑이 야당 시절 당내 투사들을 겨냥해서 말할 때 사용한 언어는 집권했을 때와 사뭇 다르다. 그러나 여기서 중요한 것은 단지 위선과 속임수가 아니다. 사회민주주의 정당의 지속적 영향력은 정치에서 이데올로기의 힘을 보여 준다. 사회민주주의 정당이 이데올로기적으로 평당원들을 계속 지배할 수 있다는 것이 그들의 생존 능력을 설명해 주는 중요한 요인이다. 바로 그 때문에 단순한 배신 이론, 즉 우파적 지도자들이 투쟁적 평당원들을 끊임없이 배신하는 것이 문제의 근원이라고 보는 견해가 부적절한 것이다. 우파적 지도자들이 배신한다는 것은 사실이지만, 투쟁하기를 원하는 평당원들을 부패한 지도부가 억누르고 있다는 식의 이야기보다 상황은 더 복잡 미묘하다.

이 책은 1945년부터 1985년까지 서유럽 사회민주주의 정당의 역사를 살펴보면서 그들의 탄력성과 반동적 구실을 실증적으로 설명하고자 쓴 것이다. 이 책에서 나는 사회민주주의 정당의 본성이 결코 바뀌지 않았고 바뀔 수도 없다는 것, 그리고 이제 혁명적 대안을 건설할 때가 무르익었다는 것을 보여 주려 한다. 따라서 이 책은 개괄적 설명에 그칠 수밖에 없다(개혁주의자들의 배신을 종합적으로 설명하려면《브리태니커 백과사전》같은 책이 필요할 것이다). 영국·프랑스·이탈리아·서독에서 일어난 사건들은 적절하게 이어서 설명했고, 다른 나라들은 더 선별해서 다루며 특별히 중요하거나 일 반적인 사건들에 초점을 맞췄다.

용어에 관한 주석

'사회민주주의'라는 용어는 파란만장한 역사가 있다. 제1차세계대 전 전에 그 용어는 노동계급 운동에서 널리 사용됐다. 볼셰비키도 러시아사회민주주의노동자당의 한 분파로 생겨났다. 1914년에 사실 상 제2인터내셔널이 붕괴하고 1919년에 코민테른이 출범하면서 [노동 계급] 운동의 혁명적 분파는 그 용어를 폐기했다. 코민테른은 혁명과 소비에트 권력을 거부하는 사람들에게 '사회민주주의자'라는 딱지를 붙였다. 이후 혁명적 마르크스주의 전통 내에서는 코민테른의 어법 에 따라 그 용어를 사용했다.

제2차세계대전 이후 사회민주주의라는 용어의 사용은 또 다 른 변화를 겪었다. 1940년대 말에 이탈리아사회당에서 주세페 사 라가트가 당내 우파를 데리고 분열해 나온 뒤 우여곡절 끝에 이 탈리아사회민주당이라는 이름을 채택했다. 1981년에는 영국 노동 당에서 분열해 나온 우파가 마찬가지로 사회민주당이라는 이름을 사용했다.

이런 이유로 노동운동에서는 '사회민주주의자'라는 이름을 사용 하기를 꺼리는 사람이 많다. 예컨대, [영국 노동당 좌파의 지도자] 토니 벤 과 프랑스 사회당의 지도자 다수는 '사회민주주의'를 공공연히 거부 하고 그냥 '사회주의자'나 '민주적 사회주의자'를 자처한다.

그런 구분은 대개 겉으로만 그럴싸하다. 이론에서나 실천에서나 그 경계선은 결코 분명하지 않다. 그래서 프랑스 사회당의 사회주의연구조사교육센터CERES라는* 그룹은 '사회민주주의'를 거부한다고 주장하면서 다음과 같이 사회민주주의 정당을 정의한다.

노동계급과 중간계급을 대부분 결집하거나 결집하려고 노력하면서, 자본주의의 구조에 도전하지는 않은 채 그들의 이익을 지키려고 하는 대중정당.[7]

그런데 집권한 프랑스 사회당이 노동계급의 이익을 지키려고 했는지에 대해서는 의심할 만하지만, 그들이 자본주의의 구조에 도전하지 않았다는 것은 의심할 여지가 없다.

이런 용어상의 문제에도 불구하고 분명한 사실은 나라마다 조금씩 차이는 있지만 유럽 전역에 개혁주의적 사회주의 경향이 존재한다는 것이다. 그것을 확인하는 방법 하나는 사회주의인터내셔널** 소속 정당들을 살펴보는 것이다. 사회주의인터내셔널의 각국 지부 중에는 영국·노르웨이·네덜란드·아일랜드의 노동당, 오스트리아·벨기에·프랑스·포르투갈·스페인·룩셈부르크의 사회당, 서독·덴마크·핀란드의 사회민주당, 스웨덴의 사회민주노동당 등이 있다. 이탈리아의 경우에는 사회당과 사회민주당이 모두 사회주의인터내셔널에 가입해 있다.

---

* 18장 참조 — 지은이.

** 6장 참조 — 지은이.

이 책에서는 각국의 특정 정당을 그 이름대로 부르겠지만, 강령에서는 모종의 사회주의를 표방하고 노동계급과 (조직적·전통적·이데올로기적) 연계가 어느 정도 있지만 실천은 대부분 의회주의적이고 개혁주의적인 정당들을 일컬을 때 '사회민주주의' 정당이라는 일반적 용어도 사용할 것이다.

2장 백일몽의 신봉자들

사회민주주의자들은 이 세계를 더 나은 곳으로 만들고 싶어 한다. 바로 이런 주장을 바탕으로 그들은 수많은 노동 대중의 지지를 받았고 계속 받고 있다. 그러므로 그들을 비판하는 주장은 그들 중 일부가 명백히 사기꾼이고 자신의 원칙을 배신하는 자들이라는 사실에 근거해서는 안 된다. 그들의 주장을 액면 그대로 받아들여서 비판해야 하는 것이다.

개혁주의적 사회주의 사상은 역사가 오래됐다. 19세기 말 영국의 페이비언협회 사회주의자들과 20세기 초 독일의 에두아르트 베른슈타인은 점진적 변화의 학설을 대충 꿰맞추기 시작했고, 그것은 지금까지도 이런저런 형태로 재생산되고 있다. 개혁주의적 사회주의의 역사에서 숱하게 발표된 개인적·집단적 강령과 선언문 더미를 대충 훑어보기만 해도 일정한 기본 주제들이 계속 되풀이된다는 사실을 알 수 있다.

특히 사회주의의 도덕적 측면을 강조하는 것이 두드러진다. 그래서 프랑스 사회당 지도자 레옹 블룸은 1930년대 민중전선 집권기에 다음과 같이 말했다.

사회주의의 목적은 한 나라 국민 내의 평등한 정의와 각국 국민 간의 평등한 평화에 바탕을 둔 보편적 사회를 건설하는 것이다.[1]

여기에 동의할 수 없는 사람은 많지 않을 것이다(비록 그 많지 않은 사람이 지금 세계에서 어마어마한 권력을 쥐고 있지만 말이다). 우리 같은 사람들은 대부분 더 정의롭고 더 인간적인 사회를 원한다. 문제는 그런 사회를 어떻게 건설할 수 있는지다.

역설처럼 들리겠지만, 개혁주의 정치는 본질적으로 공상적이다. 물론 사회민주주의자들은 자신들이 '현실주의자'라고 떠들어 댄다. 그러면서, 하룻밤 새 세계를 변혁하겠다고 약속하는 사람들을 엄청나게 조롱한다. 그러나 사회민주주의자들과 19세기의 공상적 사회주의자들은 본질적 공통점이 하나 있다. 그것은 바로 사회주의 변혁의 주체가 누구인지를 알지 못한다는 점이다.

위대한 공상적 사회주의자들은 세계가 더 나은 곳이 될 수 있다는 강렬한 꿈이 있었다. 프랑스 사회주의자 샤를 푸리에(1772~1837)가 꿈꾼 세계에서는 소외가 극복돼 우리가 모두 새벽 3시에 일어나 일하러 가겠다는 순수한 열정을 품고 살아간다. 그의 사회변혁 의식에 비춰 보면 현대의 개혁주의자들은 애처로울 만큼 무기력하다. 그러나 푸리에는 자신이 꿈꾼 세계를 건설하려면 어떻게 해야 하는지를 알지 못했다. 그래서 기껏 한 일이, 호의를 갖고 자신을 도와줄 백만장자를 찾는다는 광고를 낸 것이었다.

마르크스주의자들은 사회주의 변혁의 주체가 노동계급이라고 생각했다. 즉, 직접적으로든 간접적으로든 자본가들의 잉여가치 축적을 가능하게 해 주는 육체노동이나 정신노동을 하는 사람들, 그러나 자신의 노동 상황을 통제할 중요한 권한은 전혀 없는 사람들 말이다. 이 노동자들이야말로 전기와 식량 공급을 차단할 수 있고 모든 이윤의 원천을 고갈시킬 수 있는 사람들이다. 이 노동자들이야말로 기존 사회질서를 수호하는 군대와 감옥 등에 저항할 수 있을 만큼 충분히 강력한 사람들이다. 사회민주주의자들이 생각하는 노동계급은 몇 년에 한 번씩 투표소로 몰려가서 사회민주주의 정당을 지지하는 수동적 유권자 무리일 뿐이다. 사회민주주의자들은 노동계급의 자주적 행동이라는 개념, 즉 노동자들은 자신의 조직을 통해 자신의 목적을 달성하려고 노력한다는 생각을 받아들일 수 없다. 마르크스의 말을 빌리면 "노동계급의 해방은 노동계급 스스로 쟁취해야 한다"는[2] 생각을 받아들일 수 없는 것이다.

역사를 보면 자본주의 체제의 특징 두 가지를 알 수 있다. 첫째, 자본주의는 극도로 냉혹하고 잔인한 체제다. 자본주의는 오랫동안 지속됐고 자연사하지도 않을 것이다. 이 체제를 운영하는 [지배계급] 남성(과 소수의 여성)은 현상 유지에 강력한 이해관계가 있다. 그들은 위험에 처했을 때 자신들을 지켜 줄 수 있는 대리인을 찾아냈다(무솔리니부터 피노체트까지 다양했다). 최후의 순간에 그들은 권력을 넘겨주기보다는 대량 학살을 명령하고 심지어 핵 재앙의 위험을 무릅쓰는 짓도 마다하지 않을 것이다.

둘째, 자본주의는 무계획적이고 무질서한 체제다. 호황과 불황의 주기는 변했을지 모르지만, 자본주의 체제는 여전히 예측할 수 없다. 자본가들의 이윤 추구는 불합리하고 모순된 결과를 낳는다. 어떤 계획이 끝까지 완수될 것이라는 보장도 없고, 자원이 늘어나더라도 공평하게 분배될 것이라는 보장도 없다. 자본주의라는 기반 위에 합리적 사회를 건설하려는 것은 늪 위에 집을 지으려는 것과 마찬가지다.

사회민주주의 정당의 정책과 공약 중에는 늘 되풀이되는 특정한 주제들이 있다. 그것은 바로 계획·평등·교육·국제주의다. 이 개념들은 모두 사회주의 전통에 깊이 뿌리박은 훌륭한 것들이다. [그러나] 사회민주주의자들은 그 개념들을 도용해서 실현 불가능한 몽상으로 변질시켰고, 그 과정에서 핵심적 의미 자체를 왜곡해 버렸다.

계획

계획경제를 바라는 욕구는 정당하고 오래된 것이다. 경제의 작동은 기후 같은 자연력처럼 맹목적이고 통제 불가능한 것으로 여겨져서는 안 되고('경제 풍토'라는 표현이 어불성설인 까닭이다), 사회의 경제조직은 인간의 목적에 맞게 합리적으로 통제돼야 한다고 주장하는 것, 이것이 바로 사회주의의 핵심이다.

그러나 사회주의 전통의 밑바닥에는 상이하고 모순된 계획 개념이 있다. 하나는 사회 성원들이 스스로 그 사회를 민주적으로 통제해야 한다는 것이고, 다른 하나는 자애로운(또는 그다지 자애롭지 않은) 엘리트들이 우리 같은 나머지 사람들을 위해 사회를 계획해야 한다는 것이다.

후자의 전통은 이미 페이비언협회 사회주의자들 사이에서 득세했다. 예컨대, 조지 버나드 쇼는 국유화를 하려면 무엇보다도 유능한 관료 집단이 필요하다고 주장했다. 그의 주장인즉, 효율적 국유화는 오직 새로운 공무원 부서들만 있으면 되고, 이런 부서들은 혁명이

아니라 "안정되고 매우 체계적인 국가"만이 만들어 낼 수 있다는 것이었다.[3]

우파 사회민주주의 관료들과 스탈린주의 관료들이 매우 비슷하다는 점은 흔히 지적됐다. 우파 사회민주주의 관료의 전형적 인물인 허버트 모리슨은 그 사실을 아주 잘 알고 있었다.[*]

실천적이고 냉정한 행정가인 스탈린과, 제 생각에 약간 붕 떠 있는 것 같은 트로츠키 중에서 한 사람을 선택해야 한다면, 행정가로서 저 자신은 기질적으로 트로츠키보다는 스탈린에게 공감할 것 같습니다.[4]

제2차세계대전 이후 계획[경제] 사상은 갈수록 노동자 민주주의 개념과 분리됐다. 자본이 더 큰 단위로 집중되자, 자본가들이 보기에도 모종의 계획이 필요하다는 것은 분명해졌다. 저명한 경제학자 앤드루 숀필드는 다양한 산업에서 사용되는 기술의 성격 때문에 기업들은 몇 년 뒤에나 이윤을 얻게 되는 사업에 투자하도록 강요당한다고 지적했다. 그래서 기업들은 "겉보기에는 투기사업 같은 장기적 예측"에 관여할 수밖에 없다는 것이다.[5] 그런 계획은 기업이나 국가가 하는 것이든 둘이 함께 하는 것이든 분명히 노동계급 권력과 아무 관계가 없고 오로지 이윤을 보존하고 확대하는 것과 관계가 있다. 서유럽에서 가장 일관되게 계획을 실행한 나라는 프랑스였

---

* 허버트 모리슨은 노동당 우파로, 1929~1931년 노동당 정부에서 교통부 장관, 1940~1945년에는 보수당 소속 총리 처칠이 이끄는 연립정부에서 군수부 장관과 내무부 장관, 1945~1951년에는 노동당 정부에서 부총리와 외무부 장관을 지냈다.

다(1947년부터 5년 남짓 주기로 국가 [경제]계획을 수립했다). 그러나 1981년까지 프랑스에서 좌파가 단독으로 권력을 장악한 적은 한 번도 없었고, 그 기간의 절반 이상은 매우 권위주의적인 우파 정부가 집권했다.

그런 계획의 목적은 경쟁의 불합리성을 억제하는 것이 아니다. 오히려 경쟁의 산물이 계획이다. 즉, 개별 국가가 국제시장에서 더 효율적으로 경쟁할 수 있게 하려고 계획이 수립되는 것이다. '혼합경제'가 그렇다. 그래서 많은 사회민주주의자는 지금 혼합경제가 한없이 확대되는 것이 바람직하다고 생각한다(서독의 전 사민당 지도자 빌리 브란트의 말을 빌리면 "가능한 만큼의 시장경제[즉, 경쟁], 필요한 만큼의 계획"을 추구해야 한다는 것이다).[6]

따지고 보면, 이 점은 국가가 경제 전체를 장악하고 있는 사회에서도 마찬가지다. 이런 사회에서도 우선순위를 좌우하는 것은 무역이나 군비경쟁을 통해 전달되는 세계시장의 경쟁 논리다. 예컨대, 소련에서는 농업을 무시한다(그래서 혁명이 일어난 지 60년이 지났건만 소련은 서방 자본주의에서 곡물을 수입해야 한다). 세계적 경쟁 때문에 군비 지출을 최우선 과제로 삼을 수밖에 없는 것이다. 1920년대 [말] 이후 소련은 사회주의가 아니라 국가자본주의였고, 소련의 '계획'경제는 서방 자본주의에 내재한 불합리성만큼 해로운 불합리성 때문에 삐걱거렸다.

자본주의가 세계적으로 존속하는 한, 스탈린주의적 계획이든 사회민주주의적 계획이든 계획은 노동자가 아니라 사용자의 이익을 위한 것이다.

그러나 자본주의에서 계획은 사회주의와 무관한 것일 뿐 아니라,

환상에 불과한 것이기도 하다. 그 이유는 두 가지다. 첫째, 자본주의는 여전히 무질서한 체제다. 그래서 자본주의의 기본 논리를 공격하지 않으면 계획은 불가능하다. 제2차세계대전 후 거의 30년 동안 자본주의는 장기 호황을 누렸다. 그리고 이 기간에 많은 정부는 ('사회주의'를 표방했든 안 했든) '케인스주의' 기법들을 사용했다. 즉, 수요 진작을 위해 정부 지출을 늘려서 불황을 막으려 했다. 그러나 케인스주의 기법들은 자본주의의 핵심에 있는 모순들을 해결할 수 없었다. 결국 이윤[율]이 떨어지자 1970년대 중반에 경제 위기와 불황이 다시 찾아왔고, 케인스주의 정책들은 폐기됐다. 1970년대 영국 노동당의 윌슨·캘러핸 정부와 1980년대 프랑스 [사회당의] 미테랑 정부는 모두 매우 소심한 케인스주의 정책들조차 포기하고 훨씬 노골적으로 '긴축'을 강요해야 했다.

둘째, 훨씬 더 근본적인 이유인데, 자본주의 사회의 본성 자체가 효과적 계획을 불가능하게 만든다. 왜냐하면 자본주의는 사회를 지배하는 사람들과 실제로 생산을 담당하는 사람들 사이의 근본적 분열에 바탕을 두고 있기 때문이다. 이런 분열이 존재하는 한, 지배하고 계획하는 사람들과 노동자들은 이해관계가 다를 수밖에 없을 것이다. 대중매체, 노동조합 상근 간부들, 정치인들은 그렇지 않다고 노동자들을 설득하려 들겠지만, 그런 설득은 결국 받아들여지기 힘들다. 노동자들은 계속해서 파업과 생산 방해를 할 것이고, 적게 생산하거나 사태의 진상을 경영진에게 숨길 것이다. 이런 일이 계속되는 한, 계획은 실용주의적 미봉책에 불과할 것이다. 레닌이 말했듯이 "대중만이 정말로 계획할 수 있다. 왜냐하면 모든 곳에 있는 것은 대중뿐이기 때문이다."[7]

많은 좌파가 계획과 노동자 통제가 서로 분리될 수 있는 것인 양 이야기한다. 또는 노동자 통제는 마치 금상첨화인 양 이야기한다("소련은 이미 [계획경제라는] 고운 비단을 만들었다. 다만 그 위에 [노동자 통제라는] 꽃을 더할 겨를이 아직 없었을 뿐이다"). [그러나] 둘은 서로 분리될 수 없다. 사회주의적 계획은 생산자들 자신의 민주적 통제에 바탕을 두고 있다. 그 밖의 것은 모두 환상일 뿐이다.

평등

인간 평등의 염원은 역사가 오래됐다. 미국 독립선언문[1776년]은 다음과 같이 단언했다. "모든 남성은 평등하게 창조됐다"(아직 여성은 언급되지 않았다). 몇 년 후 프랑스 혁명은 '자유·평등·우애'라는 구호 아래 승리했다. 지금도 프랑스의 백만장자와 거지는 똑같이 그 구호가 새겨진 동전을 사용한다.

그러나 평등 개념은 매우 모호한 구석이 있다. 평등이라고 하면 흔히 부나 권력의 평등이 아니라 기회의 평등(불평등해질 기회도 똑같이 보장된다)이나 그냥 법 앞의 평등(아나톨 프랑스가 지적했듯이, 법은 부자든 빈민이든 파리의 다리 아래에서 노숙하는 것을 공평하게 금지한다)을 의미한다고들 생각했다.

사회주의 전통에서는 평등이라는 말에 더 강력하고 엄밀한 의미를 부여하려 했다. 그래서 [영국 노동당의 우파 지식인] 앤서니 크로스랜드는 다음과 같이 주장했다.

사회주의자는 보수·지위·특권을 충분히 평등하게 분배해서 사회적 분노를 최소화하고 개인들 사이의 정의를 보장하고 기회를 균등하게 하려고 노력한다. 또, 현존하는 뿌리 깊은 계급 서열과 그에 따른 시기심과 열등감을 약화시키고, 계급 간의 자유로운 교류를 가로막는 온갖 장애물도 약화시키려고 노력한다.[8]

"자유로운 교류"라는 그림이 매력적이기는 하지만, 그래도 여전히 몇 가지 물음에는 답을 해야 한다. 크로스랜드의 사회주의에는 여전히 계급들이 존재하는 듯하다. 실제로 사회적 분노가 최소화한다면 계급 체제는 전보다 덜 도전받을지 모른다.

[그러나] 계급 체제의 폐지 없이는 평등을 확대하려는 어떤 실질적 운동도 가능하지 않다. 그리고 이것이 바로 사회민주주의 정책들이 공상적인 핵심 이유다. 여기서 다시 크로스랜드가 [복지] 서비스의 보편적 공급과 평등 사이의 관계에 대해 뭐라고 말하는지 들어 보자.

사회적 평등이 실현되려면 대체로 공공 의료·교육·주택의 수준이 매우 높아져야 한다. 그래서 이런 서비스의 공적 공급과 사적 공급 사이에 뚜렷한 질적 차이가 전혀 없어야 한다. … [그러면] 이런 서비스의 보편화가 저절로 뒤따르게 (되거나 소득의 평등이 확대돼서 아마 강제로 실행)될 것이다. 그리고 설령 그렇게 되지 않고 일부 완고한 속물들이 계속 사적 의료를 선호하더라도 그것은 사실 별로 중요하지 않게 될 것이다.[9]

따라서 크로스랜드가 제안하는 공상적 세계에서는 공공 임대주택이 너무 훌륭해서 가장 속물적인 귀족들을 제외하면 모든 사람이 자신의 대저택을 포기하고 임대주택에서 살려고 할 것이다. 끊임없이 성장하고 위기를 겪지 않는 자본주의는 비록 사적 소유가 남아 있더라도 이런 재화들을 공급할 수 있을 것이라고 크로스랜드는 암시한다. 따라서 모든 사회민주주의자와 마찬가지로 크로스랜드도 평등의 확대를 향한 진보는 생산수단의 사적 소유와 통제를 폐지하는 것에서 시작해야 한다는 점을 부정한다. 이 점이 중요한 이유는 생산수단의 사적 소유와 통제가 노동자 착취를 영속시켜 우리 사회에서 부와 권력의 근본적 불평등을 만들어 내기 때문이다. 생산수단의 사적 소유와 통제를 폐지한 뒤에야 비로소 우리는 갈수록 풍요로워지는 사회를 건설할 수 있을 것이다.

실천에서는 크로스랜드 같은 사고방식 때문에, 사회민주주의자들이 집권하면 일반적으로 생산수단을 몰수하기를 거부하고(더 특별한 이유 때문에 일부 생산수단을 국유화할 수는 있다) 오히려 복지와 조세 재분배 정책을 도입해서 평등을 실현해야 한다고 주장했다(그래서 공적 소유는 거의 없고 복지가 매우 발전한 스웨덴 사례를 흔히 인용하며 지지한다).

그러나 조세정책의 [소득]재분배 효과는 제한적이다. 영국에서는 1949년에 최상위 부자 10퍼센트의 세후 소득이 전체 소득에서 27.1퍼센트를 차지했는데, 1979년에는 (노동당 정부가 13년 넘게 집권한 후였는데도) 그 수치가 아주 조금 떨어져서 23.4퍼센트였다. 그러나 그다음으로 부유한 30퍼센트의 세후 소득은 오히려 증대해서, 전체 소득의 36.9퍼센트에서 41.1퍼센트로 높아졌다. 가장 가난한 60퍼센트의 소득은 같은 기간에 0.5퍼센트 더 떨어졌다.[10] 더욱이, 부자들에게 조세 회피 방법을 가르쳐 주는 변호사, 출판사, 설명회

등 온갖 산업이 존재한다. 복지 정책들로 말하자면, 그 자체에는 사회주의적 내용이 전혀 없다. 어쨌든 복지 정책이 존재하는 이유 하나는 건강하고 활기찬 노동인구가 자본주의에 필요하기 때문이다.

일반적으로 사회민주주의자들은 누구한테서든 부를 실제로 빼앗는 정책의 정치적 결과를 두려워하며 회피했다. 오히려 경제성장 덕분에 늘어난 자원으로 [소득을] 재분배하는 것을 선호했다. [영국 태생의 미국 정치경제학자] 데이비드 코츠가 지적했듯이, 이 때문에 그들은 이러지도 못하고 저러지도 못하는 처지에 놓이게 된다.

왜냐하면 노동당이 사회복지, 교육 등등을 확대하는 데 필요한 재원을 조달하기 위해 계속 경제성장을 달성하려면, 집권했을 때 사기업의 이윤이 많이 남을 수 있고 고위 경영자의 계급적 특권이 도전받지 않을 수 있는 경제적·사회적 환경을 만들어 줘야 하기 때문이다.[11]

요컨대, 이윤 추구에 도전하면 개혁이 불가능해지고 이윤에 도전하지 않고 가만히 놔두면 평등을 향한 실질적 진보가 불가능해지는 진퇴양난에 빠지는 것이다.

교육

사회의 경제적 이득만이 아니라 문화와 지식도 나눠 갖고자 하는 염원은 사회주의 전통에 깊이 뿌리박힌 것이다. 사회민주주의자들은 전통적으로 교육 시설을 더 광범하게 이용할 수 있어야 한다는 요구를 상당히 강조했다.

계급사회에서 교육은 모순된 구실을 한다. [자본주의] 체제에서 교육의 주된 기능은 노동인구를 훈련시켜서 갈수록 기술이 발달하는 생산과정에 필요한 일을 처리할 수 있게 하는 것, 사회의 지배 이데올로기를 전달하는 것, 새로운 세대가 권위를 존중하고 기존 질서의 가치들을 신봉하게 만드는 것이다. 물론 교육체계 안에는 급진적 사상과 체제 전복적 사상이 발전할 수 있는 영역들도 있다. 그러나 국가의 통제와 본질적으로 경쟁적인 사회구조 때문에 이런 영역들은 엄격히 제한될 수밖에 없다. 계급사회에서 교육의 확대는 개인의 사회적 발전 기회를 제공할 수는 있지만 사회 내부의 계급 관계를 변화시킬 수는 없다.

교육이 사회에서 혁명적 구실을 하려면, 교육받을 수 있는 기회가 늘어나야 할 뿐 아니라 교육과정의 형식과 내용도 바뀌어야 한다. 러시아 혁명 직후 몇 년간의 경험은 적어도 대안적 방향의 지침 구실을 할 수 있다. 당시 러시아에서는 학생들이 스스로 학교를 상당히 통제했고, 자기 주도적 학습이 권위주의적 지식 전달을 대체했다. 사회민주주의의 교육 철학에는 이런 요소가 티끌만큼도 없다.

사실 1945년 이후 대부분의 교육정책 논쟁에는 특별히 사회주의적인 내용이 거의 또는 전혀 없었다. 교육기관을 통제하는 일은 분명히 모든 국가에 경제적·이데올로기적으로 상당히 중요하다. 또, 국가가 교육기관을 통제하는 것에 가톨릭교회가 상당히 저항한 나라들에서는 흔히 첨예한 투쟁이 벌어졌다. 심지어 1980년대에도 프랑스의 미테랑 정부는 가톨릭교회가 운영하는 학교에 대한 국가의 통제를 (아주 조금) 확대하는 방안을 내놨다가 가톨릭교회의 대규모 시위에 직면하자 재빨리 철회했다.

영국에서는 종합 평준화 교육을 대체로 노동당이 추진했지만, 프랑스에서는 우파인 드골 정부가 1960년대 초에 종합 중등교육 제도를 도입했다. 정치적 색조의 차이를 떠나 모든 정당이 제2차세계대전 이후 고등교육의 대규모 확장에 가세했다. 그래서 1950년부터 1965년까지 유럽에서 고등교육을 받는 학생 수가 세 곱절 증가했다.

더욱이, 교육을 사회변혁 도구로 이용하는 것은 실패할 수밖에 없는 듯하다. 1950년대와 1960년대에 고등교육이 크게 확장됐지만 계급 장벽을 점진적으로 무너뜨리는 데는 실패했다. 오히려 1968년의 '학생 반란' 분출로 이어졌을 뿐이다. 당시 (고등교육을 받더라도 사회의 엘리트 계층으로 편입되지 못하는) 수많은 학생은 노동계급 투쟁을 지지해서, 자신들이 속한 사회구조 전체에 도전하기 시작했다.

게다가, 교육의 확장은 [자본주의] 체제 전체의 확장에 기초한 것이었다. 1970년대 초에 체제가 불황으로 빠져들기 시작했을 때 그 최초의 결과 하나는 교육의 축소였다. 그 때문에 갈등과 충돌이 계속됐고, 공급이 축소됐으며, 권위주의적 기준을 다시 강요하려는 시도가 벌어졌다(최근 프랑스에서 교육의 '공화주의적 엘리트주의' — 이것이 의미하는 바는 정확한 맞춤법과 애국심을 더 많이 강조하는 것이었다 — 를 옹호한 사람은 1984년부터 1986년까지 교육부 장관을 지낸 사회당 '좌파' 장피에르 슈벤망이었다). 계급투쟁을 수행할 의지가 없는 사람들은 교육을 통한 [사회] 개혁이라는 부드러운 길을 선택하지도 않는다는 것은 분명하다.

국제주의

국제주의는 혁명적 사회주의 전통의 핵심에 자리 잡고 있다. 왜냐하면 한 계급이 다른 계급을 억압하는 무기가 국가라면 노동자들은 어떤 '국익'도 공유하지 않는다는 사실을 알고 있을 때만 자신의 지배자들에 맞서 효과적으로 싸울 수 있기 때문이다. 전쟁에 반대하는 투쟁과 인종차별에 반대하는 투쟁은 모두 사회주의 역사의 필수적 일부다.

반면에 개혁주의는 국민국가의 구조 안에서 작용한다. 그 때문에 개혁주의는 결코 진정으로 국제주의적일 수 없다. 그렇지만 사회민주주의자들은 흔히 모종의 국제주의를 천명해 왔다. 특히 제2차세계대전 이후 그렇게 한 데는 두 가지 이유가 있었다.

첫째, 세계 체제가 갈수록 하나의 단위로 기능하게 됐다. 다국적 기업들은 전 세계를 돌아다니며 약탈한다. 노동은 대륙을 넘나들며 가장 효과적으로 착취당한다. 군비경쟁이라는 틀 안에서 다른 모든 활동이 이뤄진다. 따라서 국제적 차원을 인정하지 않는 사회 문제 해결책은 결코 이치에 맞지 않게 됐다.

둘째, 국제주의는 때때로 인기 있는 대의라는 것이 입증됐다. 제국주의 전쟁(특히 베트남전쟁)에 반대하고 핵무기 경쟁에 반대하는 것은 지난 25년 동안 서유럽에서 수많은 사람을 동원한 쟁점이었다. 모름지기 급진적이라고 자처하는 정당이라면 그런 운동들을 장악하려는 시도를 결코 빠뜨릴 수 없었다.

그래서 사회민주주의자들은 국제적 호소력이 있는 방안들을 끊임없이 제기한다. [그러나] 그것들은 구제 불능의 공상적 방안임이 드러난다. 그 사례 하나는 최근 유럽의 일부 사회당이 경제 위기 극복 방안으로 제안한, 몇 나라가 함께 경기 부양 정책을 실행하는 것을 들 수 있다.[12] 그 생각은 매력적으로 들리지만, 서로 경쟁하는 각국 지배계급들을 어떻게 설득해서 서로 협력하게 만들 것인지를 물어보기만 해도 그것이 현실성 없는 방안임을 알 수 있다. 훨씬 더 공상적인 것은 1978년 캐나다 밴쿠버에서 열린 사회주의인터내셔널 국제 대회에서 새로운 국제경제 질서 수립 방안으로 논의된 것들이다. 그 회의에 참석한 각국 대표들은 무기 거래 통제, 군비에서 [경제] 개발로 자원의 계획적 전용, 다국적기업들을 통제하기 위한 국제통화 체제와 국제법의 개혁 등을 요구했다.[13] 그런 논의에서 빠져 있는 것은 과연 누가 그런 정책들을 실행할 것인지였다. 아마 우리는 밴쿠버에 대표를 파견한 42개 정당이 모두 동시에 집권할 때까지 기다려야 할 것이다.

또 다른 사례는 서독의 전 총리인 사민당 지도자 빌리 브란트가 주도한 위원회에서 작성한 이른바 브란트 보고서다. 그 보고서에 영감을 준 것은 선진국과 후진국의 엄청난 불평등이 전체 세계 질서의 안정을 위협하고, 특히 서유럽이 수출 시장을 확보하고자 후진국에 점차 의존하고 있다는 사실이었다. 그래서 브란트는 원조·무역·군비축소를 위한 세부적이고 다양한 방안들을 제시했다. 그 방안들은 사실상 후진국으로 자원의 대규모 이전을 의미하는 것이었다. 그러나 브란트는 기존의 세계경제 안에서 어떻게 그런 일이 가능할지를 보여 주지 못했다. 가난한 나라들은 경제개발을 위해 시장이 필요하다. 그러나 위기에 빠진 선진국들이 홍수처럼 밀려드는 수입품에 자국 시장의 문을 열어 줄 가능성은 거의 없다. 지금 브란트는 기아 사태를 걱정하지만, 서독 총리 재임 때 식량 가격을 높게 유지하는 유럽공동시장의* 정책을 지지했다. 이 때문에 팔리지 않는 잉여 식량과 굶주림이 나란히 존재하는 터무니없는 상황이 벌어졌다. 여기서 요점은 브란트에게 위선자라는 딱지를 붙이는 것이 아니라, 체제의 동역학과 개혁이 양립할 수 없다는 것이다. 더욱이, 가장 가난한 바로 그 나라들(예컨대, 사람들이 굶주림으로 고통받는 아프리카 국가들)은 수입품을 살 돈이 없고, 따라서 부유한 국가들이 가난한 나라들의 경제개발에 관여할 동기가 거의 없다. 원조는 군사적 이해관계에 종속될 가능성이 훨씬 크다. 왜냐하면 진정한 국제적 재분배가 이뤄지려면 엄청난 군비축소가 필요하지만, 부유한 나라들의 경제구조에서 군비 경제가 핵심적이기 때문이다. 브란트 보고서가 제안하는 것은 근본적으로 일종의 국제적 케인스주의다. 그러나 한 나라에서 케인스주의가 실행될 수 없듯이 국제적 케인스주의도 마찬가지다.

사회민주주의자들의 국제주의가 공상적임을 보여 주는 가장 두드러진 사례는 유럽공동시장, 즉 유럽경제공동체EEC다. 사회민주주의자들은 1940년대와 1950년대에 유럽 통합 움직임에서 핵심적 구실을 했다. 유럽 통합 문제가 이데올로기적으로 엄청나게 중요해졌다. 그래서 파업 파괴 행위나 고문조차 조용한 타협으로 슬쩍 넘어가던 정치인들이 그 문제 때문에 분열하고 탈당하는 일들이 벌어졌다.

그러나 유럽공동시장은 만들어진 지 이미 25년이 지났지만, 진정한 국제주의의 잣대로 보면 분명히 실패작이다. 그것은 여전히 비교

---

* 영국에서 유럽경제공동체EEC를 일컫는 말로, 유럽연합EU의 전신이다.

적 부유한 나라들이 지배하고 있다. 유럽공동시장은 조세정책이나 수송정책의 만족스러운 조화를 전혀 달성하지 못했다. 1984년 [2월 프랑스] 대형 트럭 기사들이 [세관원들의 통제에 항의하며] 도로를 봉쇄한 사건은 이른바 '관세동맹'에도 불구하고 잘 발달한 (그리고 비효율적인) 관세가 여전히 남아 있다는 것을 보여 줬다. 1984년 3월 유럽경제공동체가 스페인의 가입 문제를 논의하고 있을 때, 프랑스 해군 초계함이 프랑스 어로수역에서 '불법 조업을 한' 스페인 저인망어선들에 발포했다. 같은 해에 각국의 여권을 단계적으로 폐지하고 유럽경제공동체 문서로 대체할 시기가 임박해 그 문제가 한참 논의되는 와중에도, [사회당이 집권한] '사회주의' 프랑스는 영국의 당일치기 여행객이 여권 없이 영국해협 건너편 프랑스 항구를 방문할 권리를 취소해 버렸다(이것은 프랑스가 이민 통제를 강화하는 노력의 일환으로 흑인 여행객을 겨냥해 실시한, 노골적 인종차별 조치였다). 역시 1984년에 유럽경제공동체의 예산 분담 문제를 두고 유럽 각국 지도자들은 서로 맹렬히 싸우고 있었다.

그런 난장판을 볼 때, (흔히 '좌파'를 자처하는) 사회민주주의자들이 때때로 국제주의적 미사여구를 내팽개치고 본래의 민족주의로 되돌아가는 것도 당연하다. 1971년 7월 유럽공동시장 문제를 논의하기 위해 열린 영국 노동당 특별 당대회에서 노조 지도자이자 〈트리뷴〉(호민관)* 좌파의 중심 인물인 클라이브 젱킨스는 영국이 프랑스 같은 나라들과 연루돼서는 안 된다고 주장했다. 왜냐하면 프랑스

---

* 〈트리뷴〉은 1937년에 노동당 좌파 국회의원들이 발행하기 시작한 주간지였고 현재는 계간지로 발행되고 있다.

는 "10년 사이에 두 번이나 내전 직전까지 간" 나라이기 때문이라는 것이었다(물론 그중 한 번은 노동자 1000만 명이 파업을 벌인 1968년 5월 항쟁이었다*).

따라서 사회민주주의자들이 국제주의에 관한 미사여구를 늘어놓을 때는 매우 의심하면서 들어야 한다. 아마 가장 기괴한 사례로 기록돼 있는 것은 1957년 프랑스 사회당 소속 총리 기 몰레가, 알제리 민족 해방 투쟁을** 군사적으로 진압하고 고문을 자행한 것을 옹호하면서 국제주의를 들먹인 일일 것이다.

개별 국가들은 이제 더는 세계의 문제를 대처할 만큼 충분히 크지 않다. 알제리 혼자서 과연 무엇을 대변하겠는가? 반대로, 알제리의 미래는 지금 형성되고 있는 유라프리카 공동체의 기본 요소들 가운데 하나가 되는 것 아니겠는가? … 국가 주권은 서서히 사라지는 반면, 국가 간 상호 의존이 규칙이 되고 있고, 세계는 필연적으로 통합을 향해 나아가고 있다.[14]

[1775년에 영국의 저술가인 새뮤얼] 존슨 박사가 애국심은 악당의 마지막 피난처라고 말했을 때, 그는 기 몰레를 예상하지 못했다. 국제주의만을 피난처로 삼는 악당들도 있다.

---

* 다른 한 번은 1958년 5월 알제리 민족해방전쟁의 여파로 알제리 주둔 프랑스군이 쿠데타를 일으키자 결국 제4공화국이 붕괴했을 때다.

** 9장 참조 — 지은이.

2부
1944~1953년:
세계대전에서 냉전으로

3장 반反파시즘 전쟁?

1930년대 말쯤 서유럽의 대부분 지역에서 좌파는 패배했거나 불신당하고 있었다. 이탈리아·독일·스페인에서는 파시즘이 승리했다. 영국에서는 [노동당 대표] 램지 맥도널드가 [보수당·자유당과 함께] 거국일치내각을 구성하는 바람에 노동당은 약해지고 혼란에 빠졌다. 프랑스에서는 1936년 반파시즘 정서가 고조돼 민중전선 국회가 선출됐지만, 바로 그 국회가 1940년에는 나치 독일 지지자인 페탱에게 권력을 위임했다. 노동자인터내셔널프랑스지부SFIO(프랑스 사회당) 소속 국회의원 4분의 3이 페탱에게 전권을 위임하는 표결에서 찬성표를 던졌다.

개혁주의의 역사적 수명을 연장해 주고 그 운명을 부활시킨 것은 바로 제2차세계대전이었다. 이런 일이 어떻게 가능했는지를 이해하려면, 그 전쟁의 바탕에 깔린 이해관계와 이데올로기의 복잡한 상호작용을 살펴봐야 한다.

제2차세계대전은 근본적으로 영국·독일·소련·일본·미국 제국주의의 지배계급들끼리 서로 충돌한 것이었다. 그들은 저마다 전 세계에서 자신들의 권력과 영향력을 확대하려고 서로 싸웠던 것이다. 전쟁이 끝났을 때 독일과 일본은 (일시적으로) 패배했다. 영국과 프랑스는 승전국이었지만 제국주의 강대국으로서는 쇠퇴의 길로 들어섰고, 소련과 미국이 세계를 지배하는 두 초강대국으로 떠올랐다.

전쟁 주역들의 제국주의적 야망이 분명히 드러난 사례는 많다. 1941년 8월 12일 윈스턴 처칠과 프랭클린 루스벨트가 합의한 '대서양헌장'에는 "우리는 각국의 모든 국민이 자신들의 정부 형태를 선택할 권리를 존중한다"라는 조항이 있었다.[1] [그러나] 같은 해 9월 처칠은 이 조항이 인도에는 적용되지 않는다고 말했고,[2] 1945년 얄타회담에서는 "대서양헌장은 대영제국에는 적용되지 않는다"고 주장했다.[3] 미국 지도자들도 특히 서유럽과 동남아시아에서 자신들의 영향력을 확대하고 강화하려는 분명한 목적이 있었다.

히틀러에 맞서 싸운 정부들이 파시즘에 반대해서 그랬다는 주장은 아무리 좋게 보더라도 근거가 별로 없다. 제2차세계대전이 시작되기 직전인 1939년 8월 스탈린은 히틀러와 상호 불가침조약을 맺었다. 그해 12월 스탈린은 히틀러에게 소련과 독일의 우호 관계는 "피로 맺어진" 것이라고 장담했다.[4] 그 피의 일부는 스탈린이 게슈타포에 넘겨준 독일 공산당원들의 피였다.

처칠로 말하자면, 그의 반反파시즘은 무솔리니의 몰락을 보며 다음과 같이 논평한 것에서 단적으로 드러난다.

프랑스가 함락됐을 때 내가 무솔리니를 가리켜 말했듯이 그는 '이탈리아의 입법자'였다. 그가 이탈리아를 지배하지 않았다면 공산당이 지배하게 됐을 것이다. 그랬다면 이탈리아 국민과 유럽은 모두 [파시즘과는] 성격이 다른 위험과 불운에 처하게 됐을 것이다. [무솔리니의 치명적 잘못은 … 프랑스와 대영제국을 상대로 전쟁을 선포한 것이었다. 그러지 않았다면 …]

전쟁의 쟁점이 확실해졌을 때조차 무솔리니는 연합국의 환영을 받았을 것이다.[5]

제2차세계대전에서 이기기 위한 진정한 '반파시즘' 전략에는 당연히 독일 노동자들에게 호소하는 방안도 들어 있어야 했을 것이다. 유럽의 다른 나라 국민들만큼이나 독일 노동자들도 나치의 피해자였기 때문이다. 그러나 연합국은 히틀러를 군사적으로 분쇄해야지, 독일에서 히틀러에 대항하는 민중 봉기가 있어서는 안 된다는 방침을 굳게 고수했다. 그런 민중 봉기는 나치에게 점령당한 유럽 각국에서 자본주의 질서를 위협할 수 있었기 때문이다. 그래서 연합국은 독일의 무조건 항복을 고집했고, 미국은 [재무부 장관 헨리 모건소가 전후 독일의 전쟁 능력을 제거하기 위해 모든 공업 시설을 해체해서] 독일을 농업국으로 만들어 버리겠다는 의도를 드러낸 '모건소 계획'을 발표했다. 결국 연합국의 정책은 사실상 독일 노동계급의 반란이나 히틀러 군대 내부의 반란을 원천 봉쇄해 버렸다.

제2차세계대전은 결코 반파시즘 전쟁이 아니었지만, 이데올로기가 특별한 구실을 한 전쟁이었다. 각국의 권력자들은 제1차세계대전을 고스란히 되풀이할 수는 없었다. 제1차세계대전은 순전히 민족주의에 근거해서 싸운 전쟁이었다. 그러나 병사들이 참호에서 몇 년 동안 [끔찍한] 생활을 한 뒤에 민족주의가 약해졌을 때 유럽 전역을 휩쓴 불평과 폭동과 혁명의 물결과 함께 전쟁이 끝났다. 따라서 새로운 제국주의 전쟁에 사람들을 동원하려면, 전쟁의 사회적 내용을 훨씬 더 강조할 필요가 있었다.

제2차세계대전이 막 시작됐을 때 영국 노동당 지도자 애틀리는 국회에서 다음과 같이 말했다. "진실은 여러분이 만약 이 전쟁에서 이기고 싶다면 현실적 사회주의를 많이 수용해야 한다는 것입니다."[6] 확실히 전쟁은 여러모로 영국 사회를 급진화시켰다. 1930년대의 장기 불황이 끝났고 전시에 완전고용이 이뤄졌다. 그러자 노동자들의 자신감과 조직화 수준이 훨씬 더 높아졌다. 수많은 여성이 처음으로 취업했(고 그래서 노동조합으로 조직됐)다. 1914년과 달리 노동자들은 전쟁을 당연한 것으로 여기지 않았다. [독일이 소련을 침공한] 1941년 6월 전에도 [영국]공산당의 반전운동은 어느 정도 공감을 불러일으켰다. 전쟁에서 싸워 이기려면, 노동자들에게 영국 사회의 일정한 변화를 약속해야 했고 실제로 그것을 보여 줘야 했다.

나치가 점령한 지역에서는 노동조합과 정치조직이 분쇄됐고 시민적 자유가 말살당했다. 단기적으로 좌파는 엄청난 사기 저하와 혼란을 겪었다. 그러나 나치의 점령 때문에 분명한 계급 분화가 이뤄지기도 했다. 중간계급은 나치와 협력하는 길을 쉽게 선택할 수 있었다(물론 일부 중간계급은 명예롭게 그 선택을 하지 않았나). 그러나 노동자와 농민은 전쟁의 무거운 부담을 고스란히 져야 했다. 예컨대, 프랑스에서 나치가 파리를 점령한 지 6일 뒤에 독일 장군 폰슈투트니츠가 내린 첫 포고령은 파업을 불법화하고 물가와 임금을 모두 동결하는 것이었다. 점령 기간에 노동자들은 노동시간 연장과 성과급 도입으로, 또 전쟁 말기에는 실업률 상승으로 고통을 겪었다. 많은 프랑스인이 마키와* 레지스탕스에 가담하게 된 것은, 독일로 추방해

---

* 마키maquis는 레지스탕스의 일종으로, 주로 삼림 지대에서 활동한 프랑스 유격대를 가리킨다.

서 강제 노동 수용소에 가둬 버리겠다는 위협 때문이었다.

1941년 독일이 소련을 침공하자 급진화의 속도는 더 빨라졌다. 히틀러와 스탈린의 조약은 곧 잊혔고, 공산당은 유럽 전역에서 [반나치] 저항운동을 주도했다. 영국공산당은 (파업에 반대하고 선거 휴전을* 지지하는 정책을 추진했는데도) 전례 없이 많은 당원을 거느리게 됐다. 스탈린의 속셈이 무엇이었든 간에, 소련은 [유럽 각국의] 많은 노동자에게 엄청난 인기가 있었다. 소련이 참전하자 이 전쟁은 어쨌든 과거의 민족주의적 국가 간 충돌과는 다르다는 생각이 강해졌다.

바로 이런 분위기에서 유럽의 좌파는 부활하기 시작했다. 수많은 사람이 전후의 세계는 1930년대와 다를 것이라는 기대를 갖고 일하거나 싸웠다. 나이 많은 개혁주의 정치인의 다수는 파시즘을 지지했거나 적어도 묵인한 탓에 신뢰를 잃어버렸지만, 새로운 지도자 세대가 등장하고 있었다. 전후의 개혁주의 정치에서 핵심적 구실을 하게 되는 사람의 다수는 과거에 극좌파 진영에 속해 있었다. 예컨대, 빌리 브란트는 1931년에 (독일 사민당에서 좌파가 분열해 나와 만든 정당인) 독일사회주의노동자당SAPD에 가입했다. 영국 노동당의 스태퍼드 크립스와 어나이린 베번은 1939년에 [공산당의 정책이던] 민중전선을 옹호했다는 이유로 당에서 제명당했다. 그런 좌파들은 제2차세계대전 기간과 전후에 지도적 구실을 한 수백 명의 전형이었다.

다음 장章들에서 분명해지겠지만, 전쟁 기간에 수많은 사람이 품

---

* 제2차세계대전 중에 보수당, 자유당, 노동당이 거국일치내각의 단합을 위해 맺은 선거 협약이다. 보궐선거를 할 때 해당 의석을 보유하던 정당에서만 후보자를 내고 나머지 두 정당은 후보자를 내지 않는다는 내용이었다.

게 된 급진적 열망은 전후에 배신당하고 왜곡되거나 흡수됐다. 이 점을 이해하려면, 그런 열망이 정말로 현실적이었다는 것을 이해할 필요가 있다.

저항운동

파시스트들의 지배를 받게 된 유럽 각지에서는 저항운동이 급속하게 성장했다. 그런 저항운동은 광범한 사회·정치 세력이 연합한 것이었지만, 1941년 이후에는 대부분 공산당의 영향력이 지배적이었다. 공산당은 중앙집중주의와 지하조직 활동의 전통 덕분에 다른 좌파 경향들보다 저항운동에 더 적합했다. 더욱이, 명백한 사실은 공산당이 용기와 능력을 발휘한 덕분에 지도력을 획득했다는 것이다. 공산당은 엄청난 희생을 치렀다. 프랑스에서는 레지스탕스 활동으로 목숨을 잃은 공산당원이 6만 명이나 되는 것으로 추산된다. 한편, 그리스공산당은 [반나치 대중조직] 민족해방전선EAM을 통해 현지 주민 속에 뿌리를 내렸고 각 지방에서 핵심적인 조직적 구실을 했다.

그러나 공산당의 정책은 여전히 민중전선 전통을 굳게 고수하는 것이었다. 다만, 이제는 민족주의를 훨씬 더 강조한다는 점이 달랐을 뿐이다. 이탈리아공산당 지도자 팔미로 톨리아티는 전쟁으로 영업에 피해를 본 '기업주'와 '경영자'를 포함해 '이탈리아의 모든 사회 계층'에게 호소하는 방송을 내보냈다.[7] 프랑스에서는 공산당이 주도한 [무장 저항 조직] '의용 유격대FTP'의 구호가 '1인당 독일 놈 1명 죽이기'였다. 각국 공산당은 이렇게 저항운동에서 중요한 구실을 한 덕분에 국민 생활의 주류로 다시 통합될 수 있었고, 전쟁이 끝났을 때 매우 유력한 구실을 할 수 있는 토대를 마련했다.

사회민주주의 정당은 대체로 저항 투쟁에 미친 영향이 훨씬 작았다. 그들의 정치적 전통은 철저하게 의회주의적이었고, 그 대열 안에는 대세의 흐름을 따라 기꺼이 파시즘에 편승할 태세가 돼 있는 기회주의자도 많았다. 그 자신이 중요한 레지스탕스 대원이었고 나중에 프랑스 사회당의 지도자가 되는 기 몰레는 사회당의 레지스탕스 참여를 다음과 같이 묘사했다.

프랑스 [전체]에서 그랬듯이 사회당 내에서도 5~7퍼센트는 레지스탕스 대원이었고 2~3퍼센트는 페탱에게 협력하거나 그를 지지했으며 나머지는 1944년 초까지도 '기다려 보자'는 태도를 취하고 있었다. 레지스탕스는 사회당 역사에서 진정한 단절의 흔적을 남겨 놨다. 그때는 격동의 시기였다. 레지스탕스에 참여한 사람은 자신을 드러내지 않았다. 심지어 당내 동지들에게도 그랬다. 그래서 예컨대, [프랑스 북부의 나치 점령지에서 활동한] 리베라시옹노르(북부해방) 운동은 사회당원이 다수를 이루고 있었지만, 많은 대원과 심지어 그 지도자들도 끝까지 그 사실을 모르고 있었다.[8]

사회당의 레지스탕스 참여는 이렇게 중앙집중적이지 않은 (따라서 비정치적인) 성격을 띠었고, 이 점은 공산당과 분명히 달랐다.

그렇지만 저항운동에는 사회주의 사상, 적어도 개혁주의적 사회주의 사상이 스며들었다. 프랑스 레지스탕스의 지도 기구인 레지스탕스전국평의회CNR에는 19명의 위원이 있었는데, 그중 6명이 공산당원이었고 사회당원은 2명뿐이었으며 나머지 11명은 사회주의를 전혀 주장하지 않았다. 그러나 1944년 3월 머지않아 전쟁이 끝날 것임이 분명해졌을 때 레지스탕스전국평의회는 "사적 이익이 일반적 이익에 확실히 종속되도록 경제를 합리적으로 조직한다"는 원칙 아래 국가 계획, 국유화, 협동조합, 노동자의 경영 참여 등을 요구하는 강령을 만장일치로 채택했다.[9] 전쟁 때문에 많은 사람이 변화의 필요성을 분명히 깨달았다. 그러나 똑같은 말도 사람에 따라 의미가 달라지기 마련이어서, 그런 만장일치는 오래가지 못했다.

영국

제2차세계대전이 시작됐을 때 영국 노동당의 정치에는 아직 국제주의의 흔적이 남아 있었다. 그래서 1939년 6월 노동당 전국위원회는* 독일 국민에게 보내는 담화문에서 "우리는 여러분의 친구입니다" 하고 말하며 히틀러는 독일 국민의 적이라는 사실을 인정했다. 이런 태도는 전쟁에서 살아남지 못했다. 1941년 10월 노동당 국제부장 윌리엄 길리스는 어떤 독일인에게도, 심지어 사민당원에게도 권한을 위임할 수 없다고 주장하는 문서를 작성했다. 1943년부터는 독일 사민당 대표가 노동당 전당대회에 참석하거나 연설할 수 없게 됐다.[10]

1940년 5월 처칠은 노동당 지도자 여러 명을 정부에 끌어들여 거국일치내각을 구성했다. 특히 노동당 대표인 클레멘트 애틀리[를 처음에는 일종의 정무장관인 국새상서로, 나중에는 부총리로 임명했고], 어니스트 베

---

* 전국위원회는 노동당 전국집행위원회와 의원단, 노총TUC의 공동 협의 기구다.

빈을 노동복지부 장관으로 임명했다. 베빈은 비록 그때까지는 국회 의원이 아니었지만 [1922년부터] 운수일반노조TGWU 사무총장으로 오랫동안 재직한 핵심 인물이었다. 처칠의 목표는 베빈을 이용해 조직 노동계급이 전쟁을 지지하도록 만드는 것이었다. 몇 주 뒤 처칠은 다음과 같이 말할 수 있었다. "그[베빈]의 지도 아래 지금 영국 노동계급은 지난번 전쟁[제1차세계대전] 때보다 훨씬 많이 휴일과 특권을 포기하고 있다."[11]

베빈 자신은 만약 노동자들을 설득해서 전쟁 노력을 지지하게 만들려면 개혁(이나 적어도 개혁 약속)을 제공해야 한다고 주장했다. 베빈의 성공이 어느 정도였는지는 나치 독일의 경찰국가보다 영국의 전시 노동력 동원 수준이 더 높았다는 사실을 보면 알 수 있다.[12]

그렇지만 베빈은 당근뿐 아니라 채찍도 사용해야 했다. 1944년 봄에 그는 북동부 지방[의 탄광]에서 수습 노동자들의 파업을 성공시킨 혁명적공산당(트로츠키주의 조직이었다)의 당원 4명을 1927년의 노동쟁의법에 따라 기소하라고 지시했다(그들은 징역형을 선고받았지만, 그 판결은 항소심에서 뒤집혔다). 그와 동시에 베빈은 '필수 업무'에 종사하는 노동자들에게 파업을 선동하거나 부추기는 사람에 대한 처벌을 강화하는 규칙1AA를 도입했다. 나중의 많은 노조 관련 법령과 마찬가지로 규칙1AA의 목적도 노조에 족쇄를 채우는 것이 아니라, 노조 관료들이 현장 조합원들을 더 잘 통제하도록 도와주려는 것이었다. 노동부의 제안서는 "노조가 무책임한 자들을 더 강력하게 다루는 데" 규칙1AA를 이용해야 한다고 명시했다. 규칙1AA가 실제로 사용된 적이 없었다는 사실에서 오히려 그 조치가 성공적이었다는 것을 알 수 있다.[13]

물론 내각에 노동당원 장관이 몇 명 있는 것만으로는 노동자들을 전쟁 노력에 통합하는 데 충분하지 않았다. 그런 통합은 사회의 훨씬 더 낮은 수준에서도 이뤄져야 했다. 그래서 작업장에 공동생산위원회가 만들어졌다. 정부는 1944년 6월까지 약 4500개의 공동생산위원회가 만들어졌다고 주장했(지만 회의가 정기적으로 열리지 않거나 노조가 실제로 참여하지 않는 엉터리인 경우가 많았)다. 그렇지만 공동생산위원회는 이데올로기적 구실을 했다. 그리고 전쟁을 지지하는 공산당의 열정적 노력은 그런 이데올로기적 구실을 더욱 강화했다. 산업 현장에서 공산당의 영향력은 실제 당원 수(대략 5만 명을 넘지 못했다)보다 훨씬 컸다.[14] 그리고 전쟁 노력을 열렬히 지지하는 공산당의 노선은 사실상 노동당의 입지를 강화해 줬다.

물론 어니스트 베빈이든 공산당이든 노동자들의 전폭적 지지를 받을 수는 없었다. 공장에서는 노동당에 대한 환멸과 회의적 태도가 많았고, 파업은 전쟁 기간 내내 벌어졌다. 연립정부에 참여한 정당들은 선거 휴전에도 합의했(고 공산당도 이를 지지했)기 때문에 보궐선거에서는 모든 정당이 단일 후보를 지지했다. 그랬는데도 급진적인 무소속 후보들이 모든 정당의 연합 후보를 이긴 경우가 여러 번 있었다. 이상주의적 급진 좌파들의 결집체인 코먼웰스는 비록 회원 수가 1만 5000명을 넘지 못했지만 노동당의 좌파적 대안으로서 상당한 영향을 미쳤다.

군대의 사병들 사이에서도 급진주의는 존재했다. 군에 자원 입대한 사병은 극소수에 불과했다. 사병들의 노골적 반란은 제1차세계대전 때보다 적었지만 기존의 군사·정치 질서에 대한 잠재적 반대는 상당했다. 어떤 참전 군인은 제2차세계대전 당시의 영국군을 "반쯤은 국수주의적이고 반쯤은 반反파시즘적이며, [매우] 반反군국주의적이면서도 군사적으로 유능한" 군대라고 묘사했다.[15]

이렇듯 상황은 양면적이었다. 노동자들은 노동당 정치인들의 개혁 약속을 들으며 전쟁이 끝나면 사정이 전과 다를 것이라고 기대했다. 한편, 공동생산위원회는 영국의 산업 부문에서 현장위원 조직이 부활할 수 있는 토대를 놓았다. 노동자들을 [전쟁 노력으로] 통합한 덕분에 제2차세계대전은 [제1차세계대전을 끝낸 러시아 혁명과 독일 혁명 같은] 폭발적 결과를 낳지 않을 수 있었지만, 그 덕분에 전후 노동당 정부가 들어설 수 있는 토대가 마련되기도 했다.

좌파적 대안?

조직된 혁명적 좌파는 규모가 너무 작아서 공산당이나 사회민주주의 정당의 대안이 되지 못했다. 영국의 트로츠키주의자들은 사병들이 장교를 선출해야 하고 독일 노동자들에게 사회주의적 호소를 해야 한다고 주장했다. 1944년에 그들은 [탄광의] 수습 노동자 파업이 승리하는 데 한몫했다. 프랑스의 트로츠키주의자들은 레지스탕스의 반反독일 민족주의에 대항하려고 노력했고, 독일어 신문을 발행해서 파리와 브레스트를 점령하고 있는 [독일군] 병사들에게 배포했다. 그러나 둘 다 조직원이 수백 명에 불과했고, 다른 나라의 제4인터내셔널 지부들은 더 극소수였다. 이 조직들은 개혁주의의 탄력성을 심각하게 과소평가한 분석을 트로츠키한테 물려받았지만,* 어쨌든 그들

---

* 21장과 22장 참조 — 지은이.

은 너무 작고 고립돼 있어서 공동전선 전술을 제대로 적용할 수 없었다.

그러나 혁명적 좌파가 너무 소규모여서 영향을 미칠 수 없었다고 하더라도 상황 자체는 혁명적 잠재력이 있었다. 확실히 대다수 노동자는 (공장에 있든 군대에 징집돼 있든 아니면 저항운동에 몸담고 있든) 제2차세계대전이 반파시즘 전쟁이라는 신화를 받아들였다. 그들이 이런 신화를 사실로 받아들였다는 것 자체가 그들에게는 이 전쟁이 여느 전쟁과는 달랐다는 것을 의미한다. 그들은 1930년대의 세계, 즉 우파가 지배하고 대량 실업이 존재한 그 시절로 돌아가고 싶지는 않았던 것이다.

이 모든 것 때문에, 전쟁이 끝났을 때 [자본주의] 체제는 순조롭게 작동하기 힘들었다. 개혁주의 지도자들은 [대중의] 급진화가 안전한 경로를 벗어나지 않게 하는 데 애를 먹었다.

4장 역사의 갈림길

우리 외교정책의 핵심 원칙은 어디서든 사회주의 혁명이 일어나면 이를 보호하고 지원하고 장려하고 원조하는 것이어야 합니다. … 모든 나라의 상층계급은 이기적이고 부도덕하고 퇴폐적이고 타락했습니다. 이 상층계급들은 지난 4년 동안 자신들에 맞서 지하에서 싸워 온 사람들의 정당한 분노 앞에서 자신들을 지키기 위해 영국 군대와 영국인들에게 의존하고 있습니다. 우리는 상층계급들이 그러지 못하게 막아야 합니다.[1]

1945년 5월 나치 독일이 항복한 달에 열린 영국 노동당 당대회에서, 당시 유럽에서 이미 진행 중이던 혁명에 관해 이렇게 약간 예언적 견해를 표명한 청년 대의원이 한 명 있었다. 그의 이름은 데니스 힐리였다.[*]

힐리의 생각은 당시 아주 전형적이었다. 이렇게 좌파가 바라던 것

---

[*] 힐리는 나중에 당내 우파가 돼, 1974~1979년 노동당 정부에서 재무부 장관을 지냈다.

을 우파는 두려워하고 있었다. 1945년 6월 미국의 주요 관리 한 명[국무부 차관]은 자기 상관에게 보낸 편지에서 다음과 같이 말했다.

저는 서유럽의 상황이 매우 우려스럽습니다. 향후 몇 개월 동안 심각한 무질서 사태가 벌어질 가능성이 있습니다. 만약 서유럽 사람들, 특히 프랑스인들이 올겨울에도 난방이 제대로 안 되고 충분한 식량과 의복 없이 지내야 한다면, 그 심각한 결과는 단지 우리 군대와 충돌하는 사태에서 그치지 않고 우리의 장기적 이익을 매우 위태롭게 할 것이라고 생각합니다. 그것은 잘해야 우울한 전망입니다.[2]

1945년에 유럽은 역사의 갈림길에 서 있었다. 수많은 노동자는 전후의 세계가 어쨌든 과거와 달라야 한다는 열망을 품고 있었다. 히틀러가 유럽에 강요한 질서는 파탄 났다. 나치 점령 당국에 부역한 관리와 공무원이 수천수만 명이었다. 그들을 실제로 숙청하려면, 단지 그들을 다른 사람들로 교체할 수는 없었다. 그들을 대신할 '훈련받은' 관료들이 존재하지 않았기 때문이다. 새로운 질서가 출현하려면, 그것은 다른 형태의 사회조직, 더 민주적인 사회조직에 바탕을 둬야 했다. 유럽의 많은 나라에서 노동자들은 (흔히 무장하고 있었고) 바로 이런 상황 논리를 따라서 스스로 일을 처리하기 시작했다. 작업장을 통제하고 지역사회를 운영할 위원회들이 설립됐다. 나치 부역자들은 약간 급조된 정의의 심판을 받았다. 노동자들이 직접 선출하고 소환할 수 있는 기구인 노동자 평의회에 바탕을 둔 사회의 조짐들이 보이기 시작했다.

심지어 나치가 12년 동안 지배하면서 노동자 조직들을 분쇄해 버린 독일에서도 새로운 사회의 씨앗이 싹트기 시작했다. 독일을 침공한 [연합국] 군대가 목격한 것은 다음과 같은 상황이었다.

현지의 좌파 위원회들이 … 자발적으로 생겨난 현장위원회와 평의회를 통해 … 공장과 지방자치단체를 운영하고 있었다(공장주와 지자체장 등은 이미 도망가 버리고 없었다). … 모든 곳에서 그들은 강제수용소의 재소자들을 석방하고 식량 공급을 조직하고 구질서를 뿌리 뽑는 활동을 하고 있었다.[3]

소련·영국·미국 군대는 하나같이 이 위원회들을 최대한 빨리 해체해 버렸다.

분명히 이것은 여러 추세 가운데 하나에 불과했다. 앞으로 보게 되겠지만, 그 추세는 재빨리 질식당했다. 1945년의 유럽은 혁명적 권력 장악이 의제로 떠오르는 단계까지 순식간에 발전할 수 있는 그런 상황이었다.

여전히 엄청나게 많은 미군이 유럽을 점령하고 있었다. 그러나 1945년 말쯤 이 미군 사이에 불만이 팽배해 있다는 것이 드러났다. 그들은 제대해서 집으로 돌아가기를 간절히 원했고, 자신들이 악전고투하며 해방하려 한 바로 그 사람들을 억압하는 데 이용당하고 있다는 것이 매우 내키지 않았다. 1946년 초에 미군 1000여 명이 파리의 샹젤리제 거리를 행진[하며 이에 항의]했다. 같은 달 뉴욕에서 발행된 한 신문에는 [당시 나치 전범 재판이 열리고 있던] 뉘른베르크에서 보내온 다음과 같은 기사가 실렸다. "사실 미군은 파업 열병에 걸려 있다. 만나서 이야기를 나눠 본 거의 모든 병사가 억울함, 굴욕감,

분노로 가득 차 있었다."[4] 혁명적 운동이 성장했다면, 분명히 상당수의 미군 병사는 우호적 반응을 보이거나 적어도 적대 행위를 자제했을 것이다.

문제는 지도력의 위기였다. 1930년대에 유럽을 지배했던 많은 정당과 개인은 파시즘을 노골적으로 지지했거나 전쟁 전의 경제적 재앙에 대한 책임 때문에 전쟁이 끝났을 때 전혀 신뢰를 받지 못했다. 이탈리아와 독일에서 대다수 기성 정치인은 파시스트 독재에 아주 깊이 연루돼 있었다. 프랑스에서는 많은 전통적 우파와 중도파가 나치 점령 당국에 부역했다. 영국에서는 처칠의 개인적 인기도 1930년대의 대량 실업이 보수당 탓이라는 비난에서 보수당을 구할 수 없었다. 그와 동시에, 전쟁을 경험한 수많은 사람이 모종의 급진적 사회 변화를 원했다. 혁명적 좌파는 너무 작아서 영향을 미칠 수 없었기 때문에, 그 힘의 공백을 메운 것은 공산당과 사회민주주의 정당이었다. 그들과 경쟁한 주요 세력은 대체로 '좌파적' 가톨릭이었지만, 이들은 곧 겉치장에 불과한 급진주의를 버리고 우경화했다.

이런 상황을 배경으로 세계의 주요 열강들은 터무니없는 영토 점령을 실행하고 전후 세계를 악명 높은 '세력권'으로 분할했다. 이것은 수많은 현지 주민의 생각이나 이해관계를 완전히 무시한 채 이뤄졌다. 1944년 10월 처칠과 스탈린의 유명한 [모스크바] 회담에서 처칠은 작은 쪽지에 영국과 소련이 동유럽을 어떻게 분할할 것인지를 [비율로] 적어서 제안했다[이른바 '퍼센트 협상']. 그러자 스탈린은 파란색 연필로 체크 표시를 해서 승인했다. 처칠이 뻔뻔스럽게 말했듯이 "모든 문제가 해결되는 데 걸린 시간은 그것을 종이에 적은 시간만큼이나 짧았다."[5]

그런 비공식 '신사협정'은 1945년 1월 얄타에서, 또 1945년 7월 포츠담에서 승전국의 열강이 모인 주요 회담들에서 조금씩 수정되고 더 공식적인 지위를 얻었다. 포츠담회담이 진행되고 있을 때 [1945년 7월 5일 실시된 영국] 총선에서 노동당이 승리해서 막 총리가 된 클레멘트 애틀리가 처칠을 대신했지만, 그의 존재는 회담 진행에 거의 영향을 미치지 않았다. 개혁주의자들이 조용히 납작 엎드려 있는 동안 도둑들은 회담장에 모여서 전리품을 나누고 있었다.

원자폭탄

세계 분할이 완결되려면 더 많은 피가 필요했다. 나치 독일은 항복했지만, 일본과의 전쟁은 계속되고 있었다. 그 전쟁은 미국이 새로 개발한 원자폭탄을 아시아의 도시들에서 실험해 보기로 결정한 1945년 8월에 끝나게 된다. 무인도에서 원자폭탄 실험을 하자는 제안은 거부됐고, 폭탄이 투하될 일본 도시의 주민들이 대피할 수 있도록 미리 경고하자는 제안도 거부됐다(그 제안은 결코 인도주의 단체가 아닌 영국 외무부가 한 것이었다).[6] 미국이 원한 것은 진짜 시체였다. 또 미국은 일본이 항복하기 전에 그 무기를 사용하기로 결정했다. 원자폭탄을 사용할 필요가 전혀 없었는데도 그랬다. 미국 전쟁부 장관 헨리 스팀슨은 1945년 6월 대통령 트루먼에게 "우리가 아직 준비되지 않았는데 우리 공군의 폭격으로 일본이 완전히 초토화해서, 새로운 무기가 얼마나 강력한지를 보여 줄 적절한 배경이 사라져 버릴까 봐 약간 걱정됩니다" 하고 말했더니 대통령이 "웃으면서 알겠노라고 대답했다"고 한다.[7]

1945년 8월 6일 히로시마에 원자폭탄이 떨어졌다. 7만 8150명이 즉사하고 5만 명 이상이 다치고 17만 6987명이 집을 잃었다. 사흘 뒤 나가사키에 두 번째 폭탄이 떨어져 2만 3000여 명이 죽었다. 5일이 채 안 돼 일본은 항복했다. 그러나 십중팔구 핵무기가 사용되지 않았어도 일본은 항복했을 것이다.

분명히 핵무기의 종류와 잠재력은 아직 완전히 알려지지 않았다. 그런데도 많은 사람이 원자폭탄 투하를 보고 경악하거나 분노했다. 히로시마와 나가사키 폭격을 지지하지 않은 영국인이 21퍼센트였다.[8] 그러나 이 소수를 이끌어 줄 개혁주의 정치인은 아무도 없었다. 왜냐하면 개혁주의 정치인들 자신이 전후 합의가 잘 지켜지도록 관리하는 구실을 했고, 연합국이 무슨 수를 써서라도 승리하는 것을 보고 싶어 안달이 났기 때문이다. 이탈리아공산당 기관지 〈루니타〉(단결)는 다음과 같이 논평했다.

미 공군이 원자폭탄을 투하했다는 소식은 전 세계인에게 매우 강한 인상을 심어 줬고, 모든 곳에서 극심한 공포와 비난을 불러일으켰다. 우리가 보기에 이런 반응은 기이한 심리적 도착증이고 일종의 추상적 인도주의에 맹목적으로 굴복하는 것이다.[9]

분명히 영국 노동당 지도부에게는 그런 심리적 도착증이 전혀 없었다. 사실 영국 노총TUC 사무총장 월터 시트린은 다음과 같이 인종차별에 가까운 발언을 했다.

일본인들은 생사관이 우리와 전혀 다른 집요한 인종이다. 따라서 원자

폭탄처럼 대단히 파괴적인 무기를 사용하지 않으면 그들을 빨리 굴복
시킬 가망이 없을 것이다.[10]

프랑스

1944년 하반기에 나치 점령에서 해방된 프랑스는 온 나라가 혼란
에 빠졌다. 처음에 중앙정부는* 상황을 거의 통제하지 못했다. 다양한
도시에서 해방위원회가 수립됐다. 예컨대, 마르세유에서는 지방정부가
중앙정부와 상의하지도 않고 공적 소유 사업을 시작했다. 인민 법원
이 설립돼 약 1만 1000명의 나치 부역자가 재판을 받고 총살당했다.

이미 만들어진 노동자위원회를 철저히 통제한 것은 대부분 프랑
스공산당PCF이었다. 트로츠키주의 조직인 국제주의공산당PCI의 혁명
가들도 여러 곳에서 주도력을 발휘할 수 있었다. 그러나 정부 당국
은 국제주의공산당의 신문 〈베리테〉(진실)의 합법적 발행을 한사코
허용하지 않았다. 이런 언론 자유 탄압을 방조한 인물들 중에는 소
설가 앙드레 말로와 (먼 훗날 미테랑 정부에서 내무부 장관을 지내
는) 가스통 데페르도 있었다.[11]

1944년 12월까지도 내무부 장관은 여전히 지방의 해방위원회들
에 자율적 행동을 중단해 달라고 호소하고 있었다. 그를 지지한 공
산당 지도자 모리스 토레즈도 다음과 같이 주장했다.

---

* 명목상 수반은 샤를 드골이었지만 실제로는 공산당과 사회당, 기독교민주주의
  정당인 민중공화국운동의 3당 체제였던 프랑스공화국임시정부GPRF를 말한다.
  1944~1946년에 존속했고 뒤이어 제4공화국이 들어섰다.

레지스탕스전국평의회가 중앙정부를 대신하지 않았듯이, 지방의 해방 위원회들도 지방의 행정 당국을 대신해서는 안 된다.[12]

프랑스의 전통적 우파는 나치 부역에 너무 깊이 연루돼 있어서 전쟁 직후의 정치 무대에 거의 등장할 수 없었다. 처형이나 기소를 모면한 자들은 당분간 납작 엎드려 있었다. 그래서 개혁주의 좌파가 얼마든지 마음대로 할 수 있는 상황이었다. 그러나 공산당은 소련과 서방의 최근 세력권 분할을 존중하고 싶은 마음이 간절했고, 사회당은 노동자 평의회에 기초한 권력을 장악하려고 나설 용기가 없었다. 그래서 두 정당 모두 샤를 드골이 이끄는 정부에 들어가는 데 동의했다.

처칠과 마찬가지로 드골도 우파적 배경을 가진 인물이었지만, 주류 정치 엘리트들이 보기에는 아웃사이더였다. 드골이 1940년에 페탱을 지지하기를 거부한 것은 분명히 용감한 행동이었고, 그는 망명지[영국]에서 [자신의] 지지 기반[자유프랑스]을 구축했다. 그러나 만약 공산당과 사회당 지도자들이 드골의 지도력을 인정하는 것이 정치적으로 적절하다고 생각하지 않았다면, 그는 프랑스 국내에서 조직되고 무장한 레지스탕스를 결코 당해 낼 수 없었을 것이다.

공산당은 가장 크고 가장 잘 조직된 정당이었다. 해방 직후 공산당의 당원 수는 거의 100만 명에 가까웠다. 조직 노동자들을 설득해서 새로운 정권을 묵인하게 하고, 파업을 금지하고, 생산성을 높이는 데서 공산당의 산업 현장 기반은 결정적으로 중요했다.

프랑스 사회당SFIO의 구실도 중요했다. 사회당은 비록 산업 현장 기반은 공산당보다 약했지만, 선거에서는 상당한 지지를 받았고 공산당과 신생 기독교민주주의 정당(가톨릭 레지스탕스 대원들이 만든 정당인 민중공화국운동MRP) 사이에서 균형추 구실을 할 수 있었다. 1945년 봄에 실시된 지방자치 선거에서 사회당은 지역별로 다양한 동맹 전략을 추구했다. 어떤 지역에서는 공산당과 동맹했고, 다른 지역에서는 공산당에 맞서 우파와 연합했다.

1945년 10월 제헌의회 선거에서는 좌파가 압도적으로 승리했다 (이런 상황은 1981년까지 되풀이되지 않았다). 공산당과 사회당의 득표수가 전체의 절반 이상이었고, 의석수를 합치면 총 586석 가운데 302석이었다. 따라서 공산당과 사회당의 연립정부 구성은 가능했다. 그런 정부가 들어섰더라도 (일부 우파가 두려워한 것처럼) 프랑스가 친소련 진영으로 들어가지는 않았을 것이다. 스탈린이 얄타회담의 협상 결과를 확실히 준수했을 것이기 때문이다. 또 상황의 압력 때문에 [경제] 재건과 생산성을 위해 노동계급에게 긴축을 강요했을 것이다. 그러나 좌파 정부가 들어선 것만으로도, 노동계급의 기대를 높이는 효과를 냈을 것이고 그 기대에 부응하지 못한 것에 대해 변명하기도 더 힘들었을 것이다. 사회당은 위험을 무릅쓰지 않는 것을 선호했고, 그래서 민중공화국운동을 연립정부에 포함하자고 주장했다. 이듬해 [1월] 드골은 임시정부 수반에서 물러났고 [11월 총선에서 공산당에 원내 1당 자리를 내준 뒤에] 정계 은퇴를 선언했[지만 정치 활동을 계속했]다. 총선이 두 차례 더[1946년 6월과 11월] 실시됐고, 사회당은 의석수가 150석에서 105석으로 감소했다. 그러나 기본적 정치 구도는 그대로 유지됐다.

이 시기에 사회당은 상당한 변화를 겪고 있었다. 1940년에 페탱에게 찬성표를 던진 국회의원들(당시 원내 정당의 4분의 3)은 일시적으로 당에서 제명됐다. 이들과 그 밖의 부역자들이 사라지자 사회당은 좌경화했다. 당내의 한 경향은 이런 새로운 상황을 이용해 사회당을 탈바꿈하려 했다. 그들의 목표는 영국 노동당 노선을 따라 당을 혁신하는 것이었다. 그것은 사회당의 강령에서 마르크스주의 지지를 삭제하고 전통적인 반反성직주의를* 폐기한다는 것을 의미했다. 그러면 민중공화국운동에 가입한 많은 사람을 사회당으로 끌어올 수 있을 것이라고 그들은 주장했다. 다른 경향, 즉 사회당의 전통적 노선을 고수하려는 경향이 당내 다수파였다.

그 결과 사회당은 우경화의 함정은 피했지만 왼쪽의 함정에 빠지고 말았다. 1946년 7월에 열린 당대회에서 당내 좌파의 입장은 레지스탕스 대원 출신의 청년 한 명이 제출한 동의안에 표현돼 있었는데 (그의 목표는 레옹 블룸 주위의 보수파를 교체하는 것이었다), 거기에는 다음과 같이 어느 정도 호소력 있는 문구들이 들어 있었다.

우리는 수정주의를 추구하는 모든 시도를 비난해야 한다고 믿는다. 특히, 거짓 휴머니즘에 고무된 시도를 비난해야 한다. 왜냐하면 그것의 진짜 의미는 계급투쟁이라는 근본적 현실을 숨기는 것이기 때문이다. 우리 당이 조직화와 선전, 대중 속으로의 침투라는 필수적 임무를 무시하고, 활동을 의회와 정부로 제한하고, 해방 이후 정치적·전술적 실수들을 저지르게 된 것은 당내에서 마르크스주의 사상이 약해졌기 때문이다. … 반파시즘 투쟁의 교훈으로 마르크스주의를 풍부하게 하고,

---

* 반성직주의anti-clericalism는 성직자들이 정치·사회 문제에 영향력을 행사하거나 교리주의를 내세우고 특권과 부를 누리는 데 반대하는 운동과 사상으로, 반교권주의라고도 한다.

현 단계의 필요에 맞게 마르크스주의를 정비하는 것, … 위장된 공상
적 사회주의로 마르크스주의를 물타기하지 않는 것, 바로 이런 원칙을
정립하는 데서 우리는 시작해야 한다.[13]

그 동의안은 가결됐고, 발의자는 사회당의 새 사무총장이 됐다.
그가 바로 기 몰레였고, 그는 이후 12년 동안 가차 없이 우파적 정
책들을 주도하게 된다(9장 참조). 유럽의 많은 사회민주주의 정당과
달리 사회당은 1914년 이전 제2인터내셔널의 틀(순수한 강령과 개
혁주의적 실천의 결합) 안에 그대로 남아 있었다.

그 부작용 하나는 전후 프랑스에서 가장 유명한 개혁주의자들 일
부가 사회당 밖에 남아 있었다는 것이다. 특히, 피에르 망데스프랑스
와 프랑수아 미테랑이 그랬다. 망데스프랑스는 급진당[중간계급 기반의
자유주의 정당]에 남아 있었고, 미테랑은 레지스탕스사회민주연합UDSR
창립을 지원했다. 레지스탕스사회민주연합은 사회주의를 주장하면
서도 마르크스주의와 반성직주의는 거부했다. 레지스탕스사회민주
연합의 지도자들은 영국 노동당의 프랑스 버전을 만들고 싶어 했지
만, 프랑스 국회에는 레지스탕스사회민주연합 소속 국회의원이 한
줌밖에 안 됐다. 그러나 제4공화국의 비례대표제 덕분에, 미테랑이
장관직을 역임할 수 있는 기반을 제공할 만큼은 충분히 강력했다.

이탈리아

이탈리아도 상황의 기본적 요인들은 프랑스와 비슷했지만, 사태
전개의 속도는 달랐다. 1943년 7월 궁정 혁명으로 무솔리니가 타도

되고 바돌리오 원수가 총리가 됐다. 1935년 이탈리아 군대를 이끌고 에티오피아를 침략한 바돌리오는 무솔리니와 정치적 차이는 별로 없었지만, 상황이 불리하다는 것을 깨닫고 연합국과 휴전했다. 그러나 이탈리아 북부는 여전히 독일군의 수중에 있었다.

1944년 4월 이탈리아공산당PCI의 지도자 톨리아티가 [망명지 소련에서] 귀국해 바돌리오 정부에 들어가는 데 동의했다. 그렇게 해서 톨리아티는 공산당이 노동계급의 독립적 행동을 이끌거나 권력 장악을 결코 시도하지 않을 것이라는 분명한 신호를 보내고 있었다.

많은 증거를 보면, 그 뒤 12개월 동안 독일이 패배하고 이탈리아가 20년간의 파시스트 지배에서 깨어나고 있을 때 노동계급 권력이 수립될 가능성이 있었다. 1944년 12월 시칠리아의 라구사에서 징병 거부가 발단이 돼 무장봉기가 일어났다. 그 지역의 사회당과 공산당은 적극적 구실을 했지만, 공산당 중앙은 봉기에 반대했다. 결국 군대가 봉기를 잔혹하게 진압했다. 1945년 4월 말에는 이탈리아 북부의 대규모 공업 도시인 밀라노와 토리노에서 노동자들이 반란을 일으키고 도시를 장악했다. 많은 투사가 1920년의 공장점거를 분명히 기억하고 있어서, 노동자 평의회를 수립해 공장을 운영했다. 약 2만 명의 파시스트가 총살당했다.

1945년 내내 작업장에는 정부의 권력과 또 다른 권력이 어색하게 공존하고 있었다. 그래서 〈이코노미스트〉는 다음과 같이 보도했다.

각 지역 민족해방위원회가 모든 대공장에 … '경영 평의회'를 설립했다. 이 평의회들은 이제 산업계의 우두머리들이 저항운동 시절 반파시즘 애국자들의 생각을 결코 무시하지 못하게 만들려고 했다.[14]

프랑스에서 그랬듯이 이탈리아에서도 좌파 중에서는 공산당이 가장 강력하고 가장 잘 조직된 부문이었다. 이탈리아공산당은 전쟁이 끝날 때쯤 급성장했다. 사람들이 공산당에 가입하려고 길거리에 줄을 서서 기다리고 있다는 이야기도 있었다.[15] 공산당은 확고한 정부 여당이었다. 그래서 1944년에 사회당이 보수적인 이바노에 보노미 총리의 정부에 들어가기를 거부했을 때도 공산당은 정부에 남아 있었다. 1945년에 공산당은 좌파인 행동당 소속 총리[페루초 파리]가 이끄는 정부를 무너뜨리고, 기독교민주당의 알치데 데가스페리가 이끄는 연립정부가 들어서게 했다. 당시 공산당 안에서는 두 가지 노선이 등장하고 있었다. 하나는 당 대표인 톨리아티가 주창한 노선인데, 기독교민주당까지 아우르는 광범한 연합을 추구했다. 다른 하나는 사회당과의 자연스러운 결합을 강조하는 노선이었다. 두 노선 모두 실현되지 않았다. 물론 몇 년 동안 공산당은 사회당과 긴밀한 동맹 관계를 발전시켰다.

전통적 이탈리아사회당은 파시즘 치하에서 지하운동을 전개하지도 못하고 로마교황청의 보호도 받지 못하는 등 영 신통치 않았다. 사회당은 대체로 망명 조직이었고 심각하게 분열돼 있었다. 1943년 1월 렐리오 바소 등이 프롤레타리아통일운동MUP이라는 조직을 새로 만들었다. 그 조직에서는 트로츠키주의자들을 비롯한 마르크스주의자들이 어느 정도 영향력을 발휘했다. 1943년 8월 기존 사회당과 프롤레타리아통일운동이 통합해서 새롭고 더 활력 있는 사회당을 만들었다. 이 사회당은 1944~1945년에 급속하게 성장했고, 공산당보다 더 좌파적인 조직으로 분명하게 자리를 잡았다.

공산당의 미사여구는 국민 화합과 단결에 집중된 반면, 사회당은 계급을 훨씬 더 강조했고 더 급진적인 개혁을 옹호했다. 앞서 봤듯이, 사회당은 공산당과 달리 보노미 정부에 들어가기를 거부했다. 사회당은 공산당과의 공동 행동을 강력히 지지했다. 그렇게 해서 공산당이 소련에서 멀어지게 만들려고 했다. [그러나] 단기적으로는 반대 방향으로 끄는 힘이 작용했다. 사회당은 공산당보다 더 좌파적이 되거나 아니면 공산당이 스탈린주의에서 멀어져 사회민주주의 쪽으로 오게 만들 수 있는 기반이나 정치가 없었다.

행동당에 대해서도 한마디 해야겠다. 1942년에 반파시스트 정당으로 만들어진 행동당은 1920년대의 정치 세력들과는 아무 연관이 없었고 분명한 정치적 원칙도 없었다. 일관된 입장이 없다 보니 때로는 사회당처럼 공산당보다 좌파적이었지만 훨씬 불안정했다. 영국의 코먼웰스와 마찬가지로 이탈리아 행동당도 당시의 급진화 물결과 함께 떠올랐다가 함께 가라앉았다. 1947년에 행동당이 해체될 때 대다수 당원은 사회당에 가입했다.

그리스

제2차세계대전 때 독일군에 점령당한 그리스에서는 공산당KKE이 [반나치] 대중조직인 민족해방전선EAM과 그 군사 조직인 그리스인민해방군ELAS을 건설했다. 1944년쯤 민족해방전선은 그리스 전체 인구 700만 명 가운데 200만 명의 지지를 받았다고 한다. 10월에 독일군이 철수했을 때 민족해방전선은 그리스 영토 거의 전체를 사실상 지배하고 있었다. 그러나 같은 달에 처칠과 스탈린은 그리스를 영국의 세력권에 포함한다는 데 합의했다. 그래서 독일군이 그리스에서 떠나자 영국군이 진주했다.

민족해방전선은 처칠과 스탈린의 합의를 틀어지게 만들거나 [영국군을] 도발하지 않으려고 신중하게 처신했다. 민족해방전선의 신문은 기존 정부를 지지하면서, [나치] 부역자 숙청, 국민경제의 계획 내에서 사회적 서비스 [제공], 산업체의 사적 소유 유지를 요구했다. 그렇지만 노동계급의 투쟁성을 보여 주는 조짐들이 나타났다. 11월 초에 아테네의 섬유 노동자 2000명이 공장을 접수하고 '경영 위원회'를 수립했다.[16]

12월 초에 그리스 주둔 영국군 사령관인 로널드 스코비 장군이 민족해방전선에 무장해제 명령을 내렸다. 아테네 거리에서 시위대가 사살당했고, 도시의 노동계급 지구들은 폭격을 당했다. 민족해방전선은 기꺼이 타협할 의사가 있었지만, 자기 보존을 위해서는 어쩔 수 없이 싸워야만 했다. 격렬한 투쟁이 이듬해 2월까지 계속되다가 마침내 민족해방전선은 만족스럽지 않은 합의를 받아들였다. 그것은 분명히 소련의 압력을 받은 결과였다. 왜냐하면 민족해방전선은 온 힘을 다해 싸우지 않았기 때문이다.

그리스에는 이렇다 할 사회민주주의 경향이 없었다. 좌파는 민족해방전선이 지배하고 있었다. 그래서 영국은 민족해방전선에 대항할 모종의 좌파적 인물이 필요했는데, 게오르기오스 파판드레우가 거기에 딱 맞았다. 파판드레우는 1944년 4월 이후 영국의 지원을 받는 그리스 망명정부의 총리였다. 처칠은 파판드레우가 그리스에서 영국의 대리인 노릇을 할 적임자라고 여겼다. 그래서 8월에 처칠은 [당시 영국 외무부 장관인] 앤서니 이든에게 다음과 같이 썼다.

분명히 우리는 파판드레우에게 계속 총리직을 유지하면서 모든 것을 견뎌 내라고 말해 줘야 한다. … 우리는 이미 파판드레우를 선택했으므로 사람을 고르지 않아도 된다. 그리고 파판드레우를 보자마자 이빨을 드러내며 으르렁거리는 늑대처럼 구는 못된 그리스 [공산당 — 지은이] 산적들에게 그를 넘겨줘서는 안 된다.[17]

어떤 그리스 역사가는 파판드레우가 좌파를 분쇄하는 일에 안성맞춤이었다고 지적했다.

파판드레우는 매우 미묘하고 까다로운 이 작업에 적합한 이상적 선택이었다. 엘레프테리오스 베니젤로스 총리 시절 장관을 지낸 그는 일관된 공화주의 신념으로 유명했다. 그러므로 파판드레우는 좌파에게 최고의 신뢰감을 줬다. 전에 그는 민족해방전선의 의장을 맡아 달라는 제안을 받았지만 거절했다. 이제 그는 민족해방전선을 전멸시키라는 요구를 받고 있었다.[18]

몇 달 동안 파판드레우는 민족해방전선과 협상해서 일련의 합의와 타협을 이끌어 냈다. 1945년 1월쯤 소련의 압력을 받은 민족해방전선은 사실상 투쟁을 포기했다. 파판드레우는 자신의 목표를 달성하고 곧 실각했다.

파판드레우의 타협과 처칠의 유혈 낭자한 개입은 쓰디쓴 열매를 맺었다. 1945년 2월 12일 협정 체결 후 공산당은 혹독한 탄압에 직면했다. 1946년 그리스 총선은 너무 노골적인 부정선거여서 공산당은 선거 참여를 거부했다. 머지않아 새롭고 더 지독한 내전이 시작됐다. 1947년 2월까지 그리스 우파 정권은 영국 노동당 정부한테서 상당한 군사적·재정적 지원을 받았다. 영국군이 그리스에서 최종 철수한 것은 1949년 10월이었다. 이제 그리스공산당은 1944년보다 작고 고립돼 있었다. 2년 뒤 소련과 유고슬라비아가 지지를 철회하자 그리스공산당은 패배를 인정해야 했다. 파판드레우와 협상하느라고 허비한 시간은 권력 장악을 준비하는 데 쓰일 수도 있었을 것이다. 이후 오랫동안 우파가 그리스를 지배하게 된다.

식민지 세계

제2차세계대전이 끝났을 때 혁명의 칼날 위에 서게 된 것은 유럽만이 아니었다. 전쟁의 목적 하나는 아시아와 아프리카의 나라들을 계속 지배하기 위해 싸우는 것이었다. 그러나 아시아·아프리카의 민중은 어떤 형태로든 제국주의의 지배가 지속돼야 할 이유는 전혀 없다고 흔히 생각했다.

식민지를 거느린 다른 유럽 열강과 달리 영국은 나치의 점령을 겪지 않았다. 그래서 1945년에 특별한 구실을 할 수 있었다. 그해 7월 집권한 노동당은 제국주의의 미래에 대한 분명한 전망이 없었다. 노동당의 공식적 미사여구는 온정주의적이었지만, 따지고 보면 인종차별적이었다. 전시에 노동당 전국집행위원회가 작성한 보고서는 다음과 같이 주장했다.

아프리카에서 대영제국을 비롯한 유럽 국가들은 엄청나게 넓은 영토와 수많은 아프리카인을 직접 통치할 책임이 있다. 왜냐하면 아프리카

인들은 경제·정치 체제가 너무 후진적이어서 '아직 독립할 수 없기' 때문이다.[19]

그 보고서는 "국민이 후진적이거나 문화가 원시적이어서" 스스로 나라를 다스릴 수 없는 사례로 나이지리아·수단·케냐·우간다·탕가니카 등을 열거했다.

이런 온정주의의 이면에 있는 더 노골적인 논리를 어니스트 베빈은 다음과 같이 분명히 말했다.

나는 대영제국을 희생시키고 싶지 않다. 만약 대영제국이 무너진다면 … 우리 유권자들의 생활수준이 상당히 하락할 것임을 알기 때문이다.[20]

따라서 애틀리 정부가 기꺼이 제국의 관리자 노릇을 하면서, 있는 힘껏 대영제국을 보존하고자 최선을 다했을 뿐 아니라 다른 제국주의 열강을 도와주려고 개입하기도 했다는 사실은 결코 놀라운 일이 아니다. 영국군은 인도네시아에 파병됐는데, 그곳에서는 일본의 점령이 끝난 후 민족주의 세력들이 독립을 위해 싸우고 있었다. 따라서 노동당 정부는 인도네시아 영토를 지키려고 헛되이 투쟁하던 네덜란드 식민주의자들을 지원하고 있었다.

훨씬 더 주목할 만한 사례는 베트남이다. 왜냐하면 베트남은 1945년에 어쩌면 노동계급 혁명이 실제로 일어날 수 있었던 식민지 나라였기 때문이다. 베트남에는 노동계급 투쟁과 반제국주의 투쟁의 오랜 전통이 있었고, 트로츠키주의 지도부가 이끄는 혁명적 경향이 상당한 기반을 갖고 있었다.

과거에 프랑스의 식민지이던 베트남은 [제2차세계대전 때] 일본에 점령당했다. 심지어 일본 점령기에도 노동자들은 투쟁성을 과시했다. 일본이 항복했을 때 프랑스는 즉시 베트남을 재점령할 처지가 못 됐다. 그래서 포츠담회담의 결정에 따라 마운트배튼 경이 지휘하는 영국군이 베트남에 진주했다. 영국군은 무장봉기와 노동자 시민군 결성에 직면했다. 사이공 외곽 지역 일부가 반란군 수중에 떨어져 프랑스 식민주의자들이 처형당했다. 공산당이 주도한 베트민[베트남독립동맹]은 그리스공산당이 그랬듯이 싸워야 했지만, 포츠담협정을 틀어지게 해서는 안 된다는 압력을 분명히 받고 있었다. 결국 베트민은 평화협정에 서명했고, 먼저 트로츠키주의 지도자들을 살해하고 나서야 완전히 통제력을 회복할 수 있었다.

노동당 내부에도 비판하는 사람들이 있었지만, 애틀리 정부는 충성스럽게 대영제국에 헌신했고 프랑스 제국주의가 베트남을 안전하게 지배하도록 도와줬다. 만약 베트남에서 노동계급 혁명이 일어났다면 식민지 세계 전역에서 열망이 분출했을 것이고 다시 한 번 '연속혁명'이 현실이 될 수 있었을 것이다. [그러나] 베트남에서 노동계급 혁명이 질식사당하면서 인도차이나에서 30여 년간의 유혈 참사로 가는 길이 닦였다.

제국을 지지하는 노동당 지도자들의 태도를 완화시킨 것은 그들의 실용주의였다. 베트남과 인도는 완전 별개였다. 1945년 총선 때 노동당은 인도를 어떻게 할지 분명한 방침이 없었고, 노동당 후보 가운데 선거공약집에서 그 문제를 거론이라도 한 사람은 10퍼센트도 채 안 됐다.

1946년이 되자 영국이 더는 인도를 지배할 수 없다는 것이 분명해졌다. 인도 민중의 불만은 엄청났고, 그들은 대부분 마하트마 간디의 통제를 받지 않았으며 그의 비폭력 노선을 거부했다. 영국이 계속 인도를 지배하려면 엄청난 군사적 노력을 기울여야 했을 것이다. 이 점은 1946년 영국 해군 [소속 인도 수병들의] 반란 이후 완전히 분명해졌다. 어쨌든 영국 제국주의가 바랄 수 있는 것은 인도를 정치적으로 직접 지배하지는 않으면서도 계속 착취하는 것이었다. 그래서 노동당 정부는 최대한 빨리 인도에서 철수하기로 서둘러 결정했다. 마운트배튼이 파견돼서 세부 사항들을 결정했다. 노동당이 인도의 독립을 '승인'한 것은 순전히 편의주의 때문이었지, 반제국주의 원칙과는 아무 상관이 없었다.

5장 국유화: 새로운 기업주를 영접하라

1945년 말쯤 유럽은 노동계급 혁명의 직접적 위험에서 벗어났다. 노동자들의 이익을 대변한다고 자처하는 정당들 덕분이었다. [그러나] 더 큰 과제가 남아 있었다. 그것은 바로 전쟁으로 파괴되고 망가진 서유럽 자본주의를 재건하고, 경제 위기에 시달리며 금방이라도 무너질 듯하던 1930년대보다는 더 안전한 기반 위에 서유럽 자본주의를 세워 놓는 것이었다.

이 과제에 사회민주주의 정당들은 딱 맞았다. 그들이 약속한 국가 개입은 자본주의에 새로운 활기를 불어넣는 데 반드시 필요했다. 또, 그들은 노동계급의 지지를 받았고 노동조합과 연계도 있어서 노사 협력을 끌어낼 수 있었다. 그리고 자본주의를 전복하겠다고 나서지 않으리라는 것도 분명했다. 1940년대 하반기에는 유럽의 거의 모든 나라에서 사회민주주의 정당이 한동안 어떤 형태로든 정부에 참여하고 있었다. 영국·프랑스·벨기에·오스트리아와 스칸디나비아 각국에서는 사회민주주의자인 총리가 정부를 이끌었고, 이탈리아·네덜란드·룩셈부르크에서는 사회민주주의 정당이 연립정부에 참여하고 있었다.

대부분의 경우에 사회민주주의 정당은 다른 세력들, 특히 공산당이나 기독교민주주의 정당과 협력했다. 오스트리아·벨기에·프랑스·아이슬란드·이탈리아·핀란드에서는 정부에 공산당원 장관이 있었다. 단기적 쟁점들에서는 그들이 합의를 이룰 수 있었지만, 장기적 전략은 서로 달랐다. 사실상 소련의 통제를 받고 있던 공산당은 진정한 사회 개혁에는 별로 관심이 없었다. 그들이 연립정부에 참여한 목적은 전후의 [세력권] 분할이 지켜지도록 관리하는 것이었고, 소련의 이익에 부합한다고 생각될 때는 재빨리 혁명의 미사여구(실천이 아니라)로 되돌아갔다. 반면에, 기독교민주주의 정당은 자본가들의 이해관계를 직접 대변했지만 겉치장에 불과한 반파시즘 급진주의를 내세우고 있었다.

영국

그러므로 영국 노동당 정부의 사례는 특히 흥미롭다. 1945년 7월 총선에서 압승을 거둔 노동당은 거의 6년 반 동안 다른 어느 정치 세력과 연합하지 않고도 계속 집권했다. 따라서 노동당 정부는 전쟁 직후 상황에서 사회민주주의 정부가 무엇을 하려고 했는지, 또 무엇을 할 수 있었고 없었는지를 보여 주는 순수한 실험 모델이다.

노동당 지도자들의 주요 전략적 목표는 두 가지였다. 첫째는 노동 계급의 개혁 요구와 기대를 다른 데로 돌리는 것이었다. 이것은 불가피하게 일정한 양보를 수반했다. 이 점에 관해 노동당과 보수당 사이에 강조점의 차이는 있었을지 모르지만, 양보가 필요하다는 것 자체는 둘 다 동의했다. 이름이 적절하게 붙은 퀸틴 호그(나중의 헤일

섬 경)라는* 똑똑한 청년 보수당원은 1943년에 [국회에서] 다음과 같이 말했다.

만약 여러분이 국민에게 개혁을 선사하지 않으면 국민이 여러분에게 혁명을 선사할 것입니다. 현재 벌어지고 있는 전투에 이어서 산업 현장에서 위험한 파업이 잇따라 벌어질 가능성과 그것이 우리 산업의 회복에 미칠 효과를 한번 생각해 보십시오.[1]

둘째 목표는 경제의 구조조정이었다. 특히, 경제 전체에는 꼭 필요하지만 사적 소유가 효율적으로 작동하지 않는 부문들을 발전시키는 것이었다. 이것은 상당한 정도의 국유화, 특히 연료와 수송 부문의 국유화를 의미했다.

이런 정책들은 과거와 급진적으로 단절하는 것이 아니었다. 이미 제1차세계대전 후에 정부 산하 조사 위원회는 석탄 산업의 "현재 소유·운용 제도가 부적합하다"고 판정했고,[2] 1930년대에 보수당 국회의원 해럴드 맥밀런도 탄광과 식품업 등 상당한 부문에서 공적 소유가 존재하는 "계획된 자본주의"를 옹호했다.[3]

가장 엄격하게 자본주의적인 측면에서 볼 때 국유화에 적합한 것은 탄광과 철도였다(물론 보상을 전제로 한 국유화였다). 탄광 소유자들은 전시의 석탄 수요를 이용해 폭리를 취하려 했지만, 1944년에 탄광 파업이 급증하자 기존 경영 방식으로는 영국 산업에 필요한

---

* '호그'는 영어로 '돼지'라는 뜻이 있어서 흔히 기분 나쁜 사람을 욕할 때 쓰는 말로, 지은이가 농담한 것이다.

석탄을 생산할 수 없다는 것이 분명해졌다. 철도는 훨씬 더 위태로운 상태였다. 1938년에는 주요 철도 회사 4개 가운데 1개만이 배당금을 지급했다. 1940년에 정부는 중요한 조건을 전혀 달지 않고 철도 산업에 연간 4000만 파운드의 최소 수입을 보장해 주는 합의를 체결했다. 전후에 유일한 대안은 계속 엄청난 보조금을 지급하거나 아니면 국유화하는 것뿐이었다.

그러므로 사람들이 국유화 전망에 큰 불안과 공포를 느끼지 않은 것은 결코 놀라운 일이 아니다. 노동당이 총선에서 승리하자 증권시장에서 약간 우려하는 분위기가 나타나기도 했지만, 1~2주 만에 [노동당과 노총 지도부가 운영하는 신문] 〈데일리 헤럴드〉는 증권시장이 "호황을 누리고" 있으며 심지어 국유화하기로 예정된 회사들의 주가도 오르고 있다고 보도했다.[4]

지배계급의 희망은 실망으로 바뀌지 않았다. 탄광 국유화 후 5년 만에 석탄 생산은 17퍼센트 증가했는데, 이는 주로 생산성 향상 덕분이었다. 1인당 석탄 생산량도 1947년 1.07톤에서 1951년 1.21톤으로 증가했다. 1인당 연간 생산량은 1942~1946년 266톤에서 1951년 303톤으로 증가했다.[5]

그 결과, 노동당을 못 잡아먹어 안달이던 일부 사람들조차 노동당의 국유화 정책에 찬사를 보냈다. 1948년에 [영국 최대의 화학 회사] 임피리얼케미컬인더스트리[ICI]의 총수 맥고완 경도 광산 국유화가 옳았다며 사적 소유였다면 주당 생산량이 100만 톤 더 적었을 것이라고 말했다.[6] 이듬해에 〈이코노미스트〉는 "국유화가 없었다면" 석탄은 더 부족하고 철도 요금은 더 올라서 지금보다 "아마 사정이 더 나빴을 것"이라고 주장했다.[7]

분명한 사실은 노동당의 국유화가 기존 지배계급의 부와 권력에 도전하는 정책이 결코 아니었다는 것이다. 보상은 매우 후했다. 영국은행이 국유화됐을 때 주주들은 그동안 영국은행에서 얻던 소득을 똑같이 보장하는 국채를 충분히 받았다. 석탄의 경우에는 만약 탄광업이 사적 소유로 남아 있었다면 탄광 소유자들의 연간 예상 순수입액이 얼마나 될지를 계산하기 위해 특별 조사 위원회가 설립됐다. 경영 방식이 달라진 것도 아니었다. 석탄공사 초대 사장인 힌들리 경은 영국 최대의 탄광 회사 경영자였다. 사장 이하 지역·지방의 석탄공사·탄광 경영자들도 여전히 그대로 남아 있었다.

국유 기업 내에서 권력의 성격을 바꾸려는 시도도 전혀 없었다는 것은 확실하다. 애틀리 정부에서 [경제부와 재무부] 장관을 지낸 스태퍼드 크립스는 다음과 같이 말했다.

내 경험으로 보면, 영국에는 대기업들을 인수할 수 있는 매우 큰 노동자 단체가 아직 존재하지 않는다. … 내 생각에 영국에서는 노동자가 산업을 통제하는 것이 거의 불가능하다. 그것이 대체로 바람직하더라도 말이다.[8]

노동자 통제는 누가 선사하는 것이 아니다. 그것은 쟁취해야 한다. 그러나 노동당 지도자들이 감히 노동자 통제를 제안할 위험은 전혀 없었다. 노조 관료들에게 국유 기업의 이름뿐인 직책 몇 개를 주는 정도는 시도할 수 있었다.

광원과 철도 노동자들은 옛 소유자를 다시 맞이하고 싶은 생각이 전혀 없었지만, 동시에 새로운 산업체가 '자신들의 것'이라고 느끼지도 않았다. 탄광 국유화 후 1년이 채 안 돼 요크셔의 광원들 거의 절반이 작업량 증가에 항의해 [노조 지도부의 승인 없이] 비공인 파업을 벌였다. 이제 그들은 법원뿐 아니라 자기 노조의 반대에도 맞서 싸워야 했다.

많은 노동당 지지자는 전후 노동당 정부의 결정적 성과가 국유화 강령이 아니라 복지 정책이라고 생각했다. 복지 정책은 노동계급의 생활수준 향상에 물질적으로 도움이 되는 것처럼 보였기 때문이다. 여기서도 노동당의 전략은 두 가지 주요 요소로 이뤄져 있었다. 하나는 개혁 요구에 기꺼이 양보하는 것이었고, 다른 하나는 개조된 자본주의의 필요를 충족하는 것이었다.

영국 자본주의를 현대화하려면, 더 건강하고 더 많이 배우고 더 기동성 있는 노동계급이 필요했다. 그러려면 보건 의료를 개선하고, 전 국민에게 중등교육을 제공하고, 개별 가족의 복지 부담을 덜어 줘야 했다(1945년 전에는 성인 4명 중 1명이 노령연금 수령자 부양을 거들고 있었다). 새뮤얼 코톨드(섬유 회사 사장)는 다음과 같이 말했다.

> 이런 종류의 사회보장제도는 영국 역사상 가장 탁월한 고수익 장기 투자가 될 것이다. … 그것은 결국 [노동자들의 — 지은이] 능률은 높이고 생산비는 낮출 것이다.[9]

노동당 복지 정책의 토대를 놓은 것은 1942년 12월에 발표된 베버리지 보고서였다. 그 보고서는 전시에 사기를 높일 의도로 작성된 것이었고 엄청나게 인기가 있었다. 그러나 어떤 의미에서도 사회주의적인 것은 아니었다. 베버리지 자신은 자유당원이었고, 1944년에 국회의원이 됐다. 노동당과 노총뿐 아니라 자유당과 처칠, 많은 청년 보수당원도 베버리지 보고서를 지지했다.

베버리지의 계획에는 많은 결함이 있었다. 중요한 결함 하나는 그것이 보험 원리에 바탕을 두고 있었다는 사실이다. 즉, 복지 혜택의 비용 전체를 개인 분담금으로 충당했기 때문에 혜택은 보잘것없었고 계급 간 실질적 [소득]재분배는 이뤄지지 않았다. 또 다른 허점은 기혼 여성의 혜택을 축소하는 원리였다. 기혼 여성은 남편에게 의존한다는 가정 때문이었다. 또 베버리지의 의도가 모두 실현된 것도 아니었다. 연금 인상이 부족해서, 1949년에 [극빈자가 받는] 국민생활보조금의 거의 절반이 노인들에게 돌아갔다. 노인들의 연금이 불충분했기 때문이다. 가족수당도 베버리지가 원래 권고한 수준의 3분의 2에 불과했다. 식량 보조금과 학교 급식·우유가 그 부족분을 메울 것이라고 [노동당은] 주장했지만, 사실 그것은 장차 보수당 정부가 공격하기 쉬운 영역으로 남게 됐다.

실제로 이뤄진 부의 재분배는 대부분 계급 간 재분배가 아니라 노동자 사이의 재분배였다(예컨대, 자녀가 없는 노동자에서 자녀가 있는 노동자로 재분배됐다). 1936~1938년에는 전체 인구 가운데 최상위 부유층 5퍼센트가 영국 전체 부의 79퍼센트를 소유했는데, 1960년에도 그들이 75퍼센트를 소유하고 있었다.[10] 베버리지는 결국 자신이 제안한 방안들의 실행을 포기했다.[11]

국가보건서비스NHS는 흔히 전후 노동당 정부의 최고 성과로 여겨졌다. 확실히 그것은 수많은 노동자에게 실질적 이득이었다. 노동자들은 이제 충치 때문에 고통스러워하거나 싸구려 안경을 쓴 채 여생을 보내지 않아도 됐다. 그리고 국가보건서비스는 특권층을 화나게 했다. 국가보건서비스가 시행되고 나서 여러 달 동안 라디오 방송에서 코미디언들의 단골 우스갯소리는 사람들이 필요하지도 않은 의치와 안경을 요구한다는 이야기였다. 노동당 정부의 보건부 장관 어나이린 베번은 [전문의들의 압력단체인] 영국의사협회에 맞서 격렬하게 싸워야 했다. 그 의사들이 베번이 마치 나치처럼 행동한다고 비난했기 때문이다. 그러나 베번을 마냥 미화하는 전기를 쓴 마이클 풋이 지적했듯이 영국의사협회는 "자신들이 원하던 것을 대부분 얻어 냈다. 즉, 대학병원의 특별한 지위, [무료 공공 병원에서 환자가 사용료를 내는] 유료 병상, [국가보건서비스가 적용되지 않는] 개인 병원의 존속, 고액 급여의 가능성을 모두 확보했다."[12] 국가보건서비스가 노동자들에게 실질적 이득이었다는 것은 나중에 보수당이 국가보건서비스를 약화시키려고 애쓴 것을 봐도 알 수 있다. 그러나 국가보건서비스는 노동계급 운동이 충분히 동원됐다면 얻어 낼 수 있었던 것에는 한참 못 미쳤다.

전후 노동당 정부의 계급적 성격을 가장 분명히 보여 주는 것은 정부와 조직 노동계급의 관계다. 노동당의 관심사는 항상 생산량을 늘리고 생산성을 향상시키는 것이었다. 즉, 착취율을 높이는 것이었다. 이 때문에 노동당 집권 후반기에는 정부의 주요 우선순위 하나가 임금 억제였다. 노동당은 배당금 동결을 약속하고 노총 지도부의 지지를 얻어 냈다(그러나 배당금 동결은 이윤을 투자로 돌리고 나중에 더 많은 배당금을 지급할 수 있게 해 줬을 뿐이다). 임금 억제와 함께 공공 지출 삭감이 확산됐다(그래서 학교 건설, 학교 급식, 의료 서비스가 희생됐다).

노동당은 여전히 노동계급에게서 강력한 지지를 받았지만, 생산성 [향상]과 임금 억제에 몰두하다 보니 노동자 투쟁에 맞닥뜨릴 수밖에 없었다. 이미 1945년 7월 27일 노동당 정부가 출범했을 때부터 런던 항만 노동자들은 성과급 협약 폐지에 반대하며 태업을 벌이고 있었다(성과급 협약이 폐지되면 임금이 대폭 삭감될 터였기 때문이다). 나흘 뒤에 정부는 서리 부두에 군대를 투입해 파업을 분쇄했다. 이후 6년 동안 노동당은 10여 차례 더 군대를 투입해서 파업을 진압했다. [런던·뉴포트·리버풀 등지의] 항만 노동자들, 스미스필드 시장의 고기 운반 트럭 기사들, 벨파스트와 런던의 발전소 노동자들, 버킹엄궁전 보일러 화부들의 파업이 그렇게 진압됐다.[13] 집권 기간 거의 내내 노동당은 전시에 파업권을 엄격히 제한한 법령 중 하나였던 명령1305호를 폐지하지 않았다. 노동당이 명령1305호를 이용해 항만 노동자 수천 명의 파업을 분쇄하려다 실패한 뒤인 1951년 8월에야 그 명령은 폐지됐다.

1950년 [2월] 총선에서 노동당은 의석이 많이[78석] 줄기는 했지만 여전히 의회 과반 다수당으로 재집권하는 데 성공했다. 애틀리는 1951년 10월에 다시 총선을 실시했다. 나중에 이 조직 노동계급 정당의 지도자는 선거 날짜를 그렇게 정한 이유가 국왕의 건강을 걱정했기 때문이라고 설명했다.[14] 노동계급은 역사상 가장 많은 표 [약 1395만 표]를 노동당에 몰아줬지만, 선거제도의 맹점 때문에 보수당이 승리했다.* 이렇게 해서 영국의 전후 사회민주주의 실험은 끝나게 됐다.

---

* 보수당은 약 1372만 표를 얻었지만, 최다 득표자만 당선하는 소선거구제 덕분에 의석수는 노동당보다 26석 많은 321석을 차지해 의회 과반 다수당이 됐다.

프랑스

영국의 사례, 즉 노동계급에게 양보하는 조치와 자본주의의 개조를 도와주는 정책의 결합은 유럽 각국의 사회민주주의 정당에게 하나의 모델이 됐다. 그러나 정치 상황 때문에 어떤 정당도 영국 노동당 정부만큼 오랫동안 계획을 밀고 나갈 여유는 없었다. 상당히 큰 공산당이 정부에 참여한 나라에서는 1947년 중반에 냉전이 시작되자 커다란 정치적 격변이 일어났다(6장 참조).

나치 점령에서 해방된 프랑스에서는 공산당, 사회당, (기독교민주주의 정당인) 민중공화국운동의 연립정부가 수립됐다. 1944년부터 1947년까지 들어선 정부는 모두 이 연합에 바탕을 두고 있었다(레옹 블룸이 이끄는 사회당 단독 정부가 [1946년 12월부터 이듬해 1월까지] 잠시 존재한 적은 있었다). 블룸 외에 다른 사회당원 두 명, 즉 펠릭스 구앵과 폴 라마디에도 드골이 사임한 후 프랑스 총리를 지냈다.

1944~1947년의 3당 연립정부 시기에 많은 개혁 조치가 도입됐다. 즉, 노령연금과 전쟁 부상자 보상금이 증액됐고, 다양한 공공 부문 노동자의 근무 조건이 개선됐으며, 일정한 권한을 가진(물론 실질적 생산 통제권은 없었다) 공장위원회가 법제화했다.

새롭고 더 종합적인 사회보장제도가 확립돼서, 노동자들은 병에 걸리거나 나이가 들거나 일자리를 잃었을 때 어느 정도 보호를 받을 수 있게 됐다. [그러나] 사회보장제도 전체는 노동자들의 분담금에 바탕을 두고 있어서 계급 간 부의 재분배와는 거리가 멀었다. 법적으로는 노동자들이 사회보장제도를 관리하는 사람들을 선출하게 돼 있었지만, 사실상 그 관리자들은 기금을 통제할 권한이 전혀 없었다. 영국과 마찬가지로 프랑스에서도 사회보장제도의 이면에 있는 동기는 더 급진적 요구들을 예방하기 위한 양보였다. 프랑스 [사회보장 부 산하] 사회보험국의 초대 국장이던 피에르 라로크는 다음과 같이 말했다.

나는 1936년의 시기에 사회적 갈등을 겪으면서, 또 대학교 정치학과에서 노사 관계를 강의하면서, 불평등한 [사회]보장이 계급 간 차이와 적대감을 증폭시키는 것을 목격했다. … 사회보장제도의 확립은 국가 재건에 해롭지 않고 오히려 도움이 됐다. 그 덕분에 노동자들에게 상당한 노력을 요구할 수 있었기 때문이다.[15]

그와 동시에 정부는 당장의 경제 상황에 대처할 조치들, 예컨대 공공 지출 삭감, 세금 인상, 인플레이션 억제 정책 등을 취해야 했다.

중요한 국유화 조치들이 실행됐다. 이런 상황에서 국유화는 특별히 논란이 되지도 않았고 좌파와 우파 사이의 쟁점도 아니었다. 무엇보다도 국유화는 르노 자동차처럼 옛 소유자가 나치 점령군에 부역한 기업들을 처리할 편리한 방법이었다. 르노는 국가 경제정책의 중요한 도구가 됐고, 민간경제 부문을 정부가 원하는 대로 이끄는 수단 노릇을 했다. 또 적어도 1947년까지는 노조를 포섭하는 방식의 본보기 구실도 했다. 공산당의 통제를 받는 노동조합총연맹CGT이 르노의 생산 현장을 지배하면서, 생산을 최우선으로 여기는 공산당의 경제정책이 현장에서 관철되게 하는 전달 벨트 구실을 했다. 공산당 소속 현장위원들은 전기를 낭비하는 동료 노동자들을 훈계하거나 공장위원회가 운영하는 구내식당을 손에 넣으려 했다.

전후 프랑스의 국유화는 르노에 국한되지 않았다. 전기·가스·광산과 보험·은행 부문에서도 국유화가 단행됐다. 영국과 마찬가지로 프랑스에서도 국유화는 근본적으로 사적 소유 부문이 원활하게 작동하는 데 필요한 경제 부문에서 이뤄졌다.

국유화는 [지배]계급의 권력을 전혀 위협하지 않았다. 주주들은 일정 기간 보유한 주식의 시장가치에 따라 보상받았다(단, 나치 부역자를 처벌하기 위한 국유화의 경우는 그렇지 않았다). 모든 산업이 아니라 주요 기업들만 국유화됐고 사적 부문은 그대로 남아 있었다. 은행과 보험 산업의 경우, 기업의 구조는 전처럼 유지됐다. 최고 경영진은 정부나 관련 부처 장관이 임명했고, 이사회는 국가·소비자·노동자의 대표들로 구성됐다.[16]

공산당은 노동계급을 설득해서 생산성 향상을 지지하게 만들고 파업을 반대하는 데서 결정적 구실을 했다. 그렇지만 노동계급의 투쟁성을 완전히 억누를 수는 없었다. 1946년 7월 우체국에서 파업이 벌어졌다. 노동조합총연맹은 그 파업을 반나절 조업 중단으로 제한하려 했지만 실패했다. 국회에서 파업 노동자들의 요구를 받아들이도록 찬성 표결을 주도한 것은 사회당 의원이었다. 공산당은 왼쪽에서 [사회당에게] 선수를 빼앗길 위험이 있음을 깨달았다.

3당 연립정부 시기의 가장 수치스러운 면은 아마 식민지정책일 것이다. 1945년 5월 알제리의 콩스탕틴 지역에서 민족주의 봉기가 발생했다. 그 봉기는 [프랑스 식민지 당국이 심어 놓은] 첩자들이 도발해서 시작됐을지 모른다. 그러나 곧 현지 알제리인들의 격렬한 투쟁으로 발전했고, 그 봉기를 진압하는 데 두 달이 걸렸다. 수많은 알제리인이 기관총에 맞아 죽었고, 그들의 시체는 석회 굽는 가마에서 불태

워졌다. 최종 사망자 수는 4만~5만 명이 넘었을 것이다.[17]

베트남에서는 공산당의 [프랑스] 협력 정책에도 불구하고 프랑스의 지배에 반대하는 저항이 계속됐다. 이것을 구실로 프랑스 군대는 1946년 12월 하이퐁을 폭격했고 이 때문에 6000명이 목숨을 잃었다. 사회당 총리 라마디에가 이끄는 프랑스 정부는 전쟁 노력을 강화했다. 따라서 프랑스 제4공화국을 뒤흔들고 결국 파괴한 두 차례 식민지 전쟁의 씨앗은 '좌파'가 가장 강력한 시기에 뿌려진 것이었다.

이탈리아

이탈리아에서도 전쟁 직후 3년 동안은 공산당·사회당·기독교민주당의 연립정부가 지배했다. 바돌리오 정부에 들어간 좌파는 무솔리니 시대부터 이어져 온 국가기구를 사실상 받아들였다. 그래서 많은 파시스트 기관이 보존됐다. 1947년에 공산당은 로마교황청과 이탈리아 정부가 맺은 협약을 새 헌법에 포함하는 것을 지지했다. 사회당은 그 문제에서 기권했다. 그래서 로마가톨릭교회가 계속 교육에 영향을 미칠 수 있었고, 그 덕분에 기독교민주당의 영향력이 강해졌다.

전후 연립정부는 엄청난 경제적 어려움에 직면했다. 1946년쯤 실업자는 250만 명이나 됐고 물가도 급등하고 있었다. 국유화를 단행하려는 시도는 전혀 없었지만, 전후 정권은 파시즘 시대의 중요한 경제적 유산을 물려받았다. 무솔리니 치하에서 국가는 상당한 경제 부문에서 기업을 지배하는 데 필요한 주식 지분을 획득했다. 무솔리니는 많은 기업을 묶어서 산업부흥공사IRI라는 거대한 지주회사를 만들었는데, 전후 공화국은 이것을 물려받았다. 무솔리니뿐 아니라 전후 연립정부와 나중에 기독교민주당이 지배한 정부들도 하나같이 산업부흥공사를 활용할 수 있었는데, 이 사실이야말로 국가의 경제 개입에 특별히 사회주의적이라고 할 만한 것은 전혀 없다는 점을 분명히 보여 준다.

그러나 그 시기에 노동계급은 어느 정도 성과를 얻었다. 정부에 참여한 좌파가 확립한 물가-임금 연동제는 노동자들을 인플레이션에서 보호하는 데 도움이 됐다. 1945년에는 주요 노조 단체인 이탈리아노동조합총연맹CGIL과 사용자들이 협약을 체결해 최저임금을 확정하고 적어도 원칙적으로는 남녀 동일 임금을 보장했다.

1948년 1월에 발효한 새 헌법은 조문상으로는 모든 국민에게 일할 권리를 보장하고 빈민에게 무상 의료를 약속했다. 그러나 실제로는 여전히 상당히 많은 실업자가 있었고 수많은 사람이 사회보험제도에서 배제됐다. 파시즘 체제의 법률들은 폐지되지 않았다. 이탈리아 형법에는 여전히 "한 계급이 다른 계급들을 지배하는 독재를 폭력적으로 수립해야 한다"고 주장하는 사람은 5년 이하의 징역에 처할 수 있는 조항이 남아 있었다(그래서 엄밀히 따지면, 사회당과 공산당의 자칭 마르크스주의자들은 모두 투옥될 수 있었다). 또 전후 정부는 전시 이득과 주식 수익에 부과한 세금을 줄이더니 결국 폐지했다. 공산당 소속 재무부 장관 마우로 스코치마로는 부유세를 도입하려 했지만, 기독교민주당 총리인 데가스페리에 의해 좌절됐고 결국 해임됐다.

서독

독일 노동계급은 나치즘의 첫 희생자였다. 나치에게 점령당한 프랑스 등지에서는 은밀하게나마 노동운동이 살아남을 수 있었지만, 독일에서는 히틀러 집권 전의 노동자 조직들이 가혹한 탄압을 받았다. 그러나 전후에 나치 국가가 붕괴하자 급진적 변화의 엄청난 가능성이 열렸다. 그래서 독일을 4개의 '점령 지역'으로 분할한 강대국들[미국·영국·프랑스·소련]은 난관에 봉착했는데, 나치즘을 뿌리 뽑거나 완전히 청산하려면 근본적으로 사회를 새롭게 조직해야 한다는 사실을 깨달은 것이었다. 그러자 프랑스는 자신이 점령한 지역에서 나치를 청산하려는 노력을 아예 포기하고 오히려 옛 나치 관리들을 이용해 주민을 통제했다. 다른 강대국들의 나치 청산 작업도 전혀 성의가 없었다.

그랬어도 전쟁 직후에는 상당한 급진화가 일어났다. 그런 급진화는 심지어 1947년에 독일기독교민주당이 채택(했다가 곧 폐기)한 강령에도 반영됐다. 그 강령은 "자본주의 경제체제"가 독일 국민의 이익에 기여하지 못했다며, "집단적 소유의 경제체제"를 바탕으로 "철저하게 새로운 질서를 구축"할 것을 요구했다.

기층에서는 노동계급이 노동조합운동을 지역 수준에서 재건하기 시작했다. 옛 사용자들이 사라지고 폭격과 침공으로 [생산 시설이] 엄청나게 파괴된 상황에서 노동자들은 흔히 지역 위원회들을 세워 생산을 재조직하기 시작했다.

다른 유럽 나라와 마찬가지로 독일에서도 노동계급의 자주적 행동은 엄청난 혁명적 잠재력이 있었다. 그러나 환경은 결코 유리하지 않았다. 영국·프랑스·미국·소련이 독일을 4개의 점령 지역으로 분할했다. 서방과 동방 사이의 갈등이 심해지자 서방 연합국 점령 지역 3곳이 합쳐져서 독일연방공화국(서독)이 만들어졌다.

한편 동독에서는 사회주의로 나아가고 있다고 주장하는 국가가 수립됐다. 그러나 그 국가의 '사회주의'에서는 노동자들이 자신의 삶을 전혀 통제하지 못했고, 노동자 조직들이 국가에서 결코 독립적이지 않았으며, 정치적 반대파는 철저하게 침묵을 강요당했다. 소련은 [전쟁] 배상금과 약탈적 교역조건을 통해 [동독] 경제에 출혈을 강요했다. 그래서 1950년에 동독의 실질임금은 1936년의 절반 수준도 안 됐다.[18] 1953년에는 건설 노동자 파업이 노동자들의 대중 봉기로 이어졌지만, 이른바 노동자 국가라는 국가에 의해 물리적으로 분쇄됐다. 이 모든 것 때문에 서독 노동자들은 한 세대 넘게 '마르크스주의'와 '사회주의' 사상을 불신하게 됐다.

다른 점령국들도 노동자들의 행동을 결코 지지하지 않았다. 1947년 봄에 헤센의 미 군정장관은 라디오 방송으로 다음과 같이 경고했다. "군정의 정책을 반대하는 파업이나 기타 행동으로 점령국의 계획을 조금이라도 위태롭게 하는 자는 결코 용납할 수 없다. … 그런 행위를 하는 자는 사형에 처할 수도 있음을 명심하라."[19]

현장 조합원들은 처음에 모든 노동자를 포괄하는 단일한 '노총'의 결성을 요구했다. 점령국들은 이 요구를 한사코 거부했고, 1945년 11월 (영국 육군부[1964년에 해군부·공군부와 통합돼 국방부가 됐다]의 초청으로) 독일을 방문한 영국 노총 대표단의 지원을 받았다. 당시 영국 노총 대표단이 루르 지역 노동조합원들에게 보낸 편지는 주목할 만하다. 왜냐하면 민주적 원칙에 호소한 영국의 노조 관료들이 위선적이게도 자국의 조합원들을 대할 때는 그런 모습을 거의 보여 주지 않았기 때문이다.

우리는 여러분이 노르트라인주州에서 하나의 노동조합을 원한다는 것이 걱정스럽습니다(산업별로 별개의 지부들이 있는 형태이기는 하지만 말입니다). 이런 염원이 노동자들한테서 나온 것이라고 하더라도 우리가 보기에는 그리되면 사실상 모든 실질적 권력이 결국은 최상층의 소수 집단 수중으로 집중될 것입니다. ⋯ 세계에서 가장 오래된 노동조합 운동을 대표하는 우리의 경험으로 보건대 ⋯ 노동조합운동의 힘은 대체로 ⋯ 조합원들이 ⋯ 모든 결정에 능동적으로 참여하는 것에 달려 있습니다. ⋯ 만약 노동자들이 중앙에서 너무 멀어지게 되면 ⋯ 노동자들은 흥미를 잃어버리고 그저 시키는 대로 고분고분 따르기만 할 것입니다.[20]

이런 압력 때문에 독일노동조합연맹DGB은 16개의 자율적 산별노조를 바탕으로 건설됐다. 그것은 온건한 관료적 단체로 발전해서, 수십 년 동안 사용자들에게 칭찬을 받았다.

마찬가지로 당시 재건되고 있던 사민당은 독일노동조합연맹과 공식적으로는 연계가 전혀 없었다. 1948년까지 사민당 당원이 89만 6275명으로 늘어났다는 사실 또한 당시의 급진화를 보여 준다. 그러나 사민당 지도부는 그 급진화를 억눌렀다. 재건된 사민당의 핵심 인물은 헤르베르트 베너와 쿠르트 슈마허였다. 베너는 [나치의 탄압을 피해 소련으로] 망명한 공산당 고위 지도자였는데 [소련의] 관료주의에서 배울 것이 거의 없다고 생각[하고 1946년 독일로 돌아와서는 사민당에 가입]했다. [당 의장인] 슈마허는 사민당을 전쟁 전 좌파의 국제주의로 오염되지 않은 민족주의 정당으로 만들려고 했다. 그는 미국 외교관에게 "사민당이 우파 정당들보다 덜 민족주의적인 일은 결코 다시는 없을 것"이라고 말했다고 한다.[21]

서방 연합국 점령지들이 [독일]연방공화국으로 전환할 준비를 하고 있던 1948년에 기독교민주당과 사민당의 연립정부 구성이 제안됐다. 슈마허는 경제·재정 정책을 사민당이 통제한다는 조건으로만 연립정부 구성에 합의하려 했다. 기독교민주당이 이 요구를 거부해서 결국 사민당은 야당이 됐다. 이후 1960년대까지 사민당은 계속 야당 신세였다.

전쟁에 패배하고 점령당한 나라라는 상황 때문에 서독의 좌파가 유럽의 다른 어느 나라 좌파보다 더 곤경에 처해 있었다는 것은 사실이다. 그러나 사민당의 구실에 대해서는 결코 변명의 여지가 없다. 사민당은 합법주의적·민족주의적 틀을 고수해서, 1940년대 말에 분명히 드러난 노동계급의 급진화 물결과 스스로 단절했다. 미래의 길을 선택한 것은 그들 자신이었다.

유럽의 다른 지역들

유럽의 다른 많은 나라에서도 사회민주주의 정당은 재건 과정에서 비슷한 구실을 했다. 예컨대, 오스트리아에서는 사회당이 오랫동안 국민당[기독교민주주의 정당]과 협력했다. 그러나 오스트리아 부르주아지가 허약하고 독일 자본이 사라졌기 때문에 광범한 국유화가 가능했다. 중공업, 주요 은행, 전력 산업이 공적 소유가 됐고, 오스트리아 임금노동자의 약 4분의 1은 국가에 고용돼 있었다.

1940년대 말쯤 혁명의 위협은 모두 사라졌고, 유럽은 회복의 길로 접어들었다. 사회민주주의 정당은 그들의 목적을 달성했다. 그러나 그 과정에서 흔히 자기 지지자들을 사기 저하시키거나 환멸에 빠뜨렸다. 종전 직후에 고양된 급진화 물결을 보며 전전긍긍하던 우파 정당들은 이제 자신감을 회복하고 다시 지배할 수 있기를 열망했다. 유럽은 우경화하기 시작했고, 냉전의 시작으로 그 과정은 더욱 촉진됐다.

6장 냉전의 전사들

동서 갈등은 이미 전후 분할에 그 씨앗이 있었지만, 혁명의 위협이 사라질 때까지는 공공연히 드러나지 않았다. 그러나 도둑들은 훔쳐 온 물건이 안전하다는 확신이 들자 자기들끼리 싸우기 시작했다.

냉전은 1947년 3월 미국 대통령 트루먼이 '트루먼독트린'을 발표하면서 시작됐다. 트루먼독트린은 공산주의 혁명이라고 생각되는(다시 말해, 미국의 이익에 위배되는) 모든 혁명에 미국이 개입하겠다는 위협이었다. 트루먼독트린과 함께 마셜플랜, 즉 서유럽에 대한 대규모 경제원조 계획도 추진됐다. 이것은 두 가지 기능을 했다. 첫째, 유럽의 [경제] 부흥을 지원해서 미국의 다국적기업들이 유럽에 침투할 수 있는 기반을 마련했다. 둘째, 서유럽의 공산당을 하찮게 만들어 버릴 수 있는 수단을 제공했다. 그래서 1947년에 오스트리아·벨기에·프랑스·이탈리아 정부에서 공산당원 장관들이 쫓겨났다.

사실 소련이 군사적으로 서유럽을 정복하려고 시도할 가능성은 거의 없었다. 소련이 '평화를 사랑'하거나 사회주의 국가여서가 아니었다. 소련이 동유럽을 차지한 것을 볼 때, 소련은 영토를 점령하는 것이 유리하다고 생각하면 얼마든지 그럴 수 있었다. 그러나 소련이 대서양까지 유럽 대륙 전체를 차지하려고 시도한다는 것은 군사적으로 현실적이지도 않았고 정치적으로 합당하지도 않았다.

더 냉철한 미국 지도자들은 이 사실을 분명히 잘 알고 있었다. 그러나 소련의 위협을 강조하는 것은 그들에게 유리했다. 왜냐하면 그것은 유럽의 노동계급 운동을 분열시키고 사기 저하시키는 데 매우 유용했기 때문이다. 마셜플랜과 전후 호황의 시작은 노동자 대중의 생활수준을 약간 개선해서 노동자들을 '매수'하는 데 이용될 수 있었다. 반면에, 정치 활동가들은 '빨갱이 선동가'와 '공산주의 첩자'로 몰려 고립될 수 있었다.

냉전이 시작됐을 때 소련의 대응은 프롤레타리아 국제주의에 호소하는 것이 아니라, 자신이 장악한 지역에 대한 지배를 강화하는 것이었다. 소련의 세력권에 포함된 동유럽 국가들은 전쟁 직후에는 형식적으로 '부르주아 민주주의' 형태의 국가였고, 공산당은 다른 정당들과 권력을 나눠 갖고 있었다. 마셜플랜이 시작된 후 [동유럽 국가들에서는] 외국무역의 [국가] 독점이 확립됐고 공산당이 다른 정치 세력들을 흡수하거나 제거해 버렸다. 이 새로운 국가들에는 이제 '인민민주주의'라는 이름이 붙었다. 그 그림을 완성한 것은 1948년 2월 체코슬로바키아에서 스탈린주의자들이 일으킨 쿠데타였고, 1948~1949년의 베를린봉쇄는 소련이 그동안 얻은 것을 굳게 지키겠다는 의지를 과시한 것이었다. 그런 소련의 열망은 유고슬라비아의 티토가 소련에서 정치적으로 독립하려고 하자 신경질적으로 반응한 것에서 잘 드러났다. 티토에게는 곧바로 '파시스트'라는 딱지가 붙었다.

1947년 10월 소련은 공산당정보국(코민포름)을 설립했다. 여기에는 동유럽 7개국의 공산당과 프랑스·이탈리아의 공산당 대표가 포함됐다. 이것은 [1943년에] 해체된 코민테른을 되살리려는 시도가 결코 아니었다(그리스·영국·중국·알바니아 등 다른 많은 나라의 공산당은 코민포름에서 제외됐다). 코민포름의 목적은 다양한 공산당을 재편해서 새로운 냉전 노선에 순응시키려는 것이었다. 코민포름의 미사여구는 (예스러운 이름의 기관지 〈영속적 평화를 위해, 인민민주주의를 위해〉에서 나타났는데) 매우 허황된 것이었다. 그러나 새 노선으로 말미암아 투쟁성이 다시 서방 공산당의 의제가 됐다.

대중적 공산당이 존재한 프랑스와 이탈리아에서는 이후 몇 년 동안 파업과 시위, 거의 봉기에 가까운 폭동이 벌어졌다. 그래서 1947년 말에 마르세유에서는 전차 요금 인상에 반대하는 시위가 군중의 시청·법원 습격으로 이어졌고, 시위대 한 명이 사망하자 시 전체의 총파업이 벌어졌다. 1947년 프랑스 광원 파업 때는 연대하는 노동자들이 여러 탄광 지역을 돌아다니며 지원 활동을 했고 일부 지역에서는 대체 인력 투입을 저지하려는 파업 노동자 대열이 도로 교통을 통제하기도 했다. 공세적 파업들이 몇 년 동안 계속됐다(비록 점점 더 많은 파업이 패배로 끝나긴 했지만 말이다). 1948년 6월에는 이탈리아공산당 지도자 톨리아티를 암살하려는 시도가 있었고, 이 때문에 사흘 동안 총파업이 벌어졌다. 일부 지역에서는 거의 무장봉기 수준의 투쟁이 벌어졌다.

이 모든 것은 노동계급의 투쟁 정신이 전후의 배신행위로도 파괴되지 않았음을 보여 준다. 그러나 그 투쟁 정신은 관료주의적이고 교활한 공산당 지도부에게 이용당했고, 결국 사기 저하로 귀결되고 말았다.

코민포름 창립은 소련 지배자들이 여전히 서방 공산당을 중요한 카드로 써먹고 있다는 사실을 보여 줬지만, 이런 사정은 곧 바뀌었다. 소련 과학자들이 핵[무기] 연구에서 서방을 따라잡으려고 열심히 노력한 결과로 1953년 소련이 수소폭탄 개발을 선언하자 공포의 균형이 확립했다. (베를린[봉쇄], 쿠바 [미사일 위기], 그 밖의 쟁점을 둘러싸고) 주요 열강은 1960년대까지 주기적으로 대결했지만, 핵[무기] 교착상태 때문에 어느 쪽도 전면전의 위험을 무릅쓸 것 같지 않았고 (물론 우발적 전쟁의 가능성은 항상 존재했다) 점차 냉전은 제3세계로 수출됐다. 그 가장 분명한 사례는 한국전쟁이었다. 한반도는 일본이 항복하자마자 곧바로 분할돼, 북한과 남한에 각각 소련과 미국의 꼭두각시 정권이 들어섰다. 소련과 미국은 1950년부터 1953년까지 한반도에서 자신들의 세력권 경계를 조정하기 위해 세심하게 통제하며 전투를 벌였다. 그 전쟁에서 어느 쪽도 승리하지 못했고, (전쟁의 주역이 아니라 피해자인) 한반도 주민만 엄청난 희생을 치렀다.

서방 열강에게 냉전은 군사적 집결을 의미했다. 그래서 1949년에 북대서양조약기구, 즉 나토NATO가 만들어졌다. 또 냉전은 여러 전선의 이데올로기적 공세도 의미했다. 여기서 사회민주주의 정당이 핵심적 구실을 했다. 노골적인 빨갱이 탄압에는 휘둘리지 않으면서도 모종의 '좌파적' 반공주의에는 영향을 받을 수 있는 사람들이 많았는데, 사회민주주의 정당은 그들에게 영향을 미칠 수 있었다. 사회민주주의자들은 대서양동맹[나토]을 가장 열렬히 지지하는 자들 가운데 일부였다(그래서 1950년대에 벨기에사회당 지도자인 폴앙리 스파크가 나토 사무총장이 되기도 했다). 유명한 프랑스 사회당원 쥘 모크[1947~1950년에 내무부 장관을 지냈다]는 다음과 같이 말했다.

민주주의 국가에서 사회[민주]주의 정당은 공산주의를 막을 수 있는 가장 굳건한 성벽처럼 보인다. 왜냐하면 똑같은 사회계층에게 말을 걸 수 있는 거의 유일한 정당이기 때문이다.[1]

프랑스

프랑스에서는 두 가지 과정이 결합돼서 3당 연립정부를 끝장냈다. 첫째는 냉전의 전개였고, 둘째는 1947년 4월 파리의 르노 자동차 공장에서 시작된 파업이었다. 공산당과 공산당을 지지하는 노동조합총연맹 조합원들은 여전히 모든 파업 행동에 반대하고 있었다. 임금 인상을 요구하는 노동쟁의에서 주도력을 발휘한 것은 공산주의자연합이라는 소규모 트로츠키주의 조직(오늘날 '노동자 투쟁ㄴㅇ'의 전신)이었다. 노동조합총연맹의 위협과 비방에도 불구하고 파업이 확산되자 공산당은 이제 좌파 대열에서 선수를 빼앗길 커다란 위험에 직면했음을 깨닫기 시작했다. 공산당 지도자 모리스 토레즈는 사회당원인 라마디에가 이끄는 정부의 임금·물가 정책을 더는 지지할 수 없다고 선언했다. 라마디에는 마셜플랜의 경제원조 대가로 공산당원 장관들을 쫓아내라는 미국의 압력을 받고 있었으므로 그 기회를 이용해 [정부] 신임투표를 단행했다. 5월 초에 공산당 국회의원 183명이 불신임 투표를 하자 라마디에는 공산당원 장관 4명을 해임하고 그들을 편든 사회당원 장관 2명도 해임해 버렸다. 처음에 공산당은 갈피를 잡지 못했다. 그들은 만약 자신들이 산업 현장에서 약간의 투쟁성을 발휘해서 힘을 과시하면 몇 달 안에 다시 정부에 들어갈 수 있을 것이라고 생각한 듯했다.

그해 말에 노동조합총연맹이 분열하면서 공산당의 기반은 또 한 번 심각한 타격을 받았다. 노동조합총연맹에서 떨어져 나온 반공주의 집단이 '노동자의 힘FO'이라는 조직을 따로 만들었다. 미국노동총동맹AFL의 지도자 조지 미니와 중앙정보부CIA의 관리 토머스 브레이든이 나중에 시인했듯이, 이 분열을 획책하는 데서 미국의 돈이 핵심적 구실을 했다. '노동자의 힘'은 공식적으로는 사회당과 정치적 연계가 전혀 없었지만, 십중팔구 정치적으로 가장 가까웠을 것이다. 이 분열을 보면서 수많은 노동자가 넌더리를 내며 노동조합운동을 아예 포기했다.

냉전 때문에 미국은 프랑스를 결코 소홀히 할 수 없었다. 그래서 피에르 망데스프랑스는 비꼬듯이 다음과 같이 토로했다.

공산당이 있어서 정말 다행이다! '공산주의의 위험' 때문에 미국은 우리를 도와주려고 엄청난 노력을 하고 있다. 이렇게 필수적인 공산주의의 공포를 우리는 계속 유지해야 한다.[2]

라마디에 정부는 공산당원 장관들을 쫓아낸 뒤에도 6개월 더 존속했다. 그런 사건들은 사회당에도 심각한 영향을 미쳤다. 사회당 사무총장 몰레는 총리인 라마디에를 충분히 통제하지 못할까 봐 걱정했다. 이후 8년 동안 사회당은 총리직을 차지하지 못했다. 공산당·사회당·민중공화국운동의 동맹은 이제 중도파 연합에 자리를 내주게 됐다. 그 연합에서는 급진당과 다양한 보수 세력의 대표자들이 공산당을 대체했다. 그러나 사회당은 여전히 집권당으로 남아 있었고, 그들은 1947년 말부터 1951년 총선 때까지 구성된 9차례 연립정부 가운데 7번이나 정부에 참여했다. 사실 그들은 연속성의 중요한 요소였다. 만약 사회당이 공산당과 똑같은 시기에 정부에서 철수했다면 좌에서 우로의 전환이 너무 노골적으로 드러났을 것이고, 그러면 이후 2년간의 격변에 대처하기가 더 힘들었을 것이다.

그와 동시에 사회당은 점점 더 공공연한 반공주의 정당이 됐다. 그래서 자본가들보다 공산당이 더 큰 적이라고 여기게 됐다. 한 관찰자는 다음과 같이 말했다.

> 1951년 사회당 당대회장 입구에 있는 도서 가판대에는 조레스와 게드가 쓴 낡은 책 몇 권을 제외하면 온통 반공주의 문헌뿐이었다. 레옹 블룸의 소책자부터 달린, 크랍첸코, 안데르스 장군의 저작까지 다양했다.[3]

1947년 말부터 시작된 대규모 파업 물결이 이듬해 거의 내내 지속되는 동안 정부에서는 사회당원 장관들이 핵심 요직을 차지하고 있었다. (노조[노동조합총연맹] 간부 출신으로 나중에 알제리 전쟁 때 [강경 진압 작전으로] 유명해지는) 로베르 라코스트는 산업부 장관이었고 그의 동료인 쥘 모크는 내무부 장관이었다. 모크는 공화국보안기동대CRS라는 시위 진압 경찰을 직접 지휘·통제했는데, 1948년 가을에 파업 중인 광원들에게 공화국보안기동대가 발포해서 두 명이 죽고 다수가 부상했다.

사회당은 자신들이 바리케이드의 어느 쪽에 서 있는지를 매우 분명히 보여 줬다. 제구실을 하려면 사회당은 개혁 정당의 자격을 어느 정도 유지해야 했다. 1949년에 계급의식이 매우 투철한 잡지 〈이코노미스트〉는 이 점을 매우 날카롭게 평가하면서, 점차 우경화하는 정부가 전후의 일부 성과, 특히 국유화와 사회 서비스를 약화시키려 한다고 지적했다.

사회당이 좌파의 이 전초기지들을 방어해야 하는 이유는 단지 그것들을 만들어 내는 데 도움을 줬기 때문만이 아니다. 노동자들이 해방의 마지막 성과마저 일소됐다고 느낀다면 사회당이 공산당의 압력에 맞서 노동계급과 노동조합 안에서 기반을 유지하려고 끊임없이 벌이는 투쟁 자체도 위태로워지기 때문이다. 지금 공산당은 1945년 이후 그 어느 때보다 더 허약한 처지에 있지만, 여전히 노동계급 안에 확고한 기반을 유지하고 있다. 공산당은 여전히 드골의 터무니없는 행동에서 이득을 볼 수 있다. 그들은 여전히 정부 조치에 대한 분노를 모두 이용할 수 있다. 무엇보다도 공산당은 흐름이 바뀌기를, 즉 국민경제가 악화해서 자신들이 전진할 수 있는 때가 오기를 기다리고 있다.[4]

이탈리아

프랑스에서는 냉전의 전사들이 현상을 유지했지만, 이탈리아의 상황은 훨씬 더 위험해 보였다. 왜냐하면 사회당이 공산당과 동맹해서 서로 긴밀하게 협력했기 때문이다. 많은 점에서 사회당은 공산당의 정책들을 완전히 받아들인 것처럼 보였다. 스탈린이 티토와 결별한 후 사회당 투사들이 유고슬라비아를 방문했다가 당에서 제명당했다. 사회당 지도자인 피에트로 넨니는 '국가 간 평화 증진에 기여한 공로'로 스탈린평화상을 받았다. 스탈린 장례식에서 넨니는 세계 공산당 지도자들과 함께 훈장을 받았다. 또, [소련 보안경찰의 우두머리]

베리야가 [흐루쇼프에게] 숙청됐을 때 넨니는 공개적으로 그를 맹비난 했다.[5]

사회당은 결코 획일적 조직이 아니었다. 그래서 공산당과의 관계는 여전히 공개적 논쟁의 대상이었다. 1950년경 공산당이 사회당 내 친스탈린주의 분파를 강화하려고 자신들의 투사 여러 명을 사회당으로 들여보냈다는 주장도 있다.[6] 그러나 1947년부터 [스탈린이 죽은] 1953년까지 사회당 지도부의 노선은 공산당과 확고하게 연대하는 것이었다.

그래서 [프랑스의] 라마디에가 공산당원 장관들을 쫓아낸 지 2주 후에 [이탈리아의] 기독교민주당 총리 데가스페리가 똑같은 압력에 굴복해서 공산당을 정부에서 쫓아내자 사회당은 자신들도 정부에서 철수해야 한다는 것을 받아들였다. 넨니는 사회당 일간지인 〈아반티〉(전진)에서 다음과 같이 말했다. "우리의 연대는 계급적 동기에 바탕을 두고 있기 때문에 확고하다."[7]

따라서 좌파의 적들에게는 사회당을 약화시키는 것이 최우선 과제였다. 1947년 1월 사회당의 지도자 중 한 명인 주세페 사라가트가 분열을 주도했다. 사라가트는 미국 방문을 마치고 돌아온 직후에 재빨리 친서방 사회주의인터내셔널의 승인을 받았다. 당시의 분위기 때문에 사라가트는 좌파처럼 보여야 했다. 그는 마르크스주의자를 자처했고 그를 지지하는 사람들 중에는 1919년에 코민테른의 초대 간사였던 안젤리카 발라바노바도 있었다. 사라가트의 조직은 여러 번 이름을 바꾼 끝에 이탈리아사회민주당PSDI이 됐고, 사회당의 청년 조직을 통제하던 당내 '좌파' 그룹 '사회주의자의 선도'를 끌어들이는 데 성공했다. 그 뒤 2년 동안 사라가트의 분열에 이어서 주요 노총인 이탈리아노동조합총연맹CGIL에서도 두 차례 우파적 분열이 일어났다. 그래서 이탈리아노동조합연합UIL[사회당 계열]과 이탈리아노동조합연맹CISL[기독교민주당 계열]이라는 단체들이 결성돼 서로 경쟁하게 됐다.

그러므로 1948년 4월 [18일] 이탈리아 총선에서 공산당과 사회당이 공동전선을 형성해 출마하자 미국과 이탈리아의 친미파들은 약간 놀라고 실망했다. 사라가트의 '사회민주당'이 정부에 참여하고 있었는데도 기독교민주당이 지배하는 연립정부는 너무 우파적 정책을 추진해서 스스로 지지 기반을 무너뜨리고 있었다. 그래서 〈이코노미스트〉는 총선 직전에 다음과 같이 논평했다.

> 다른 쟁점은 경제·재정 정책이다. … [정부가] 저토록 무능한 것이 사실 불가피했다고 믿기는 어렵다. 지난해 시작된 통화수축 정책은 너무 멀리 나아갔고 너무 엄격하게 적용됐다. 잠시 강제로 물가를 떨어뜨린 뒤에 이제는 실업 증가, 많은 소기업의 붕괴와 소멸, 일부 대기업의 사실상 파산과 (실업자들에 대한 정부 지출 때문에) 통화팽창과 물가 상승의 재현이라는 역풍을 맞고 있다. 그 결과로 혼란과 절망감이 만연해서 심지어 기업인들조차 민중전선에* 투표하자는 이야기를 하고 있다. 민중전선은 "적어도 유능한 정부는 될 수 있을 것"이라며 말이다.[8]

이 설명은 전후 이탈리아 정치의 결정적 문제를 감지하고 있다.

---

* 공산당과 사회당이 연합한 민중전선의 정식 명칭은 '자유·평화·노동을 위한 민중민주전선'이었다.

즉, 믿을 만한 개혁주의 정부라는 대안이 없다 보니 부패하고 반동적인 우파와, 공산당이 지배하는 좌파로 정치적 양극화가 이뤄진 상황을 포착한 것이다.

그런 상황에서 선택을 해야 했기 때문에 냉전의 전사들은 어느편에 서야 하는지를 결코 의심하지 않았고 무슨 수단을 사용할지에대해서도 거의 양심의 가책을 느끼지 않았다. 어떤 역사가는 다음과 같은 이야기를 들려준다.

> 1948년 3월 15일 [미국 — 지은이] 국무부는 만약 공산당·사회당 연합이승리한다면 모든 경제원조가 중단될 것이라고 발표했다. … 이탈리아출신이나 혈통의 미국인들은 이탈리아에 사는 친척들에게 집권당에 투표하라고 촉구하는 편지 공세를 펴부으라는 권유를 받았다. 미국의 가톨릭교회에서는 사제들이 교구민들에게 이탈리아인 친구나 친인척한테편지를 보내라고 부추겼다. 이탈리아에서는 여러 추기경과 주교들이 사제들에게 친소 후보를 지지하는 사람에게는 성사를 집전하지 밀라는명령을 내리고 있었다.[9]

사람들이 그런 메시지를 받아들이지 않은 경우를 대비해서 선거운동 기간에 미국과 영국 군함들이 이탈리아 항구에 정박하고 있었다.

그런 전술에서 분명히 드러난 사실은 우파가 무자비하고 합법성을 경멸한다는 것이었다. 따라서 공산당과 사회당의 [민중민주]전선은자신들이 승리할 수 있는 길은 오직 의회 밖에서 [대중을] 동원하는것뿐임을 깨달았어야 했다. 그러나 [공산당과 사회당의] 선거운동은 합법성의 틀을 결코 벗어나지 않았다. 선거가 실시된 일요일에 사회당 일간지는 좌파가 "정부가 선거를 연기할 만한 구실을 단 하나도 제공하지 않았다"고 자랑했다.[10]

사회당은 선거운동에서 민족주의적 주제들을 매우 강조했다. 사회당 신문은 "이탈리아의 독립성·자율성·중립성"이라는 요구를 1면에 크게 내걸었다.[11] 특히, 19세기에 이탈리아 통일을 위해 투쟁한 급진 민족주의적 포퓰리즘과 현재 위기 사이의 연속성을 강조했다. 그래서 사회당 일간지 〈아반티〉는 1면에서 "승리는 확실하다"는 낙관적 제목 아래 다음과 같이 선언했다.

> 그렇게 많은 사람을 움직이고 단결시키고 이끈 것은 우리 웅변가들의 말이 아니라, [민중민주]전선이 이탈리아 하늘 높이 치켜든 깃발이다. 그것은 평화·노동·정의·자유의 약속이 적힌 … 가리발디의 깃발이다. 정의로운 모든 전쟁에서 싸운 전사, 인류애의 기사로 불린 가리발디는, 사람들의 권리가 회복되고 정의로운 행동이 필요하고 신념을 선언해야 하는 곳이라면 어디든지 달려갔다.[12]

〈아반티〉는 요점을 확실히 전달하고자 제목 옆에 박스 기사를 싣는 관행에 따라 "가리발디에게 투표하라, 사회주의에 투표하라"고 명시했다.[13]

가리발디와 스탈린의 동맹조차 미국과 로마교황청의 연합 세력을 이길 수 없었다. [민중민주]전선의 득표율은 겨우 31퍼센트에 불과했다. 그러나 2년 전에는 공산당과 (사라가트가 탈당하기 전의) 사회당이 따로따로 출마했을 때 득표율 합계가 39.6퍼센트였다.

이탈리아 좌파는 패배했지만 분쇄되지는 않았다. 공산당은 이제 파업과 대중 시위에 의존했고, 그 과정에서 자신의 지속적 힘을 보여 줬다. 공산당원 수는 계속 증가해서, 1953년에 가장 많았을 때는 200만 명을 헤아렸다. 정치권력은 여전히 기독교민주당의 수중에 안전하게 남아 있었다. 스탈린이 죽은 뒤에야 비로소 이탈리아 정치의 정체 상태가 깨지게 된다.

영국

영국은 냉전의 전사들에게 다루기 더 쉬운 곳이었다. 공산당은 무시할 정도는 아니었지만 미미한 세력이었다. 노동당 지도자들은 아주 기꺼이 친미파 구실을 자임해서, 예를 들면 제2차 그리스 내전[1946년 3월~1949년 10월]에서 우파 정부를 지원했다. 그러지 않으려고 하면, 그들에게 압력이 들어왔다. 일본이 항복하고 나서 며칠 뒤에 미국은 전시에 미국산 군수물자를 연합국에 외상으로 제공하던 무기대여법을 폐지했다. 이제 애틀리 정부는 미국의 대출을 받아야 했다. 마셜플랜의 경제원조가 시작되자, 미국 관리가 런던으로 파견돼 영국 경제에 관한 보고서를 작성했다. 그는 1948년에 미국 상원의 한 위원회에 출석해 다음과 같이 말하며 만족감을 표시했다.

[영국의] 주택 사업 계획이 아주 많이 축소됐습니다. 보건 의료 사업도 마찬가지고, 교육 사업도 마찬가지입니다.[14]

그러나 경제적 압력만으로는 노동당 정부 장관들, 특히 외무부 장관인 어니스트 베빈이 미국에 아부하며 친미 노선을 채택한 이유를 설명할 수 없다. 베빈은 [런던의 호화 호텔인] 사보이 호텔에서 미국 재향군인회 사람들과 함께한 만찬 자리에서 다음과 같이 말했다.

친애하는 미국인 여러분, 우리는 달러가 부족할지는 모르지만 의지가 부족하지는 않습니다. … 우리는 여러분을 실망시키지 않을 것입니다. … [우리의] 생활수준이 후퇴할 수 있습니다. 우리는 우리 광원과 철강 노동자들에게 이렇게 말해야 할지 모릅니다. "우리가 바라던 것을 모두 여러분에게 줄 수는 없다. 여러분이 살고 싶던 주택을 줄 수 없다. 여러분이 누리고 싶던 생활 편의 시설을 제공할 수 없다. 그러나 우리는 실패하지 않을 것이다."[15]

베빈은 특히 나토 창설을 열렬히 지지했다. 그는 국회에서 나토가 "강력한 방어 기구"라고 말했고, 1949년 북대서양조약에 서명한 것이 "내 인생에서 가장 위대한 순간 중 하나"라고 말했다.[16]

베빈의 반공주의는 오랫동안 노조 관료 생활을 하면서 굳어진 편견에 뿌리를 두고 있었다. 그는 영국 주재 소련 대사였던 이반 마이스키와 나눈 대화를 다음과 같이 묘사했다.

언젠가 나는 마이스키에게 이렇게 말했다. "당신들은 소련을 건설했으므로 소련을 방어할 권리가 있다. 나는 운수[일반]노조를 건설했다. 그러므로 만약 당신들이 우리 노조를 파괴하려 든다면 나는 당신들과 싸울 것이다." 그것은 올바른 입장이었다. 둘 다 오랜 노고의 산물이었기 때문이다.[17]

윈스턴 처칠과 앤서니 이든은 모두 베빈이 외무부 장관으로서 한 일을 높이 평가하면서, 자신들도 베빈처럼 행동했을 것이라고 말했다.

바로 이런 정책의 맥락 속에서 애틀리는 미국의 원자폭탄 폭격기 기지를 영국에 건설하는 것을 받아들였다. 또, 영국이 독자적으로 핵무기를 만들기로 결정했고 그 결정을 매우 비민주적으로 추진했다. 그래서 애틀리 전기를 쓴 작가는 다음과 같이 말했다.

[애틀리는] 원자력과 원자폭탄을 내각에는 최대한 비밀로 했다. 내각 수준에서 그 문제에 관한 중요한 결정을 내려야 할 때는 최대한 많은 정보를 일부러 모호하게 하거나 극비 사항으로 처리했다.

심지어 국방부와 군수부에도 정보를 충분히 전달하지 않았다. 오히려 중요한 결정들은 존 앤더슨 경이 이끄는 자문위원회와 함께 애틀리가 직접 내렸다(앤더슨은 주요한 보수당 지지자였다!). 원자폭탄을 만들기로 한 최종 결정은 1947년 1월에 내려졌지만, 국회는 1948년 5월까지도 그 사실을 알지 못했다.[18]

일부 노동당 평의원들이 평화 시에 징병제를 도입하는 데 반대하자 참모총장인 몽고메리 경은 "육군위원회의 군인 위원들을 소집해서 … 정부가 군 복무 기간을 18개월 미만으로 결정하면 한꺼번에 사퇴할 각오가 돼 있는지 물었다. 그들은 모두 동의했다."[19] 그러자 정부는 이 압력에 굴복했다.

노동당 좌파도 정부의 외교정책 노선에 약간 반발했다. 특히, [노동당 좌파] 국회의원들 일부가 1947년에 《좌파 고수》라는 소책자를 발행해서 베빈의 친미·반소 정책을 비판했다. 그러나 노동당 좌파의 주류는 정부 정책의 기본 틀을 인정했다. 1948년 6월 [독일을 분할 점령하고 있던] 소련군이 서방 열강의 베를린 육로 진입을 거부하면서 시작된 베를린봉쇄 당시 [노동당 좌파 지도자] 어나이린 베번은 공수작전이 아니라 탱크로 소련 점령 지역을 돌파해서 베를린까지 진격하는 대결 정책을 지지했다.[20] 마이클 풋은 "악의적 공격에 대항하는 집단적 방어 원칙을 지키기 위해" 한반도에서 싸우고 있는 미국을 지지했다.[21]

유럽 대륙에서 그랬듯이 영국에서도 냉전은 노동계급 조직들을 공격하고 분열시키는 데 이용됐다. 물론 미국에서 상원의원 조 매카시가 주도한 대대적 반공주의 마녀사냥 같은 것은 영국에서 없었다. 그것은 영국공산당이 제한적이나마 노동운동에 뿌리를 내리고 있었다는 사실 덕분이었다. 그래도 1948년에 애틀리는 정부가 다음과 같이 결정했다고 발표했다.

공산당원으로 알려져 있거나 공산당과 연계가 있어서 신뢰성에 정당한 의심이 드는 사람은 국가 안보에 필수적인 업무를 담당하는 자리에 채용하지 않을 것이다.[22]

1950년에 노동당 정부는 셰필드에서 열릴 예정이던 세계 평화 대회에 참석하려고 영국에 들어오려던 각국 대표단의 입국을 불허해서 그 대회를 방해했다[그래서 바르샤바로 장소가 바뀌었다]. 아이러니의 압권은 1949년에 노동당 내무부 장관이 얼마 전의 파시스트 시위를 핑계 삼아 런던에서 메이데이 시위를 금지한 것이다(1950년에도 그

랬다). 그 금지령을 거부하고 시위를 시도한 런던지역노조연합체 지
지자들은 중무장한 경찰의 공격을 받았다. 노동당은 냉전에 헌신하
느라 자신의 전통조차 약화시키고 있었던 것이다.

오스트리아

오스트리아의 대중적 사회민주주의 조직은 역사가 오래됐다. 또
오스트리아는 지리적으로 동유럽과 서유럽 중간에 있었다. 그래서
오스트리아사회당이 특별한 구실을 했다. 제2차세계대전이 끝났을
때 오스트리아는 연합국인 영국·프랑스·미국·소련에 점령당했고,
1955년에야 마지막 점령군이 오스트리아에서 철수했다. 새로운 사회
당은 옛 사회민주당과 전쟁 전의 혁명적사회당* 출신들이 만들었다.
사회당의 주된 구실은 공산당을 하찮게 만들어 버리는 것이었다. 공
산당은 처음에는 사회당의 카를 레너가 이끄는 연립정부에서 몇몇
요직을 차지했지만, 1947년 정부에서 쫓겨났다. 공산당과 공동 행동
을 해야 한다고 주장한 주요 인사 에르빈 샤르프도 1948년 사회당
에서 제명됐다. 사회당 기관지는 코민포름의 말을 고스란히 뒤집어
놓은 것 같은 반공주의 언사를 늘어놨다.

점점 더 많은 공산당 '동조자'들이 넌더리가 나서 죽을 지경이다. 미국
의 거물 [정치인] 헨리 월리스부터 오스트리아의 작은 기러기 같은 자

---

* 오스트리아사회민주당이 돌푸스의 파시즘 정권 치하에서 강제 해산당하자 당내
  극좌파가 불법 지하활동을 전개하려고 만든 조직이 혁명적사회당이다.

들까지 그들은 점점 더 소련 진영에서 도망치고 있다. 이제부터 전쟁과 공산당을 지지하는 사람들은 순전히 위협 때문에 그러거나 아니면 독재의 쓰레기 더미 아래서 약탈물의 냄새를 맡는 정치적·경제적 자칼 같은 자들뿐이다.[23]

1950년 9월 공산당이 총파업을 선언했고 그 과정에서 폭력 시위가 벌어졌다. 도로에는 바리케이드가 세워졌고, 전차 노선에는 시멘트가 부어졌다. 그러나 작업장에 충분한 기반이 있던 사회당은 지지자들을 동원해서 공산당의 행동을 무력화했다. 이때부터 공산당의 영향력은 쇠퇴했고, 사회당은 우파인 국민당과 함께 계속 오스트리아를 지배했다.

사회주의인터내셔널

제2차세계대전 후 사회주의인터내셔널의 재건은 냉전의 시작과 밀접한 연관이 있었다. 처음에는 영국 노동당이 주도력을 발휘해서, 1946년 [영국 남동부의 휴양지] 클랙턴에서 19개 사회주의 정당의 회의를 소집했다. 이 대회에서 생겨난 임시 기구, 즉 국제사회주의자대회위원회COMISCO는 원래 런던의 수송회관에 있던 노동당사의 한 귀퉁이에서 활동을 시작했다.* 1948년쯤 그 기구의 주된 구실은 가맹 조직들을 반공주의 운동에 동원하는 것이었다. 1948년 3월 노동당 사무총장인 모건 필립스와 [국제부장] 데니스 힐리가 로마로 가서 [이탈

---

* 수송회관은 운수일반노조와 노총의 본부가 있던 건물이기도 했다.

리아사회당의] 넨니를 설득해 공산당과의 선거 동맹을 파기하도록 만들려고 했다. 그달 말에 이 노력이 실패했을 때 런던에서 열린 국제사회주의자대회위원회 회의에서는 (공산당과 협력했다는 이유로) 체코슬로바키아사회당을 제명하고 폴란드사회당과 넨니의 당에는 '집행유예'를 선고했다. 그 회의에서 체코슬로바키아와 폴란드 사회당은 자기 변론을 할 수 없었다. 왜냐하면 영국의 노동당 정부가 그들에게 비자를 내주지 않았기 때문이다.[24] 같은 해 빈에서 열린 회의에서는 동유럽 지부들을 모두 제명했고, 이탈리아사회당도 결국 1949년에 제명됐다. 그래서 친서방 반공주의 정당 말고는 어떤 정당도 남지 않게 됐다.

이제 [사회주의]인터내셔널 재건을 완료할 때가 무르익었다. 그것은 1951년 7월 프랑크푸르트암마인에서 이뤄졌다. 그곳에 모인 34개 정당 가운데 9개를 뺀 나머지는 모두 유럽 나라의 정당이었다. 비록 그 새로운 단체는 〈인터내셔널가〉를 부르며 창립했지만, 그 단체가 냉전에서 하는 구실은 명백했다. 실제로 그 대회에서 채택된 선언문의 7조는 다음과 같이 주장했다.

러시아의 볼셰비키 혁명 이래로 공산주의는 국제 노동자 운동을 분열시켰다. 그래서 수많은 나라에서 사회주의의 달성이 수십 년 동안 지연됐다.[25]

사회주의인터내셔널 가맹 정당들이 (그중 다수는 1945년 이후 여러 해 동안 집권당이었는데도) 자신들의 결점을 '볼셰비즘' 탓으로 돌리면서 잘난 체하는 것을 보면 정말 가소롭기 짝이 없다.

* * *

　냉전기에 사회민주주의 정당은 큰 성과를 얻지 못했다. 그러나 사회민주주의 지도자들은 자신들이 정치적으로 신뢰할 수 있는 존재라는 것을 [지배계급에게] 확실히 입증했다. 냉전이 시작되고 공산당이 투쟁적 야당의 처지로 내몰리자 서유럽에서는 심각한 사회적 불안정이 조성될 수 있었다. 그런 일이 일어나지 않은 것은 대체로 사회민주주의 정당들 때문이었다. 그들은 사태를 수습하고 반공주의에 좌파적 외피를 씌워 줬다. 사회민주주의 정당들은 시험을 통과했다 (그래서 [자본주의 체제의] 상황이 나빠지면 다시 불려 나오게 된다).

3부
1953~1963년:
우경화

7장 전후 호황과 스탈린 격하

1950년대 초가 되자 자본주의를 위해 임무를 완수한 사회민주주의 정당들은 폐기 처분당했다. 이후 10년은 우파가 득세하는 시기였다. 영국에서는 보수당이 1951년부터 13년간 집권했다. 서독에서는 기독교민주당이 연속 5차례 총선에서 최고 득표율을 기록했다(1949년의 31퍼센트에서 계속 상승해서 1957년에는 50퍼센트를 웃돌았다). 이탈리아에서도 기독교민주당이 정부를 지배했다. 프랑스에서는 1951년 총선부터 1956년 총선 때까지 역대 정부에 사회당 소속 장관이 단 한 명도 없었다. 스웨덴이라는 특별한 경우와* 사회민주주의 정당이 계속해서 권력을 나눠 갖고 있던 작은 나라 몇 개를 제외하면, 그때는 개혁주의자들에게 암울한 시기였다.

냉전은 약간 모순된 효과를 냈다(사회민주주의자들도 냉전이 시작되는 데 일조했다). 군비경쟁으로 대규모 지출이 계속됐다. 그래서 1951년쯤 미국 경제의 20퍼센트 이상이 군사비에 할당됐고, 이것은 모든 면에서 예상치 못한 자본주의의 호황을 가져왔다. 군비 생산으

---

* 16장 참조 — 지은이.

로 말미암아 중공업 제품에 대한 엄청난 수요가 창출됐지만 그렇다고 해서 시장에 소비재가 넘쳐 나지는 않았다. 복지 정책에는 쥐꼬리만 한 돈도 아까워했을 자본가들이 군비를 위한 세금 증액은 흔쾌히 부담했다. 그리고 한 나라가 군비 증강을 시작하자 (소련을 포함한) 나머지 나라도 그 뒤를 따라야 했다. 제1차세계대전이 끝난 뒤에 경제 위기가 닥친 것과 달리 1950년대의 특징은 완전고용과 생활수준 향상이었다.

군비 경제가 만들어 낸 호황은 개혁주의에 약간 모순된 영향을 미쳤다. 한편으로 그 호황은 개혁주의의 수명을 연장해 줬다. 제2차세계대전이 시작되기 전에는 (레온 트로츠키를 포함해) 많은 사람이 자본주의의 기력이 완전히 고갈돼 이제 더는 개혁의 여지가 없고 앞으로 남은 선택은 사회주의냐 야만이냐 하는 것뿐이라고 생각했다. 그런데 이런 생각이 틀렸음이 분명히 드러났다. 자본주의 체제 내에서도 생활수준 향상을 쟁취할 수 있고 그것이 가능하다면 혁명은 쓸데없는 낭비처럼 보였다. 그러나 풍요의 이면에서 어렴풋이 보이기 시작한 핵 절멸의 위협 때문에 '사회주의냐 야만이냐' 하는 선택은 그 어느 때보다 더 적절한 것이 됐다.

계급투쟁은 끝나지 않았다. 노동과 자본의 대립은 여전히 해소되지 않았다. 그러나 이제 노동자들은 자신들의 이익을 다른 방식으로 추구했다. 성과급과 지역별 교섭의 확대로 임금 인상과 노동조건 개선 투쟁이 점점 더 의회와 전국적 노조 기구가 아니라 작업장 조직에 의존했다. 완전고용 덕분에 노동자들은 전에는 평화 시에 결코 행사하지 못하던 산업 현장의 압력을 사용할 수 있었다.

효과적인 현장 조직을 통해 임금 인상, 각종 복리 후생 혜택, 심지어 어느 정도의 생산 통제도 쟁취할 수 있게 되자 노동자들은 흔히 의회 정치를 경멸했다. 영국에서는 1950년대에 산업 전체에서 현장위원 조직이 성장했다. 그사이에 보수당은 세 차례 총선에서 연속 승리했다. 독일에서는 노조 수탁인Vertrauensmänner이 영국의 현장위원과 비슷한 구실을 했다(물론 그들을 공식 기구인 직장평의회에 얽어매려는 압력이 가해졌다). 프랑스에서는 공장 대표들의 권리가 법적으로 보장됐다(비록 복수 노조 상황에서 그들은 흔히 노조 기구의 통제를 받았지만 말이다). 그러나 노동계급의 투쟁은 공식 구조의 한계를 넘어서 거듭거듭 폭발했다. 1960년 프랑스에서는 르노 자동차 경영진이 노동자 3000명을 해고하자 유리창을 깨뜨리는 폭력 시위가 벌어졌다. [그러나] 주요 노조 연맹체인 노동조합총연맹은 폭력을 비난했을 뿐 아니라, 폭력 행위를 저지른 개인들을 공개 거명하기까지 했다.[1]

이런 상황에서 개혁을 위한 투쟁은 점점 더 전통적 경로를 거치지 않았다. 당분간 사회민주주의 정당은 노동과 자본을 중재하는 전통적 구실을 해 달라는 요청을 받지 않았다. 그들의 가까운 미래는 암울하고 불확실했다. 경제 호황에 금이 가기 시작했을 때에야 비로소 그들이 다시 필요해질 터였다.

스탈린 격하

1950년대에 유럽 좌파에게 심각한 영향을 미친 둘째 요인은 전 세계 공산당 내에서 장기적 격변이 시작된 것이었다. 1953년 스탈린이 죽자 그 후계자들 사이에서 권력투쟁이 벌어졌다. 그 권력투쟁의 배경에는 소련 사회의 심각한 위기가 있었다. 계획경제가 더는 작동하지 않았다. 스탈린 치하에서 많이 부풀려진 계획들은 급속한 공업화의 목표에 불과했다. 그가 죽었을 때쯤 노동자들과 경영자들은 요령껏 체제에 적응하고 있었다.

스탈린의 후계자가 된 흐루쇼프는 실용주의적 행정가였다. 그는 기존 체제의 여러 측면을 개혁할 필요가 있고, 그러려면 현상 유지에 기득권을 갖고 있는 일부 관료를 숙청해야 한다는 것을 알고 있었다. 또 그는 소련이 서방의 군사기술을 따라잡으려면 억압적 국가기구를 해체하지 않으면서도 사상의 자유를 어느 정도 허용해야 한다고 생각했다.

흐루쇼프는 정책 변경을 밀어붙이기 위해 전임자의 유산을 청산하는 운동을 전개하기로 작정했다. 스탈린 개인숭배는 그의 사망 직후부터 완화되기 시작했지만, 흐루쇼프는 1956년 2월 소련공산당 20차 당대회에서 유명한 '비밀 연설'을 했다. 이 연설에서 그는 공산당 지지자들을 제외하면 모든 사람이 이미 인정한 스탈린의 잔혹성에 관한 일부 사실을 열거했다. [그러나] 흐루쇼프는 스탈린 치하의 경험을 결코 제대로 설명할 수 없었다. 왜냐하면 그 자신이 스탈린 체제에 너무 깊이 연루돼 있었기 때문이다. 그래서 스탈린의 개성으로 그것을 설명하려 했다.("스탈린은 매우 의심이 많은 인물이었다. 병적으로 의심이 많았다.") 물론 스탈린이 아주 기분 나쁜 인간이었다는 것은 의심할 여지가 없다. 그러나 이런 설명은 그렇게 기분 나쁜 인간이 어떻게 이른바 사회주의 사회에서 최고 권력자로 군림할 수 있었는가 하는 물음에는 답을 하지 못했다. 스탈린이 그럴 수 있었다면, 어떤 마르크스주의자라도 소련 사회는 뭔가가 매우 잘못됐다는 결론을 내릴 수밖에 없었다. 바로 이것이 1956년 6월 미국 국무부가 흐루쇼프의 연설문을 언론에 공개했을 때 전 세계 공산당과 그 동조자들을 당혹스럽게 만든 기본 문제였다.

그 위기를 더 심각하게 만든 것은 그해 가을 헝가리에서 일어난 사건이었다. 처음에 학생들이 주도해서 시작된 소련군 철수 운동은 곧 대중적 노동계급 운동을 촉발했다. 10월의 마지막 며칠 동안 헝가리 전역에서 노동자 평의회가 수립됐다. 그들은 식량을 공급하고 질서를 유지하고 소련군과 협상하는 임무를 떠맡았다. 이것은 흐루쇼프가 추진한 '자유화'의 범위를 넘어서는 것이었다. 그래서 소련군 탱크가 부다페스트로 쳐들어가 노동계급 거주지에서 유혈 낭자한 탄압을 자행했다.

흐루쇼프는 자신의 입장을 단호하게 고수하면서도 외교정책에서는 대체로 스탈린 시대보다 더 융통성을 보였다. 그는 핵 절멸의 논리를 인식했고, 이후 소련이 발표한 성명서들은 '평화공존'을 강조했다. 그 새로운 정책은 심각한 위기를 여러 번 겪으면서 부침을 거듭했는데, 특히 1961년의 베를린 위기가* 심각했다. 그러나 그중에서도 가장 위험한 것처럼 보였던 1962년의 쿠바 미사일 위기가 해소되면서 냉전은 사실상 끝나게 됐다. 평화공존 노선은 1963년에 소련과 중국이 공공연히 분열한 요인의 하나였다. 그러나 긴장 완화 정책, 즉 데탕트는 살아남았다. 분쟁 지역들(예컨대, 베트남전쟁)은 동방과

---

* 1958년 흐루쇼프는 서베를린에서 서방 군대가 철수할 것을 통보하며 동서 긴장을 고조시킨다. 3년 가까이 지속된 이 위기는 1961년 8월 동서 베를린 경계를 따라 장벽을 세우는 것으로 이어졌다.

서방의 우호적 관계를 손상시키지 않도록 신중하게 제한됐다.

평화공존 노선의 중요한 측면 하나는 사회민주주의 정당에 대한 태도가 바뀌었다는 것이다. 악명 높은 20차 당대회에서 소련 지도부 내 유력 인사인 미하일 수슬로프는 새로운 협력 노선의 시작을 알리는 연설을 했다. 그는 "국제 노동운동의 분열"을 극복해야 한다고 주장하면서, 공산당이 평화 같은 문제에서는 사회민주주의 정당과 "합의점"을 찾아야 한다고 촉구했다. 그는 심지어 많은 자본주의 나라에서 "대중의 좌경화"를 발견했다고 주장하기도 했다.[2] 이런 좌경화는 대체로 가상의 것이었다. 수슬로프가 그런 말을 하고 있을 때, 예컨대 프랑스 사회당은 알제리 전쟁을 격화시키고 있었다. 그러나 그의 분석은 서방 공산당의 방향 설정에서 결정적으로 중요했다.

흐루쇼프의 연설과 헝가리 침공이 각국 공산당에 미친 영향은 심대했지만 불균등했다. 그러나 그것은 거의 20년 후 '유러코뮤니즘'에서* 절정을 이루게 되는 과정의 시작이었다. 또다시 속아 넘어가지 않기 위해 각국 공산당은, 특히 독자적 기반이 있는 공산당은 머뭇거리면서도 확실히 소련의 통제에서 벗어나기 시작했다. 이것을 위해 고안된 용어가 '다多중심주의polycentrims'였다. 즉, 국제 공산주의 운동에 더는 단일한 중심이 있어서는 안 되고 각국 공산당은 일국적 길을 개척해야 한다는 생각이었다.(이 '일국적 길' 사상이 처음 나타난 것은 1930년대의 민중전선 시기였지만, 당시에는 친소련 전략에 확고하게 종속돼 있었다. 그 점은 1939년 가을의 급격한 전환에서 잘 드러난다. [그러나 1950년대에] 다시 나타난 '일국적 길' 사상은 훨씬

---

* 13장 참조.

더 집요했다.) 공산당은 이미 오래전부터 혁명적이지 않았다. 만약 그들이 스탈린주의조차 포기한다면, 남은 선택은 사실상 사회민주주의 정당처럼 되는 것뿐이었다.

다른 요인들도 사회민주주의에 심리적으로 유리했다. 1930년대와 제2차세계대전 동안에는 많은 사람이 사회민주주의의 도덕적 파산과 정치적 무능 때문에 공산주의로 이끌렸다. 그런데 이제 형세가 역전됐다. 1956년에는 공산주의가 불신당하고 사회민주주의가 훨씬 매력적으로 보였다. 데탕트도 영향을 미쳤다. 냉전의 전사들은 공산당을 정치적 게토 속에 고립시키려 했지만, 이것은 실제로는 공산당이 혁명적이라는 믿음을 강화하는 데 일조했다. 데탕트는 공산당이 정치적 주류로 복귀하는 데 도움이 됐지만, 이 때문에 공산당은 개혁주의의 영향을 훨씬 더 쉽게 받았고 1917년 10월 [혁명]의 자명한 계승자와는 거리가 멀어졌다.

'다중심주의'의 발상지는 이탈리아였다. 이탈리아공산당 지도자 톨리아티는 교활한 기회주의자여서 아주 조심스럽게 스탈린주의와 결별했다. 그는 반란을 일으킨 헝가리인들을 비난하면서 그들의 목표는 '파시즘'을 부활시키는 것이라고 주장했다.[3] 그러나 톨리아티는 흐루쇼프의 연설도 비판했다. 즉, 흐루쇼프는 어떻게 해서 소련 사회가 기형적으로 됐는지를 조사하지 않은 채 스탈린의 '개인적 결함'에만 초점을 맞췄다는 것이었다.[4]

한편, 넨니와 사회당도 소련과 거리를 두고 있었다. 넨니는 원래 흐루쇼프의 연설을 불안하게 여기고, 소련 지도자는 "그런 것들을 폭로해서 노동계급 운동을 위태롭게 만들 권리가 없다"고 말했다.[5] 그러나 헝가리 사태 뒤에 넨니는 [1951년에 받은] 스탈린평화상의 상금 절반을 헝가리 혁명의 희생자들에게 기부했다. 사회당은 공산당에서 멀어져 결국 기독교민주당과 동맹을 맺게 되는 과정을 본격적으로 시작했다. 공산당은 여전히 사회당과 단결하려고 노력했는데, 단지 수슬로프의 지령 때문이 아니라, 많은 지역의 선거 협정과 노동조합 내의 공동 활동이 사회당과의 단결에 달려 있었기 때문이다. 그래서 사회당이 우경화하자 공산당도 사회당을 따라가게 됐다.

대중적 공산당이 있는 다른 서방 국가 프랑스에서는 그림이 사뭇 달랐다. 프랑스공산당의 공식 노선은 아주 간단했다. 흐루쇼프의 연설은 진실이 아니라고 부정하는 것이었다. 1956년에 공산당 중앙위원장 프롱토는 폴란드에서 [흐루쇼프의] 연설문 복사본을 얻고 귀국하자마자 당 지도자인 토레즈를 만나러 갔다. 그가 토레즈에게 자신이 그 보고서를 봤다고 말하자 토레즈의 반응은 간단했다. "무슨 보고서?" 프롱토가 서류 가방에서 문서를 꺼내자 토레즈는 "아, 자네가 그것을 갖고 있었군. 그럼 바로 말했어야지" 하고 말했다.[6] [그리고 거만하게 다음과 같이 덧붙였다. "어쨌든, 한 가지만 명심하게. 이 보고서는 존재하지 않는 거야. 게다가, 곧 존재한 적도 없는 것이 될 거야. 우리는 그것을 완전히 무시해야 해."] 프랑스공산당은 스탈린 격하가 느린 바람에 오랫동안 발전이 지체됐다. 이것은 사회당이 1970년대에 공산당을 능가하고 고립시킬 수 있는 요인의 하나였다.

영국에서는 공산당이 헝가리 사태의 여파로 8000명이 넘는 당원을 잃었다. 그중 다수는 분명히 노동당으로 가는 길을 찾았다. 전기노조의 레스 캐넌이나 프랭크 채플 같은 일부 사람은 극우파로 전향했지만, 대다수는 노동당 좌파 대열에 합류했다.

헝가리 사태와 흐루쇼프 연설에 관한 논쟁의 이면에는 장기적으로 더 근본적인 문제가 놓여 있었다. 만약 영국공산당이 강령에서 선언한 것처럼 사회주의로 가는 의회적 길과 노동당 좌파 강화하기에 헌신한다면, 공산당이 독자적으로 존재할 이유가 없어진다. 노동당 안에 존재하는 것이 합리적이었기 때문이다. 그래서 여러 해 동안 많은 공산당원이 논리적 경로를 따라서 당을 떠나 노동당 좌파에 가담했다. 공산당은 1960년대에 몇 년 동안 다시 당원을 늘릴 수 있었지만, 이미 그때는 산업 현장에 덜 집중하는 더 물렁한 조직이 돼 있었다. 장기적으로 공산당은 겨우겨우 연명하다 결국은 죽게 될 운명이었다.

1956년에 오로지 개혁주의만이 승리한 것은 아니었다. 스탈린주의와 결별한 사람들 가운데 소수는 혁명적 좌파가 됐고, 그보다 더 많은 일부는 막 등장한 '신좌파'나 영국 핵무기철폐운동CND 같은 운동들로 갔다. 그러나 그해 벌어진 사건들의 주된 영향은 장기적으로 사회민주주의를 강화하는 것이었음이 틀림없다. 공산당은 정치적 대안으로서 신뢰를 많이 잃었다. 그리고 공산당이 공공연히 개혁주의적인 정치를 채택해서 영향력 회복을 시도했을 때는 사회민주주의 사상과 조직이 노동계급에 미치는 영향만 강화해 줬을 뿐이다.

8장 강령을 바꿔라

경제 호황으로 말미암아 점점 더 자신감 있고 작업장에서 조직되는 노동계급이 창출됐다. 그들은 점차 일반적 정치에 '무관심해졌다.' 노동자들은 조건 개선을 위해 의회의 대표자들에게 의존하기보다는 갈수록 자신들의 힘과 조직에 의존했다. 노동자들은 자주적 행동으로 스스로 해방돼야 한다고 생각한 1950년대의 소수 사회주의자들에게 노동자들의 이런 자립성은 엄청나게 긍정적이었다. 그것은 자주적 행동이라는 새로운 정치의 토대였다(물론 정치적 일반화를 위한 오랜 투쟁이 그 앞에 놓여 있었다). 의회주의에 집착하고 노동계급의 행동을 깊이 불신하던 사회민주주의 정당은 그런 전망을 받아들일 수 없었다. 그래서 그들은 우경화해서, 무관심한 유권자들의 부동표를 얻으려 했다. 이런 우경화를 가장 분명히 보여 준 것은 서독 사민당과 영국 노동당이었다.

두 정당에서 모두 강령이 도마 위에 올랐다. 사회민주주의 정당의 강령과 실천이 불일치한다는 것은 결코 새로운 현상이 아니었다. 이미 1914년 전에도 사회민주주의 정당은 사회변혁의 미사여구와 기회주의적 일상 활동을 결합했다. 그러나 1950년대쯤 이런 불일치는 여러 문제를 일으키기 시작했다. 여기에는 몇 가지 이유가 있었다.

첫째, 냉전의 이데올로기 전투 와중에 많은 사회민주주의 정치인은 자신이 마르크스주의나 계급 기반 정치와 아무 관련이 없음을 입증하고 싶어 했다. 둘째, (신문과 라디오, 특히 텔레비전 같은) 대중매체의 영향력이 커져서 정치 지도자들이 유권자에게 직접 말을 걸 수 있게 됐다. 그래서 중개자 구실을 하던 지역 활동가들, 즉 강령적 요구를 가장 진지하게 제기하던 사람들이 이제는 중요하지 않게 됐다. 셋째, 1939년 전까지 사회민주주의 정당의 집권은 대부분 아주 짧았고 경제가 위기에 빠졌을 때였다. 1945년 이후에는 많은 나라에서 정부에 참여한 경험을 통해 그들은 상시적 집권당이 되기를 열망했고, 그래서 강령에 충실해야 하는 제약에서 벗어나고 싶어 했다.

따라서 논쟁은 실천에 관한 것이 아니라 미사여구에 관한 것이었다(물론 강령 변경에 반대한 많은 좌파는 말과 실재를 혼동했다). 그렇지만 강령 변경은 중요했다. 왜냐하면 그것은 사회민주주의 정치에서 선거용 이미지 만들기가 우세해지는 시대를 알리는 것이었기 때문이다.

서독

1940년대 말에 서독 사민당은 호기를 놓쳤다. 그 이유는 사민당이 이도 저도 아닌, 정체불명의 정당이었기 때문이다. 혁명적 행동의 기회를 붙잡기에는 너무 개혁주의적이었고, 전후 세계에 실용주의적으로 대응하기에는 전쟁 전의 전통에 너무 얽매여 있었던 것이다. 마르크스주의 강령과 기회주의적 실천의 결합 때문에 사민당은 좌파에게도 우파에게도 매력적이지 않았다. 1940년대 말에 거의 90만 명이던 당원은 1954년에는 약 30만 명으로 줄어들었다.

1950년대는 서독에서 흔히 '경제 기적'으로 묘사된다. 즉, 1945년의 재앙적 패배 뒤에 경제가 급속하게 성장하고 생활수준이 향상된 시대였다. 서독은 마셜플랜 초기의 경기 부양 효과와 함께 경제적·군사적 처지 덕분에 세계경제 호황에서 이득을 볼 수 있었다. 그러나 그 '경제 기적'은 유난히 높은 착취율을 바탕으로 이뤄진 것이기도 했다. 1955년에 서독의 보통 남성 노동자는 주 50시간을 일한 반면(영국 노동자보다 2시간 30분 더 일했다), 평균 실질임금은 1956년까지도 1938년 수준에 이르지 못했다. 어떤 경제학자가 계산한 결과를 보면, 1950년대 서독의 착취율은 히틀러 시대만큼이나 높았다.

이런 착취를 뒷받침한 것은 수많은 난민을 포함한 대규모 실업자라는 산업예비군이었다. 1950년에 서독의 실업률은 11퍼센트였고, 1954년에도 여전히 7.6퍼센트였다.[1] 이 모든 것은 전후의 노동계급 급진주의가 붕괴했다는 사실과, 독일이 냉전의 최전선이라는 위치에서 비롯한 강력한 반공주의 덕분에 가능했다. 그 반공주의를 훨씬 더 그럴듯하게 만든 것은 바로 국경 너머 동독의 전혀 매력적이지 않은 '사회주의'의 실상이었다.

당시 서독 좌파에게 가능한 전략 하나는 지배 이데올로기를 끊임없이 비판하면서 체제의 계급적 성격을 부각하는 것이었다. 그랬다면 '경제 기적'이 사그라지기 시작했을 때 발전한 노동계급의 투쟁을 활용할 수 있었을 것이다. [그러나] 이것은 사민당의 전략이 아니었다. 오히려 사민당은 그동안 말로나마 헌신하던 사회주의조차 완전히 포기하고 '자유 시장'의 장점을 받아들였다. 그들은 기껏해야 '[경제]계획'에 대한 약간 모호한 신념을 보존했을 뿐이다. 바로 그 '계획' 덕분에 사민당은 기독교민주당과 구별됐고, 경제 기적의 허울이 벗겨졌을 때 그럴듯한 대안적 집권당이 될 수 있었다.

사민당의 우경화는 1950년대 초에 시작됐다. 1951년에 사민당은 유럽석탄철강공동체를 반대했지만, 1956년에는 유럽공동시장 설립을 지지했다. 빅토어 아가르츠를 중심으로 모종의 노동자 통제를 주장한 당내 좌파는 하찮은 존재가 돼 지지를 상실했다. 1956년에는 그동안 쇠퇴하던 공산당도 해산되자 독일 좌파에서 사민당은 경쟁 상대가 없어졌다.

그러나 1950년대 말에 성장한 반핵운동은 무시할 수 없었다. 여론조사에서 응답자의 83퍼센트가 서독 군대는 핵무기를 가져서는 안 된다고 생각했다. 그래서 사민당은 어쩔 수 없이 반핵운동과 시위에 참가해야 했다. 사민당이 그렇게 한 것은 운동을 장악하기 위해서였지 운동에 장악당하려고 그런 것은 아니었다. 그리고 사민당의 우경화는 계속됐다.

우경화의 절정은 1959년 11월 바트고데스베르크 당대회에서 새로운 강령을 채택한 것이었다. 그 당대회에서는 우파가 당을 완전히 지배하고 있음이 드러났다. 대의원의 25퍼센트는 당 기구에서 요직을 맡고 있는 당연직 대의원이었고, 나머지는 선출 과정에서 관료적 압력에 짓눌렸다. 좌파의 효과적 반대를 원천 봉쇄하기 위해, 당 대표인 에리히 올렌하우어와 특히 전에 공산당원이었다가 전향한 헤르베르트 베너의 좌파적 미사여구가 당대회에서 난무했다. 얼마 전까지만 해도 당내 좌파의 지도자 중 한 명이던 베너에 관해 〈이코노미스트〉는 다음과 같이 보도했다.

[베너는] 고데스베르크에서 [사민당이] 권력에 더 가까이 다가가려면 오랫동안 간직해 온 신념을 버려야 한다고 대다수 좌파를 설득하는 데서 핵심적 구실을 했다. 그가 국유화와 방위 문제에 관한 논쟁에 열정적으로 개입한 덕분에, 확신이 없던 사람들 대다수가 집행부 편으로 넘어올 수 있었다.[2]

무엇보다도 베너가 당대회 때 다음과 같이 말한 것이 주효했다. "마르크스주의 사상은 사회민주주의의 많은 요소 중 하나로서 필수적이지만, 오로지 마르크스주의만이 우리 당의 원칙이라고 할 수는 없습니다."[3] 그러나 사적인 자리에서 베너는 강령 [개정]의 유일한 목적은 "사민당이 독일 정치에서 대체할 수 없는 상시적 요인이 됐다는 점"을 입증하는 것이라고 냉소적으로 말했다.[4]

몇 가지 논쟁에서는 어느 정도 단호하게 반대할 근거가 있는 듯했지만, 핵심 쟁점이 얼버무려졌다. 예컨대, 상당수 대의원이 징병 거부를 요구하자 그 쟁점은 미결 상태로 남겨졌다. 또, 독일 군대가 핵무기를 가져서는 안 된다는 데 합의가 이뤄졌지만, 미국의 핵무기가 독일 땅에 배치되는 문제는 미결 상태로 남겨졌다.

좌파는 완전히 찌그러졌다. 처음에 경제정책 분야에서는 99명의 대의원이 반대표를 던졌지만, 강령 전체에 반대한 대의원은 16명뿐이었다(찬성이 324명).[5]

바트고데스베르크 강령은 여러모로 현대 사회민주주의 사상(사상이라는 말을 너무 엄격하게 해석하지 않는다면)의 전형적 표현이다. 그것은 다음과 같은 근본적 가치들을 거론하면서 시작한다.

자유·정의·연대는 사회주의의 근본적 가치들로서, 모든 사람이 자기 이웃에게 지켜야 할 의무이자 우리의 공통된 인간성에서 비롯하는 것들이다. 유럽의 기독교 윤리, 휴머니즘, 고전 철학에 뿌리를 두고 있는 민주적 사회주의는 궁극적 진리를 선언하지 않는다.

이런 말은 아리스토텔레스와 산상수훈을 열렬히 지지해서 나온 것이 아니다. 오히려 마르크스주의를 거부한다는 것을 분명히 나타내고자 한 말이다. 이 점을 강조하고자, 반공주의에 관한 상투적 단락이 들어가 있다.

공산주의자들은 사회주의 전통을 들먹일 권리가 없다. 사실 그들은 사회주의 사상을 왜곡했다.

그러나 반공주의가 동독에 대한 철저하게 실용주의적인 정책의 실행을 막기 위한 것은 아니었다.

독일이 다시 통일될 때에야 비로소 모든 국민은 국가와 사회의 내용과 형식을 자유롭게 결정할 수 있을 것이다.

이것은 엄밀히 말하면, 아무 의미도 없는 말처럼 들린다("독일이 다시 통일될 때까지는 독일은 다시 통일되지 않은 것이다"). 사실 서독 사민당은 1953년의 동독 봉기에 연대하려는 노력을 전혀 하지 않았다. 그래서 사회주의적 재통일의 가능성은 완전히 파괴됐다. 바트고데스베르크 강령은 계속해서 "자유민주주의 사회를 방어할 필요성", 따라서 "국가 방위"를 지지할 필요성을 단호하게 선언한다.

사민당의 사상에서 결정적 변화가 일어났음을 보여 주는 것은 경제정책 분야다. 그 분야의 분석은 현대 자본주의가 제공한 기회들을 매우 낙관적으로 설명하면서 시작한다.

2차 산업혁명으로 그 어느 때보다 더 생활수준의 전반적 상승이 가능해졌고 대다수 사람이 겪고 있는 빈곤과 불행을 제거할 수 있게 됐다.

더 정의로운 사회를 만들려면 어느 정도 계획이 필요하지만, 이것은 혼합경제의 맥락 속에서 이뤄져야 한다고 강령은 주장한다.

전체주의적 경제통제는 자유를 파괴한다. 그러므로 사회민주당은 자유로운 경쟁이 실제로 존재하는 자유 시장을 지지한다. … 가능한 만큼의 경쟁, 필요한 만큼의 계획!

국유화는 단지 최후의 수단일 뿐이다.

그러므로 생산수단의 사적 소유는 이제 권력을 지배하는 것과 다르다. 소유권이 아니라 경제력이 오늘날의 핵심 문제다. 다른 수단으로 건전한 경제력 관계를 보장할 수 없는 곳에서는 공적 소유가 적절하고 필요할 것이다.

또 강령은 다음과 같은 주장도 했다.

임금정책과 급여 정책은 소득과 재산을 더 공정하게 분배하는 수단으로서 적절하고 필요하다.[6]

당대회 직후에 사민당은 나토를 지지한다고 공개 표명해서 우경화를 입증했다. 또, 아직 남아 있던 진정한 좌파도 당에서 제거했다. 특히, 새 강령에 반대하던 독일사회주의학생연맹SDS과 모든 관계를 끊어 버렸다. [그러나] 이것은 당시 상황에서 하나의 긍정적 특징이었다고 할 수 있다. 왜냐하면 사회주의학생연맹은 자율적 단체로 살아남았고 그 덕분에 1968년에 중요한 구실을 할 수 있었기 때문이다 (11장 참조).

당분간 한 가지는 분명했다. 사민당의 핵심에는 여전히 위험한 빨갱이들이 있다고 주장하려는 기독교민주당의 광적인 노력에도 불구하고, 사민당은 대안적 집권 정당으로서 확실히 자리를 잡았다는 것이다. 이제 사민당은 열매가 익어서 나무에서 떨어지기만 기다리면 됐다.

영국

1950년대 동안 보수당이 영국을 지배했지만, 보수당과 노동당의 정책은 갈수록 비슷해지고 있었다. 그 점을 상징적으로 보여 준 것이 바로 〈이코노미스트〉가 노동당 우파의 지도자 휴 게이츠컬과 보

수당 '좌파'인 R A 버틀러를 합성해서 만들어 낸 '버츠컬리즘'이라는*
신조어였다.[7] 보수당은 노동당의 국유화와 복지 정책이 체제를 위협
하지 않았고 경제 호황 덕분에 그런 정책이 지속될 수 있을 것이라
고 판단해서, 전후 노동당 정부가 이룩한 주요 개혁들을 뒤집으려는
시도를 전혀 하지 않았다(물론 '복지국가'의 크기를 서서히 축소하기
는 했다). 한편 노동당은 이제 1945년 이후의 개혁 노력 같은 것이
더는 필요하지 않다고 주장하기에 이르렀다. 즉, 자본주의가 변했으
므로 이제 필요한 것은 체제 내의 단편적 개혁뿐이라는 것이었다.

이 새로운 주장을 가장 일관되게 설명한 것은 앤서니 크로스랜드
의 책 《사회주의의 미래》(1956)였다. 이 책에서 크로스랜드는 다음
과 같이 주장했다.

오늘날 자본가 기업인 계급은 과거의 사령탑 지위를 잃어버렸다. 경제
력 균형의 변화를 보여 주는 동시에 그 근거라 할 수 있는 세 가지 사
태 전개가 있다. 첫째, 경제력의 결정적 원천과 지렛대가 사기업인의 수
중에서 다른 사람들에게 넘어갔다. 그리고 새로 등장한 지렛대도 다른
사람들의 수중에 집중됐다. 둘째, 이제 집단이나 계급의 경제적 이해관
계 충돌은 민간 사용자들에게 더 불리한 결과를 낳는다. 셋째, 기업인
계급의 사회적 태도와 행동이 크게 변했다. 이것은 그들의 힘과 자신감
이 확 떨어진 것을 반영하는 듯하다. …

---

* 게이츠컬은 1950~1951년에 노동당 정부에서 재무부 장관을 지냈고, 버틀러는
  1951~1955년에 보수당 정부의 재무부 장관이었는데, 둘의 경제정책이 비슷해서
  나온 말이다.

물론 파업과 투쟁, 주기적 감정 분출은 여전하다(어쩌면 놀라울 정도다). 그러나 전과 달리 이제는 장기적이고 완강하고 격렬한 형태를 띠지 않는다. 노동쟁의는 더 온건한 한계 안에서 진행되고, 타협은 더 빨리 이뤄지며, 계급 전쟁의 전투적 언어, 즉 봉기와 진압 같은 용어는 이제 사용되지 않는다.[8]

1980년대의 시점에서 보면, 크로스랜드의 순진한 낙관론을 비웃기 쉽다. 그러나 출판 당시 크로스랜드의 책이 미친 영향을 이해하려면 두 가지를 지적해야 한다. 첫째, 경제 호황이라는 조건에서는 크로스랜드의 주장이 매우 그럴듯하게 들렸다는 것이다. 그것은 적어도 자본주의의 변화를 직시하려는 노력처럼 보였다. 반면에, 다른 많은 좌파들은 낡아 빠진 독단적 신조를 그저 되풀이하고 있었다(예컨대, 프랑스공산당은 '노동계급의 절대적 빈곤화' 주장을 우기고 있었다). 둘째, 그때든 지금이든 노동당 우파의 철저한 기회주의자들과 달리 크로스랜드는 진정한 개혁주의자였다. 즉, 그는 사회가 더 공정하고 평등해져야 한다고 믿었고, 이를 위한 구체적 방안들을 제안했다.

크로스랜드 같은 사람들의 주장은 노동당의 국유화 추진 열의를 떨어뜨리는 실천적 결과를 낳았다. 애틀리 정부가 단행한 국유화 조치들은 점차 선거에서 인기가 없어졌다. [국유 기업의] 관료적 구조는 [노동자들의] 열정을 불러일으킬 만한 것을 거의 제공하지 못했고, 노동당은 언론의 반反국유화 선전 공세에 대항하려는 노력을 거의 하지 않았다. 왜냐하면 노동당 우파는 무엇보다도 노동당의 장기적 목표가 지배계급의 재산을 몰수하는 것이라는 오래된 의심을 완전히 불식하기를 간절히 바라고 있었기 때문이다. 노동당은 1957년 정책 강령 《산업과 사회》에서 이제 더는 국유화가 필요하지 않다고 주장했다. "증가하는 전문 경영진 아래서 대기업 전체가 국가에 잘 봉사하고 있기 때문"이라는 것이었다.

노동당이 1959년 총선에서 대패해 사기가 땅에 떨어졌을 때 노동당 우파는 국유화 쟁점을 더 밀어붙이려고 시도했다. 제1차세계대전 종전 이후 노동당의 당헌에는 다음과 같이 자본주의적 착취 폐지를 약속하는 조항(유명한 '당헌 4조')이 계속 들어 있었다.

육체노동자나 정신노동자가 충분한 근로의 대가와 가장 공정한 분배를 보장받으려면 생산·분배·교환 수단의 공동소유라는 바탕 위에서 모든 산업과 서비스를 대중이 관리하고 통제하는 체제가 확립돼야 한다.

그 조항은 1918년 [2월]에 당헌에 명시됐는데, 당시는 러시아 혁명의 여파로 급진적 정서가 강력해서 이를 흡수할 필요가 있을 때였다(1919년에도 영국 광원들은 공적 소유를 지지하는 파업 일보 직전까지 갔다).

역대 노동당 정부는 당헌 4조를 무시했다. 기껏해야 약간의 국유화가 있었을 뿐 "대중이 관리하고 통제하는 체제"는 거의 없었으며 잉여가치 추출의 종식은 아예 생각조차 하지 않았다. 당헌 4조가 노동당의 실천과 아무 상관이 없는 것은 마치 《요한계시록》이 교회에서 근무하는 보통 목사와 아무 상관이 없는 것과 마찬가지였다. 따라서 그 조항을 없애려는 노력 자체가 아무짝에도 쓸모없는 짓처럼 보일 정도였다. 그러나 1959년 11월 노동당 특별 당대회에서 게이츠컬을 비롯한 우파가 바로 그런 시도를 했(다가 참패했)다. 기층 당원들은 당헌 4조의 폐지는 당내 우파의 득세를 의미한다는 것을 알고 있었다. 또 많은 노조 지도자도 당헌 개정 시도는 노동당을 미국 민주당 비슷한 정당으로 만들려는 전략의 일환이라고 봤다(그런 '초계급적' 정당에서는 노조 관료들의 영향력이 약해질 게 뻔했다).

그러므로 당헌 4조의 유지는 결코 좌파의 승리가 아니었다. 또 (1964~1970년 노동당 정부의 실제 정책은 말할 것도 없고) 노동당의 정책 강령[《산업과 사회》]은 알 수 없는 먼 미래에 '혼합경제'가 실현될 것이라고 예상했다. 진정한 승자는 당내 중도파의 기회주의자들이었다(그 전형적 인물이 바로 해럴드 윌슨이었다). 그들은 당헌 4조를 지지해 놓고는 이내 그것을 무시해 버렸다. 우파의 서툰 책략은 중도파에 대한 좌파의 신뢰를 강화해 줬을 뿐이다(사실 중도파의 정책은 우파와 거의 차이가 없었다).

핵무기 철폐는 훨씬 더 격렬한 분열을 초래한 쟁점이었다. 이것은 단지 당내 분파 투쟁의 문제가 아니라, 대체로 노동당 밖에서 성장하고 노동당의 전략과 본성 자체에 근본적 문제를 제기한 대중운동에 대응하는 문제였다. 일부 노동당 인사가 핵무기철폐운동의 출범에서 일정한 구실을 한 것은 사실이다. 그러나 1960년 부활절 즈음에 핵무기철폐운동은 수십만 명을 거리로 불러낼 수 있었다(그 운동에 참가한 현장 조합원들과 특히 새 세대 청년들은 1930년대나 제2차세계대전, 심지어 애틀리 정부도 알지 못하고 모든 정치조직을 본능적으로 불신하는 사람들이었다). 진정으로 대중적인 운동이 형성되고 있었다. 만약 노동당이 스스로 핵무기 철폐 지지자들의 선두에 섰다면, 언론의 공세에도 불구하고 중간층 유권자들을 돌려 세울 수도 있었을 것이다.

그러나 노동당 지도자들은 그것이 너무 위험한 모험이라고 생각했다. 핵무기 경쟁은 수용할 수도 있고 거부할 수도 있는 정책이 아니었다. 그것은 자본주의 경제와 서방 동맹의 핵심 자체에 놓여 있었다. 노동당 지도자들은 만약 핵무기 체제에 참여하지 않으려면 자신들이 확고하게 지지하는 정치적 틀 전체에 도전해야만 한다는 사실을 알고 있었다.

1960년 가을쯤 핵무기철폐운동은 노동당 안에서도 존재를 느낄 수 있을 만큼 성장했다. 1960년 10월 스카버러에서 열린 노동당 당대회에서는 "영국에서 핵무기 실험·제조·비축·기지를 일방적으로 폐기할 것"을 요구하는 결의안이 찬성 330만 3000표 대 반대 289만 6000표의 근소한 차이로 통과됐다.

사실 그 결과는 굳건한 토대 위에 구축된 것이 아니었다. 지구당 표의 약 3분의 2는 '일방적 핵 폐기'에 반대했다. 그 동의안이 통과될 수 있었던 것은 노조의 블록투표* 덕분이었다(지금껏 블록투표는 대체로 당내 우파의 전유물 같은 것이었고, 그래서 좌파는 계속 블록투표를 경멸했다). 특히, 양대 노조인 금속노조와 운수[일반]노조의 표 덕분이었는데, 노동당 당대회는 사실상 이 두 노조가 좌우할 수 있었다. 유감스럽게도 그 표결은 수많은 항만 노동자, 공구 제조 노동자, 버스 차장 등이 이제 자랑스럽게 핵무기철폐운동 배지를

---

* 대의원이 대표하고 있는 사람 수만큼의 표수를 인정하는 투표 방식. 예컨대, 광원노조에서 찬성 600표, 반대 400표로 통과됐더라도, 광원노조 위원장은 노동당 당대회에서 조합원 전체의 표(1000표 + 투표에 참가하지 않은 조합원 수)를 찬성표로 던지는 방식이다. 카드투표라고도 한다.

차고 다닌다는 것을 의미하지 않았다. 금속노조의 투표는 한 달 전에 노총이 기괴한 책략 끝에 일방적 핵 폐기를 찬성하면서도 반대한다는 표결을 한 것을* 어떻게 해석할지를 두고 벌어진 내부 분쟁의 결과였다. 그리고 운수노조의 좌경화는 부분적으로는 어니스트 베빈과 아서 디킨의 우파 후계자가 뜻밖에 일찍 사망한 결과였다. 그 사고 때문에 [핵무기철폐운동 지지자인] 프랭크 커즌스가 노조 사무총장이 될 수 있었던 것이다.**

상황이 그렇다 보니 게이츠컬은 당대회 표결 결과에 대해 공세적 태도를 취할 수 있었다. 그는 스카버러 당대회 폐막 연설에서 "평화주의자, 일방적 핵 폐기론자, 공산당 동조자"를 비난했다.(그러나 게이츠컬이 공산당 동조자들을 비난한 것은 특히 부당했다. 왜냐하면 공산당은 1960년 5월까지도 일방적 핵 폐기에 반대하다가 막판에 시류에 편승했기 때문이다.) 또 그는 "우리가 사랑하는 당을 구하기 위해 싸우고, 싸우고, 또 싸울 것"이라고 공언했다.⁹

게이츠컬의 부하들도 그런 공격적 대응에 열을 올렸다. 예컨대, (훗날 1980년대에 당내 우파를 데리고 나와서 사회민주당SDP을 창립하는) 윌리엄 로저스는 민주사회주의운동CDS을 출범시켰다. 그는 미국 중앙정보국CIA에서 선전 활동 자금을 지원받아 노조 지부와 지구당에서 반격을 개시했다. 그러면서 여러모로 당내 좌파가 벌일 수

---

* 1960년 9월 영국 노총 연례 대의원대회에서는 일방적 핵 폐기와 다자간 공동 핵 폐기를 모두 요구하는 동의안이 통과됐다.

** 베빈과 디킨은 운수일반노조의 초대 사무총장(1922~1940)과 2대 사무총장(1940~1955)을 지낸 노동당 우파였는데, 디킨이 1955년 1월 사망하고 나서 후임자인 티핀도 같은 해 12월 사망하는 바람에 사무부총장이던 커즌스가 승계하게 됐다.

있는 것보다 더 기층 당원들에게 잘 맞춰진 운동을 지휘했다.

당내 우파의 전략은 [노동당을 지지하는 신문] 〈가디언〉의 논설위원들이 제시했는데, 그들은 현장에서 직접 뛰는 선수들보다 훨씬 솔직하게 다음과 같이 말할 수 있었다.

예전에는 평화주의자들이 당의 정책을 바꾸려는 열망을 품지 않았다. 그들은 공식 정책에 반대하는 개인들이었다. 조직된 집단이 아니라, 자신들의 대안적 정책을 가진 개인들이었을 뿐이다. 노동당의 대다수는 군사적 방위를 지지했고, 지지한다고 알려져 있었다. 평화주의자들의 반대는 해롭지 않았다. 왜냐하면 노동당이 집권하더라도 평화주의자들은 노동당 정부에 아무 영향도 미치지 못할 것이라는 사실을 누구나 알고 있었기 때문이다. …

일방적 핵 폐기론자들이 노동당 안에 존재하는 한, 당은 방위 문제를 두고 분열할 것이다. 그리고 당이 방위 문제로 분열해 있는 한, 당은 계속 야당 신세를 면치 못할 것이다. 당이 단결하는 목적은 권력을 장악해서, 합의된 정책을 실행하려는 것이다. [그러나] 당의 단결이 계속 [선거] 패배를 낳을 뿐이라면, 그것이 과연 치를 만한 대가일까?[10]

그러니까 좌파는 선을 넘은 것이었다. 노동당 좌파는 소수의 양심을 달랠 수 있는 수단 노릇을 하면서도 여전히 투표 부대로 남아 있는 한 용인될 수 있었다. 실제로 노동당 좌파는 소수의 평화주의자들이 노동당에 투표하도록 그들을 끌어당기는 데서 일정한 구실을 했다. 그러나 만약 당내 좌파가 실제로 [경기를] 이기기 시작했다면, 경기 규칙을 서둘러 바꿔야 한다[는 것이 우파의 생각이었다].

한편, 노동당 좌파는 [당대회 표결의] 승리에도 불구하고 혼란에 빠졌다. 일방적 핵 폐기가 중요한 쟁점이 됐을 때, 좌파의 영웅이던 어나이린 베번이 영국 외무부 장관을 "벌거벗겨서 회담장에 들여보낼" 수는 없다고 말하면서 좌파와 관계를 끊어 버렸기 때문이다.[11] 베번은 1960년 여름에 죽었다. 만약 그때 죽지 않았다면, 좌파적 카리스마와 우파적 정치가 뒤섞인 베번이 스카버러에서 게이츠컬을 구해 줬을지 모른다. 고아 신세가 돼 버린 좌파는 분열이 두려워서, 기층 당원들을 향해 다가가기보다는 당헌에 어긋나는 행동을 하지 않으려고 조심했다. 왜냐하면 기층 당원들에게 다가가는 것은 핵폭탄이라는 쟁점을 다양한 산업 투쟁이나 의회 밖 투쟁과 연결한다는 것을 의미했기 때문이다. 노동당 좌파는 다른 [혁명적] 좌파의 비판적 조언, 즉 "좌파가 전진할 수 있는 방법은 거창한 핵무기 외교 문제와 일상의 계급투쟁을 연결하는 것"이라는 주장을 받아들일 의지도 능력도 없었다.[12]

그래서 주도권은 화해주의자들인 중도파에게 넘어가 버렸다. [당시는 아직 당내 중도파였던] 토니 벤은 일방적 핵 폐기를 지지하는 프랭크 커즌스와 반대하는 게이츠컬이 힘을 합치면 "가공할 동반자 관계"를 형성할 수 있을 것이라고 페이비언협회에서 말했다.[13] [당내 좌파로 출발했다가 기회주의적 중도파가 된] 해럴드 윌슨은 더 냉소적으로 다음과 같이 단언했다.

나는 분열을 바라지 않았다. 나는 그들이 모두 좋은 친구들이고 당에 꼭 필요한 사람들이라고 곧잘 말했다. 그들을 계속 묶어 두는 것이 내 임무였고, 나는 실제로 그렇게 했다.[14]

핵무기 철폐 지지자들을 억압하는 것이 아니라 설득해서 자기편으로 끌어들인다는 전략은 노동당의 전국적 청년 조직을 재건한다는 결정으로도 이어졌다. 그래서 청년사회주의자들YS이 만들어졌다. 노동당 관료들이 청년 조직을 꺼린 이유는 과거에 공산주의자들이나 트로츠키주의자들이 노동당 청년 조직을 장악한 적이 있었기 때문이다. 그러나 수많은 청년이 [영국 남부] 버크셔의 올더마스턴 원자력무기연구소부터 울창한 좁은 길을 따라 [런던의 트래펄가 광장까지 약 83킬로미터를] 행진하는 광경을 목격하고 그들을 지방선거 유세에 동원할 수도 있겠다고 생각한 관료들은 이를 악물고 당의 문호를 개방했다. 그 청년들을 쫓아내는 일은 나중에 얼마든지 할 수 있었(고 실제로 그렇게 했)다.

절충안을 중심으로 약간의 책략을 부린 끝에 게이츠컬은 1961년 당대회에서 자신의 노선을 지지하는 실질적 다수를 확보했다. 이제 노동당 좌파는 대체로 핵무기 쟁점을 포기했고, [이후] 15년 동안 핵무기철폐운동은 겨우 사무실 하나 있는 잔당에 불과했다. 핵무기 철폐 행진에 나섰던 그 많은 사람은 어디로 갔을까? 전부 다는 아니지만, 다수는 노동당을 위해 [선거 정보가 담긴] 투표 카드를 작성해서 유권자에게 보내고 있었다.

국유화 문제에서 그랬듯이 중도파가 승리했다. 당내 극우파의 공격은 목적을 달성했다. 극우파가 분열도 마다하지 않는 태도로 나오자 좌파는 움찔해서 중도파의 품 안으로 들어갔다. 그래서 신뢰를 얻게 된 중도파는 안쓰러운 난장판에서 빠져나올 수 있었다. 게이츠컬은 때맞춰 사망함으로써, 자신이 사랑하는 당을 구하는 일에 마지막 기여를 했고, 이제 해럴드 윌슨을 위한 길이 열리게 됐다(10장 참조).

다른 나라의 새로운 강령들

사회민주주의 정당의 강령 논쟁은 영국과 서독에 국한되지 않았다. 1950년대 초에 사회주의인터내셔널 창립을 앞두고 정치적 기본 입장을 논의하고 있을 때, 유럽의 거의 모든 정당(두드러진 예외는 영국 노동당이었다)은 여전히 '마르크스주의' 정당을 자처하고 있었다(물론 실천에서는 거의 무의미했다). 사회주의인터내셔널은 창립 선언문에서 마르크스주의를 광범한 자유주의적 휴머니즘 전통 속에 용해해 버림으로써 이 문제를 얼버무렸다. 그러나 1950년대 동안 사회주의인터내셔널 소속 몇몇 정당은 자신들의 강령을 개정했다.

오스트리아사회당에서는 브루노 크라이스키가 이끄는 위원회가 새 강령 초안을 작성했는데, 1958년에 폭넓은 토론을 거쳐서 결국 채택됐다. 그 강령은 마르크스주의를 거의 언급하지 않았고, 중소 상공인과 가톨릭교회에 대해 매우 타협주의적 태도를 취했다. [서독 사민당의] 바트고데스베르크 강령과 마찬가지로, [오스트리아사회당의 강령도] 전문前文에서 다음과 같이 추상적이고 모호한 윤리적 원칙을 들먹였다.

사회당은 사회질서를 원한다. … 사회당의 목표는 인간 개성의 자유로운 발전이다. 사회당은 계급의 폐지와 사회적 노동생산물의 공정한 분배를 원한다.[15]

1959년까지 네덜란드 노동당은 역대 연립정부에 계속 참여했다. 그 바탕에는 서방 동맹과 유럽 통합, 혼합경제를 지지하는 합의 정치가 있었다. 그렇지만 노동당 계열 노조인 네덜란드노동조합총연맹NVV이 정부의 소득 통제 정책을 거부하자, 노동당은 야당이 될 수밖에 없었다. 같은 해인 1959년에 노동당이 채택한 새 강령은 자본주의의 광범한 변화를 지적하면서 기존 틀 안에서 변화를 위해 건설적으로 노력하겠다고 선언했다.

1960년 6월 스웨덴사회민주노동당도 이런 전례를 따라 강령을 개정했다.

스위스사회당은 1920년에 프롤레타리아 독재를 요구하는 강령을 채택한 정당이었다. 그러나 1959년에는 노동계급 정당이기를 포기하고 자본주의를 전복하겠다는 생각도 버렸다. 스위스의 평화로운 산악 지대조차 우경화의 높은 물결에 잠기고 만 것이다.

9장 제국을 지켜라

전후 [세력권] 분할의 분명한 의미 하나는 19세기 말에 유럽 열강이 건설한 식민지 제국이 몰락했다는 것이다. 소련과 미국의 세계 지배력은 확대된 반면, 영국·프랑스·벨기에의 식민지 제국은 모두 해체됐다. 오직 포르투갈만이 1970년대까지 제국을 유지하려고 애를 썼(고 그 때문에 많은 문제가 누적됐)다.

무역 패턴과 경제적 우위의 양상이 변하면서 제국주의가 더는 식민지 지배에 의존하지 않게 됐다. 세계 최강의 제국주의 국가 미국은 전통적 의미의 식민지가 사실상 없었다. 경제 호황 덕분에 개혁의 여지가 어느 정도 생겨났고, 제3세계에서는 공격적인 민족주의 지도자들(인도네시아의 수카르노, 이집트의 나세르, 가나의 은크루마 등)이 이끄는 신생 독립국가들이 수립됐다.

물론 그런 변화가 부드럽게 이뤄진 것은 아니었다. 부르주아지는 순수하게 이성적으로 생각해서 하룻밤 사이에 제국을 포기하지 않았다. 흔히 지배계급 내에서는 심각한 분열이 일어났다. 일부는 어떤 대가를 치르더라도 식민지를 계속 유지하기를 원했고, 다른 지배자들은 명목상 독립적인 체제들을 계속 착취할 수 있을 것이라고 생각했다.

전후 자본주의의 현대화라는 임무를 수행한 사회민주주의 정당이 탈식민지화라는 과제에도 적합한 것처럼 보였다. 몇몇 경우에는 실제로 그랬다. 예컨대, 1945년 이후 영국에서 만약 보수당이 집권했다면 인도의 독립은 훨씬 더 유혈 낭자한 과정이 됐을 것이다. 그러나 사회민주주의 정당에도 많은 제약 조건이 있었다. 무엇보다도 그들은 자기네 국민국가의 이익을 지키는 데 충실했다. 물론 그들이 (때때로) 자국 군대가 [식민지에서] 고문을 자행하거나 주택과 병원을 폭격하는 것은 꺼렸을 수 있다. 그러나 결국 가장 중요한 것은 그들이 항상 '국익' 편에 서야 했다는 것이다.

더욱이, 사회민주주의 정당의 지대한 관심사는 선거였다. 그러므로 그들은 항상 노동계급과 프티부르주아지의 가장 반동적인 편견을 의식할 수밖에 없었다. 드골이 알제리 전쟁을 그럭저럭 끝낼 수 있었던 이유는 그의 애국심이 결코 의심받지 않았기 때문이다. 만약 사회민주주의자가 드골과 똑같은 일을 했다면 틀림없이 '반역자'라는 비난을 받았을 것이다.

따라서 제국의 해체 과정에서, 식민지를 거느린 강대국 사회민주주의자들의 비열한 우파적 색채가 분명히 드러났다.

수에즈전쟁

1956년 수에즈 사태라는 희비극은 구식 유럽 제국주의의 광기 어린 마지막 발작이었다. 1956년 7월 이집트 지도자 나세르가 수에즈 운하를 국유화했다. 10월 말 프랑스와 영국 군대가 (중동에서 서방

제국주의의 주요 동맹인) 이스라엘과 공모해 이집트를 침략했다. 그것은 영국과 프랑스가 미국의 하위 파트너가 아니라 독자적으로 행동할 수 있는 제국주의 강대국임을 과시하려는 마지막 시도였다. 일주일이 채 안 돼 소련과 미국이 모두 압력을 가하자 영국과 프랑스는 [이집트와] 휴전할 수밖에 없었다.

7월부터 10월까지 [영국의] 보수당 총리 앤서니 이든과 프랑스 사회당 지도자 기 몰레는 여러 차례 만나서 이집트 침략 계획을 세웠다. 이것은 일부 사람의 생각과 달리, 순진한 개혁주의자가 사악한 보수 우파 제국주의자의 꾐에 넘어간 사례가 아니었다. 여러 사람의 말을 종합해 보면, 둘 중에 몰레가 더 주도적이었고 열정적이었다. 몰레는 1957년 프랑스 사회당 당대회에서 연설할 때 이집트 침략을 옹호했을 뿐 아니라, 뻔뻔하게도 마르크스주의의 용어를 써 가며 노골적 제국주의를 마치 아랍 강대국들에 맞서 이스라엘을 방어한 행동인 양 위장했다.

사람들은 수에즈 작전이 우리의 사회주의적 양심과 조화될 수 없다고 말합니다. 그러나 마르크스와 엥겔스는 항상 사회주의자는 어떤 충돌이 벌어졌을 때 더 진보적인 민족의 편에 서야 한다고 가르쳤습니다. 그래서 저도 나세르와 벤구리온[이스라엘 총리 — 지은이] 사이에서 선택한 것입니다.(박수)
만약 이스라엘이 지도에서 깨끗이 지워진다면, 훌륭한 발언들이 많이 나올 것이고 아마 [이스라엘] 난민을 위해 모금하자는 말도 나올 것입니다. 우리가 후회하는 것은 프롤레타리아 국제주의에 따라 작전을 완수하지 못한 것뿐입니다.(박수)[1]

수에즈 문제에서 몰레를 지지한 프랑스 좌파들 중에는 가스통 데 페르나 프랑수아 미테랑처럼 여느 때 같으면 비식민지화를 지지할 인물들도 있었고(그들은 나세르의 수에즈운하 국유화를 히틀러의 체코슬로바키아 침략에 비유했다), 더 조건을 달기는 했지만 심지어 피에르 망데스프랑스도* 몰레를 지지했다.[2]

영국 노동당은 당시 야당이었으므로 더 급진적인 척할 여유가 있었다. 노동당 지도자들에게 수에즈 문제는 반제국주의 문제가 아니었다. 오히려 그들은 나토의 원칙들을 정말로 신봉했고, 영국의 미래가 미국의 충실한 하위 파트너 구실을 하는 데 달려 있다고 봤다. 더욱이, 당내 좌파든 우파든 철저하게 민족주의에 물들어 있다는 것이 그들의 반응에서 드러났다. 노동당 대표인 휴 게이츠컬은 나세르의 행동을 "제2차세계대전 전에 무솔리니와 히틀러가 한 짓"에 비유했다.[3]

한편, 노동당 좌파의 영웅인 어나이린 베번이 〈트리뷴〉에 쓴 칼럼들을 보면, 그는 민족주의를 강하게 비판해 달라는 요청을 [〈트리뷴〉 편집부한테서] 받았지만, 그것은 [이집트] 침략을 준비하는 자들의 민족주의가 아니라 나세르의 민족주의였다. 그래서 베번은 [1956년 8월] 다음과 같이 썼다.

[그 이집트 지도자는 — 지은이] … 민족주의적 열정을 계속 고취하는 것이

---

* 망데스프랑스는 1950년부터 프랑스의 식민주의에 반대했으며, 베트남 독립 전쟁 (또는 제1차 인도차이나전쟁) 중 1954년 디엔비엔푸 전투에서 프랑스군이 베트남 독립군에게 참패한 후 총리가 돼 제네바 회담을 통해 전쟁을 종결짓고 프랑스군을 철수시켰다.

장기적 경제 [발전] 계획에 유리한 조건을 창출하는 데 좋지 않다는 사실을 깨닫지 못한다.[4]

이 사람이 바로 수소폭탄 없는 영국 외무부 장관은 "벌거벗은" 것이나 마찬가지라고 주장한 바로 그 베번이다. 제국주의의 억압적 민족주의와 제3세계의 저항적 민족주의 사이에는 분명히 큰 차이가 있었다. 베번은 "세계의 상업을 서로 연결해 주는 모든 수로를 국제화하자"는 약간 비현실적인 해결책을 주장했다.[5] 기존 세계 질서를 감안할 때, 그런 해결책은 제국주의의 지배력만 강화할 수 있었다.

실제 침략이 시작됐을 때 노동당은 침략에 반대하지는 않은 채 '전쟁이 아니라 [국제]법으로'라는 구호를 내걸고 대중 집회를 조직했다. 이든이 이집트를 폭격하는 동안 노동당은 의회적 수단에 매달리면서 영국 국민들에게 "현재의 위기에서 국가정책에 영향을 미치는 수단으로서 산업 행동은 자제해 달라"고 촉구했다.[6] [그러나] 적어도 한 번은 이런 경고가 무시당했다. 크롤리에 있는 산업 단지의 노동자들은 11월 6일 일찍부터 작업을 중단하고 전쟁 반대 행진에 나섰다.[7] 만약 노동당이 대중을 해산하는 것이 아니라 동원하려 했다면, 그런 일은 훨씬 많이 일어났을 것이다.

심지어 노동당 내에서 가장 강경한 좌파들조차 완전한 반제국주의 입장을 내놓는 것은 불가능하다고 생각했다. 그래서 이언 미카도는 "영웅인 척하는 영국과 프랑스의 개입"을 비난하면서도, 이집트에 근거지가 있는 [아랍] 게릴라들을 진압하기 위한 이스라엘의 군사작전을 지지했다.[8] 수에즈전쟁은 사회민주주의의 혈관 속에 얼마나 많은 제국주의적 독성 물질이 흐르고 있는지를 분명히 보여 줬다.

벨기에 총파업

미국 제국주의의 힘이 커지는 상황에서 유럽의 식민주의가 쇠퇴하자 벨기에도 위기에 빠졌다. 1960년에 벨기에 정부는 콩고(지금의 자이르[*])에 대한 식민지 지배를 (급히, 그러나 서투르게) 포기했다. 경제성장률이 이미 낮은 상황에서 콩고라는 소득원까지 상실하자 벨기에 경제는 위기에 빠졌다. 당시 기독교사회당이 지배하던 정부는 검증된 해결책, 즉 경제 위기의 대가를 노동계급이 치르게 만드는 방법을 채택했다. 이것은 이른바 '통합법loi unique'의[**] 형태로 나타났는데, 그것은 세금(특히, 노동자들이 주로 부담하는 세금)을 인상하고 공공 지출을 삭감하는(그중에서도 복지 혜택, 예컨대 실업급여 수령 자격 등을 축소하는) 종합 경제정책을 입법화한 것이었다.

1960년 12월 20일 지방자치단체 노동자들의 파업이 급속히 그리고 자발적으로 전국의 노동자 파업으로 확산됐다. 그것은 이제 계급투쟁은 끝났다고 주장한 사람들을 논박하며, 노동계급의 자주적 행동의 잠재력을 멋지게 확인해 줬다. 많은 곳에서 노동자들은 스스로 파업 위원회를 건설하고 투쟁을 벌였다. 노동자들이 직접 선출한 파업 위원회가 [벨기에 서남부의 중공업 도시인] 샤를루아 지역의 3분의 2를 통제했다는 보도도 있었다.[9]

---

[*] 1960년 콩고민주공화국으로 독립했으나 1971년 자이르공화국으로 이름을 바꿨다가 1997년에 다시 원래 이름으로 되돌아갔다.

[**] 경제 위기 해결을 위해 긴축을 강요한 이 통합법(또는 단일법)의 공식 명칭은 '경제성장, 사회 진보, 균형재정에 관한 법률'이었다.

[그러나] 자발성은 오래가지 않았고, 파업은 기존의 개혁주의 조직 들을 건너뛸 수 없었다. 벨기에사회당의 노동계급 기반은 여전히 강력했고, 지역 조직들은 상당히 자율성을 누렸다. 문제를 더 복잡하게 만든 것은 벨기에에는 두 언어 공동체가 존재한다는 사실이었다. 사회당은 (프랑스어를 사용하는) [남부의] 왈롱 지역에 주로 뿌리를 내리고 있었는데, 그 지역은 벨기에에서 산업화가 처음 시작된 곳이었다. [네덜란드어를 사용하는 북부의] 플랑드르 지역은 더 최근에 산업화했고, 흔히 가톨릭 노동조합운동이 우세한 곳이었다. 사회당은 연립정부에 자주 참여했는데, 1954~1958년에도 자유당과 함께 연립정부를 주도했다. 1957년 7월에는 사회당 소속 총리인 판아커르가 금속 노동자들의 파업을 분쇄하기도 했다. 의회 개혁주의의 성과가 변변치 않았으므로 사회당의 기층 당원들은 19세기 말 이후의 오랜 총파업 전통으로 거슬러 올라가는 신디컬리즘 방식에 많이 공감했다.

[1960년] 총파업 겨우 며칠 전에 열린 사회당 당대회에서는 통합법에 전면 반대한다는 선언은 있었지만 구체적 행동 제안은 전혀 없었다. 파업이 확산되자 사회당의 목표는 모종의 타협안을 추구하는 것인 듯했다. 그러나 주도권이 처음에는 노동자들에게 갔다가 나중에는 다시 정부로 넘어가자 어느 쪽도 그런 타협을 원하지 않았다. 사회당 지도부는 노동자들보다는 정부에 훨씬 더 친밀감을 느꼈다. 전 총리 판아커르는 의회에서 토론할 때 그 점을 다음과 같이 표현했다.

저 자신도 심각한 사회적 갈등을 처리해야 했던 적이 있습니다. 그래서 [지금] 정부가 질서를 유지해야 한다는 점을 이해합니다. 그런 상황에서 는 저도 [정부와] 똑같이 행동했을 것입니다.[10]

사회당과 연계된 벨기에노동조합총연맹FGTB[이하 노총]의 관료들도 비슷한 문제에 직면했다. 파업이 시작된 다음 날 노총 사무총장인 루이스 마요르는 기자회견에서 다음과 같이 말했다. "노총은 총파업을 지지하지 않습니다. 그런 행동을 요구한 적이 전혀 없습니다."[11] 그러나 하층 노조 기구에서는 파업을 지지해야만 했다. [더 급진적 좌파에게] 선수를 빼앗기지 않으려면, 또 운동을 통제하려면 그럴 수밖에 없었다.

파업 기간의 핵심 인물은 노총의 좌파 지도자로 공인된 앙드레 르나르였다. 르나르는 엄청나게 인기가 많았다. 그는 파업 기간에 열심히 뛰어다녔고, 대중 집회에 가는 곳마다 환영받았다. 그래서 부르주아 언론은 그를 표적 삼아 거듭거듭 비난과 욕설을 퍼부었다. 그러나 르나르조차 파업을 부르주아지에게 압력을 가하는 수단쯤으로 봤지, 정권에 맞서 노동계급의 온 힘을 동원하려고 하지 않았다. 일부 좌파가 브뤼셀로 행진하자는 요구를 제기하기 시작했을 때 르나르는 단호하게 반대했다. 오히려 그는 파업의 에너지 일부가 왈롱 민족주의라는 막다른 길로 향하도록 만들었다. 그는 왈롱 지역에 지방정부를 따로 만들자는 요구를 제기했다. 그 지방정부에서는 사회당이 다수를 차지할 터였다. 물론 왈롱 지역에서 파업이 가장 강력한 것은 사실이었지만 많은 플랑드르 노동자도 파업에 참가하고 있었으므로 그런 지역주의적 요구는 투쟁의 방향을 엉뚱한 데로 돌리는 효과를 냈을 뿐이다.

사회당 안에는 주간지 〈라 고슈〉(좌파)를 중심으로 조직된 좌파가 있었다. 이들은 당내에 어느 정도 실질적 기반이 있었고, 당대회에서 나토 탈퇴를 요구하는 결의안을 제출해 25퍼센트 이상 득표하기도 했다. 〈라 고슈〉는 혁명적이라고 자처했다. 핵심 지도자들 중에는 트로츠키주의자인 에르네스트 만델도 있었다. 그들이 중요하게 여긴 강령은 '구조 개혁' 요구였다. 이를 통해 기존 체제에 급진적으로 도전할 수 있다는 것이 그들의 생각이었다. 그래서 〈라 고슈〉는 파업이 단지 통합법 철회만을 겨냥하지 않고 다양한 개혁, 예컨대 군비 지출 축소, 에너지 산업 국유화, 완전고용을 보장할 계획경제, 국민 의료 서비스 등을 지향하게 만들고 싶어 했다.

처음에 브뤼셀로 행진하자는 요구를 제기하는 데 한몫한 것이 바로 〈라 고슈〉였다. 브뤼셀 행진은 정부를 무너뜨리고 세력균형을 노동자들에게 유리한 쪽으로 바꿔 놨을지 모른다(무엇이든 시도하지 않으면 그 결과를 확실히 알 수는 없다). 그러나 [1961년] 1월 초에 〈라 고슈〉는 르나르가 그런 것과 꼭 마찬가지로 브뤼셀 행진 요구에서 후퇴했다. 결국 투쟁의 초점을 제공할 수 있는 대안적 지도부가 없었기 때문에 운동은 다시 사회당 지도자들이 장악하게 됐다.

아마 가장 신뢰할 만한 구실을 한 것은 사회당 청년 조직인 사회주의청년단JGS이었을 것이다. 사회주의청년단은 파업의 선두에 선 전투적 청년 노동자들과 관계를 맺으려고 노력했고, 주기적으로 서로 만나서 활동을 조정했으며, 심지어 군대 안에서 선전 활동을 할 준비까지 했다. 불행히도 사회주의청년단은 대안적 지도부를 구성할 수 있을 만큼 충분히 크지 않았다.

1961년 1월 첫 주가 되자 운동은 전환점에 도달했다. 대중 파업은 이제 전진하거나 후퇴해야 했다. 그리고 사회당도, 르나르도, 〈라 고슈〉도 운동이 전진할 수 있는 방안을 제시하지 못했다. 1월 6일 [벨기에 동부의 공업 도시] 리에주에서 하루 동안 경찰과 격렬한 전투가 벌어져 노동자 2명이 살해당했다. 승리할 가망이 보이지 않자 일부 파업 노동자들이 작업장으로 복귀하기 시작했다. 사회당은 이제 운동을 청산하는 일을 거들 수 있게 됐다.

1월 10일 의회에서 사회당 지도자인 판아커르는 통합법의 실업 관련 조항에서 두 가지를 수정하자고 제안했다. 그는 통합법이 수정될 수 있다는 것을 인정함으로써, 파업의 기본 요구인 통합법의 전면 철회를 거부하고 있었다. 정부는 이런저런 수정 사항을 기꺼이 받아들였다. 왜냐하면 판아커르가 자진해서 타협을 제안한 덕분에 정부가 다시 주도권을 쥐게 됐기 때문이다. 경찰은 이제 더 공격적으로 나왔다. 1월 16일 또 한 명의 파업 노동자가 살해당했고, 1월 21일 운동은 결국 붕괴했다. [3월에 실시된] 다음 총선에서 사회당은 득표율이 약간[약 1퍼센트] 올랐고, 기독교사회당과 연립정부를 구성할 수 있었다. 그것은 파업 기간에 '온건하고 책임 있게' 행동한 덕분에 마땅히 받을 만한 보상이었다.

알제리 전쟁

탈식민지화 문제로 가장 곤경을 겪은 나라는 프랑스였다. 1946년부터 1962년까지 프랑스의 정치 생활을 지배한 것은 두 차례의 재앙적 식민지 전쟁, 즉 [제1차] 인도차이나전쟁과 알제리 전쟁이었다. 여기서 온갖 색조와 계열의 사회민주주의자들이 한 구실은 매우 추잡한 이야기의 가장 추잡한 부분이라 할 수 있다.

1954년 [5월 베트남 주둔 프랑스군의 요새였던] 디엔비엔푸가 함락되자 프랑스가 더는 인도차이나를 지배할 수 없다는 것이 드러났다. 프랑스군을 철수시킨 사람은 아마 프랑스 좌파 중에 가장 영리한 탈식민주의자라 할 만한 피에르 망데스프랑스였다. 그가 이끄는 정부에는 공산당원이나 사회당원 장관이 아무도 없었고, 그는 재빨리 제네바협상을 통해 전쟁을 종결지었다(그런데 이 제네바 합의로 베트남의 운명적 남북 분할이 결정됐다). 또 망데스프랑스는 모로코와 튀니지에서도 프랑스군을 철수시키려고 노력하고 있었다.

베트남의 승리에 고무된 알제리 민족해방전선FLN이 1954년 11월 민족 독립을 위한 무장투쟁을 시작했다. 프랑스의 가장 열렬한 탈식민주의자조차 알제리 독립은 받아들이기 힘들었다. 엄밀히 말해 알제리는 식민지가 아니라 프랑스라는 전체의 필수적 일부였기 때문이다(물론 선거제도의 농간 때문에 무슬림 주민은 극도로 과소 대표됐고, 많은 무슬림은 아예 투표권도 없었다). 알제리에는 [약 100만 명의] 대규모 프랑스 정착민 사회가 있었고, 친구나 친척이 알제리에 살고 있는 프랑스인도 매우 많았다.

망데스프랑스의 즉각적 반응은 알제리가 "외국이 아니며, 공화국의 통일과 통합"에 관해서는 어떤 타협도 있을 수 없다는 것이었다.[12] 이때 그는 자신의 내무부 장관이자 긴밀한 협력자인 프랑수아 미테랑의 의견을 그대로 따르고 있었다. 그 전해에 미테랑은 다음과 같이 단언한 바 있었다.

내가 보기에 [튀니지 북부의 항구도시인] 비제르테부터 [모로코의] 카사블랑카까지 북아프리카에 프랑스군이 계속 주둔하는 것은 [프랑스의] 가장 긴요한 국가정책이다.[13]

전쟁이 시작됐을 때 미테랑은 자신의 권한을 행사해서, '식민주의적 탄압 반대 투쟁 위원회'가 조직하는 집회를 금지했다. 망데스프랑스 정부에서 장관을 지내는 동안 미테랑이 취한 다른 조치들로는 공산당의 7월 14일* 시위를 금지하고, 공산당 일간지 〈뤼마니테〉(인류)에 광고를 게재하는 것을 불법화하고, 릴[프랑스 북동부의 도시]에 최루가스로 무장한 시위 진압 경찰을 보내 농민 시위대를 탄압한 것 등이 있다.

물론 프랑스 노동계급 사이에 심각한 인종차별적·제국주의적 정서가 있었다는 것은 사실이다. 그러나 그들이 전쟁에 반대했다는 증거도 분명히 있다. 알제리로 파병될 징집병들의 저항이 상당했다. 1955년 가을과 1956년 초에 징집병들이 열차 탑승을 거부하거나 탑승하더라도 조직적으로 비상 신호줄을 당겨 열차를 세우는 일이 많았다. 1955년 10월 루앙에서는 징집병들이 폭동을 일으키자 수백 명의 노동자가 합세했다. 1956년 7월에는 무르믈롱의 주둔지에서 2000명의 징집병이 반란을 일으키고 버스를 대절해서 집으로 돌아가 버렸다.

많은 공장에서 징집병을 지지하는 탄원과 모금, 심지어 조업 중단도 있었다. 한동안 상황이 통제 불가능한 것처럼 보였다. 르노 자동차의 한 노동자는 자신의 경험을 다음과 같이 이야기했다.

르노에서는 많은 노동자가 동료의 징집을 막기 위해 싸울 태세가 돼 있었다. 그러나 명백히 존재한 그 가능성은 '좌파' 조직들의 태도 때문에 약해지고 훼손되고 결국 분쇄됐다.[14]

---

* 1789년 7월 14일 바스티유 감옥이 함락되며 프랑스 혁명이 시작된 것을 기념하는 날이다.

1956년 말쯤 징집병들의 반란은 끝났다. 역사적 기회가 유실된 것이다. 나중에 전쟁을 반대하는 병사들은 개인적으로 탈영하는 수밖에 없었고, 이런 탈영은 정권에 훨씬 덜 위협적이었다.

그러나 징집병들이 결국 알제리로 갈 수밖에 없었을 때 그들이 자신의 좌절감을 아랍인에 대한 인종차별적 적대감으로 표출했다는 것은 사실이다. 또, 자신이 알제리에서 싸우고 있는 동안 알제리 이민자들은 프랑스에서 일자리를 얻고 있다는 것에 그들이 분개했다는 것도 사실이다. 더욱이, 알제리 민족해방전선과 (더 나이 많은 세대의 민족해방운동 조직인) 알제리민족운동MNA이 계속 서로 충돌하는 바람에 프랑스 노동자들이 알제리 독립을 지지하기가 더 어려워졌다.

따라서 노동계급이 전쟁을 지지할지 반대할지는 미리 결정된 문제가 아니라, 정치적 지도에 달린 문제였다. 여론조사 결과를 보면, 다른 계급들보다 노동계급이 알제리 독립을 약간 더 지지하는 경향이 있었다. 1956년 4월에 실시된 여론조사에서 사회당 지지자의 40퍼센트(와 공산당 지지자의 83퍼센트)는 알제리 민족해방전선과 협상하는 것을 지지한 반면 사회당 지지자의 41퍼센트는 필요하다면 모든 군사적 수단을 써서라도 반란을 진압하는 것을 지지했다.[15]

만약 사회당이 분명한 지도력을 발휘했다면 노동계급의 여론을 전쟁 반대 쪽으로 기울게 할 수 있었을 것이다. 그러나 그런 일은 일어나지 않았다. 1956년 초에[1월 2일] 실시된 총선에서 사회당은 레지스탕스사회민주연합UDSR, 급진당, 드골파와 함께 느슨한 동맹[이른바 공화국전선]을 형성했다. 그 중도정당들의 주요 의도는 사회당이 공산당과 선거 연합을 하지 못하게 막는 것이었다. 그러나 그 동맹이 꽤 많은 표를 끌어모을 수 있었던 이유 하나는 망데스프랑스가 (인도

차이나전쟁을 끝낸 것처럼) 다시 총리가 돼 알제리 문제도 해결해 주기를 사람들이 바랐기 때문이다. 오히려 선거 결과, 총리가 된 사람은 기 몰레였다. 2월에 몰레는 알제리를 방문했다가 유럽 출신 정착민들에게 토마토 세례를 받았다. 그들은 몰레가 자신들에게 불리한 조건으로 평화협정을 맺을까 봐 두려웠던 것이다. 이후 몰레는 알제리 민족해방전선을 분쇄할 때까지 전쟁을 계속해야 한다고 가장 열렬히 주장하는 사람들 가운데 한 명이 됐다. 이제 노동자들을 전쟁 반대로 동원할 가능성은 완전히 사라졌다. 그렇게 해서 사회당은 제4공화국의 몰락과 결국은 자신들의 치명적 쇠퇴로 이어지는 길을 걷기 시작했다.

사회당 내 소수파는 계속 전쟁에 반대했지만, 그들은 철저하게 고립됐고 마침내 탈당해서 통합사회당PSU을 만들었다(19장 참조). 가스통 데페르를 중심으로 한 더 실용주의적인 경향은 반제국주의 원칙이 아니라 전쟁의 경제적 효과를 들먹이며 알제리 민족해방전선과 협상할 것을 주장했다. 그러나 몰레는 교활한 책략을 부리고 민족해방전선의 종교적 기반을 공격하는(그래서 사회당의 반성직주의 전통에 호소하는) 데마고기[감정적 거짓 선동]을 통해 계속 우위를 차지할 수 있었다.

1956년 3월 몰레는 알제리 상황에 대처할 수 있는 '특별 권한'을 요구했다. 그는 어떤 우파 총리도 결코 지지를 얻어 내지 못할 사람들한테서 지지를 받는 데 성공했다. 공산당의 지지를 받은 것이다. 무슨 수를 써서라도 정치적 고립에서 벗어나고 싶었던 공산당의 그 결정은 장기적으로 효과가 있었다. 프랑수아 미테랑은 1965년 대통령 선거운동 기간에 과거를 되돌아보며 다음과 같이 말했다.

공산당이 특별 권한에 찬성표를 던지는 것을 보고 그들이 얼마나 절실한지를 알았을 때, 나는 그들이 얼마나 책임감 있고 진지한 정당인지를 깨달았다.[16]

그 보상이 마침내 이뤄진 때는 [대통령이 된] 미테랑이 공산당원들을 정부 각료로 임명한 1981년 6월이었다.

알제리 전쟁을 격화시켜 탄압을 강화한 책임은 모두 몰레 정부에 있다. 1956년 4월 유명한 좌파 언론인 클로드 부르데가 알제리에서 자행된 고문 관련 정보를 공개했다는 이유로 투옥됐다. 몰레가 알제리 총독으로 임명한 로베르 라코스트는 전쟁에서 이기려면 더 많은 군대를 파병해야 한다고 끊임없이 떠들어 댄 자였다. 라코스트 치하에서 알제리 민족해방전선에 대한 탄압은 훨씬 더 잔혹해졌다. 민족해방전선 지지자로 의심되는 아랍 주민은 모두 잔혹한 탄압에 시달렸다. 고문이 대대적으로 자행돼 공공연히 물의를 일으킬 정도였다. 적법 절차 따위는 노골적으로 무시됐다. 예컨대, [알제리대학교] 수학과 조교수 모리스 오댕은 1957년에 체포된 후 실종됐다(실제로는 고문당하다 살해됐다). 라코스트는 오댕 실종 사건의 진상 조사를 방해하는 데 직접 개입했다.

(기 몰레의 행위는 사회주의의 이름에 먹칠을 하는 것이었는데도 그를 칭찬한 자들이 적지 않았다. 1975년에 몰레가 죽었을 때, 공수부대 출신으로 인종차별주의 [파시스트] 조직인 국민전선FN의 지도자 장마리 르펜은 다음과 같이 말했다. "몰레가 집권하고 있을 때 보여 준 결코 부인할 수 없는 애국심, 그의 진심과 고결함, 뿌리 깊은 반공주의 때문에 우리는 마땅히 그에게 경의를 표하며 추모한다."[17])

몰레와 라코스트의 정책들(과 가능한 대안)의 야만적 논리는 페르낭 이브통의 사례에서 분명히 드러난다. 이브통은 알제리에서 태어난 유럽계 노동자로 선반공이었다. 또 [알제리]공산당원이었고 민족해방전선 지지자였다. 1956년에 그는 [민족해방운동에 대한] 연대의 표시로 자기 작업장에 폭탄을 설치하기로 결정했다. 그 폭탄은 공장에 사람이 아무도 없을 때 터지도록 시간을 맞춰 놨는데, 터지기 전에 발견됐다. 정착민 노동계급과 민족해방전선이 결합한다면, [프랑스] 제국주의의 지배 구조 전체와 그 위에 걸터앉은 몰레와 라코스트도 무너뜨릴 수 있었을 것이다. 이브통은 체포돼 전기고문과 물고문을 당했다. 이브통에게 물을 너무 많이 먹인 고문자들은 그의 배 위로 올라타기도 했다. 결국 사형을 선고받은 이브통은 1957년 2월 단두대에서 처형당했다. 몰레의 정부에는 가소롭게도 '정의의 장관'으로 알려진 자가 있었으니, 바로 법무부 장관 프랑수아 미테랑이었다. 미테랑은 당시 대통령 코티에게 이브통을 사면해 달라고 탄원했다고 한다. 그러나 미테랑에게는 대중적 캠페인을 벌이는 것은 고사하고 장관직을 사퇴한다는 생각조차 들지 않았던 듯하다.[18]

나중에 미테랑이 얻은 명성을 생각할 때, 탈식민지화에 대한 미테랑의 견해는 좀 자세히 살펴볼 만하다. 그는 정치적 스펙트럼에서 다양한 위치를 차지하는 능력이 뛰어난, 카멜레온 같은 변신의 귀재라 할 수 있는데, 그것이 바로 사회민주주의자들의 특징이다. 미테랑은 식민지 민중의 염원에 자연스럽게 공감한 적이 전혀 없었다. 그는 1950년대 아프리카 민족주의의 발전을 논하면서 유럽 부르주아의 오만한 온정주의를 여실히 보여 줬다.

시야가 협소하고 역사적 맥락도 전혀 없는 민족주의를 탄생시키고 발전시킨 자양분 구실을 한 것은 실망과 원한, 때로는 증오심이었다. 그것들은 잠복 중인 인종차별주의가 조장하고 공산당의 선전이 불러일으킨 것이었다.[19]

몰레와 달리 미테랑은 매우 영악해서, 제3세계 민족주의가 간단히 사라지지는 않을 것임을 알고 있었다. 또 (몰레의 정부에서 사퇴한 망데스프랑스와 마찬가지로) 미테랑도 프랑스가 제3세계 민족주의자들과 타협하려면 그들 중에서 '온건하고 책임감 있는' 부류를 끌어들여야 한다는 것과, 탄압 정책은 그 온건파들을 더 비타협적인 강경파의 품으로 밀어 넣을 뿐이라는 것도 알고 있었다. 그래서 미테랑은 1950년대 초에 프랑스 제국주의의 튀니지 정책을 날카롭게 비판했다. [튀니지에서] 젊은 민족주의자들이 등장했을 때 프랑스 정부가 그들을 "미성년자처럼" 취급하는 바람에 그들의 공감을 얻는 데 실패했다는 것이다.[20] 그러나 탈식민지화에 대한 미테랑의 헌신은 한없이 얄팍했다. 그와 몰레의 유일한 차이는 그가 더 노련한 기회주의자라는 것뿐이었다.

1958년 무렵 프랑스 제4공화국은 붕괴 지경에 이르렀다. 1954년 이후 다섯 차례 들어선 정부가 모두 알제리 상황을 해결하지 못했다. 군대의 사기 저하는 심각했고, 국가기구는 정치인들의 통제를 벗어나고 있었다. 1958년 3월 파리의 경찰들이 의회 밖에서 시위를 벌이며 "국회의원들을 센강에 던져 버리자", "유대인들을 죽이자" 하고 구호를 외쳤다. 5월 13일 알제리에서 [샤를 드골의 정계 복귀를 요구하는 우익] 군사 쿠데타가 일어나 공안위원회가 설치됐고, 프랑스령 알제리를 확실히 보존할 수 있는 정부가 파리에 수립돼야 한다고 주장했다.

며칠 동안 상황은 극히 불확실했다. 내전이 벌어질 위험이 있다는 말이 많았다. 머지않아, 군대와 다양한 정당이 모두 받아들일 수 있는 사람은 몇 년 전[1946년 말] 정계 은퇴를 선언한 샤를 드골뿐이라는 것이 분명해졌다. 드골의 정계 복귀 조건은 그가 항상 경멸하던 제4공화국의 헌법을 폐지하고 자신에게 권력이 집중된 새로운 형태의 대통령 중심제를 채택하라는 것이었다.

이런 상황에서 사회당의 구실이 결정적이었다. 공산당은 드골을 반대할 것이라고 다들 예상했다. 그러나 고립된 공산당이 할 수 있는 일은 아무것도 없었다. 우파가 이미 합법성을 노골적으로 무시하는 상황에서 좌파의 합리적 방침은 노동계급을 직접행동으로 동원하는 것이었을 게다. 대다수 노동자의 분위기는 혼란과 냉소주의였지만, 그와 동시에 많은 노동자가 [정치적] 지도(부)를 찾고 있었다.[21] 만약 공산당과 사회당, 노동조합들이 드골을 저지하기 위한 총파업을 선언하고 그와 동시에 알제리 민족해방전선에 즉시 독립을 제안했다면, 프랑스의 미래는 근본적으로 달라질 수 있었을 것이다.

물론 그럴 가망은 전혀 없었다. 5월 26일 몰레는 [군사독재에 굴복하느니 차라리] 노르 지방의 광원들과 함께 바리케이드에서 죽을 것이라고 선언하며 허세를 부렸다.[22] 그러나 이미 그는 드골의 복귀를 위해 적극적으로 움직이고 있었다. 드골도 몰레를 자기편으로 만들고 싶어서, [나치 점령에서] 해방된 직후에 아라스에서 [당시 시장인] 몰레를 만난 추억담을 늘어놓기도 했다. 그것은 사실 완전히 날조된 이야기였다. 그 답례로 몰레는 [11월 총선 유세 때] 드골의 자필 서명이 있는 사진을 흔들어 댔다.

5월 28일 약 30만~40만 명이 파리 시내를 행진하며 "공화국을 구하자"고 외쳤다(그 구호는 프랑스 좌파에게 여전히 1792년과 1848년의 혁명적 나날들을 떠올리게 하는 것이었다). 그러나 투쟁 지도부가 없다 보니 그 시위는 반격을 준비하는 출정식이라기보다는 장례식에 가까웠다. 일부 사회당 지도자도 그 행진에 참가했다(주로 좌파 지도자였는데, 그들은 곧 사회당에서 분열해 나갔다). 미테랑과 망데스프랑스도 행진에 참가했다. 몰레가 신속한 결과를 추구하는 기회주의에 끌렸다면, 그들은 더 장기적인 기회주의를 선택한 것이다. 그들은 결코 바리케이드에서 죽을 생각이 없었다(고 공장을 돌아다니며 파업을 조직할 생각도 전혀 없었)다. 다만 자신들의 때가 오기만을 기다렸다. 드골을 반대하는 흐름이 형성되기 시작하면, 자신의 과거 전력이 크게 도움이 될 것임을 알았기 때문이다.

그렇게 해서 드골이 권좌에 복귀했다. 좌파는 한동안 분쇄된 것처럼 보였다. [1958년 12월] 대통령 선거에서는 상징적 반대만 있었다.* 이후 거의 4년간 전쟁이 계속되는 동안 갖가지 책략이 난무했고 알제리와 프랑스에서 수많은 유혈 사태가 벌어졌다. 결국 드골은 자신을 권좌에 올려 준 사람들을 배신했고, 알제리는 독립을 쟁취했다.

알제리 전쟁으로 치명상을 입은 것은 바로 사회당이었다. 분열로 약해지고 기회주의 때문에 신뢰를 잃은 사회당은 이제 미래가 없었다. 몰레는 그 후로도 오랫동안[1969년까지] 사회당을 유지했지만, 자기만족 외에는 아무런 목적도 없는 듯했다. 프랑스에서 사회민주주의가 살아남을 수 있으려면, 사회당이 죽어야 했다.

---

* 대통령 선거인단 투표에서 드골이 거의 80퍼센트를 득표했고, 공산당 후보가 13퍼센트를 득표했다.

4부
1963~1973년:
새로운 시작

10장 집권당이 되고 싶다

1950년대는 사회민주주의 정당에게 암울한 10년이었다. 그런데 1960년대 초가 되자, 그 흐름이 바뀌기 시작했다. 경제 호황은 아직 흔들리지 않고 있었지만, 정치 수준에서는 이런저런 문제들이 있었다. 10년 이상 집권한 정당들, 예컨대 이탈리아나 독일의 기독교민주당과 영국의 보수당 등은 현실에 안주하면서 상상력이 부족해졌고 흔히 부패에 휘말렸다.

한편, 완전고용의 결과로 노동계급은 점점 더 공세적으로 나왔다. 1963년에는 유럽에서 중대한 파업이 많이 벌어졌다. 프랑스에서 광원들이 오랫동안 파업을 벌여 승리했다. 서독의 바덴뷔르템베르크에서는 금속 노동자 10만 명이 파업을 벌였다. 이탈리아에서는 금속 노동자들의 간헐적 파업이 9개월 동안 계속됐다. 영국에서는 완전고용 시기에 강력한 현장 조직이 발전했다. 사용자들은 이런 노동계급 투쟁성의 성장을 억누르기로 작심했지만 우파 정당들은 이 일에 결코 적합하지 않은 것처럼 보였다. 오히려 좌파적 미사여구를 늘어놓고 노조 관료들과 긴밀한 연관도 있는 사회민주주의 정당들이 이 일을 잘 해낼 수 있었다.

그래서 1960년대에는 많은 나라에서(특히, 이탈리아·영국·서독에서) 좌파가 정부에 복귀했다.

이탈리아

1947년 이후 역대 이탈리아 정부는 모두 기독교민주당이 지배했다. 기독교민주당은 점차 부패했고 내분을 겪었지만, 그들을 대신할 정당이 없었다. 소규모 중도정당들(공화당과 자유당, 사라가트의 사회민주당)은 기독교민주당 없이 통치할 수 있는 힘이나 사회적 기반이 없었다. 공산당은 대중적 기반에도 불구하고 체제의 이데올로기적 주적이었다. 따라서 공산당의 정부 참여는 지지를 받을 수 없었다. 넨니의 사회당도 공산당과 연결돼 있는 한은 마찬가지였다.

1950년대에 이탈리아에서 논의되기 시작한 해결책 하나는 이른바 '좌파에게 문호를 개방하기'였다. 이것은 사회당을 공산당에서 분리시켜 기독교민주당과 연립정부를 구성하게 하는 방안이었다. 그 생각은 오래전에 나왔다. 넨니는 이미 1953년에 그 가능성을 처음으로 제기했다. 1956년의 사건들 때문에 사회당이 공산당에서 멀어지기 시작한 뒤로 그 생각은 새로운 자극을 받았다.

그 거래가 성사되려면 지배계급이 [사회당을] 확실히 믿을 수 있어야 했다(지배계급에게는 반反마르크스주의가 가장 중요한 이데올로기적 주제였기 때문이다). 1950년대에 이탈리아 지배계급은 여전히 분열돼 있었다. 대기업들은 '좌파에게 문호를 개방하기'의 대안을 개발하려는 노력의 일환으로 자유당에 돈을 쏟아부었다. 그러나 산업부흥공사IRI와 탄화수소공사ENI 같은 국유 기업들은 사회당과의 거래를 계속 요구하는 데 돈을 투자했다. 1962년 1월에 넨니는 미국 잡지에 기고한 글에서 사회당이 나토에 반대하지 않는다고 밝혀서 다시 한 번 [지배계급에게] 신뢰의 증거를 제공했다.[1]

결국 1963년 12월에 기독교민주당 총리 알도 모로가 이끄는 중도-좌파 정부가 수립됐다. 그 정부에는 기독교민주당과 사회당뿐 아니라 사회민주당과 공화당의 대표도 포함됐다. 그때부터 1972년 2월까지 여섯 번 중도-좌파 정부가 들어섰는데, 중간에 기독교민주당의 두 차례 단독 집권은 겨우 몇 개월에 불과했다. 그 뒤에도 중도-좌파 정부 공식은 여전히 유효해서, 1970년대와 1980년대에도 몇 차례 더 시도됐다.

중도-좌파 정부는 처음에 대자본의 이익을 대변하는 거의 모든 신문의 지지를 받았다. 예컨대, 〈일 메사제로〉(전령), 〈일 코리에레 델라 세라〉(저녁의 전령사), [이탈리아 최대의 자동차 회사인] 피아트의 대변지인 〈라 스탐파〉(신문) 등이 그랬다. 피아트는 현대화한 정부가 구매력 증대와 이탈리아 남부 지방 개발에 전념하기를 간절히 원했다. 그러면 자동차와 농기계의 판매 시장이 확대될 터였기 때문이다. 〈라 스탐파〉는 중도-좌파 정부의 구성을 다음과 같이 환영했다.

이번 정부의 가장 두드러진 특징은 사회당이 참여했다는 것이다. 사회당은 그 역사적 성격의 신선함 때문에 큰 우려와 희망을 동시에 자아내고 있다. … 그러나 몬테치토리오[이탈리아 하원]에서 합의된 강령이 제시하고 예상한 개혁 조치들은 결코 체제 전복적이거나 혁명적인 것이 아니라는 점을 강조해야겠다. 그런 개혁들이 이른바 최대 강령을 토대로 해서 엄격하게 실행된다고 하더라도 그것은 우리의 정치·경제 구조를 혁신하고 정비하는 과정일 뿐이다. 그 목적은, 예컨대 시민권, 교육·의료 제도, 조세 정의, 국민 보험 등과 관련해서 이탈리아 국가를 현대화하고 가장 진보적인 서방 국가들 수준으로 끌어올리는 것이다.

〈라 스탐파〉는 더 나아가서, 중도-좌파 정부는 단기적 위기 대책이 아니라, 장기적인 전략적 도박이라는 점을 분명히 했다.

따라서 어제 구성된 정부가 오랫동안 존속해야 한다. 가능하다면 현 의회의 임기 내내 존속해야 한다. 아무리 훌륭한 5개년 경제계획도 똑같이 장기적인 정치적 계획의 틀 안에서 실행되지 않으면 결실을 맺을 수 없다. 중도-좌파 정부를 반대하는 사람들조차 그들의 진정한 동기가 국익이라면 다른 어떤 해결책을 기대하지는 않을 것이다.[2]

1964년 3월 미국 정부는 이탈리아에 10억 달러 이상의 신용을 제공해서 외환 보유액 손실을 메울 수 있게 해 줬다. 이것은 넨니가 나토를 반대하지 않는다는 견해를 표명한 것에 대한 보답이었고, 이탈리아 경제의 미래를 신뢰한다는 표시이기도 했다. 1965년에 이탈리아의 사용자단체인 콘핀두스트리아[이탈리아산업총연맹]도 중도-좌파 정부를 의심하던 기존 태도를 바꿔서 이제는 지지한다고 선언했다.

노동자들이 보기에 중도-좌파 정부의 업적은 훨씬 모호했다. 중도-좌파 정부의 출범과 동시에 경기후퇴가 시작됐고, 실제로 1964년에 실업이 증가했다. 중도-좌파 정부는 임기를 시작하자마자 노조가 1년간의 임금동결을 받아들이게 만들려고 했다. 1960년대 중반쯤 실질임금은 협상된 임금수준에 미치지 못했다. 중도-좌파 정부가 5년 이상 존속했지만, 1969년에도 이탈리아 노동자들은 여전히 대규모 산업 투쟁 물결을 일으킬 필요가 있다는 것을 깨달았다. 이런 대규모 투쟁 뒤에야 비로소 정부는 노조의 권한을 강화하고 공장에서 노동자의 권리를 확대하는 법을 만들었다.

소작제, 즉 소작농이 스스로 생산한 농작물의 일부를 지대로 납부하는 제도의 단계적 폐지는 이탈리아의 농촌을 현대화하려는 또 다른 중요한 개혁이었다. 또 연금 개혁과 이혼법 제정도 있었다. 그러나 현대적 복지국가의 도입이라는 면에서조차 중도-좌파 정부는 형편없이 부족했다. 1972년에 중도-좌파 정부가 붕괴했을 때, 정부가 제안한 의료 서비스는 여전히 도입되지 않은 상태였다. 부족한 주택이 약 400만 호로 추산됐지만, 1년에 겨우 20만~30만 호의 주택이 건설되고 있었을 뿐이다. 또 학교 좌석이 약 200만 개가 부족해서 많은 아이가 반나절 수업만 받고 있었다.

사회당은 정부에 들어가기 전에는 공적 생활에서 정직과 도덕성을 강화해야 한다고 주장했다. 그러나 막상 그들이 여물통에 주둥이를 들이밀 수 있게 되자 기독교민주당과 거의 다르지 않다는 것을 보여 줬다. 즉, 공공 기관이나 경제 단체의 정실 인사에 광범하게 관여했다. 사회당 소속 공공사업부 장관인 자코모 만치니는 정부 발주 공사에서 비리를 저질렀다는 비난을 자주 받았다. 1971년에 검찰은 도로 건설 사업 비리에 연루된 혐의로 만치니를 기소했지만, 그는 국회의원의 면책특권 덕분에 법정에 서는 것은 피할 수 있었다.[3]

그사이에 사회당은 근본적 모순에 시달리고 있었다. 이제 사회당의 정치적 구실은 정부 구성을 둘러싼 일련의 책략에 좌우됐다. 그와 동시에 사회당의 기반이 서서히 무너지고 있었다. 1963년 총선에서 사회당의 득표율은 13.8퍼센트였는데, 1972년에는 9.6퍼센트까지 떨어졌다. 사회당의 독자적 정체성이 사라지자 선거에서 딱히 매력이 없게 된 것이다. 중도-좌파 정부를 지지하는 사람이라면 기독교민주당에 투표할 수 있었고, 지지하지 않는 사람이라면 십중팔구 공산당에 투표했을 것이기 때문이다.

1947년에 사라가트가 사회당에서 분열해 나가게 된 차이가 이제 사라졌으므로 사회당과 사회민주당의 재통합을 추진하는 움직임이 있었다. 그러면 잃어버린 선거 기반도 만회할 수 있을 터였다. 그러나 그 재통합은 기괴한 수작이었음이 드러났다. 사회당과 사회민주당의 재통합은 1966년에 원칙적 합의가 이뤄지고 1968년 당 대회에서 완료됐다. 그러나 1969년에 사라가트 분파는 다시 분열해 나갔다.

그와 동시에 사회당과 공산당의 관계라는 문제도 여전히 남아 있었다. 사회당원들은 이탈리아노동조합총연맹CGIL에서 공산당원들과 여전히 협력하고 있었고, 일부 지방정부에서는 공산당과 동맹을 맺고 있었다. 이 때문에 공산당도 약간 방향감각을 상실했다. 한편으로 공산당은 중도-좌파 정부를 비판해야 했지만, 그렇다고 해서 사회당과 관계를 끊을 수도 없었다. 그랬다가는 프랑스공산당처럼 고립될 수 있었기 때문이다. 그러므로 공산당은 갈수록 사회민주주의 쪽으로 이동하라는 압력을 받았다.

요컨대, 중도-좌파 정부는 거의 완벽한 성공이었다. 단, 이탈리아 노동계급 운동을 길들이고 통제하려는 세력에게 그랬다.

영국

1964년 10월 무렵 영국은 보수당이 거의 13년째 지배하고 있었다. 경제 호황으로 생활수준이 많이 향상된 덕분에 보수당은 신뢰를 얻었다. 그러나 1960년대 초에 보수당 지도부는 분열하고 사기가 떨어졌다. 1963년에 보수당 내각의 육군부 장관인 존 프러퓨모가 성매매와 [소련] 간첩 연루 추문에 휩싸였다. 이어진 당 지도부 경선은 비열한 뒤통수 때리기로 얼룩졌고, 새 당 대표가 된 알렉 더글러스흄 경은 보수당을 선거 승리로 이끌 적임자가 아니라는 것이 드러났다. 대체로 보수당은 전투적 노동계급에 대항할 기개나 근성이 없는 것처럼 보였다.

한편, 노동당은 1959년 이후의 갈등에서 벗어나 신뢰할 만한 수권 정당으로 등장했다. 1961년에 노동당의 새 강령집 《1960년대의 길잡이》는 "국민이 적극적 책임감을 느끼는 국가 계획과, 세금 부담을 공정하게 배분하는 조세정책"을 약속했다. 그것은 기존의 계급 세력 질서를 결코 위협하지 않는, 매우 온건한 목표였다.

《1960년대의 길잡이》는 노동자들의 권력 장악이 아니라 기존의 경영 구조 효율화에 관심이 있다고 노골적으로 주장했다.

영국 기업의 이사회에서 쓸모없는 자들을 쫓아내고, 지금 승진해야 마땅하지만 그러지 못한 열정적이고 젊은 이사, 생산 기술자, 과학자가 그들을 대신한다면 우리의 생산·수출 문제는 훨씬 더 수월해질 것이다.

1963년 초에 해럴드 윌슨이 노동당 대표로 선출되자 강령에서 이런 기술 전문가주의 경향은 더 강해졌다. 윌슨은 당내 좌파의 지지를 받았지만, 그의 선출이 기본적으로 [노동당의] 좌경화를 뜻한 것은 아니었다. 윌슨은 주요 경쟁자인 우파 후보 조지 브라운처럼 변덕스럽지 않고 더 진지해 보였고, 특색 없는 제임스 캘러핸보다 더 활기찬 것처럼 보였다. 또 윌슨이 과거에 베번파였다는 사실은 이제 추억에 불과했다. 그러나 윌슨의 지도 스타일은 게이츠컬과 다르지 않았다. 그래서 [영국 사회주의노동자당의 당원이자 탐사 보도 기자인] 폴 풋은 날카롭게 다음과 같이 지적했다.

> 많은 전문가가 노동당의 정책과 "이미지"가 "시대에 뒤떨어진" 것이 1959년 총선에서 패배한 원인이라고 당 지도부에게 말했다. 이 문제에 대한 휴 게이츠컬의 해결책은 당의 정책을 바꾸려고 노력하는 것이었고, 윌슨의 해결책은 당의 이미지를 바꾸는 것이었다.[4]

윌슨은 1963년 노동당 당대회에서 관료적 사회주의에 대한 소신을 드러냈다. 그의 주된 관심사는 지배계급 내에서 귀족의 영향력을 제거해 부르주아 혁명을 완수하고 엄격한 능력주의 노선에 따라 지배계급을 재조직하는 것인 듯했다. 그는 "귀족 혈통이나 상속 재산이나 투기 자금의 힘 말고는 내세울 것이 전혀 없는 자들"이 영국 산업의 감제고지를 통제하고 있다는 사실을 개탄했다. 윌슨이 소련의 방식을 지겹게 칭찬한 것을 보면 영국의 미래가 '국가자본주의'여야 한다고 생각했음을 알 수 있다.

> 우리는 소련이 과학자와 기술자를 교육하고, 무엇보다도 과학기술을 산업에 가차 없이 적용한 엄청난 도전 사례를 연구해 왔습니다. 그래서

우리의 미래가 단지 군사력에만 달린 것이 아니라, 자유로운 국민이 조국의 위대한 미래를 위해 동원할 수 있는 노력과 희생, 무엇보다도 에너지에 달려 있다는 사실을 압니다.[5]

윌슨의 미사여구는 사방에서 지지를 받았다. (영국 지배계급의 내부 회보라 할 수 있는) 〈이코노미스트〉는 약간 주저하면서도 독자들에게 다음과 같이 말했다. "모든 것을 감안할 때 노동당(과 윌슨)이라는 더 위험한 선택이 목요일[1964년 10월 15일 총선 당일]에 투표할 사람들에게는 더 나은 선택일 것이다."[6] 윌슨은 정치적 스펙트럼의 반대편에서도 지지를 받았다. 그래서 〈트리뷴〉 좌파뿐 아니라 《뉴 레프트 리뷰》(신좌파 평론)의 마르크스주의자 편집인 페리 앤더슨도 윌슨을 지지했다.[7]

그런 지지에도 불구하고 1964년 총선에서 노동당의 득표는 크게 늘지 않았다. 오히려 보수당이 압승을 거둔 1959년 총선 때보다 더 적은 사람이 노동당에 투표했다. 노동당이 근소한 차이로 다수당이 돼[*] 집권할 수 있었던 것은 일부 보수당 지지자가 마음을 바꿔 자유당을 지지한 덕분이었다. 18개월 뒤 윌슨은 훨씬 큰 승리를 거뒀고, 1970년 여름까지 계속 집권했다.

지배계급이 보기에 사회민주주의 정당의 단독 정부는 연립정부보다 더 위험하다. 거기에는 질서유지 명령을 발동할 체제의 충실한 대변자가 없기 때문이다. [그럴 때 지배계급은] 다른 경로를 통해 사회민주

---

[*] 총 630석 가운데 노동당은 과반에서 겨우 1석 많은 317석을 얻었고 보수당은 304석을 얻었다.

주의 정당의 단독 정부에 압력을 가해야 한다. 윌슨 정부는 들어서자마자 곧 이런 압력을 받았다. 윌슨 자신이 나중에 다음과 같이 썼다.

우리는 곧 연금과 세금이 과거와 달리 의회에서만 결정되지 않는다는 것을 알게 됐다. 세금 인상과 사회보장 혜택 증대가 결합되자 투기꾼 등이 파운드화를 잇따라 공격하기 시작했다. 이것은 그 뒤 5년 동안 거의 모든 정부 부처를 괴롭혔다.[8]

총리 취임 후 몇 주 만에 윌슨은 선출되지 않는 영국은행 총재인 3대 크로머 백작의 반대에 부딪혔다. 국왕 조지 5세의 수습 기사 출신으로 영국 최대의 사립학교인 이튼칼리지를 나온 크로머 경은 "정부 지출, 특히 사회복지 관련 지출을 당장 삭감할 것"을 끊임없이 요구했다.[9] 윌슨은 집권 초기의 대립을 다음과 같이 묘사했다.

이제 우리는 국민의 위임을 받아 새로 선출된 정부가 선거공약으로 제시한 정책들을 실행할 수 없고 [노동당] 정부는 자신이 근본적으로 반대하는 보수당의 정책들을 채택하지 않으면 안 된다는 말을 영국은행 총재가 아니라 국제 투기꾼들한테 듣고 있는 상황에 이르렀다고 내가 말했다. 그러자 영국은행 총재는 내 말이 맞다고 인정했다.[10]

그때는 윌슨이 총선을 실시하겠다고 위협해서, '이중으로 허세 부리기' 게임에서* 승리했다. 그러나 이후 5년 반의 기본 틀이 이제 정

---

* 자기가 상대방에게 거짓말을 하는 것처럼 믿게 만들면서 사실은 진실을 말하는 것.

해졌다. 노동당은 [자본주의] 체제 안에서 움직이고 있었지 체제에 맞서 싸우고 있는 것이 아니었다. 윌슨의 업적, 즉 개혁과 그보다 더 많은 배신은 모두 이런 맥락 속에서 이해해야 한다.

지배계급의 상당 부분이 노동당의 총선 승리를 환영한 주된 이유는, 노동당이 노조 관료 집단과의 연계를 통해 또 노동자들 사이에서 얻고 있는 신뢰를 통해 노동자들을 더 효과적으로 자제시킬 수 있고 무엇보다도 임금을 억제할 수 있으리라고 기대했기 때문이다. 윌슨 정부는 6년 집권 기간 내내 다양한 종류의 소득정책을 강행하는 데 집착했다. 1966년 가을에 6개월간 임금이 전면 동결됐다. 그 정책은 그저 그런 성공을 거뒀을 뿐이다. 실제로는 윌슨 정부 시절 실질임금이 해마다 올랐고, 평균적으로는 전임 보수당 정부 때보다 더 빠르게 상승했다. 노동당 정부가 임명한 물가소득위원회 위원장 오브리 존스[보수당 국회의원 출신]는 노동당 정책의 종합적 효과를 다음과 같이 평가했다. "지난 몇 년간 연평균 소득 증가율은 노동당의 소득정책이 없었을 경우보다 겨우 1퍼센트 더 낮았을 뿐이다."[11]

그러나 노동자들이 실제로 자신들의 이익을 직접 지키겠다고 나섰을 때 정부의 본질이 극명하게 드러났다. 1966년 여름에 선원들이 임금 인상과 노동조건 개선을 요구하며 오랫동안 격렬한 파업을 벌였다. 윌슨의 대응은 파업을 영국공산당 탓으로 돌리는 것이었다. 그는 다음과 같이 주장했다.

정치적 동기를 가진 사람들의 이 탄탄한 조직은 지난 총선에서 드러났듯이 그들의 견해를 영국 유권자들에게 납득시키는 데 완전히 실패했지만, 지금은 막후에서 압력을 가하면서 노동조합원들과 그 가족에게

커다란 곤경을 강요하고 산업의 안전과 국민의 경제적 복지를 위태롭게 하고 있습니다.[12]

1966년 말에 노동당의 경제정책은 완전히 뜻밖의 인물에게 칭찬을 받았는데, 바로 경제학자 로이 해러드 경이었다.

일부 기업인은 실업 증가를 포함한 긴축정책이 공장에서 [노동자들의] 규율에 좋은 영향을 미쳤다고 나에게 말했다.[13]

1969년에 노동당 정부는 노동조합의 권리를 제한하는 법안이 담긴 악명 높은 백서 《투쟁을 대신해》를 발행했다. 여기서 특히 강조된 것은 파업 찬반 투표 의무화, 비공인 파업의 냉각기간, [냉각기간에 작업 복귀 명령 위반 시] 노조원 임금에서 벌금 공제 등이었다. 노동운동의 강력한 압력 때문에 그 법안은 철회됐지만, 노동당 정부가 열어놓은 길을 따라 이후 10여 년간 보수당 정부가 노조의 권리를 제약하는 조치들을 도입하게 된다.

물론 노동당이 그런 법률을 제정하려고 한 목적은 노조를 공격하려는 것이 아니라, 현장 조합원들의 힘을 억제하고 관료들의 영향력을 강화하려는 것이었다. 윌슨은 영국 노총의 '재정과 일반 목적 위원회'를 면담할 때 이 점을 분명히 하면서 그들이 조합원들을 더 많이 자제시킬수록 그 법안의 필요성도 줄어들 것이라고 말했다.[14]

사회정책 면에서 노동당 정부는 실제로 모종의 개혁 조치들을 도입했다. 주택·교육·복지·의료에 대한 정부 지출이 상당히 늘어났다. 그러나 물가 상승을 감안하면, 그 증가는 별로 많지 않은 수준이었다. 1964년부터 1968년까지 교육에 대한 지출은 국민총생산GNP의 4.8퍼센트에서 5.9퍼센트로 상승했고, 의료에 대한 지출은 3.9퍼센트에서 4.6퍼센트로, 주택에 대한 지출은 2.8퍼센트에서 3퍼센트로 상승했다. 이런 증가가 환영할 만한 것이었다는 점은 의심할 여지가 없지만, 이것은 결코 급진적 [소득]재분배는 아니었다. 특히, 의료에 대한 정부 지출 증가분의 일부는 제약 회사의 이윤을 늘리는 데 들어갔고, 주택 예산의 대부분은 지방 당국이 대부업자에게 더 많은 이자를 지급하는 데 쓰였다는* 것을 떠올려 보면 더욱 그렇다.

낡은 국민부조 제도가 폐지되고 보충급여[일종의 생계 보조 수당]로 대체됐다. 그 과정에서 급여율이 인상됐을 뿐 아니라 국민부조에 따라붙던 치욕스러운 낙인도 제거됐다. 보충급여 제도는 급여를 권리로 규정했기 때문이다. 자녀가 있는 빈민 가정이 이런 변화에서 이득을 얻었다는 것은 명백하지만, 노인과 실업자가 얻은 것은 별로 없었다.

고등교육이 크게 확대됐고, 종합(중등)학교가** 도입돼 과거의 중등학교와*** 신중등학교라는**** 선별적 학교 제도를 대체했다. 이것은 중요한 개혁이었(고, 보수당도 원칙적으로 반대하지 않았)다. 그러나

---

* 주택담보대출을 받아 주택을 소유한 사람들에게 담보대출 이자 상환에 대해 세금을 감면해 주는 방식의 지원이 늘었기 때문이다.

** 한국의 평준화 학교와 비슷한 중등학교로 대다수 공립학교가 여기에 해당한다.

*** 중세 시대에 라틴어를 가르치던 학교에서 유래한 것으로, 대학 진학을 위한 우수 학생 중심의 엘리트 학교다. 그래머스쿨이라고도 한다.

**** 제2차세계대전 후에 설치된, 실용 과목을 중시하는 중등학교.

옛 중등학교가 많이 살아남았을 뿐 아니라, 완전한 종합학교 제도를 실행하는 데 필요한 학교 건설 사업에 돈이 충분히 투입되지도 않았다.

또 노동당 집권기에는 낙태법과 남성 동성애를 비범죄화하는 법률도 제정됐다. 그러나 이런 법률은 모두 정부가 주도해서 만들어진 것이 아니라는 사실을 지적해야 한다. 둘 다 평의원들이 발의한 법안이었는데, 낙태법은 자유당 국회의원인 데이비드 스틸이, 동성애 관련 법률 초안은 보수당 국회의원인 험프리 버클리가 발의했다. 정부는 스스로 낙태법에 대한 입장이 '우호적 중립'이라고 밝혔다.

노동당의 조세정책은 실제로는 부유층에게 가장 관대하고 빈곤층에게 가장 가혹했다. 재분배의 방향이 완전히 잘못됐기 때문이다. 한 평론가는 다음과 같이 지적했다.

> [노동당은 — 지은이] 소득세가 빈곤의 주요 원인이 되도록 놔뒀다. ⋯ 소득세 문턱(사람들이 소득세를 납부하기 시작하는 최저 소득)이 급격하게 낮아졌다. 그 결과 1960년대 말에는 소득세가 점차 공식 빈곤선을 밑도는 소득에도 부과됐다.[15]

"세금 부담을 공정하게 배분하는 조세정책"이라는 게 그런 것이었다!

이제 영국은 제국이라 할 만한 것이 거의 없었지만, 윌슨은 대리만족 제국주의자가 되는 데 성공했다. 영국은 미국과 이른바 '특수한 관계'였다(이 '특수한 관계'를 잘 보여 주는 당대의 만평에서 윌슨은 미국 대통령 린든 존슨의 똥구멍을 탐욕스럽게 핥고 있다). 이

것이 뜻하는 바는 미국이 제3세계, 특히 말레이제도에서 경찰 노릇을 하는 것을 영국이 거들었다는(인도네시아 공산당원 50만 명이 학살당해서 이제 더는 그럴 필요가 없을 때까지) 것이다(아프리카에서도 그랬다). 무엇보다도 윌슨 정부는 1965년 초부터 급격히 확대되기 시작한 미국의 베트남전쟁을 비굴하게 지지했다. 윌슨은 1965년 [6월] 베트남에 '영연방 평화 사절단'을 파견하겠다고 제안했다. 영연방이 나름대로 뭔가 역할을 해 보겠다는 시도였지만, 윌슨이 미국을 지지한 전력을 알고 있는 북베트남인들은 경멸하며 거부했다.

1960년대 초에 보수당이 처음으로 인종차별주의자들의 압력에 굴복해서 이민 통제 조치를 도입했을 때, 노동당 국회의원들은 영연방의 원칙과 이상 운운하며 반대했다. [그러나] 일단 집권하게 되자 노동당 정부는 입국 허가증 발급 건수를 대폭 삭감해서 훨씬 더 엄격한 이민 통제를 실시했다. 이것은 노골적으로 인종차별적인 이민 통제였다. 왜냐하면 아일랜드 국민이나 영연방의 백인 시민권자는 사실상 이민 통제의 영향을 받지 않았기 때문이다. 노동당의 법률은 흑인 이민자 수를 문제의 핵심으로 지목함으로써 인종차별 정서를 적극적으로 부추겼다.

몰레가 알제리 문제에서 그랬듯이, 윌슨도 자신을 지지하는 노동자들 가운데 (그가 보기에) 가장 반동적인 집단의 요구에 굴복했다. 그런 요구에 그대로 따른 사람이 윌슨 정부의 각료인 [주택·지방자치부의 정무차관] 밥 멜리시였다. 그는 노동당 당대회에서 [영국에] 들어와 살 집도 없이 [런던의] 빅토리아 기차역에 도착한 이민자들에 관해 다음과 같이 말했다고 한다.

그는 정무차관인 자신이 국민 1만 명이 [주택을] 기다리고 있는 램버스 [런던 남부의 자치구]로 가서 그 주민들에게 (이미 [영국에] 들어와 있는) 유색인들에게 먼저 집을 주자고 주장해야 했겠느냐고 물었다. "만약 여러분이 저에게 그렇게 하라고 요구하면서 그것이 사회주의적 방법이라고 말한다면, 저는 여러분에게 런던 역사상 최악의 인종 소동이 램버스에서 일어날 것이라고 솔직하고 단호하게 말씀드릴 수 있습니다."[16]

그래서 노동당이 시작한 일종의 경매에서 유일한 승자는 훨씬 더 엄격한 [이민] 통제, 즉 이민 완전 금지, 본국 송환 등을 요구하며 인종차별을 선동하는 우파들뿐이었다. 1968년 4월쯤 노동당의 정책 때문에 전통적 지지자들의 사기가 엄청나게 떨어졌을 때, [보수당 국회의원] 이넉 파월은 인종차별 정책들을 공공연히 주장해서 노동계급의 작지만 의미심장한 지지, 특히 런던 항만 노동자들의 지지를 받을 수 있었다.

이제 노동당의 전통적 기반이 극우파에게 직접적인 정치적 공격을 받았다. 그러나 노동당이 인종차별 논리에 너무 휘둘리고 기층에서 너무 멀어지다 보니 파월의 선동에 반대하는 운동을 전개할 수 없었다. 파월이 처음으로 자극적이고 선동적인 연설을 한 뒤 2주 동안 월슨을 비롯한 노동당 지도자들은 텔레비전이나 라디오 방송에서 파월에게 응수하려는 시도를 전혀 하지 않았다. 그들은 침묵을 지키며 그 문제를 내무부 정무차관인 데이비드 에널스에게 맡겨 뒀다. 이언 미카도라는 [노동당] 좌파 국회의원이 인종차별을 비판하는 발언을 했다가 선거구 주민들에게 물리적 공격을 당했지만, 다른 많은 국회의원은 그 문제를 제기하기를 꺼렸다. 밥 멜리시는 혁명적 사회주의 활동가인 타리크 알리를 파키스탄으로 추방해야 한다고 공공연히 주장하기 좋은 때가 왔다고 생각했다.[17] 파월의 견해에 반대하는 주장은 독립적 좌파, 특히 국제사회주의자들[IS]이 해야 했다.

1970년에 보수당이 다시 집권했을 때, 노동당의 기층은 사기가 떨어져 있었고 당내 좌파는 혼란에 빠져 있었으며 노동계급의 투쟁은 주로 '자신들의' 정부를 겨냥하고 있었다.

서독

서독에서는 [1949년] 독일연방공화국 창건 때부터 1966년까지 기독교민주당이 (흔히 [자유주의 우파 정당인] 자유민주당FDP과 연합해서) 계속 집권했다. 양대 정당[기독교민주당과 사민당]의 차이는 점점 더 작아졌다. 기독교민주당은 이미 복지국가를 발전시키는 데 헌신하고 있었다. 사민당이 정부에 들어가기 전인 1966년도 국민총생산GNP에서 세금이 차지하는 비율은 서독이 영국보다 높았고, 서독의 사회보장제도가 영국보다 더 발전해 있었다(예컨대, 영국보다 서독의 연금이 더 후했다). 다른 한편으로, [1959년의] 바트고데스베르크 강령은 사민당에서 계급 정치의 마지막 흔적조차 지워 버렸다.

두 정당 사이에 여전히 남아 있는 차이는 사민당이 세부 사항에 관한 이견에도 불구하고 노조 관료 집단과 긴밀한 연계를 유지하고 있었다는 사실과 서독 좌파에게 거의 완전한 헤게모니를 행사하고 있었다는 사실이다(1965년 총선에서 당시 불법이던 공산당은 사민당을 지지하는 선거운동을 했다).

1966년 무렵 경제 호황의 모순이 조금씩 드러나기 시작했다. 특히, 물가 오름세가 심해지면서 이윤을 위협하고 있었다. [1963년부터 총리를 맡은] 루트비히 에르하르트가 이끄는 기독교민주당 정부가 이런 상황에 대처하지 못한다는 것이 입증되자 지배계급 내부에서는 사민당을 정부에 끌어들이라는 압력이 가해졌다. 대기업의 생각을 대변하던 〈인두스트리쿠리어〉(산업 신문)은 다음과 같이 썼다.

> 사민당은 정부 안에서 매우 특별한 기능을 해야 한다. ⋯ 노조와 사민당의 긴밀한 관계에서 지금까지는 노조가 사민당의 복지 정책에 영향을 미치는 수단 노릇을 했다면, 이제부터는 반대로 사민당이 노조 지도자에게 영향을 미치는 수단 노릇을 해야 한다. 두 집권당은 모두 소비를 촉진해서 투자 재원을 축소할 수 있는 지출을 철저히 피하겠다는 자신들의 결정을 고수해야 한다.[18]

1966년 11월 사민당은 기독교민주당과 연립정부를 구성하는 데 합의했고, 국회의원이 한 줌에 불과한 자유민주당만이 원내 야당으로 남게 됐다. 새 총리가 된 기독교민주당의 쿠르트 키징거는 1933년부터 1945년까지 줄곧 나치를 지지한 자였다. 사민당은 각료직의 거의 절반을 차지했고 특히 경제문제에 대한 통제권을 얻었다. 사민당 지도자인 빌리 브란트는 한 인터뷰에서 다음과 같이 말했다.

> 독일에서 결정적 문제는 돈을 어디에서 버는지, 앞으로도 더 많은 돈을 벌 수 있는 조건을 창출할 수 있는지 없는지입니다. 즉, 경제의 안정과 성장을 제대로 결합할 수 있는지 없는지가 관건입니다.[19]

같은 인터뷰에서 브란트는 (야당으로 남아 있든지 아니면 자유민주당과 연립정부를 구성할 수도 있었을 텐데) 굳이 기독교민주당과 연립정부를 구성하는 데 합의해서 실제로는 붕괴 직전의 정당[기독교민주당]에 "수혈을 해서 살려 준" 것 아니냐는 질문을 받고 다음과 같이 대답했다. "기독교민주당의 붕괴는 결코 저의 관심사가 아닙니다."[20]

이른바 '대연정'을 구성하기로 한 결정은 사민당이 얼마나 대중정당에서 멀어졌고 의회 지도부의 지배를 받게 됐는지도 분명히 보여 줬다. 새 연립정부 수립을 위한 협상은 사실상 의회 밖의 당원들과 아무런 협의 없이 진행됐다. 많은 지구당 간부는 기층 당원들이 항의하고 있다고 보고했다. 심지어 당원증을 찢어 버리는 당원도 있었다. 전국에서 항의 전화·전보·집회에 관한 보고들이 올라왔다.[21] 그러나 그런 항의의 초점 구실을 할 당내 조직 좌파가 전혀 없었다. 50명이 넘는 사민당 국회의원이 연립정부 구성에 반대표를 던졌지만, 그중에 어느 누구도 반대 운동을 주도할 생각이 없었다. 브란트는 위기를 극복했고, 항의는 곧 가라앉았다.

대연정의 핵심 인물은 아마 사민당의 경제부 장관 카를 실러였을 것이다. 실러는 당내 우파였고 근본적으로 케인스주의자였다. 그의 정책에는 두 가지 핵심 주제가 있었다. 첫째는 이른바 '안정화 법률'이었다. 그 목적은 국가가 경제에 개입해서, 특히 조세정책과 수년간의 정부 지출 계획을 수립해서 경기후퇴를 막는 것이었다. 둘째는 훨씬 더 중요한 것으로, 노조가 자발적 임금가이드라인에 동의하게 만드는 것이었다.

실러의 조치들은 서독 경제를 위협하고 있던 경기후퇴를 막는 데

일시적으로 성공했다. 그 정책들은 십중팔구 기독교민주당이라면 실행할 수 없었을 것이다. 그러나 그것들은 결코 자유 시장 경제에 도전하지 않는 정책들이었다. 실러의 성공은 선거에서 사민당의 중요한 자산이 됐다.

또 대연정은 논란 많은 비상사태법도 도입할 수 있었다. 그것은 사민당이 정부에 들어가기 전에는 노조의 강력한 반대에 부딪힌 법이었다. 비상사태법은 시민 소요 같은 '비상사태' 때는 민주적 권리들을 정지시킬 수 있도록 허용했고, 노동계급 조직, 특히 파업권을 위협하는 것이었다.

사민당이 반공주의로 확실한 신뢰를 쌓았기 때문에, 새 정부는 데탕트를 이용해 동구권과 더 긴밀한 관계를 맺는 쪽으로 머뭇거리며 나아갈 수 있었다. 그런 움직임은 분명한 경제적 토대가 있었다. 당시 이탈리아와 프랑스의 자동차 회사들이 동유럽과 관계를 확립하고 있었던 것이다. [서독이] 루마니아와 외교 관계를 수립한 직후에 루마니아에 폭스바겐 조립 생산 공장을 건설하기 위한 협정이 체결됐다.

대연정의 정책들이 노동계급을 통제하는 데 늘 성공한 것은 아니었다. 1969년 가을에 광원과 철강·금속 노동자 등의 파업 물결이 일었다. 서독의 한 잡지는 다음과 같이 썼다.

산업계의 우두머리들과 노조 관료들, 정당 지도자들과 유권자들은 언뜻 보기에 번영하고 잘 운영돼서 건강한 듯하던 세계, 즉 에르하르트가 만들고 실러가 조율한 세계가 실제로는 그다지 건강하지 않다는 것을 깨닫고 실망했다.[22]

이런 투쟁의 분출에도 불구하고(어쩌면 바로 그 때문에) 1969년 총선에서 사민당의 득표율이 올라서, 처음으로 40퍼센트를 넘어섰다. 사민당은 이제 자유민주당과 거래해서 브란트를 총리로 하는 연립정부를 구성할 수 있게 됐다(그 정부에서는 사민당이 우세한 파트너였다). 제2차세계대전 후 처음으로 기독교민주당은 야당이 됐다. 자유민주당은 연정 참여의 대가를 요구할 수 있었다. 즉, 사민당이 제안한 노동자의 경영 참여를 폐기하라고 요구했고, 사민당이 이에 굴복하자 당의 동맹인 일부 노조가 불만을 터뜨렸다.

사민당은 오랜 노력 끝에 마침내 통행 허가증을 받았다. 20년간의 양보와 신뢰 획득 끝에 사민당은 빨갱이를 증오하는 서독 지배계급한테서 이제 집권해도 좋다는 허락을 받은 것이다.

프랑스

알제리 전쟁이 끝나자 프랑스 정계에 대한 드골의 장악력이 약해지기 시작했다. 그가 만든 대통령제 자체가 야당으로 하여금 광범한 연합을 추구하도록 부추기는 경향이 있었다. 지배계급의 일부는 드골 지지를 철회하기 시작했고, 이 점은 1965년 대통령 선거에서 중도파 후보인 장 르카뉘에가 [1차 투표에서] 16퍼센트라는 상당한 득표율을 기록한 것에서도 드러났다. 1958년에 신뢰를 상실한 많은 개혁주의자가 갑자기 나타나서 코를 쿵쿵거리며 돌아다니기 시작했다.

사회당과, 여전히 사회당 밖에서 서성거리고 있던 개혁주의자들은 이제 전략적 결정을 내려야 했다. 프랑스 좌파가 재건돼야 한다면 두 가지 가능성이 있었다. 하나는 공산당과 협력해서 새로운 동맹의 토대를 놓는 것이었다(공산당은 여전히 선거에서 20퍼센트 이상의 득표를 했다). 다른 하나는 드골을 반대하는 중도파와 거래해 중도 좌파 연합을 만드는 것이었다(그러면 공산당과 공식적으로 거래하지 않고도 공산당 지지표를 끌어당길 수 있을 터였다). 1965년 대통령 선거 전에는 후자의 노선에 따른 시도가 이뤄졌다. 요트를 소유한 부자 사회당원으로 마르세유 시장이던 가스통 데페르는 자신을 중도 좌파 후보로 내세우기 위한 홍보 행사를 성대하게 조직했다. 그러나 데페르의 계획은 사실상 몰레의 방해로 좌절됐다. 몰레는 광범한 동맹이 새로 형성되면 사회당 조직이 위험해질 것이라 생각했다.

이제 프랑수아 미테랑이 사태를 수습할 길이 열렸다. 미테랑은 한 번도 사회당원인 적이 없었다는 의미에서 결백했다(물론 다른 의미에서는 그렇지 않았다). 그는 사회당과 공산당의 지지를 모두 받을 수 있었고, 결선투표에 진출해서 드골과 접전을 벌일 만큼 충분한 득표를 했다.

사회당은 이제 공식적으로 급진당과 그 밖의 정치 세력들을 모아서 [민주사회주의]좌파연맹으로 알려진 연합을 결성했다. 이 좌파연맹은 1967년 총선에서 공산당과 공식적으로 선거 협정을 맺었다. 개혁주의 좌파의 재편이 이뤄지고 있었지만, 그것은 곧 뜻밖의 격변으로 무산되고 만다.

그리스

내전이 끝난 후 10여 년 동안 그리스를 지배한 것은 강경 우파였다. 그리스 정치인들은 미국 관리들, 특히 그리스 주재 미국 대사인

존 퓨리포이의 회유와 위협을 받았다(퓨리포이는 나중에 과테말라에서 우파 쿠데타를 조직했고 그 뒤 동남아시아에서 의문사했다). 공산당은 여전히 금지돼 있었고, 많은 공산당 지도자는 투옥돼서 잔혹한 상황에 처해 있었다.

그렇지만 좌파는 간단히 없어지지 않았다. 불법 상황에서도 공산당은 합법적 선거 전선인 민주좌파연합EDA을 조직하는 데 성공했고, 민주좌파연합은 1958년 총선에서 25퍼센트를 득표했다. 물론이 25퍼센트의 유권자들이 모두 강경한 스탈린주의자는 아니었지만, 이렇다 할 급진적 대안이 없는 상황에서 그들은 민주좌파연합에 의지했다. 이런 좌파적 유권자의 지지를 받을 수 있는 중요한 사회민주주의 경향이 그리스에 존재하지 않았기 때문이다.

1944년에 처칠의 꼭두각시 노릇을 한 게오르기오스 파판드레우는 1961년 가을에 이런 상황을 타개하기 위해 중도연합이라는 새로운 동맹을 만들었다. 중도연합에는 자유당, 민주연합, 진보당, 민중사회당이 참여했다. 그리스 정치의 특수성을 감안하면, 중도연합은 그리스식 중도좌파를 창출하려는 시도라 할 수 있었다. 미국은 파판드레우를 쓸모 있는 차선책으로 인정했다. 1961년 총선에서 중도연합이 33.5퍼센트를 득표하자 미국 대사 브리그스는 다음과 같이 말했다. "이번 선거는 그리스 국민이 개인의 자유와 인간의 존엄성이라는 이상을 신봉한다는 것을 보여 주는 구체적 증거다."[23]

그 뒤 2년 동안 대안적 집권당의 필요성은 훨씬 더 분명해졌다. 1962년에는 학생 시위, 건포도·담배 재배업자들의 소요, 건설 노동자들의 파업이 벌어져서 경찰과 충돌했다. 1963년에는 항만 노동자와 교사뿐 아니라 의사와 변호사도 파업을 벌였다. 한편, 우파의 핵심 인물인 콘스탄티노스 카라만리스가 국왕과 다투다가 결국 총리를 사퇴하고 파리로 [망명을] 떠났다.

1963년 11월 실시된 총선에서는 중도연합이 제1당으로 떠올랐고 파판드레우가 총리가 됐다. 그는 민주좌파연합과 협력해서 통치할 수도 있었지만, 확실히 원내 다수당이 되기 위해 겨우 3개월 뒤에 다시 선거를 실시하는 도박을 감행했고 결국 [1964년 2월 총선에서] 목표 달성에 성공했다. 민주좌파연합은 규모가 5년 전보다 절반 이하로 줄어들었다.

파판드레우의 경제정책은 근본적으로 케인스주의였다. 농업 보조금을 지급하고 최저임금을 인상하는 등 노동자와 농민에게 부를 재분배하는 조치들이 취해졌다. 그 결과 소비가 증대하자 산업 생산도 증가했다. 이제 그리스 부르주아지가 불평할 이유가 없어졌다. 모종의 경제계획 조치들이 이용됐지만 자유 시장에 대한 공격은 전혀 없었기 때문이다. 또 파판드레우는 그리스 교육제도를 현대화하는 조치들을 실시했다. 새로운 대학교가 문을 열었고 두 개 더 설립될 예정이었다. 의무교육이 6년에서 9년으로 확대됐고, 초등학교에서 무상 급식이 실시됐다.

중도연합의 성공은 민주좌파연합에 상당한 충격을 줬다. 민주좌파연합은 자신들의 지지 기반이 잠식당하고 있다는 것을 깨달았다. 점차 그들은 중도연합의 정책에 자신들의 정책을 맞추기 시작했다. 중도파-좌파 [연합] 전략의 논리를 따랐다면 파판드레우는 민주좌파연합을 끌어들이려고 시도했을 것이고, 그러면 우파가 준비하고 있던 공격에 맞서 파판드레우의 기반이 더 튼튼해졌을 것이다. 그러나 파판드레우는 반공주의에 병적으로 집착했기 때문에 이런 논리를 추구하지 않았다. [이런 논리에] 공감하는 한 미국인 방문객이 1960년에 파판드레우를 만나서 대화를 나눴다. 그는 파판드레우가 좌파를 끌어들이는 전략에 얼마나 철저하게 폐쇄적인 태도를 취했는지를 다음과 같이 묘사했다.

식사가 끝난 뒤에 나는 파판드레우 같은 자유주의 정치인들이 단결해서 국민에게 실현 가능한 사회 개혁 프로그램을 제시하지 못했다고 말했다. 자연히 그들은 그리스 정치가 양극화하도록 내버려 뒀고, 그래서 자유주의를 지향하는 청년이 좌경화하는 것 말고는 선택의 여지가 없었다는 것이 내 주장이었다. 그러자 게오르기오스 파판드레우는 격노해서 내 말의 핵심을 무시한 채 1946~1949년의 내전 기간에 공산당이 저지른 잔학 행위들을 이야기하기 시작했다. 그 문제를 합리적으로 토론하는 것은 불가능했다.[24]

파판드레우가 좌파와 친해지기를 머뭇거리는 동안 오른쪽에 있는 그의 적들은 전열을 가다듬고 있었다. 게오르기오스 랄리스라는 우파 정치인이 파판드레우를 두고 "그리스에 있는 크렘린 첩자"라고 비난했다.[25] 1965년 7월 게오르기오스 파판드레우는 그의 아들 안드레아스가 군대 내 음모에 연루돼 있다는 소문을 이용해 우파가 공격해 오자 결국 사퇴할 수밖에 없었다.

상황은 여전히 불안정했다. 1966년에는 노동자 50만 명이 참가한 대규모 파업 물결이 일었다. 중도연합은 결코 동질적 집단이 아니었다. 중도연합 내 많은 좌파는 안드레아스 파판드레우에게 기대를 걸었는데, 그는 점차 국가가 경제에 개입하는 급진적 조치들을 요구하고 있었다. 국회의원 약 40명의 지지를 받은 안드레아스는 공개적으로 자기 아버지를 비판했다가 당에서 제명 위협을 받았다. 그러자 안드레아스는 아버지와 결별하고 새로운 정당을 만드는 전망에서 후퇴했다.

중도연합은 그리스 정치를 지배하는 세력들을 짜증나게 만들었지만, 그렇다고 해서 스스로 실행 가능한 대안으로 나설 만큼 충분히 대담하지도 못했다. 1967년 봄에 새로운 총선이 실시될 것이라는 계획이 발표됐고, 중도연합이 다시 승리할 것으로 예상됐다. 그러나 그 선거는 결코 실시되지 못했다. 군대가 [쿠데타를 일으켜서] 권력을 장악하고, 반대파를 투옥하고, 모든 시민적 권리를 억압했기 때문이다. 그 과정에서 군대가 사용한 '프로메테우스 계획'은 원래 공산당이 쿠데타를 일으킬 경우에 실행하려고 나토가 작성한 비밀 계획이었다. 군부독재는 이후 7년 동안 지속되면서, 모든 형태의 의회정치를 억압했다.

만약 그리스 정치에 진정한 사회민주주의 경향이 있었다면, 사정은 달랐을 수 있다. 개혁주의 좌파의 대중정당이 있었다면, 자기 왼쪽의 세력들을 끌어들여서 군부의 우파를 효과적으로 저지하면서도 동시에 자신들이 그리스 자본주의를 정말로 위협하지는 않는다는 것을 보여 줄 수 있었을 것이다. 게오르기오스 파판드레우의 우파 전력과 광적인 반공주의 때문에 중도연합은 결코 그런 구실을 할 수 없었다. 그의 아들은 그 교훈을 배웠고, 그리스의 사회민주주의가 마침내 등장한 것은 바로 군사정권의 잿더미에서였다.

11장 1968년의 폭풍우

1968년은 아직도 전후 역사의 결정적 전환점처럼 보인다. 지금은 당시의 행복감이 약간 지나친 것처럼 보이지만 말이다. 세계 수준에서 보면, 1968년에는 미국이 베트남전쟁에서 필연적으로 패배할 것임을 확인해 준 구정 공세가 있었고, 획일적 공산주의 운동의 가능성을 영원히 파괴해 버린 소련의 체코슬로바키아 침공도 있었다. 이 사건들로 말미암아 미국과 소련 둘 다에서 독립적인 정치 사상을 위한 공간이 생겨나기 시작했다. 프랑스에서는 노동자 1000만 명이 참가한 역사상 최대 규모의 총파업이 벌어져서 노동계급의 역사적 잠재력을 다시 확인해 줬다. 유럽의 거의 모든 나라에서 학생 투사들은 기존 질서에 도전했고, 혁명적 이론을 골방에서 대명천지로 나오게 만들었다.

다양한 요인이 합쳐져서 1968년을 서유럽의 폭발적 해로 만들었다. 제2차세계대전 이후 온갖 색조의 개혁주의자들은 기술 발전과 기회균등의 수단으로 고등교육 확대를 장려했다. 흔히 비좁은 강의실에서 와글거리며 공부해야 했던 새 세대 학생들이 보는 그림은 사뭇 달랐다. 전쟁 전에는 대학을 졸업하면 특권의 열쇠를 얻은 것이나 마찬가지였지만, 이제는 단지 교육받은 프롤레타리아로 편입될 뿐이었다. 그들이 보기에 대학의 낡은 교육과정과 권위주의적 방식은 매우 부적절한 듯했다. 1960년대 말에는 급진적 사상이 학생들 사이에서 들불처럼 퍼지기 시작했다.

학생들의 투쟁 자체는 체제를 전혀 위협하지 못했다. 결코 혁명적이지 않은 잡지 〈이코노미스트〉는 1968년 5월에 "안녕하신가? 아나키스트들!"이라는 제목의 사설에서 다음과 같이 말했다. "학생 시위를 장려해서, 그들이 선전하고, 행진하고, 분석하고, 돌을 던지고, 터무니없는 짓을 하게 해야 한다. 바로 그것이 우리가 학생들에게 치러야 할 대가다."[1] 다른 상황이었다면, 체제가 학생 반란을 쉽게 흡수할 수도 있었을 것이다.

그러나 바로 그때 전후의 경제 호황에서 최초의 균열이 나타나기 시작하고 있었다. 미국 경제는 베트남전쟁의 압력을 받고 있었고, 그 영향은 다른 곳에서도 감지되기 시작했다. 지배계급은 1950년 이후의 성과 일부를 되돌릴 필요가 있다는 것을 인식하기 시작했다. [그러나] 아직 완전고용은 거의 위협받지 않았고 세 세대 노동자들은 1930년대의 패배나 전시의 궁핍조차 기억하지 못했으므로, 기존의 성과 일부를 되돌리는 것은 결코 쉬운 일이 아니었다. 좌절되지 않은 자신감과 투쟁성의 엄청난 저수지가 존재했던 것이다.

게다가, 좌파 내부의 상황도 문제였다. 1950년대와 1960년대 동안에 전통적 노동계급 정당들, 즉 공산당과 사회민주주의 정당은 꾸준히 우경화해서, 스스로 기존 체제의 틀 안에서 권력을 행사할 준비를 했다. 이런 우경화로 말미암아 좌파의 공백이 생겨났다. 1940년대와 1950년대에는 자본주의 사회에 혐오감을 느끼는 사람이 전통적 [노동계급] 정당들에 자연스럽게 의지했지만, 이제는 학생과 청년 노동자층 전체가 정치적 대안을 찾고 있었다.

프랑스

알제리 전쟁이 끝나고 6년이 지난 프랑스 사회는 모순투성이였다. 드골은 프랑스 자본주의를 현대화하는 데 성공했다. 생활수준은 영국만큼 높아졌고, 교육기관, 특히 대학이 엄청나게 팽창했다. 그러나 저임금이 여전히 널리 퍼져 있었고, 경제 호황이라는 기준으로 보면 실업률도 높았다. 특히, 청년 실업률이 높았다. 노동조합 조직률은 낮았고, 노조의 힘도 허약했다. 그러나 쌓이고 쌓인 불만이 터져 나오기 시작하고 있었다. 그래서 1967년과 1968년 초에 기계공과 자동차 노동자 사이에서, 철강과 섬유 산업에서 파업 물결이 일었다.

그러던 차에 1968년 봄 프랑스 학생운동이 만개했다. 여기에는 몇 가지 원인이 있었다. 대학이 (지나치게 급팽창한 결과로) 강의실은 미어터지고 시설은 형편없는 상황에 대한 불만이 심각했다. 낡고 권위주의적인 학사 규정에 대한 항의도 있었다. 또 미국의 베트남전쟁에 반대한 투쟁도 벌어졌다. 1968년 5월 초 며칠 동안 파리에서는 학생과 경찰이 날카롭게 충돌했는데, 그 절정은 5월 10일 밤 거리에서 벌어진 바리케이드 전투였다. 학생들이 단호하게 저항하자, 구속된 투사들이 풀려났다.

정권의 이 작은 후퇴는 중대한 결과를 낳았다. 10년 동안, 권위주의적인 드골 정부는 천하무적처럼 보였다. 그런데 이제 그 정부가 후퇴하는 것을 목격하자 그동안 억눌려 있던 투쟁성이 홍수처럼 분출했다. 5월 13일에 주요 노총(노동조합총연맹CGT과 프랑스민주노조연맹CFDT)은 하루 파업을 선언하면서, 이 파업이 안전밸브 구실을 해서 자신들이 다시 상황을 통제할 수 있게 되기를 바랐다. [그러나] 이튿날 낭트에 있는 쉬드아비아시옹 항공기 공장의 노동자들은 파업을 무기한 계속하기로 결정하고 작업장을 점거했다. 그 사례는 순식간에 확산돼서, 며칠 만에 약 1000만 명의 노동자가 작업장 점거에 참여했다.

쉬드아비아시옹 공장에서는 노동자들이 경영진 약 20명을 2주 동안 사무실에 가둬 놨다. "경영자들이 이데올로기적 노력을 하지 않고도 〈인터내셔널가〉를 배울 수 있게 하는 효과적인 방법"으로 스피커를 통해 〈인터내셔널가〉를 계속 틀었다.[2] 경영진의 지배 구조 전체에 도전하는 이와 비슷한 장면을 수많은 작업장에서 볼 수 있었다.

그런 규모의 파업은 공장에 국한될 수 없는 법이다. 통제 문제가 사회 전체에서 제기됐다. 1968년 5월 마지막 주에 낭트에서는 중앙 파업 위원회가 시청을 접수했다. 주요 진입로에는 검문소가 설치됐고, 파업 위원회가 통행 허가증과 휘발유 배급표를 발행해서 교통을 통제했다. 노동자 위원회들이 지역 농민들과 직접 협상해서 보통 소매가보다 훨씬 낮은 가격으로 식량을 공급했다. 노동조합들은 상점 판매 가격을 통제해서 부당이득을 방지했다. 파업중인 교사들은 파업 노동자의 아이들을 돌보기 위해 어린이집을 운영했다.

더 많은 곳에서는 실행 위원회가 세워져, 지역사회의 현실적 과제들(쓰레기 청소나 식량 공급)뿐 아니라 정치 선전과 선동 문제도 처리했다. 잠시나마 대안 사회의 맹아가 생겨난 것처럼 보였다.

수많은 노동자가 참여해 작업장을 통제한 것은 현대 자본주의 사회에서도 혁명이 일어날 수 있다는 것을 훌륭하게 보여 줬다. 그러나 1968년 5월은 혁명에는 미치지 못했다. 만약 어느 정도 실질적 기반이 있는 혁명적 조직이 미리 존재했다면, 만약 노동자 권력의 맹아적 요소들이 관료들에게 질식당하지 않고 더 권장되고 발전했다면, 계급 세력균형이 근본적으로 변화해서 비교적 짧은 시간 안에 혁명으로 가는 길이 열렸을 수도 있다. 그러나 그런 일은 일어나지 않았다.

5월의 마지막 2주 동안 드골 정권은 혼란에 빠져 거의 공황 상태였다. 5월 말에는 드골 자신이 하루 동안 사라졌다(의기소침해진 드골이 사퇴 일보 직전까지 갔다고 말한 사람들도 있다). 경찰과 군대도 불만을 터뜨렸다는 이야기도 많았다. 그러나 운동이 전진하는 데 실패하면 뒤로 미끄러지는 법이다. 이제 정권은 기운을 되찾을 수 있는 시간을 벌었고, 6월에는 단호하게 행동에 나섰다. 임금과 휴가의 형태로 (꽤나 실질적인) 경제적 양보로 파업 운동을 매수하고 나서 혁명적 좌파를 불법화하고, 총선 실시를 발표했다. 총선이 실시될 때쯤[6월 23일] 좌파는 사기가 떨어진 반면, 겁에 질려 있던 우파는 드골의 깃발 아래로 떼 지어 몰려들었다. 질서가 회복됐다.

개혁주의 좌파에게 5월 사태는 놀랍기도 하고 당황스럽기도 했다. 원래 그들의 시나리오는 좌파가 서서히 통합을 향해 움직이다가 마침내 대중이 드골파에게 싫증을 낼 때 선거에서 경쟁을 벌인다는 것이었다. 대중이 거리로 쏟아져 나와서 권력 문제가 노골적으로 제기되는 상황은 그들이 결코 원한 것이 아니었다.

공산당에게 문제는 특히 심각했다. 그 전까지 4~5년 동안 공산당은 개혁주의 좌파와 선거 동맹을 맺고 정계의 주류로 복귀하기 위해서 애를 쓰고 있었다. 공산당은 여전히 [지배계급에게] 엄청난 불신을 받고 있었고, 양의 탈을 쓴 늑대라는 비난에 끊임없이 시달렸다. 5월의 대격변 와중에 그들이 진짜로 양이라는 것을 입증하려면 엄청난 노력이 필요했다.

무엇보다도 공산당은 최대한 독설을 퍼부으면서 혁명적 학생 그룹들과 철저히 단절해야 했다. 학생들의 마르크스주의와 공산당의 마르크스주의가 혼동되는 일은 절대 없어야 했다. 5월 초에 조르주 마르셰라는 공산당원(자신의 위대한 미래를 꿈꾸는 출세 지향적 글쟁이였다)은* "사이비 혁명가들의 가면을 벗겨라"라는 제목의 글에서 다음과 같이 썼다.

이 가짜 혁명가들의 가면을 완전히 벗겨야 한다. 왜냐하면 객관적으로 그들은 드골 정부를 이롭게 하고 있기 때문이다. … 대부분 대부르주아의 자식인 그들은 노동계급 출신 학생들을 경멸한다. 그들은 곧 자신의 '혁명적 정열'을 가라앉히고, 아빠 회사를 운영하러 가 버릴 것이고, 최상의 자본주의 전통에 따라 노동자들을 착취할 것이다.[3]

공장에서는 더 교묘한 태도가 필요했다. 공산당의 통제를 받는

---

* 조르주 마르셰는 실제로 1972년부터 1994년까지 공산당 사무총장을 지냈다.

노동조합총연맹이 다른 노조들보다 더 우세한 공장에서는 항상 노동조합총연맹이 운동에서 밀려나지 않기 위해 운동을 주도했다. 공산당 지도자들은 만약 파업에 반대만 하고 있으면 파업이 자신들의 통제를 벗어나 발전할 것이라는 사실을 알고 있었다. 그와 동시에 그들은 가능한 모든 수단을 사용해 운동의 잠재력을 약화시키려고 했다. 진정한 민주적 파업 위원회는 거의 없었다. 대다수 공장에서 파업 위원회는 기존 노조 기구를 바탕으로 위에서 임명됐다. 조합원이 아닌 노동자도 공장에 많았고 그중에 다수는 점점 더 적극적으로 파업에 참여했는데도 파업 위원회에 그들을 위한 자리는 없었다. 공장점거를 통제한 파업 위원회는 현장 노동자들을 집으로 돌려보냈다. 그러면 집에서 노동자들은 신문과 텔레비전[에서 나오는 여론]의 압력을 받았다. 협상할 때 노동조합총연맹은 파업의 요구를 한사코 경제적 문제로 국한하면서, 정치적 문제는 선거를 통해 적절하게 다뤄질 것이라고 말했다. 결국 노동조합총연맹은 '질서 있는' 작업 복귀를 조직하는 데 한몫했다.

다양한 사회민주주의자에게는 약간 다른 문제가 있었다. 그들의 기반은 공산당보다 더 작았으므로 잃어버릴 것도 더 작았고, 자신이 혁명가가 아니라는 것을 증명할 필요도 없었다. 사회당의 늙은 당료들은 걱정할 것이 전혀 없었다. 대중운동이 그들을 무시할 터였기 때문이다. 5월 13일 파리에서 대규모 시위대가 사회당 본부를 지나갈 때 "기 몰레를 박물관으로" 하는 구호가 터져 나왔다. 또 5월 28일 프랑수아 미테랑이 기자회견에서 대통령 선거에 출마할 것이라고 전 세계에 발표했을 때, 그는 거의 아무런 관심도 끌지 못했다. 훨씬 흥미로운 일들이 거리에서 벌어지고 있었기 때문이다.

그러나 미테랑은 학생 혁명가들이 가진 기반을 그저 무시할 수만은 없다는 사실을 알고 있었다. 이듬해에 그는 학생 지도자들에 관해 다음과 같이 말했다.

청년들 사이에서는 그들의 청중이 우리의 청중보다 많았다. 그들이 그 청중을 이용해 우리에게 대항했다고 해서 그들을 탓할 수는 없다.[4]

가장 교묘한 태도를 취한 사람은 전 총리 피에르 망데스프랑스였다. 망데스프랑스는 통합사회당PSU 당원이었고,* 드골을 일관되게 반대한 전력이 있었다. 그는 십중팔구 전통적 좌파 지도자들 가운데 가장 존경받는 인물이었을 것이다. 미테랑보다 망데스프랑스가 훨씬 분명히 알고 있던 사실은, 5월 사태를 계기로 새롭게 급진화한 세대가 떠오르고 있었고 전통적 좌파는 그들을 끌어들일지 아니면 그들에게 밀려날지 선택해야 하는 상황에 직면했다는 것이었다.

클로드 에스티에는** 5월 말에 미테랑과 망데스프랑스가 나눈 대화를 다음과 같이 회상한다. 망데스프랑스가 곧 있을 기자회견에서 극좌파를 포함한 모든 사람에게 호소할 생각이라고 말하자 미테랑이 다음과 같이 대꾸했다는 것이다. "잘 아시겠지만, 그러면 공산당과 관계가 끊어질 겁니다." 이에 망데스프랑스는 "우리가 청년층을

---

* [통합사회당은 1960년에] 사회당에서 분열해 나온 좌파가 만든 정당이다. 19장 참조 ― 지은이. 망데스프랑스는 1959년 급진당에서 제명당한 후 1961년 통합사회당에 가입했다.

** 미테랑이 주도하는 공화국제도회의CIR 소속의 당시 국회의원.

대표하는 사람들과 스스로 관계를 끊을 수는 없지요" 하고 대답했다고 한다.[5] 유감스럽게도 기회주의는 동시에 두 방향을 가리킬 때가 가끔 있다.

5월 27일 월요일 [파리의] 샤를레티 경기장에서 집회가 열렸다. 그것은 통합사회당 등이 공산당 왼쪽에 있는 모든 세력을 재결집하려는 시도였다. 망데스프랑스는 이 집회에 반드시 참석하려고 했는데, 이것은 공산당을 짜증나게 하고 미테랑을 난처하게 만드는 일이었다(왜냐하면 미테랑은 [자신이 대통령이 되면] 망데스프랑스가 총리를 맡아야 한다고 주장했기 때문이다). 몇 년 후 망데스프랑스는 한 인터뷰에서 당시 자신이 샤를레티 경기장에 간 이유를 두 가지로 설명했다. 첫째는 청년들에게 몰두해 있었기 때문이다. 즉, 그는 "청년들이 무슨 생각을 하는지" 알고 싶었다는 것이다. 둘째는 집회가 금지될 것이라는 말이 있었는데 그러면 폭력 사태가 벌어질 것이므로 자신이 누구 편인지를 보여 주고 싶었기 때문이다. 무엇보다도 그에게 강한 인상을 남긴 것은 샤를레티 경기장에 모인 "7만 명의 시위대"가 "새로운 생활 … 더 많은 정의 … 더 적은 이기심과 불화"를 추구한다는 사실이었다.[6]

대체로 망데스프랑스는 조정자의 구실을 했다. 1968년 5월 항쟁 동안 그는 적극적으로 정부 장관들을 설득해서 경찰이 학생들에게 총을 쏘지 못하게 만드는 동시에 학생 지도자들에게는 [경찰을] '도발'하지 말라고 촉구했다.[7] 1968년 6월에는 좌파연맹과* 통합사회

---

* 1965년 대통령 선거 때 미테랑을 지지하고 공산당을 견제하기 위해 사회당과 급진당 등이 모여 만든 민주사회주의좌파연맹을 뜻하는 듯하다.

당의 선거 협정을 주선했(지만 실패했)다. 망데스프랑스는 1968년의 혁명적 잠재력에는 전혀 관심이 없었(고 오로지 극좌파에게 개방적인 노선을 유지하는 데만 관심이 있었)다. 샤를레티 경기장에 모인 군중은 프랑스 정치에서 새로운 혁명적 경향의 토대가 될 수 있었을 뿐 아니라, 사회민주주의의 부흥을 위한 잠재적 토대이기도 했다. 망데스프랑스는 후자의 대안이 확실히 승리하도록 만들고 싶었다.

1968년 5월에는 프랑스에서 새로운 혁명적 좌파가 나타나기도 했다. 다양한 '소집단'들, 즉 마오쩌둥주의, 트로츠키주의, 아나키스트 단체들이 이제는 수십 명이 아니라 수백, 심지어 수천 명을 헤아렸다. 비록 그들의 주요 기반은 여전히 학생이었지만, 그들은 노동자들의 의식에 어느 정도 영향을 미칠 수 있었다. 5월 항쟁으로 좌파의 지도가 다시 그려진 것이다.

그러나 그 혁명가들은 너무 약해서 실질적 지도를 하지 못했다. 더욱이, 많은 '소집단'이 초좌파주의 경향을 드러냈다. 그들은 개혁주의를 격렬하게 비난했지만, 비난만으로는 개혁주의의 지배력을 분쇄할 수 없었다. 그들은 [노동운동] 관료들의 영향력을 약화시킬 수 있는 공동전선 전술을 적용하지 못했다.

그래서 장기적으로는 1968년 5월 항쟁을 수습하고 그 유산을 요구한 것은 바로 개혁주의자들이었다. 5월 항쟁의 흥미롭고 징후적인 측면 하나는 자주 관리 사상의 발전이다. 5월 항쟁은 민중이 자신의 삶을 스스로 통제할 수 있다는 것을 보여 줌으로써 개혁주의의 모든 가정에 도전했다. 자주 관리 개념이 정치적 논쟁의 핵심 주제로 떠올랐다. 그러나 자주 관리라는 용어는 사용하는 사람에 따라

극도로 모호해졌다. 말하는 사람마다 의미가 달라서, 전형적인 소비에트 권력부터 노조 대표 두어 명이 자문위원회에 참여하는 것까지 아주 다양했다. 그래서 거의 모든 사람이 자주 관리를 입발림으로 떠들어 댔다.

개혁주의자들이 다시 운동을 확실히 지배하게 되는 데서 결정적구실을 한 또 다른 단체는 옛 가톨릭 노조 연합체인 프랑스민주노조연맹CFDT이었다. 민주노조연맹은 공산당의 통제를 받는 노동조합총연맹보다 더 작았고, 노동조합총연맹은 주요 공장의 파업을 관료적으로 확실히 통제했다. 그 결과 민주노조연맹은 흔히 노동조합총연맹보다 더 좌파적 태도를 취할 수 있었다. 일부 쟁점에서는 노동조합총연맹보다 더 투쟁적인 노선을 취했고, 어떤 경우에는 작업 복귀를 반대했으며, 학생 혁명가들에게 훨씬 더 우호적이었고, 자주 관리 개념을 매우 강조했다. 몇몇 공장에서는 가장 투쟁적인 노동자들이 노동조합총연맹을 탈퇴해서 민주노조연맹에 가입하기도 했다. 비양쿠르에 있는 르노 자동차 공장은 파업 전에 공산당과 노동조합총연맹의 영향력이 하도 강해서 '크렘린'이라고 불릴 정도였는데, 파업후에는 민주노조연맹도 노동조합총연맹만큼 많은 조합원을 거느리게 됐다.

민주노조연맹이 그럴 수 있던 데는 두 가지 이유가 있었다. 첫째, 역사적으로 민주노조연맹은 정당과 연계가 없는 가톨릭 노조였기 때문에, 입증해야 할 것이 전혀 없었다. 즉, 노동조합총연맹보다 덜 점잖게 행동할 여지가 있었다. 둘째, 대체로 소수파 노조였기 때문에 더 투쟁적인 정책들을 지지하면서도 실질적 책임은 지지 않을 수 있었다. 자신들이 다수파인 작업장에서 민주노조연맹은 흔히 노동조합총연맹보다 더 우파적이었다. 대체로 민주노조연맹은 1968년을 거치며 영향력이 증대했고 좌파적 명성을 얻었다. 민주노조연맹은 새로운 사회당이* 1970년대에 산업 현장에서 다시 신뢰를 구축하는 데서 결정적 구실을 하게 된다.

서독

격렬한 학생운동은 서유럽의 모든 나라에서 크고 작은 영향을 미쳤지만, 프랑스처럼 노동계급 운동과 정치 생활 전체에 영향을 미친 나라는 없었다.

서독의 학생 반란은 독일사회주의학생연맹SDS이 초점 구실을 했다. 사회주의학생연맹은 원래 사민당의 공식 학생 조직으로 만들어졌지만, 바트고데스베르크 당대회 후 사민당이 급속히 우경화하던 1960년에 당에서 쫓겨났다(8장 참조). 1956년에 서독 공산당이 금지된 이후로 사민당은 아무리 우파적이었을지라도 현존하는 가장 좌파적인 조직이었고, 그래서 여전히 좌파의 유일한 초점 구실을 했다. 이런 상황에서 사회주의학생연맹은 비교적 소규모였고, 학생 조직이라는 한계를 벗어나지 못했다.

사정이 바뀌기 시작한 것은 1966년 사민당이 대연정에 참여하고, 특히 억압적인 비상사태법을 지지하면서부터였다(10장 참조). 이제

---

* 사회당SFIO은 1969년 6월 대통령 선거에서 가스통 데페르가 겨우 5퍼센트를 득표하며 참패하자 한 달 후에 망데스프랑스 지지자들과 좌파 공화주의 그룹 등을 끌어들이고 사회당PS으로 이름을 바꿨다.

사회주의학생연맹은 더 급속하게 성장할 수 있었고 대연정에 반대하는 좌파의 초점이 될 수 있었다.

사회주의학생연맹은 서베를린에서 가장 급속하게 성장했다. 이 도시는 사민당이 정치적으로 지배하고 있었고(빌리 브란트가 여러 해 동안[1957년부터 1966년까지] 서베를린 시장을 지냈다) 반공주의가 핵심 이데올로기인 곳이었다. 여기서는 사민당이 사실상 우파나 다름없었기 때문에 좌파가 발전할 수 있는 여지가 많았다. 특히 1967년 7월* 베노 오네조르크라는 대학생이 이란 국왕의 방문에 반대하는 시위 도중 경찰에게 살해당한 뒤 사회주의학생연맹은 크게 성장했다.

이듬해에는 사회주의학생연맹의 영향력이 서독 전역으로 확산됐다. 1968년 4월에 어떤 파시스트가 사회주의학생연맹 지도자 루디 두치케를 살해하려고 시도했을 때는 이에 항의하는 시위가 거의 무장봉기 수준에 이르렀다.

그러나 장기간의 반공주의 선전과 독일 경제의 지속적 번영으로 사회주의학생연맹은 노동계급에게 중요한 영향을 미치지 못했다. 사회주의학생연맹의 정치(대체로 반제국주의 운동을 추구했다) 자체도 그런 고립을 강화하는 데 한몫했다. 결국 사회주의학생연맹은 한 무리의 혁명적 그룹들을 탄생시켰는데, 그들은 주로 마오쩌둥주의나 아나키즘의 색채를 띠고 있었다. 극좌파의 활동이 분출했지만, 그것은 사민당이 집권당의 지위로 거리낌 없이 올라서는 데 거의 영향을 미치지 못한 듯하다.

---

* 6월의 오타인 듯하다.

이탈리아

이탈리아에서도 고등교육은 심각한 위기를 겪고 있었다. 대학교 강의실은 미어터져서 학생들은 수업을 들으려고 몇 시간씩 줄을 서야 했고,* 대졸자의 실업률도 높았다. 교수들은 전통적 특권과 권위주의적 태도를 고수했다.

그렇지만 독일과 달리 이탈리아에서는 학생들의 투쟁성이 노동계급으로 재빨리 확산됐다. 1969년의 이탈리아 상황은 때때로 "[프랑스] 5월 항쟁의 슬로모션"으로 묘사된다(즉, 투쟁 수준은 흔히 프랑스만큼 높았지만 총파업으로 집중되지는 못했다는 것이다). 공장의 규율은 붕괴하기 직전이었고, 현장 투사들의 행동은 노조의 통제를 완전히 벗어나 있었다. 사실 많은 노동자는 노조 관료뿐 아니라 노조 자체도 공공연히 적대시했다.

1969년 7월 토리노에서는 노동자 투쟁이 거의 무장봉기로 비화했다. 일부 공장에서는 노동자들이 이른바 '뱀' [전술]을 개발했다. 즉, 공장 안에서 활동하는 대규모 피케팅 대열이 여러 작업장을 돌아다니며 생산을 중단시키는 것이었다. 관리자들에 대한 물리적 폭력도 확산했다. 새로운 혁명적 좌파가 발전하기 시작했는데, 주로 다양한 종류의 혁명적 경향이나 정설 마오쩌둥주의자에 가까운 사람들로 이뤄져 있었다.

이탈리아사회당은 사태에 거의 영향을 마칠 수 없었다. 여전히 중

---

* 예컨대, 5000명 이하의 학생 수에 맞춰 설계된 로마대학교에 6만 명의 학생이 다니고 있었다.

도-좌파 정부 안에 폭 파묻혀 있던 사회당은 노조의 권리를 확대하는 법률을 제정해서 운동의 흐름을 저지하려 했다. 또 사회당은 내분에 휩싸여 있었고, 어쨌든 투쟁의 분위기나 언어와 너무 멀리 떨어져 있어서 전혀 영향을 미칠 수 없었다.

이탈리아공산당은 전에도 프랑스공산당보다 학생들에게 더 공감하는 태도를 취했는데, 이제는 노동자 운동에도 더 유연하고 실용적인 태도를 취한 덕분에 폭풍우를 견뎌 낼 수 있었다. 1971년쯤 공산당과 그 유관 노조인 이탈리아노동조합총연맹CGIL은 대체로 현장에 대한 영향력을 되찾았다. 1968~1969년에 이탈리아공산당이 운동에서 밀려나지 않았기 때문에, 1970년대에 다른 나라 공산당이 위기에 빠져들고 있을 때도 그 영향력을 유지하고 심지어 강화할 수 있었다.

영국

영국의 학생운동은 1967년 런던정치경제대학교LSE 점거와 함께 시작돼 1968년 여름의 점거 물결로 발전했다. 이것과 나란히 베트남연대운동VSC이 성장해서, 수만 명이 거리에서 격렬한 시위를 벌였다. 바로 그때 노동당은 심각한 사기 저하를 겪고 있었다. 윌슨의 배신행위에 넌더리가 난 노동당원 수천 명이 탈당해서 좌경화하고 있었다. 그 결과 수천 명 규모의 혁명적 경향이 등장할 수 있었다. 그들은 주로 학생이었지만 적어도 노동계급 주변에 있었다. 영국 노동운동에서 항상 발판을 유지하고 있던 트로츠키주의는 이제 우세한 세력이 됐다. 몇몇 트로츠키주의 그룹이 급속히 성장했는데, 그중에서 가장 큰 그룹은 국제사회주의자들IS이었다.

노동당 지도자들은 학생 투사들에게 거의 공감하지 않았다. [윌슨의] 노동당 정부에서 교육과학부 장관이던 에드워드 쇼트는 [프랑스 공산당의] 조르주 마르셰가 한 말과 아주 비슷한 투로 학생 투사들을 비난했다.

이 사람들은 사회주의자가 아닙니다. 심지어 존경할 만한 마르크스주의자도 아닙니다. 그들은 우리 대다수가 알고 있는 사랑스러운 인물들과 매우 다른 새로운 종류의 아나키스트입니다. … 그들의 무기는 거짓말, 왜곡, 중상, 인신공격, 협박이고 최근에는 물리적 폭력도 사용하고 있습니다. … 그들은 과거의 자신들처럼 이상주의적이고 똑똑하고 예의 바른 압도 다수 학생의 교육 기회에 막대한 해를 끼치고 있습니다.[8]

소수의 노동당 지도자만이 영국과 프랑스에서 일어나고 있는 일의 중요성을 인식하고 그것과 관계 맺을 필요가 있음을 깨달았다. 예컨대, 토니 벤은 다음과 같이 말했다.

만약 의회 제도가 수정되지 않는다면, 절망적 무관심이나 폭력적 항의로 표출되고 있는 불만 때문에 우리는 모두 유혈 사태에 휩쓸릴 수 있습니다.[9]

영국 학생들의 급진주의는 노동계급 운동에 직접 영향을 미치지 않았다. 물론 학생들이 개척한 점거 전술을 해고와 직장 폐쇄 위협에 시달리던 노동자들이 사용한 것은 사실이다. 그러나 1970년 총선에서 노동당이 패배하고 에드워드 히스가 이끄는 보수당 정부가 들어서자 더 높은 투쟁 수준을 위한 무대가 마련됐다. 1951년에는 새로 들어선 보수당 정부가 전임 애틀리 정부의 주요 개혁들을 되돌리려 하지 않았다. 그러나 히스가 직면한 상황은 영국의 [경제]성장률이 경쟁국들보다 훨씬 더 낮아지고 물가는 뛰고 이윤 폭은 좁아지는 그런 상황이었다. 따라서 히스는 훨씬 더 공격적인 태도를 취해야만 했다.

히스의 전략에는 몇 가지 갈래가 있었다. 즉, [직접세에서 간접세로] 세제를 개편하고, 복지를 삭감하고, 공공 임대주택 임대료를 대폭 인상하고, 노동 규율을 재확립하기 위해 의도적으로 실업을 조장하는 것 등이었다. 노사관계법은 노조에 법률적 족쇄를 채웠다. 무엇보다도 결정적인 것은 임금을 통제하려는 히스의 정책이었다. 그는 처음에는 국유 산업의 노동자들과 대결해서 임금을 억제하려 했다가 이것이 실패하자 법제화한 소득정책을 사용했다.*

영국 노동자들은 1950년대에 강력한 현장 조직을 건설해 놨고, 윌슨 정부의 정책들 때문에 이미 노동조합운동은 정치적 대결을 준비하고 있었다. 윌슨 정부 말기에 투쟁 전통이 전혀 없는 많은 노동자 집단이 처음으로 산업 투쟁을 벌였다. 그런 상황에서 히스 정부가 공세를 취하자 노동계급은 전후 영국 역사상 전례 없는 투쟁 물결로 대응했다. 1972년 초에 임금 인상을 요구하는 광원 파업이 정부를 패배시켰는데, 무엇보다도 버밍엄의 솔틀리 코크스 창고 앞에

---

* 윌슨 정부 시절 임금 인상을 통제하기 위해 제정된 물가·소득법을 말하는 듯하다.

서 피케팅하는 광원들을 금속 노동자 1만 명이 지원해 준 덕분이었다. 같은 해 6월에는 항만 노동자 5명이 새로운 노사관계법에 따라 불법 피케팅 혐의로 교도소에 수감됐다. 그러자 여러 부문 노동자의 항의 파업이 눈덩이처럼 커지기 시작해서 영국 노총이 직접 나서서 총파업을 벌이겠다고 위협했다. 그러지 않았다면 (운수일반노조TGWU 의 좌파 관료인 잭 존스의 말처럼) "비공식 단체들이 [파업의] 지도부가 됐을 것"이기 때문이다.[10] 정부는 서둘러 그럴싸한 법률적 핑계를 만들어서 항만 노동자들을 석방했다.

마침내 1973년 말에 광원들이 잔업 거부에 돌입해서[*] 전력 공급에 차질이 빚어지자 히스는 영국의 모든 산업에 주 3일 근무를 지시했다. 광원들이 전면적 파업 투쟁에 나서자 히스는 총선을 치르겠다고 선언하고 "누가 [영국을] 통치하는가?" 하고 물었다.

영국 지배계급 내에서는 극심한 공포 분위기가 뚜렷했다. 〈이코노미스트〉는 히틀러 집권 전의 독일이나 라틴아메리카의 정치적 불안정과 [영국 상황의] 유사점을 비교하기도 했다.

지금 굴복한다면, 영국에서는 불법적 폭력이 생계를 꾸리는 정상적 방법처럼 보일 것이다. 영국에는 단지 바이마르공화국의 가능성만 있는 것이 아니다. 아르헨티나[**] 냄새도 난다.[11]

---

[*] 물가 상승으로 광원들의 실질임금이 떨어졌지만 석탄공사가 임금 인상을 거부하자 광원들이 생산량을 줄이려고 잔업 거부 투쟁을 벌인 것이다.

[**] 아르헨티나에서는 1955년과 1966년, 1978년에 군사 쿠데타가 일어나는 등 정치적 불안정이 극심했다.

투쟁 수준이 높았다는 것 말고도 이 파업 물결에서 주목할 만한 것은 두 가지다. 첫째, 부문주의가 무너져 다양한 노동자 집단 사이에 실질적 연대가 이뤄졌다. 둘째, 임금을 통제하고 노조의 권리를 제한하려는 정부의 시도 때문에 산업 문제와 정치 쟁점 사이의 벽이 무너지고 있었다. 어떤 의미에서는 법제화한 소득정책 때문에 모든 임금 투쟁이 정치투쟁이 돼 버린 것이다.

마찬가지로 주목할 만한 것은 노동당이 이 과정을 회피하려 한 방식이다. 노동당과 노조 관료 집단의 유기적 연계 때문에 노동당의 공식 이데올로기는 항상 정치 쟁점과 산업 문제를 엄격하게 분리했다. 대다수 노동당 지도자는 [파업 물결] 상황을 이용해 투쟁에 정치를 불어넣는 것을 꺼렸다. 오히려 파업 물결에서 멀리 떨어진 채 관여 시도조차 하지 않았다. 1971년 글래스고에서 노동자들이 어퍼클라이드 조선소를 점거했을 때, 윌슨은 그것이 불법 행동이라는 이유로 지지하지 않았다. 그러나 토니 벤이 이끄는 일부 노동당 좌파는 산업 투쟁이 노동당의 기반에 중요하다는 사실을 알고 있었다. 벤은 글래스고의 조선소 노동자와 광원을 공개적으로 지지했다.

1970년대 초에는 새로운 종류의 정치를 위한 잠재력도 존재했다. 그것은 [투쟁을] 일반화할 필요성을 인정하는 동시에 [노동계급의] 독립성과 자주적 행동에 바탕을 두는 정치였다. 그러나 혁명적 좌파는 비록 성장하고 있었지만 여전히 아주 작았고 그런 새로운 정치의 초점 구실을 할 수 없었다. 그래서 결정적 상황이 닥쳤을 때 대다수 계급의식적 노동자들은 노동당으로 돌아가는 것 말고는 대안이 없다고 생각했다.

투쟁 물결이 노동당에 영향을 미쳤다는 것은 의심의 여지가 없다. 노동당이 통제하는 많은 지방의회는 공공 임대주택 임대료를 인상하려는 정부 정책에 반대하는 운동을 전개했고, 더비셔주州의 클레이크로스 시의회는 공공연히 법을 위반하기까지 했다. 1972년과 1973년의 노동당 당대회에서는 급진 좌파적인 다양한 정책이 채택됐는데, 특히 핵무기 기지 폐쇄와 공적 소유의 대폭 확대를 요구하는 정책이 두드러졌다. 심지어 노동당 우파조차 어느 정도 급진적 미사여구를 사용할 때가 왔다고 느꼈다. 그래서 데니스 힐리는 [부유세 도입 같은] 세제 개편을 약속하면서, 그러면 "부자들이 괴로워서 울부짖을" 것이고 "노동계급과 그 가족에게 권력과 부가 근본적으로 이전돼 결코 되돌릴 수 없을" 것이라고 주장했다.[12]

1974년 2월 총선은 위기의 분위기에서 치러졌다. 보수당은 이 선거가 계급 간의 힘겨루기라는 것을 분명히 알고 있었다. 지난 4년 동안 법률의 계급적 성격이 훨씬 더 분명해졌다. [그러나] 노동당 지도자들은 합법성에 집착했다. 선거운동 기간에 광원노조 부위원장인 믹 맥개히는 만약 광원 파업을 분쇄하기 위해 군대가 투입된다면 광원노조는 군인들에게 명령 불복종을 선동할 것이라고 열변을 토했다. 당연히 언론에서 시끄럽게 떠들어 대자, 노동당 국회의원 111명은 맥개히를 비난하는 성명서를 발표했다.

선거 결과는 결코 노동당의 승리가 아니었다. 왜냐하면 노동당의 득표는 1970년보다 50만 표가 더 적었고 득표율도 (거의 6퍼센트포인트 떨어져 [37.2퍼센트로]) 1931년 이후 역대 선거에서 가장 낮았기 때문이다. 그러나 약 300만 명의 유권자가(그중 다수는 겁먹거나 사기가 꺾인 보수당 지지자였다) 자유당에 투표한 덕분에 노동당은 원내 제1당이 돼 소수파 정부를 구성할 수 있었다.

*　*　*

1968년에 일어난 사건들과 그 여파로 유럽 전역에서는 새로운 세대의 정치적 급진파들이 생겨났다. 사회민주주의자들에게 과제는이 새로운 세대를 끌어들이고 통합하는 것, 즉 그들을 끌어당겨 혁명의 유혹에서 벗어나게 하고 그들의 급진주의를 [자본주의 체제의] 틀안에 가두는 것이었다. 그러려면 사회민주주의 정당 내부의 낡은 관습과 낡은 관료들을 교체하는 변화가 필수적이었다. 폭풍우가 다가오고 있었던 것이다.

5부

1973~1985년:
다시 닥친 경제 위기

12장 개혁을 되돌리고 저항을 억누르기

1973년쯤 장기 호황이 끝났다는 사실이 분명해졌다. 그해 일어난 중동전쟁과 뒤따른 석유파동은 마침내 장기 호황에 종지부를 찍은 듯했다. 새로 시작된 경기후퇴는 (1980년대까지 계속 이어지는데) 사회민주주의 정당의 구실에 중대한 변화를 일으켰다. 이 문제를 자세히 살펴보기 전에 당시 세계에서 일어나고 있던 주요 변화들을 대강 설명할 필요가 있겠다.

군비 지출이 더는 경제 위기를 막지 못했고, 계속되는 군비경쟁은 새로운 경제 위기가 1930년대보다는 덜 재앙적이지만 더 오래 질질 끌게 만들었다. 자본주의가 경제 위기를 벗어나는 유일한 길은 이윤율을 회복하기 위해 노동비용을 삭감하는 것뿐이었다. 그러나 추상적인 '노동비용 삭감' 이면에는 경제 위기의 대가를 조직 노동계급이 치르도록 강요하는 냉혹한 현실이 있었다.

다시 나타난 대량 실업은 1950년대와 1960년대에 사회민주주의자들이 제시한 전망이 얼마나 공허한 것인지를 보여 줬다. 앤서니 크로스랜드 같은 사람들은 완전고용이 계속될 것이라고 예상했지만 이제 그런 말은 쓸쓸한 농담처럼 들렸다. 국민국가는 (좌파가 통치하든 우파가 통치하든) 사회복지에 대한 지출을 삭감(하는 반면 경찰과 군대에 대한 지출은 계속 유지)해서 문제를 해결하려고 노력하기 시작했다. 전후의 성과들은 위협받았고, 개혁주의 정치의 본질([지배계급의 재산] 몰수보다는 복지와 분배를 통해 조건을 개선하는 것) 자체가 공격받았다.

실업 증가, 사회적 임금 삭감, 노조의 권리에 대한 공격. 이 모든 것은 노동운동의 자신감과 조직을 대대적으로 공격하는 것이었다. 경제 호황이 처음으로 흔들리기 시작한 1970년경 자신들의 처지를 방어하는 노동자들에게는 아직 활력이 넘쳤다. 그러나 시간이 흐르고 실업이 증가하자 노동계급의 자신감이 떨어지고 있다는 분명한 조짐이 보였다. 그런 자신감 저하는 불균등했고, 자신감이 떨어지는 도중에도 날카롭고 공격적인 부문적 투쟁들이 이따금 벌어졌다. 1970년대 말쯤 이런 모습은 서유럽의 모든 나라에서 볼 수 있었다.

노동자들이 체제와 화해한 것은 아니었다. 체제의 쇠퇴 조짐은 너무 분명해서 누구나 알 수 있었다. 그러나 노동자들의 투쟁 의지를 좌우하는 것은 (단지 의식이 아니라) 자신감인데, 당시에는 흔히 그런 자신감이 부족했다. 노동계급은 패배하지 않았다. 그들의 조직은 손상되지 않고 그대로 남아 있었다. 양측 다 질질 끄는 참호전에 휘말려 중요한 돌파구를 뚫을 능력이 없는 듯했다. 그러나 소수의 노동자는 여전히 투쟁하고 있었고, 흔히 놀라운 용기와 끈기를 보여 줬다. 그런 뜻밖의 투쟁들은 혁명적 사회주의자들이 투쟁을 계속할 수 있는 기회가 됐다.

칠레

1973년은 칠레의 아옌데 정부가 유혈 낭자하게 전복된 해이기도 했다. 그것은 투쟁이 새로운 단계에 들어서고 있다는 암울한 경고였다. 아옌데는 1970년 가을 칠레 대통령 선거에서 (사회당과 공산당 등으로 이뤄진) 민중연합 후보로 출마해서 당선했다. 그가 승리할 수 있었던 것은 전통적 지배계급 정당들이 분열했기 때문이고, 그의 득표율은 겨우 36퍼센트였다. 그렇지만 이후 아옌데는 자신의 지지 기반을 강화할 수 있었고, 1971년 지방선거에서 민중연합은 50퍼센트 넘게 득표했다.

[집권] 첫해에 아옌데는 성공적인 개혁주의자의 모범 그 자체처럼 보였다. 분명히 그의 정책들은 케인스주의였지 마르크스주의는 아니었다. 그러나 구리 광산을 국유화했고 중요한 토지개혁도 실시했다. 노동자들의 임금이 올랐고 실업은 감소했다. 패배하고 분열한 우파들은 아직 전열을 가다듬지 못하고 있었다.

아옌데의 사회주의는 노동계급의 자주적 행동과 아무 상관이 없었다. 그는 권력을 잡자마자 기존 국가기구를 존중하겠다고, 특히 경찰과 군대의 자율성을 침해하지 않겠다고 약속했다. 어떤 형태의 노동자 시민군이나 자기방어도 허용하지 않겠다고 했다. "이 나라에는 헌법에 규정된 무장 세력, 다시 말해 육군·해군·공군 말고는 어떤 무장 세력도 존재하지 않을 것이다. 만약 다른 무장 세력들이 나타난다면 내가 그것들을 모두 없애 버릴 것이다."[1] 1973년 4월 수십 년간의 투쟁 덕분에 비교적 높은 임금을 받고 있던 구리 광산 노동자들이 [정부에] 생계비 협정 준수를 요구하며 파업을 벌였다. 아옌데는 그들을 비난했고, 그들이 거리로 쏟아져 나오자 최루가스와 물대포로 무장한 경찰을 보내 대응했다.

1972년쯤에 노동자들은 독립적 조직이 필요하다는 것을 깨닫고 있었다. 특히 산티아고 교외에서는 이른바 코르돈이 건설됐다. 코르돈은* 특정 지역에서 여러 공장을 연결하고 공장 집회에 기반을 둔 조직이었다. 그런 조직은 우파의 위협에 대응하는 최상의 방어 기구가 될 수 있었다. 한편, 우파들은 전열을 가다듬고 있었다. 즉, 중간계급 주부들과 트럭 소유자들이 아옌데 정권에 반대하는 시위를 벌였다. 아옌데의 대응은 정부 개각을 단행하는 것이었다. 그는 군 장성들을 정부에 입각시켰고, 위기가 심화할 때마다 새로운 내각을 꾸렸다. 1973년 8월 23일 아옌데는 피노체트 장군을 군 총사령관으로 임명했다.

많은 노동자(구리 광산 노동자와 코르돈의 투사)는 점차 아옌데 정부에 불만을 품었다. 그러나 지역 조직의 활력에도 불구하고 정치적 초점 구실을 할 수 있는 대안이 없었다. 칠레사회당에는 노동계급 기반이 상당한 좌파가 존재했는데, 그들은 의회 밖 행동, '권력 장악', '혁명적 폭력'의 필요성을 주장했다. 그러나 민중연합에서 떨어져 나와 독립적인 혁명적 조직을 만들 의지는 없었다.[2] 심지어 따로 조직이 있는 혁명적좌파운동MIR조차, 민중연합을 탈바꿈하려 할 것이 아니라 독립적인 혁명적 지도부를 건설해야 한다고 분명히 주장하지 않았다. 아옌데는 칠레 좌파 전체를 끌어들이는 데 성공했(고 그 과정에서 그들을 해체해 버렸)다.

---

* 코르돈은 '가는 끈이나 줄'이라는 뜻인데, '코르돈 인두스트리알'(산업 벨트)을 줄여서 그냥 코르돈이라고 불렀다.

이제 군부가 주도권을 잡았고, 그들은 1973년 9월 11일 쿠데타를 일으켜 아옌데 정부를 전복했다. 아옌데는 죽었고(자살했다고 한다), 어느 정도 영웅적 저항도 있었지만 노동계급 대중을 동원하기에는 너무 늦었다. 노조와 좌파 정당은 금지됐고, 수많은 노동자와 좌파 활동가가 체포돼 축구 경기장에 수용됐다가 살해당하거나 투옥됐다. 더 많은 사람이 직장에서 쫓겨났다.

아옌데의 운명을 보며 유럽의 개혁주의자들은 등골이 오싹해지고 공포에 떨었다. 몇 년 전에 그들은 인도네시아에서 수십만 명[의 공산당원]이 학살당한 것을 애써 무시했다. 개혁주의 지도자들이 보기에는 어쨌든 그들은 아시아의 공산당원이었을 뿐이고, 그 학살 사건 때문에 영국의 노동당 정부가 말레이시아에서 군대를 철수할 수 있었다. [그러나] 칠레는 달랐다. 아옌데는 개혁주의 지도자 중 한 명이었고 정치적 해결사였으며 노련한 책략가였다. 당시 런던에서 발행되는 [보수 일간지] 〈타임스〉는 다음과 같이 보도했다.

[칠레의] 군대가 한 일이 옳았든 글렀든 간에, 사리를 아는 군인이라면 그런 상황에 개입하는 것이 자신의 헌법상의 의무라고 생각하고 소신껏 행동했을 것이다.[3]

이런 글을 보고 불안해진 개혁주의자들은 자신들이 그토록 충실히 지켜 온 경기 규칙이 바뀌고 있는 것 아닌지 걱정하기 시작했다.

따라서 칠레는 많은 유럽 좌파 사이에서 진지하고 광범한 논쟁을 불러일으켰다. 그러나 칠레의 교훈은 명백하지 않았다. 다양한 좌파 집단이 칠레에서 벌어진 사건들을 서로 다르게 해석했기 때문이다.

일부 좌파는 칠레의 군사 쿠데타를 과대평가하는 잘못을 저질렀다. 군사 쿠데타는 여전히 부르주아지가 이용할 수 있는 전략들 가운데 하나지만, 결코 유일한 전략은 아니었다. 우선 한 가지 이유는 자본주의를 가장 열렬히 옹호하는 사람들조차 칠레의 쿠데타를 완전한 성공으로 여길 수는 없었기 때문이다. 피노체트 정권의 도를 넘는 행위들은, '자유로운 국민'과 '인권'을 크게 강조하는 이데올로기가 지배적인 서방으로서는 당혹스러운 일이었다. 더욱이, 피노체트의 칠레는 탐욕스러운 노동조합원 때문에 물가가 오른다는 주장을 박살내 버렸다. 자유로운 노조도 없고 파업도 금지된 칠레의 물가 상승률이 세계 최고 수준이었기 때문이다(게다가 대량 실업도 존재했다). 쿠데타 후 10년이 지났을 무렵에야 피노체트 정권에 반대하는 노동계급의 움직임이 부활할 조짐을 보이고 있었다.

더욱이, 칠레의 경험을 지나치게 강조하는 좌파들은 전략적 오류를 저지를 수 있었다. 1974년 포르투갈에서 독재 정권이 무너지자 많은 좌파는 미국이 포르투갈의 노동계급 투쟁이 고양되는 것에 맞서 칠레식 쿠데타로 개입할 것이라고 생각했다. 그런 전망은 좌파 대열 내부의 위험 요인들, 특히 포르투갈 사회당과 [그 지도자] 마리우 소아레스의 교활한 구실을 간과하게 만드는 데 도움이 될 수 있었다(14장 참조).

유럽 각국의 공산당과 사회민주주의 정당 모두 칠레를 핑계 삼아 우경화했다. 그들이 끌어낸 결론은 아옌데가 기꺼이 타협한 것은 결코 잘못이 아니라는 것이었다(그는 다만 타협을 충분히 잘 하지 못했을 뿐이라는 것이었다). 그래서 [영국 공산당원 역사가] 에릭 홉스봄은 다음과 같이 썼다.

아옌데가 실패한 이유는 단지 그의 민중연합이 기술적으로 군대를 물리칠 수 없었기 때문만이 아니라, 민중연합과 함께 가야 했던 많은 국민을 스스로 소외시켰기 때문이기도 하다.[4]

조금 더 양보했다면, 계급을 바탕으로 한 정치를 약간 덜 강조했다면, 아옌데는 성공할 수 있었을 것이라는 이야기다. 특히 이탈리아공산당이 이런 노선을 발전시켰다. 그들은 칠레의 경험에서 이른바 '역사적 타협' 사상을 끌어냈다. 그것은 사회주의로의 전진은 사회주의를 반대하는 사람들도 받아들일 수 있는 속도로 이뤄져야 한다는 이론이었다(13장 참조).

또 칠레는 사회민주주의자들이 어느 정도 자기 성찰을 하게 만들기도 했다. 프랑수아 미테랑은 칠레를 보면 우파뿐 아니라 좌파도 위험 요인이 될 수 있음을 알 수 있다고 말했다. "살바도르 아옌데를 좌절시킨 것은 공산당이 아니라 마르크스주의적 사회당이었다. 오히려 공산당은 처음부터 끝까지 충실하게 아옌데를 지지했다."[5] 또 미테랑은 좌파가 군대에 대해 어떤 태도를 취해야 하는지도 생각해 보게 됐다. 그가 내린 결론은 다음과 같았다.

직업군인이 되기로 작정한 청년은 자기 주위의 세계와 맞지 않는 염원에 반응하고 있는 셈이다. 왜냐하면 그 세계에서 최고의 법, 존재의 원칙, 최종 목표는 지금도 그렇고 앞으로도 계속 돈이기 때문이다. 나는 국가가 광산이나 군수산업의 부를 되찾아오지 않고 그 이윤과 사용권을 소수의 권력자들에게 맡겨 놓는다고 해서 그런 청년이 짜증내리라고는 결코 생각하지 않는다. … 좌파의 의무와 이익은 수렴된다. 즉, 좌파는 자신들이 제안하는 정책이 바로 프랑스의 재산을 적들이 차지하지 못하게 막는 것이라는 사실을 설명해야 한다. 다시 말해, 다국적 자본주의가 이미 차지하기 시작한 우리의 자원을 보존하는 것이 바로 좌파의 정책이라는 것이다. 우리나라 장군들 가운데 어느 누가 국제전신전화회사ITT를* 지켜 주려고 싸움터에 나가겠는가?[6]

요컨대, '사회주의자들'이 국익을 가장 중시한다면 군대의 지지를 받을 것이라는 말이다.

혁명적 사회주의자들은 이런 주장을 모두 비판하면서, 칠레에서 일어난 사건들이 개혁주의는 실패할 수밖에 없음을 입증한다고 강조했다. 즉, 국가기구와 타협하지 않고 국가기구를 분쇄한다는 분명한 전망을 갖고 코르돈에 뿌리를 내린 혁명적 정당을 건설하는 것이 유일한 대안이었을 것이라고 주장했다. 혁명적 사회주의자들은 피노체트의 쿠데타가 (제2차세계대전 전의 파시즘과 마찬가지로) 지배계급이 심각한 위협에 시달릴 때 의지하게 되는 대책의 한 사례라는 것을 알고 있었다. 칠레식 쿠데타는, [지배계급이] 감당할 수 없을 만큼 성장했으면서도 눈앞의 기회를 재빨리 붙잡기를 머뭇거리는 좌파가 받은 궁극적 처벌로 남아 있다.

위기에 빠진 세계

새로운 경제 위기가 닥치자 세계는 정치적 격변 상태에 빠졌다.

---

* 국제전신전화회사ITT는 미국에 본사가 있는 거대 다국적기업이다.

1973년 이후 10년 동안 세계 제국주의 세력은 심각한 좌절을 겪었다. 인도차이나반도의 세 국가, 즉 베트남·캄보디아·라오스가 민족 독립을 달성했다. 구식 유럽 식민주의의 마지막 유물이던 포르투갈 제국이 붕괴해 모잠비크와 앙골라가 독립했다. 짐바브웨가 영국에서 독립해 인구의 다수인 흑인이 통치하게 됐다. 에티오피아·아프가니스탄·이란·니카라과에서는 오래된 독재 정권이 제거됐다.

그러나 경제 호황이 끝났으므로 제3세계 '독립'의 의미가 점차 의심을 받게 됐다. 중국은 베트남이 여전히 폭격당하고 있을 때 [미국 대통령] 리처드 닉슨을 베이징에서 환영했다. 그리고 마오쩌둥이 죽고 나자 문화혁명이라는 이데올로기적 포장조차 내팽개치고 혁명적 미사여구를 포기한 채 서방 자본주의와 관계를 강화했다. 쿠바는 소련의 볼모 신세라는 것이 훨씬 더 분명해졌다. 쿠바의 '독립적인 혁명적 구실'은 이제 소련이 직접 개입하는 것이 정치적으로 난처할 때 [소련을 대신해서] 아프리카에 군대를 보내는 것으로 국한됐다. 베트남 '보트피플'의 탈출 행렬과 캄보디아의 대량 학살을 보며 사람들은 인도차이나의 길이 대안이라고 믿을 수 없었다. 에티오피아 기근은 제국주의 체제를 분쇄하지 않고는 제3세계가 스스로 해방될 수 없다는 것을 다시 한 번 보여 줬다. 1970년대 말에 베트남은 캄보디아를 침공했고 중국은 베트남을 침공했다. 제3세계주의를 지지한 좌파라면 틀림없이 극도로 어안이 벙벙했을 것이다.

이란과 니카라과는 처음에 더 가망이 있는 듯했다. 1979년 1월 이란 왕정이 전복된 것은 도시에 기반을 두고 총파업을 무기로 사용한 대중운동의 결과였다. 여기서는 노동계급 혁명의 가능성이 있었지만, 혁명적 정당이 없었기 때문에 반동적 종교 파벌이 운동을 지배하게 됐다. 1979년 7월 니카라과에서는 산디니스타[민족해방]전선이 아나스타시오 소모사의 부패하고 잔혹한 독재 정권을 전복했다. 그러나 새 정권은 옛 지배계급이나 미국의 이해관계를 거슬러서 확고하게 행동하지도 못했고 때로는 독립적 노동계급 조직을 탄압하는 등 위태로운 줄타기를 계속했다.

동구권의 이른바 사회주의 체제에서 딱히 영감을 얻을 수도 없었다. 1980년 폴란드에서 등장한 연대노조 운동은 이른바 노동자 국가들이 결코 진정한 노동계급 권력이 아니라는 사실을 1956년의 헝가리보다 더 분명하게 보여 줬다. 노동자 1000만 명이 참가한 대중운동 앞에서 스탈린주의의 신화들은 순식간에 허물어졌다. 1981년 12월 야루젤스키가 연대노조를 분쇄했을 때 서방 좌파 중에서 그를 지지한 사람들은 옛 마오쩌둥주의자, 옛 트로츠키주의자, 늙은 소련 숭배자 같은 극소수의 잡다한 소종파뿐이었다(야루젤스키는 서방 은행가들의 신중하지만 진심 어린 지지도 받았는데, 그들은 누군가가 노동계급에 맞서 자신들이 빌려준 돈을 보호해 주는 것을 보고 기뻐했다). 1956년 이후의 경로는 누가 봐도 분명했다.

폴란드의 위기는 동방과 서방 사이의 근본적 대칭 관계도 밝히 보여 줬다. 폴란드 문제의 뿌리는 서방 은행들에서 빌린 240억 달러나 되는 거액의 외채였다. 1982년에 멕시코는 약 800억 달러의 외채를 갚을 능력이 없다고 선언했다. 폴란드와 마찬가지로 그 결과는 노동자들의 생활수준을 대대적으로 공격하는 것뿐이었다.

선진국들에서는 새로운 불안정성이 나타났다. 아옌데 정부가 무너진 이듬해에 포르투갈과 그리스에서는 독재 정권이 붕괴했다. 미국에서는 부도덕한 닉슨이 대통령직에서 쫓겨났고, [영국의] 에드워드 히스와 [서독의] 빌리 브란트는 모두 국가 지도자 자리에서 제거됐다. 프랑스 대통령 퐁피두의 종말은 경제 때문이 아니라 자연적 원인 탓일 수 있지만,* 그의 죽음으로 드골파의 지배는 끝나고 지스카르데스탱이 이끄는 중도파의 정부가 다시 들어서게 됐다.

1960년대의 환상이 시들해졌으므로, 스탈린주의도 아니고 제3세계주의도 아닌 혁명적 경향, 즉 노동계급의 자주적 행동에 바탕을 둔 혁명적 경향이 등장하는 길이 열릴 수 있을 듯했다. [그러나] 유감스럽게도 역사는 그렇게 단순하게 전개되지 않는다. 강령뿐 아니라 실천적으로도 가능한 대안이 보이지 않으면, 환멸을 느낀 사람들은 '현실주의'에 의지하기 마련이다. 1970년대가 지나가면서 1968년의 아이들은 떼 지어 개혁주의 정당으로 몰려갔다. 일부는 자신들이 이제는 성숙해진 것이라고 자랑했고, 다른 일부는 혁명적 원칙이라는 명분을 위해 단지 [전술적으로] '입당'한 것일 뿐이라고 자신을 속였다.

그와 동시에 경제 위기는 개혁주의를 더 그럴듯하게 만들어 주고 있었다. 경기후퇴가 시작되고 나서 잇따라 열린 금융 정상회담도 아무 소용이 없었을 때 많은 사람은 틀림없이 모종의 합리적 해결책이 있을 것이라고, 즉 일국 수준이나 국제 수준에서 [경제]계획과 국가 개입이 대안이라고 생각하기 시작했다. 사회민주주의는 체제 변화의 수단이 아니라 모종의 미봉책으로 여겨졌다. 영국·프랑스·포르투갈·스페인·그리스에서 [사회민주주의 정당의] 선거 승리는 이런 희망을 반영하는 것이었다.

---

* 퐁피두는 대통령 재임 중인 1974년에 매크로글로불린혈증이라는 희소 질환으로 쓰러져 사망했다.

점차 지배계급은 활시위가 두 개 필요하다고 생각했다. 한편으로는 공격적인 통화주의 우파(영국의 마거릿 대처가 전형적이었다), 다른 한편으로는 경기 부양에 헌신하는 책임감 있는 사회민주주의자들(프랑스의 미테랑이 전형적이었다)이 모두 필요했다. 어느 쪽도 경제 위기의 해결책을 갖고 있지 않았지만, 둘 다 이용하는 것이 체제의 정치적 안정을 유지하는 데 도움이 됐다. 만약 한 쪽이 대중의 불만을 너무 많이 사게 되면, 다른 쪽을 슬그머니 집어넣어 교체하면 됐기 때문이다. 사회민주주의는 비록 제 할 일을 다하지 못했지만, 경제 위기가 지속되는 동안에는 생존할 수 있는 것처럼 보였다. (개혁 없는) 개혁주의의 시대가 열린 것이다.

신냉전

경제 위기의 심각성과 체제의 파산을 보여 준 또 다른 증거는 1970년대 말에 이른바 신냉전이 시작된 것이었다. 1962년의 쿠바 [미사일] 위기 이래로 소련과 미국 사이에 존재한 데탕트는 이제 작동하지 않고 있었다. 세계경제 위기가 더 심각해질수록 양대 열강 모두 부채가 늘어나고 시장이 줄어들고 있다는 것을 알게 됐다. (동구권의 국가자본주의 나라들을 포함해서) 세계 체제의 모든 자본 단위들 사이의 경쟁이 격화하기 시작했다. 동방과 서방 사이의 주된 경쟁 형태는 여전히 군비경쟁이었다.

동방이든 서방이든 군비경쟁이 경제구조 자체에 붙박이처럼 내장돼 있었다. 미국 경제는 군비 생산에 적합하도록 맞춰져 있었기 때문에 군비를 대폭 삭감하게 되면 경기후퇴가 속수무책의 불황으로 바뀔 터였다. 그러나 통제 불능의 군비경쟁은 매우 파괴적인 인플레이션을 불러일으킬 터였다. 따라서 카터 정부와 레이건 정부의 군수 산업 정책은 '가다-서다'가 그 특징이었다. 즉, 한동안은 반공주의 비난을 마구 퍼부으며 훨씬 더 많은 미사일 배치를 정당화하다가 또 한동안은 약간 머뭇거리면서 군축 회담을 하는 식이었다.

소련도 군비경쟁의 덫에 빠져들었다. 소련의 농업이 발전하지 못한 것(그래서 1917년 [혁명] 이후 60년이 지났는데도 소련은 여전히 서방에서 곡물을 수입하고 있었다) 자체가 무거운 군비 부담의 직접적 결과였다. 따라서 소련은 군축 회담을 절실히 원했다. 그러나 소련 경제 전체가 서방 열강들과 꼭 마찬가지로 핵무기 경쟁에 적합하도록 맞춰져 있었다. 소련 지도자들은 이미 오래전에 프롤레타리아 국제주의를 포기했고 대량 파괴 위협에 바탕을 둔 방어 정책을 옹호하고 있었다. 그 결과 소련도 군축을 향한 실질적 주도력을 전혀 발휘할 수 없었다.

군비경쟁의 핵심에는 또 다른 모순이 있었다. 동방 진영과 서방 진영은 서로 경쟁했지만, 점차 상호 의존적이 됐다. 무역, 연료 공급, 합작 기업을 통해 동방과 서방은 하나로 묶였고, 그래서 전면적인 정치적 충돌을 하지 않았다.

분명히 어느 쪽도 실제로는 핵전쟁을 원하지 않았다. 핵전쟁에서 실제로 '이길' 수 없다는 것은 양쪽 다 알고 있었다. 그러나 군비와 경쟁의 경제적·정치적 논리는, 양쪽 모두 기술적 사고나 정치적 오판 때문에 끔찍한 파괴와 대량 살상이 벌어질 수 있다 하더라도 그런 위험을 불사하게 만들었다(그것은 마치 개별 자본가가 화재나 폭발로 자기 공장이 파괴되는 것을 원하지는 않지만 특히 치열한 경쟁의 시기에는 이윤을 보호하려고 안전 예방책에 돈을 쓰지 않으려고 하는 것과 마찬가지다).

1940년대와 1950년대의 1차 냉전 때 그랬듯이, 신냉전의 필수 요소도 노동계급을 공격하는 무기로 반공주의를 사용하는 것이었다. 그러나 한 가지 중요한 점에서 그 공격은 1950년대와 달랐다. 당시에는 경제 호황 덕분에 노동자 대중을 포섭하고 소수의 투사들은 고립시킬 수 있었다. [그러나] 2차 냉전 때는 [노동자들에게 줄 수 있는] 당근이 많지 않았다. 그래서 채찍을 더 많이 써야 했다.

* * *

1973년 이후 시작된 장기간의 경제 위기는 사회민주주의 정당에 새로운 가능성뿐 아니라 새로운 문제들도 제기했다. 호황기의 성과들이 공격받게 되자 노동계급은 저항하고 나섰고, 많은 경우에 그 저항을 억누르고 달랠 수 있는 것은 오직 사회민주주의 정부뿐이었다. 그러나 경제 위기 때문에 그런 정부들도 운신의 여지가 별로 없었다. 그들이 새로 제공할 수 있는 개혁이 거의 없었고, 흔히 과거에 쟁취한 개혁을 그들 자신이 해체해 버렸다. 필연적으로 그들은 자신을 집권하게 만들어 준 사람들의 기대를 저버리고 실망시켰다. 바로 이 슬픈 이야기가 (나라마다 조금씩 차이는 있지만) 포르투갈·스페인·그리스·영국·프랑스에서 실제로 벌어진 일이다.

13장 유러코뮤니즘이 사회민주주의를 도와주다

'유러코뮤니즘'이라는 단어는 1975년에 한 유고슬라비아 언론인이 만들어 냈고, 이듬해에 이탈리아공산당 지도자 엔리코 베를링구에르가 채택했다. 그 용어는 순식간에 널리 퍼졌고, 각국의 공산당이 정말로 그 본성을 바꿨는지를 두고 벌어진 뜨거운 논쟁의 초점이 됐다. 사실 '유러코뮤니즘'으로 묘사된 것은 공산당들의 역사적 쇠퇴를 보여 준 징후였을 뿐이고, 약 20년 전에 이미 시작된 과정을 나타내는 것이었다.

이미 1950년대에 공산당의 노동운동 통제력을 약화시키는 힘이 작용하고 있었다. 소련 외교정책의 가장 중요한 도구였던 각국 공산당은 이제는 소련을 홍보하는 노력의 부속물에 불과한 것이 됐다. 한때 소련이 지니고 있던 매력은 스탈린 격하와 뒤이은 중소 분쟁으로 상당히 파괴됐다. 사회주의 지상낙원에 대한 심리적 필요는 장기 호황으로 말미암아 거의 쓸모없게 됐다.

[공산당의] 위기는 1968년 소련의 체코슬로바키아 침공으로 절정에 이르렀다. 1956년에는 전 세계의 거의 모든 공산당이 헝가리 혁명을 짓밟은 흐루쇼프의 만행을 지지했다. [그러나] 1968년에 브레즈네프

를 지지한 공산당은, 불법 상황에서 활동해야 하므로 동구권에 근거지가 필요했던 경우나 소련 대사관의 부속 건물이나 다름없는 공산당뿐이었다. 어느 정도 실질적 선거 기반이 있고 사회민주주의 정당과 정치적 동맹을 추구하는 공산당들은 자신이 소련의 꼭두각시가 아니라는 것을 실천에서 입증해야 했다.

이미 1956년부터 그런 논리를 따른 이탈리아공산당은 소련의 체코슬로바키아 침공을 매우 노골적으로 비난했다. 훨씬 더 주저하기는 했지만 프랑스공산당도 소련을 비판했다(그러나 지도부의 소수파는, 예컨대 이제는 사망한 옛 지도자 모리스 토레즈의 부인 등은 공공연히 브레즈네프를 지지했다). 그렇지만 대체로 소련은 이런 불충한 행동을 크게 걱정하지 않는 듯했다. 오직 민감한 상황에 처해 있던 오스트리아공산당에만 깊이 개입했을 뿐이다.

따라서 유러코뮤니즘은 소련의 매력이 떨어진 것에 대한 반응이었다. 그러나 또 그것은 사회민주주의의 매력이 커진 결과이기도 했다. 사회주의로 가는 의회적 길을 받아들이고 정부 권력 획득을 추구하는 공산당에게 자국 사회민주주의 정당과의 동맹은 필수 사항이었다. 유럽 각국의 공산당, 특히 프랑스와 이탈리아의 공산당은 어느 정도 중요한 협상 카드(특히, 선거 기반과 산업 투쟁 동원 능력)를 쥐고 있었다. 그렇지만 결국 상황 통제권은 사회민주주의 정당이 쥐고 있었다. 공산당은 자신이 현실성 있는 파트너임을 증명하려면, 혁명적 전통의 미사여구와 결별했다는 것과 '국익'에 진정으로 헌신한다는 것을 보여 줘야만 했다. 무엇보다도 냉전 시대의 정책들을 완전히 포기했다는 것을 입증해야 했다. 그것의 핵심 징표는 나토와 유럽공동시장을 지지하는 것이었다.

유러코뮤니즘은 사실 공산당보다는 사회민주주의 정당에 더 도움이 되는 경우가 흔했다. 스페인과 포르투갈에서 공산당은 불법 상황하의 노동운동에서 가장 강력한 세력이었다. 그러나 부르주아 민주주의로 이행하는 과정에서 공산당은 소규모 사회민주주의 정당을 키워 줬는데, 결국 이 뻐꾸기들이 너무 크게 자라서 공산당을 둥지에서 밀어내 버렸다. 프랑스에서는 사회당이 1970년대 초에 맨땅에서 재건돼야 했을 때 공산당과 동맹을 맺은 것이 사회당의 성장에 결정적으로 기여했다. 그래서 프랑스공산당 지도자 조르주 마르셰는 1973년 총선 후에 다음과 같이 씁쓸하게 말했다. "처음으로 [공산당과 사회당의] 연합이 우리가 아니라 우리 파트너에게 유리했다. 우리보다 그들이 더 많이 얻었다."[1]

서유럽 사회민주주의 정당들에 정치적(·재정적) 영향력을 상당히 미친 서독 사민당조차 유러코뮤니즘을 적응해야 할 대상, 가능하다면 조종해야 할 대상으로 인정했다. 브란트의 조언자 중 한 명이던 호르스트 엠케는 다음과 같이 말했다. "우리는 [공산당의] 이런 진화를 부정적으로 여겨서는 안 된다. … 사회주의자들은 공산주의자들이 보여 주는 변화의 조짐을 고려하는 정책을 세워야 한다." 그리고 사민당 지도자 헬무트 슈미트는 이탈리아공산당이 정부에 들어가는 것은 "위험한 사태 전개지만, 그래도 우리는 마음의 준비를 해야 한다"고 말했다.[2]

유러코뮤니즘으로 진화하는 과정은 부드럽지도 않았고 격변이 없지도 않았다. 흔히 공산당 내 일부는 새로운 사상을 받아들이기 힘들다는 것을 알고 낡은 공식에 매달렸다. 그러나 획일적 규율은 새로운 노선의 또 다른 피해자였다. 공산당이 사회민주주의 정치를 받아들였다는 것을 스스로 보여 줘야 했다면, 내부 조직도 사회민주주의 방식에 양보해야 했다. 이제 공산당은 과거처럼 이견이 있는 소수파를 숙청하고 비난할 수 없었다. 전에는 스탈린주의적이던 많은 공산당에서 공개적 논쟁이 (흔히 부르주아 언론을 통해) 분출했는데, 그래도 분열은 비교적 적었다. 그리스공산당이 1968년에 일찌감치 분열해서 이른바 국내파 공산당이 '미숙한 형태의 유러코뮤니즘'이라고 부를 만한 것을 채택했고, 1970년대에는 스페인과 영국 공산당에서 소수의 친소련파들이 분열해 나온 정도다.

유러코뮤니즘은 마르크스주의 사상의 새로운 단계가 아니라, 일련의 정치 상황에 대한 전술적 반응이었다. 박식한 많은 평론가는 이 사실을 애서 외면하는 듯하다. 그래서 유러코뮤니스트들의 실제 행동을 살펴보지 않고 그들의 말을 자세히 분석하는 데 많은 시간을 들인다. [그러나] 예컨대, '프롤레타리아 독재'의 유지냐 포기냐를 둘러싼 논쟁은 완전히 멍청한 짓이다. 왜냐하면 1920년대 이후 프롤레타리아 독재(노동자 평의회가 지배하는 체제)를 실제로 신봉한 유럽의 공산당은 전혀 없었기 때문이다. 그람시나 알튀세르를 인용하는 말은 수없이 많았지만, 동질적이거나 심지어 일관된 유러코뮤니즘 이론은 결코 존재하지 않았다. 오히려 중요한 쟁점이 무엇인지를 규정하는 것 자체가 문제가 되고 있다.

유러코뮤니즘을 규정하려고 노력한 사람 중 한 명이 스페인공산당 지도자 산티아고 카리요다.

'유러코뮤니즘' 경향에 포함되는 정당들이 모두 동의하는 것은 민주주의와 다당제, 의회와 대의기관, 보통선거를 통해 주기적으로 행사되는 국민주권, 국가와 정당에서 독립적인 노동조합, [저항의 자유, 인권, 종교의 자유,] 문화·과학·예술 창조의 자유, 사회 활동의 모든 수준과 분야에서 가장 광범한 형태의 대중 참여의 발전 등을 통해 사회주의로 전진해야 한다는 점이다.[3]

개혁주의의 상투적 문구들을 이렇게 늘어놓는다고 해서 더 분명해지는 것은 없다. 분명한 것은, 국가기구를 혁명적으로 분쇄해야 한다는 사상을 유러코뮤니즘이 아주 명확하게 거부한다는 사실이다. 예컨대, 카리요는 "자본주의 국가기구를 완전히 파괴하지 말고 그것을 민주화[해서 사회주의 사회를 건설하는 데 이용]"해야 한다고 썼다.[4]

이런 틀에서는 여러 변형이 나타날 여지가 있다. 일부 유러코뮤니스트는 의회 밖 활동, 심지어 대중 동원을 압력 수단으로 여기기도 한다. 그들이 결코 받아들일 수 없는 것은 노동계급의 자주적 행동에 바탕을 둔 정치, 즉 아무리 작은 파업이라도 스스로 조직하는 노동자들이 실제로 참여하는 파업이 가장 정교한 추상적 강령보다 더 중요하다고 분명히 말하는 정치다. 그런 견해는 유러코뮤니즘 사전에서 가장 비난받는 용어인 '경제주의'로 몰려 묵살당한다.

유러코뮤니즘의 본질은 공공연한 개혁주의 정치, 소련의 통제를 받지 않는 자유였다. 따라서 유러코뮤니즘은 필연적으로 일국적 상황에 스스로 적응하게 됐다. 그 점을 제대로 이해하려면 나라마다 다른 상황에서 다르게 나타나는 형태들을 자세히 살펴봐야 한다.

이탈리아

이탈리아공산당은 서유럽에서 가장 강력하고 가장 성공한 공산당이다. 그래서 공산주의자들뿐 아니라 좌파 사회민주주의자들도 흔히 이탈리아공산당을 모범으로 여길 정도다. 예컨대, [영국 노동당 좌파이던] 에릭 헤퍼는 사회주의인터내셔널이 이탈리아공산당과 더 긴밀하게 협력해야 한다고 주장했다.[5]

1950년대부터 이탈리아공산당은 소련에서 정치적 독립을 추구하기 시작했고, 같은 시기에 그 정치적 실천은 점점 더 공공연한 개혁주의가 돼 심지어 혁명이라는 미사여구조차 포기했다. 그 당의 목표는 소기업 경영자들 사이에서 당원과 동조자를 확보하는 것, 그리고 당의 영향력이 강한 분야에서 분쟁의 중재자 구실을 하면서 사용자와 노동자가 모두 공산당의 조정을 따르게 만드는 것이었다.

1970년대 초 무렵 이탈리아공산당이 내린 결론은, 단독으로 또는 이탈리아사회당과 동맹해서는 집권할 가망이 없으므로 기독교민주당과 모종의 합의를 봐야 한다는 것이었다. 1973년 [7월]에 공산당 상원의원 우고 페키올리는 기독교민주당을 공격하지 않겠다고 약속했다. 공공연한 선거주의 정당이 주요 경쟁자를 두고 그런 약속을 한 것은 매우 놀라운 일이었다.

우리는 기독교민주당의 표와 당원을 빼앗아 오려는 생각조차 하지 않고 있다. 우리의 관심사는 기독교민주당과 선거에서 경쟁하는 것이 아니라, 나라의 문제들을 해결하기 위해 타협점을 찾는 것이다.[6]

칠레에서 아옌데가 몰락한 후 이탈리아공산당이 (연립정부 형태로) 기독교민주당과 타협을 추구한 이런 노력에는 '역사적 타협'이라는 이름이 붙었다. 그 뒤 몇 년 동안 '역사적 타협' 정책은 실천에 옮겨져서, '유러코뮤니즘' 전략 전체의 중요한 시험대가 됐다.

1976년 무렵 이탈리아 사회에서는 투쟁 수준이 매우 높아졌다. 공장의 투쟁과 나란히 지역사회에서 요금과 물가를 둘러싼 투쟁도 벌어졌는데, 흔히 노동자들이 주도력을 발휘했다. 활력 있지만 정치적으로 불안정한 혁명적 좌파들이 성장해서 일간지를 3개나 발행했다. 기독교민주당의 30년 지배가 끝나고 우파가 더는 이탈리아를 통치할 수 없는 것처럼 보이기 시작했다. 1976년 총선에서 공산당이 34.4퍼센트를 득표한 반면 기독교민주당은 그보다 약간 더 많은 38.7퍼센트를 득표하는 데 그치자* 이런 전망이 확인되는 듯했다.

수십 년간 반공주의에 깊이 빠져 있던 기독교민주당은 공산당과 연립정부를 구성하고 싶은 생각이 전혀 없었다. 그래서 공산당이 외부에서 정부를 지지하기로 한 거래가 성사됐다. 공산당은 노동계급의 투쟁을 억제해서 자신들의 충성심을 보여 준다면 절실히 바라던 정부 각료직을 마침내 얻을 수 있을 것이라는 사실을 이해했다.

공산당은 그 거래를 충실히 이행했다. 정부의 경제정책을 지지하는 공산당의 방침은 단순한 전술적 양보 수준에서 그치지 않았다. 공산당은 사실상 긴축의 긍정적 가치를 강조하는 이론을 발전시켰다. 그래서 공산당의 정책 문서는 다음과 같이 주장했다.

---

* 공산당 득표율은 전보다 7퍼센트포인트 상승한 반면 기독교민주당은 정체했다.

현재의 경제적 어려움에 대처하려면 긴축은 반드시 필요하다.[7]

공산당이 1977년에 발표한 성명서는 자본주의적 가치들을 열렬히 지지한다는 점에서 거의 마거릿 대처의 정책을 지지하는 선언문처럼 보일 정도였다.

'지원' 정책을 포기하는 것, 즉 비효율적 기업을 지원하기 위한 공적 자금 지출과 신용 대출을 포기하는 것이야말로 경영이 되살아나고, 기업인의 책임을 재확인하고, 건강하고 역동적인 공장 운영이 이뤄지고, 공적·사적 경영자들의 기업가 정신을 제대로 평가하기 위한 조건이다.[8]

또 공산당은 부르주아 국가기구에 완전히 충성하는 당임을 자처했다. 1977년에는 학생들과 청년 실업자들이 정부의 긴축정책에 항의하며 거리 시위를 벌이다가 경찰과 충돌하는 일이 흔했다. 공산당은 '법질서' 준수를 강조하며 좌파의 투쟁을 비난했다. 심지어 기독교민주당이 테러리즘에 강경하게 대처하지 않는다고 비난하기까지 했다. 베를링구에르는 어떤 인터뷰에서 이탈리아의 나토 가입을 옹호하며, 사회주의로 가는 이탈리아의 길은 체코슬로바키아가 1968년에 받은 것과 같은 압력에 시달리지 않을 것이라고 말하고 나서 "저는 이 울타리[나토] 안에 있는 것이 더 안전하다고 생각합니다" 하고 덧붙였다.[9] 공산당 지도자가 미국의 개입보다 소련의 개입이 더 두렵다고 고백하다니 정말 신기한 일이었다. 그것은 1948년 이탈리아 총선에 미국이 개입한 사실에 비춰 보면 순진해 빠진 생각이기도 했다.

1978년 봄 금속 노동자들의 대규모 파업과 시위 뒤에 공산당은 또다시 내각 참여를 요구하기 시작했다. 그러나 기독교민주당은 이제 공산당을 버려도 될 만큼 스스로 충분히 강해졌다고 느꼈다. 그래서 새 정부는 오로지 기독교민주당원으로만 구성됐다. 공산당은 결국 기독교민주당과의 거래에서 얻은 게 없었다. 그냥 무료 봉사만 해 줬을 뿐이다.

1979년 총선에서 공산당의 득표율은 [30.4퍼센트로] 떨어졌다. [이후] 어느 정도 좌경화가 있었다. 예컨대, 1980년에 베를링구에르는 피아트 노동자들의 [공장]점거를 지지하겠다고 약속했다. '역사적 타협' 노선은 공식적으로 폐기됐다. 그러나 공산당은 진정한 대안적 전략이 전혀 없었다. 점차 공산당은 스스로 '공산주의적' 성격을 부정하고 그냥 범좌파 정당으로 변신하려고 노력했다. 만약 공산당이 (사회당의 상대적 허약성 덕분에) 이탈리아판 영국 노동당 같은 그런 범좌파 정당으로 변모할 수 있다면, [지배계급이] 받아들일 만한 집권당이 되겠다는 목표를 마침내 달성할 것이다.

이를 위해서 이탈리아공산당은 유럽의 사회민주주의 정당들과 연계를 발전시키기 시작했다. 1977년 프랑스에서 논쟁 끝에 좌파연합이* 분열한 직후에 베를링구에르는 프랑수아 미테랑과 공식 면담을 했다. 당연히 프랑스공산당은 잔뜩 약이 오를 수밖에 없었다. 1980년 3월 베를링구에르는 스트라스부르에서 빌리 브란트를 만났다(브란트는 서독 사민당 지도자였는데, 당시 사민당은 서독 공산당에 동조하는 공무원들을 박해하는 정책을 추진하고 있었다).

---

* 1972~1977년 프랑스에서 사회당, 공산당 등이 함께한 선거 연합이다.

1981년 폴란드에서 야루젤스키 장군이 쿠데타를 일으키고 난 뒤에 이탈리아공산당은 모든 종류의 '공산주의'에서 훨씬 더 멀어졌다. 이제 베를링구에르가 발전시킨 주장은 이미 세계는 사회민주주의와 공산주의의 한계가 모두 드러난 '제3국면'에 들어섰다는 것이었다.[10]

이탈리아공산당은 여전히 엄청나게 강력하다. 약간의 사기 저하에도 불구하고 그들의 선거 기반은 대체로 손상되지 않았다. 그러나 그 미래는 암울하다. '역사적 타협'은 분명히 변변찮은 결과를 낳았고, 공산당을 해결할 수 없는 딜레마에 빠뜨렸다. 만약 공산당이 자신의 노동계급 기반을 동원해서 정권에 대항한다면, 수권 정당으로서는 무책임하고 부적합하다는 것을 스스로 드러내게 된다. 그렇다고 해서 공산당이 정권을 위협하지 않는다면, 기독교민주당이 공산당과 권력을 나눠 갖는 위험을 무릅쓸 이유도 없게 된다. 그 사이에 사회당은 의회 수준에서 공산당을 능가할 수 있고, 현장의 투사들은 점차 공산당을 불신하게 될 것이다.

그러나 이탈리아는 공산당이 순수한 사회민주주의 정당으로 변신하는 유러코뮤니즘 계획에 가장 유리한 상황이 조성돼 있는 나라다. 만약 이탈리아에서 그것이 가능하지 않다면, 다른 어느 나라에서도 가능하지 않을 것이다.

스페인

스페인에서 유러코뮤니즘의 열매는 훨씬 썼다. 스페인공산당PCE은 소련에서 가장 먼저 떨어져 나오기 시작한 공산당 가운데 하나였다. 1968년 체코슬로바키아 침공 후 스페인공산당 사무총장 산티

아고 카리요와 (스페인 내전 시기의 전설적 인물로 파시오나리아[시
계꽃]라는 필명으로 유명한) 돌로레스 이바루리는 개인적으로 소련
공산당 정치국의 미하일 수슬로프에게 항의했다. 그들은 별로 관심
을 끌지 못했다.

프랑코 치하에서 스페인공산당은 규율 있는 조직과 용감한 간부
들 덕분에 노동운동 안에서 가장 강력한 경향이었다. 그러나 [1975년
11월] 프랑코가 죽은 뒤 부르주아 민주주의로 이행하는 시기에 카리
요 지도부는 공산당이 새로운 정치체제에 헌신한다는 것을 증명하
기 위해서 많은 노력을 쏟아야 했다. 프랑코 사후 처음 열린 1978년
4월 당대회에서 공산당은 이제 더는 '레닌주의' 정당이 아니라고 선
언하면서 "레닌주의를 오늘날의 마르크스주의로 규정하는 것과 같
은 제한적 개념을 고수할 여지는 전혀 없다"고 주장했다.[11] 카리요는
스페인 왕정이 "설득하고 조정하는 능력이 탁월하다"며 대놓고 왕정
을 옹호했다.[12]

카리요는 자신이 '국익'에 충성한다는 것을 입증하고자 다음과 같
이 단언했다. "삶을 보면 민족 감정이라는 활력이 엄청난 힘의 한 요
인이라는 것을 알 수 있다."[13](물론 카리요 전에 다른 마르크스주의
자들도 민족주의의 힘을 인정했다. 그러나 대개 그들은 바로 그 민
족주의에 맞서 목숨 걸고 필사적으로 싸웠다.)

이 모든 양보는 자멸적인 것이었다. 왜냐하면 공산당이 스스로
충실한 개혁주의 정당임을 입증하려고 노력하면 할수록 스페인사
회주의노동자당PSOE[이하 사회당]과 영역 다툼을 벌이게 됐기 때문이
다(14장 참조). 카리요의 전략은 오히려 사회당에 주도권을 넘겨주
는 결과를 낳았고, 그 덕분에 사회당은 효과적으로 공산당을 압도

할 수 있었다.

그 결과는 공산당 조직의 재앙적 쇠퇴였다. 1977년에 공산당원은 24만 명이었는데, 1982년쯤에는 4만 명으로 감소했다(그 뒤에 약간 더 늘었을 수는 있다). 1980년에 공산당은 일간신문 발행을 중단했고, 1982년 [10월] 총선에서는 23개 의석 중 19개를 잃어버렸다.[14]

그런 쇠퇴는 자연히 사기 저하를 낳았고, 이런 사기 저하는 끊임없는 분파 투쟁으로 나타났다. [1982년 총선 패배 후] 사무총장에서 물러난 카리요는 다시 친소파가 된 반면, 그의 후임자인 헤라르도 이글레시아스는 유러코뮤니즘 노선을 계속 추진했다. 지지자가 2만 명이라고 주장하는 친소파가 1983년에 분열해 나갔다. 가장 얄궂은 사건은 (1960년부터 1982년까지 당 지도자였던) 산티아고 카리요 자신이 1985년 중앙위원회에서 제명돼 평당원으로 전락했다는 것이다. 이제 카리요는 이글레시아스가 공산당을 청산해서 광범한 선거 전선으로 만들려 한다고 비난했다. 애석하게도, 스페인공산당이 붕괴해서 하찮은 분파로 전락해 버린 바로 그때가 펠리페 곤살레스의 [사회당] 정부에 반대하는 분명한 좌파가 가장 절실히 필요한 시기였다.

프랑스

프랑스공산당은 몇 가지 점에서 이탈리아공산당과 비슷했다. 대중적 선거 기반도 있고 산업 현장이나 지방자치단체의 대중적 기반도 있었지만, 1947년 이후 정부 권력에서 배제돼 있었다는 점이 그랬다. 그러나 두 가지 중요한 차이도 있었다. 첫째, 이탈리아공산당은 스탈린의 유산과 관계를 끊은 최초의 정당들 가운데 하나였지만, 프랑스공산당은 '스탈린 격하'가 느리게 마지못해 이뤄졌고, 소련의 체코슬로바키아 침공을 비난하는 태도도 전혀 성의가 없었다. 둘째, 이탈리아공산당은 [기독교민주당과] '역사적 타협'을 추구한 반면, 프랑스공산당은 좌파 정당들과 연합하는 것만이 정치적 고립에서 벗어날 수 있는 유일한 길이라고 생각했다.

그러나 1970년대에는 프랑스공산당을 사회민주주의 방향으로 밀어붙이는 강력한 힘이 작용하고 있었다. 1971년에 발표된 새 강령은 다음과 같은 조항에서 레닌주의 국가관을 거부한다는 점을 분명히 밝혔다.

군대는 공공질서 유지와 관련된 임무를 맡지 않게 될 것이다. 그것은 군대와 완전히 분리된 경찰의 기능이다.[15]

1970년대 중반에 프랑스공산당은 당원을 가입시키는 데 꽤나 성공을 거뒀다. 그러나 1968년을 경험하고 나서 들어온 신입 당원들은 공산당이 혁명적 정당이라는 착각 따위를 전혀 하지 않았고 당의 성격 자체도 서서히 변해 가고 있었다. 무엇보다도 1972년 6월 [이듬해 3월 실시될 총선에 대비해] 사회당과 공동강령에 합의한 후 공산당은 점점 더 사회민주주의적 틀에 순응할 수밖에 없었다.

그에 따라 낡은 스탈린주의적 당 구조가 무너지고, 생기 있는 민주적 이미지가 새롭게 만들어졌다. 1977년에는 "공산당과 함께 의논해 봅시다" 하고 사람들을 초청하는 포스터가 제작됐고, 기자들이 당세포 모임에 와도 좋다고 허용되기도 했다.[16] 그러자 당내에서 늘어나는 반대파에 대처하기가 거의 불가능해졌다. 많은 반대파 인사가 공공연히 자신의 견해를 부르주아 언론에서 떠들어 댔다. 예컨대, 역사가 장 엘랭스탱은 사회주의로 이행하는 문제에 관해 공공연히 사회민주주의적 입장을 취했고, 공식 당 노선보다 훨씬 강력하게 소련을 비판했다. 그는 실제로 자신의 견해를 〈파리 마치〉라는, 가벼운 읽을거리와 사진, 우파적 정치로 악명 높은 주간지에 공개 표명하기도 했다. 당 규율은 엘랭스탱에게 전혀 두려운 것이 아니었다. 그는 공산당에서 제명된 후 1981년 대통령 선거에서 공산당 후보가 아니라 미테랑에게 표를 던지라고 유권자들에게 호소했다.[17]

1977년 가을 무렵 공산당은 좌파연합에서 사회당이 우세해지고 있음을 깨달았다. 공산당은 영향력을 회복해야 했는데, 이를 위해 국유화 확대를 요구해서 결국 좌파연합을 무너뜨렸다. 1978년 총선에서 우파가 승리한 것은 대체로 이 때문이었다. 또 이 때문에 공산당과 사회당은 더 소원해졌다. 공산당은 옛 파트너를 비난했지만, 제대로 된 비판을 발전시킬 수는 없었다. 그러려면 공산당 자신의 과거를 면밀히 분석해야 했기 때문이다. 이제 공산당은 시장에서 자신의 독특한 자리를 다시 확립해야 했는데, 당 지도자들이 알고 있는 유일한 방법은 모국인 소련으로 되돌아가는 것뿐이었다. 공산당은 결코 1950년대의 소련 숭배로 완전히 되돌아가지는 않았지만, 점점 더 소련의 정책에 무비판적 태도를 취했고, 특히 아프가니스탄 침공을 지지했다. 그와 동시에 어느 정도 혁명적 미사여구가 되살아났다. 1979년에 공산당 지도자 조르주 마르셰는 기자회견에서 다음과 같이 말했다.

여러분은 극도로 투쟁적인 공산당을 보게 될 것이라고 기대하셔도 좋습니다. 덧붙이자면, 극도로 강경한 [공산당이기도 할 것입니다.] … 장담하건대, 정권은 약간 힘든 시기를 맞이하게 될 것입니다.[18]

그러나 '우파적' 단계와 '좌파적' 단계를 관통하는 핵심 주제가 하나 있었다. 공산당은 무엇보다도 '민족적' 정당임을 반드시 입증하려 했다. 이를 위해 민족주의의 가장 나쁜 형태 일부를 받아들였다. 그래서 당 지도자 중 한 명인 샤를 피테르망은 다음과 같이 말했다.

오늘날 프랑스 민족은 (우리는 진지하게 말하고 있습니다) 천천히 해체될 위험에 처해 있습니다. 즉, 서유럽과 대서양의 잡다한 복합체 속으로 점차 사라질 위험이 있는 것입니다. … 민족은 결코 시대에 뒤떨어진 낡은 틀이 아닙니다! 독립과 주권은 결코 구닥다리 사고방식이 아닙니다! 민족은 자신의 경제적 응집력, 자신의 역사, 자신의 문화가 있습니다. 그 모든 것의 토대 위에 있는 민족은 강력하고, 거기서 새롭고 위대한 진보의 수단을 끌어낼 수 있습니다. 더욱이, 민족 주권은 자유의 본질적 차원입니다. 프랑스인에게 자유란 자신의 운명을 선택하고 새로운 사회로 가는 자신의 길을 선택하는 것입니다.[19]

공산당은 프랑스 지도 위에 "나는 조국을 사랑한다. 그래서 공산당에 가입한다"는 문구를 겹쳐 놓은 포스터를 만들어 배포했다. 그런 미사여구 이면에 숨어 있는 의미는 수입 통제, 프랑스 국내 투자 증대, 유럽경제공동체EEC에서 스페인을 배제하려는 노력(스페인공산당은 유럽경제공동체 가입을 지지하고 있었는데도 그랬다) 등에 바탕을 둔 경제정책이었다.

애국주의와 인종차별주의는 백지 한 장의 차이뿐이어서 때때로 공산당은 그 선을 넘어갔다. 1980년 12월 비트리쉬르센의 공산당원 시장은 아프리카인 노동자 300명이 거주하던 숙박 시설을 사용할 수 없게 만들 목적으로 불도저를 동원해 물리적 공격을 주도했다.[20] 공산당은 자신들이 통제하는 지자체에 이민자들이 집중돼서는 안 되고 분산돼야 한다고 주장했다.(이민자들은 대부분 노동자이고, 공산당이 통제하는 지자체는 대부분 노동계급 지역이기 때문에 그런 곳에 이민자가 가장 많은 것은 결코 놀라운 일이 아니었다. 그러나 공산당의 전략 자체가 이민자를 문제의 일부로 여기는 것이지 문제 해결을 위해 함께 투쟁할 동맹 세력으로 여기는 것이 아니었다.)

그렇게 애국주의로 또는 '극좌파주의'로 오락가락했는데도 공산당의 선거 기반과 조직력은 장기적으로 쇠퇴했다. 사회당은 공산당의 선거 기반을 가차 없이 잠식했다. 그래서 20퍼센트를 웃돌던 공산당의 득표율은 1986년 총선에서 10퍼센트 미만으로 떨어졌다. 1970년대 중반에 공산당은 당원이 상당히 증가해서 70만 명을 넘어섰다고 주장했다. 그러나 공산당의 가장 쪼들리는 주간지 〈뤼마니테 디망슈〉는 당원들이 주로 구입했는데(전체 판매 부수의 약 85퍼센트를 당원들이 차지했다), 1978년에 24만 5000부로 절정에 달했던 판매 부수가 1982년에는 17만 5000부로 감소했다.[21] 따라서 당원 숫자가 과장됐거나 많은 '투사'가 당의 주요 간행물을 읽지 않을 만큼 투쟁적이지 않았던 것이다.

1981년 대통령 선거 무렵에는 사회당이 모든 카드를 쥐고 있었다. 미테랑은 공산당과 일체의 거래를 거부했다. 선거 후에 그는 공산당원들을 자기 정부에 입각시켰지만, 그것은 친절과 호의의 문제이지 대등한 정당 간의 협정이 아니라고 못 박았다. 그래도 공산당은 거절할 수 없었다. 왜냐하면 그랬다가는 1950년대 이후 그들이 추구해 온 전략 전체를 문제 삼게 될 터였기 때문이다. 미테랑 정부 안에서 소수파였으므로 공산당은 정부의 정책을 거의 통제하지 못했고, 오히려 노동계급의 이해관계를 거스르는 정책들에 대한 비난은 함께 들어야 했다. 미테랑이 우경화하자* 공산당의 기반은 더욱 잠식당했다. 1983년 지방선거에서 공산당은 자신의 '아성'이라고 여기던 많은 도시에 대한 통제권을 잃어버렸다. 그 사이에 우파와 심지어 네오파시스트 인종차별주의자가 미테랑 반대 세력으로 떠오르고 있었다. 1984년 여름에 공산당은 결국 침몰하고 있는 배를 버리기로 결정했다. 그러나 내각에서 철수했다고 해서 자신의 기반을 회복할 분명한 전망이 생기는 것은 아니었다. 오히려 계속 쇠퇴하는 전망만이 남아 있었다.

다른 나라들

스페인·이탈리아·프랑스의 대중정당들을 제외하면, 유러코뮤니즘은 별로 중요하지 않았다. 영국공산당은 1970년대에 급격하게 쇠퇴했고, 유러코뮤니즘은 노동계급 사이에서 공산당의 영향력을 회복하는 데 아무 도움도 안 됐다. 지식인들 사이에서는 유러코뮤니즘이 강조한 '이데올로기 투쟁'에 집착하는 경향이 어느 정도 유행했다. 공

---

* 15장 참조 — 지은이.

산당원 교수들은 기호학이나 정신분석학에 탐닉하면서 그것이 마치 마르크스주의와 관련 있는 것처럼 행세할 수 있었다. 해마다 열린 런던공산주의대학교는 교수들 사이에서 상당한 성공을 거두다가 1982년에 당내 친소파의 압력으로 폐지됐다. 공산당의 평론지인 《마르크시즘 투데이》는 노동당 내 서클들, 특히 닐 키넉 지지자들 사이에서 어느 정도 영향력이 있었다. 유러코뮤니스트인 공산당 지도부와, 당의 일간지인 〈모닝 스타〉를 통제하는 친소파 사이의 끊임없는 긴장은 결국 1985년에 두 분파의 완전한 결별로 이어졌다. 그때쯤 공산당은 돌이킬 수 없는 내리막길을 걷고 있는 것처럼 보였다.

핀란드에서는 1966년 연립정부에 들어간 공산당이 곧바로 소득정책을 강요하기 시작했다. 이 때문에 당은 산업 현장의 투사 당원들과 충돌하게 됐고, 그 분쟁은 머지않아 당을 두 분파로 양극화시켰다. 소득정책을 반대하는 분파는 강경한 친소련 노선을 취했다. 이 내부 갈등은 거의 20년간 지속되다가 마침내 1985년에 친소련파가 제명당했다. 그사이에 당의 득표율은 1958년 23퍼센트에서 1983년 14퍼센트로 떨어졌다. 이런 쇠퇴의 주요 수혜자는 핀란드사회민주당이었다. 그러나 사회민주당은 제2차세계대전 때 나치를 지지하고 1950년대에는 미국 중앙정보국CIA과 연계된 추잡한 역사가 있다.

일반적으로 유러코뮤니즘의 물결을 거슬러 헤엄친 공산당으로는 그리스와 포르투갈의 공산당이 있다. 두 나라에서는 1970년대에 중대한 정치적 격변이 일어났다. 그리스의 소규모 유러코뮤니즘 정당은 본질적으로 좌파 자유주의 조직이었고 대중적 기반이 거의 없었다. 친소련파인 그리스공산당KKE은 더 크고 단단한 정치 세력이었다. 포르투갈공산당PCP은 훨씬 더 강력해서 1980년대 중반에 당원이 약 20만 명이나 됐다.* 그 당이 얻고 있던 신뢰는 대부분 파시스트 독재 치하에서 당원들이 보여 준 용기와 헌신 덕분이었고, 확고한 친소련 노선은 적어도 부분적으로는 고위 지도자들이 1974년 [포르투갈 혁명] 이전에 여러 해 동안 동유럽에서 망명 생활을 했다는 사실 때문이었다.

* * *

1984년 무렵 유러코뮤니즘의 본토인 스페인·프랑스·이탈리아 세 나라 모두 사회민주주의자 총리가 다스리고 있었다. 세 나라 모두 사회민주주의 정당은 공산당을 희생시킨 대가로 선거에서 성공을 거두고 있었다. 또, 세 나라 모두 [사회민주주의] 정부가 우파적 정책들을 추진하고 있었고, 따라서 이에 반대하는 투사들의 조직이 절실히 필요했다. 그러나 여러 해 동안 유러코뮤니즘에 완전히 빠져 있던 공산당들은 효과적으로 반대 운동을 조직할 수 없었다. 의미 있는 정치적 경향으로서 유러코뮤니즘은 거의 죽은 것이나 마찬가지였다. 유러코뮤니즘은 사회민주주의 정당이 집권하는 데 이용된 사다리의 발판 구실을 했을 뿐이다.

---

* 1985년 당시 포르투갈 전체 인구가 1000만 명도 채 안 됐다.

14장 혁명을 막아라

1974년 초 유럽에는 의회 민주주의가 존재하지 않고 노동계급 조직이 불법인 권위주의 체제가 셋 있었다. 프랑코의 스페인과 카에타누의 포르투갈은 1930년대부터 존재했고, 그리스는 1967년 쿠데타 이후 군사정권이 지배하고 있었다. 세 나라 모두 부르주아지의 중요한 일부는 다시 의회 민주주의로 되돌아가기를 원했다. 권위주의 국가는 이제 지배계급의 필요를 충족해 주지 못했다. 포르투갈 정권은 재앙적인 식민지 전쟁에 휘말려 있었고, 그리스는 경제가 엉망이었다. 노동자들의 반발이 커지고 있었는데도 합법적 노동운동이 없다 보니 노동과 자본을 중재하고 충돌을 방지할 세력도 존재하지 않았다. 더욱이, 의회 민주주의가 없었으므로 유럽공동시장에 가입할 수도 없었다.

구체제의 해체로 여러 문제가 생겨났다. 국가기구에서 구체제의 잔재를 너무 빨리 청산하면 상황이 불안정해지고 노동계급의 요구가 걷잡을 수 없이 커질 수 있었다. 1975년 여름 포르투갈에서는 노동계급의 투쟁 때문에 거의 내전이 일어날 뻔했다. 죽음을 눈앞에 둔 [스페인의] 프랑코는 후계자들에게 앞길을 분명히 제시하지 못했다. 많은 사람이 보기에 이베리아반도 전체에서 혁명이 폭발할 듯했다. 그러나 혁명은 일어나지 않았다. 그 이유는 대체로 개혁주의 조직의 개입 때문이었다고 할 수 있다.

포르투갈

포르투갈에서 위기를 촉발한 것은 바로 제국의 유산이었다. 다른 모든 유럽 나라가 식민지를 포기하는 동안에도 포르투갈의 독재자 살라자르와 그의 후계자 카에타누는 아프리카에 있는 식민지를 결코 포기하지 않았다. 심지어 장기간의 파괴적인 민족해방전쟁을 감수하면서까지 그랬다. 포르투갈은 서유럽에서 가장 가난한 나라였고, 포르투갈 경제는 외국자본과 다국적기업들이 지배하고 있었다. 포르투갈의 지배계급 중에서는 식민지와 그 식민지에 집착하는 정권을 제거하고 싶어 하는 집단이 늘어났다. 1974년 4월 일부 군인이 일부 부르주아지의 지지를 받아 카에타누 정권을 전복하고 1년 내 선거 실시를 약속하면서 임시정부를 수립했다.

이 쿠데타는 엄청난 희망과 열광의 물결을 불러일으켰다. 변화가 실제로 일어날 수 있다는 것을 목격한 노동 대중은 두려움과 무기력감을 떨쳐 버리기 시작했다. 혁명을 일으킬 수 있는 동역학이 발전하기 시작했다.

제2차세계대전이 끝났을 때 유럽에서 그랬듯이 포르투갈에서도 핵심 문제는 국가기구를 해체하는 것이었다. 새로운 지배자들은 카에타누 정권을 위해 일한 자들을 제거하는 조치들을 취해야 했다. 특히, 가장 미움받던 보안경찰을 제거해야 했다. 그래서 이른바 사네

아멘투(청산) 과정을 시작했다. 그러나 사네아멘투는 부분적일 수밖에 없었다. 파시스트 체제를 뒷받침하던 모든 관료, 모든 경영자를 청산한다면 엄청난 공백이 생겨날 것이고 그 공백을 메울 수 있는 것은 오직 노동자 권력뿐이었기 때문이다. 청산의 범위는 노동자와 사용자의 충돌에서 결정적 쟁점이 됐는데, 노동자들은 파시즘을 지지한 경영자를 모두 제거할 것을 요구했다.

그와 동시에 노동자들은 독재 정권 시절 포르투갈 피고용인들의 운명이던 저임금과 열악한 노동조건에도 도전하기 시작했다. 상당한 임금 인상, 휴가 일수 확대, 무상 의료 등을 요구했고, 초기 몇 달 동안에는 흔히 요구를 쟁취했다. 노동자들은 파업만이 아니라 공장점거라는 무기도 사용했다. 많은 경우에 노동자들은 공장을 점거하는 데서 그치지 않고 노동자 위원회를 수립해서 공장의 경영권을 접수하기도 했다.

점거 운동은 작업장에 국한되지 않고 지역사회로도 확산됐다. 빈민가에 사는 사람들은 투기꾼들이 비워 놓고 있던 주택 개발 단지를 접수했다. 빈 건물, 호화 호텔, 부자들의 대저택이 접수돼서 어린이집이나 복지관, 병원으로 개조됐다.

따라서 세력균형은 매우 불안정했다. 우파 집단들이 1974년 9월과 1975년 3월에 상황 통제권을 되찾으려고 시도했다. [그러나] 두 번 다 노동자들의 엄청난 동원 덕분에 좌절됐다. 대규모 시위와 파업이 벌어졌고, 노동자들은 도로에 바리케이드를 쌓고 무장 경비대를 배치해 도심 진입로를 통제했다.

1974년 4월부터 (군대 내 우파가 다시 통제권을 확립한) 1975년 11월까지 1년 반 동안 포르투갈은 극도로 불안정한 상태에 있었다.

상황은 이중권력 수준까지는 이르지 못했다. 왜냐하면 노동자 평의회, 즉 1917년 [러시아에서 등장한] 소비에트 같은 기관이 발전하지 않았기 때문이다. 그러나 그렇게 발전할 가능성은 분명히 존재했다. 공장과 지역사회, 거리에서 노동자들은 스스로 조직하고 있었다. 상황을 훨씬 더 불안정하게 만든 것은 40년간 파시즘이 존속한 후였으므로 개혁주의 조직의 전통이 전혀 없다는 사실이었다. 즉, 현장 조합원을 통제하고 부르주아지와 협상을 벌일 노동운동 관료들이 전혀 존재하지 않았던 것이다.

1974년 4월에 가장 강력한 노동계급 조직은 포르투갈공산당PCP이었다. 이 조직은 1920년대까지 거슬러 올라가는 비밀 활동의 전통을 면면히 유지하고 있었다. 그 투사들은 살해, 고문, 투옥, 망명의 위험을 무릅쓰며 조직을 유지하고 결속한 덕분에 대중에게 상당한 존경을 받고 있었다. 포르투갈공산당은 불법 정당이었으므로 동유럽의 지원에 크게 의지했고, 따라서 강경한 친소련 노선을 취했다. 독재 정권이 무너졌을 때 공산당은 약 5000명의 당원을 거느리고 있었다. 이것은 인구가 900만 명인 나라의 불법 조직으로서는 상당한 숫자였다.

포르투갈 사회당PS의 처지는 사뭇 달랐다. 사회당은 1972년 7월 (서독에서 열린 한 회의에서 빌리 브란트의 격려를 받으며) 다양한 사회민주주의 경향이 재결집해서 만들어졌다. 사회당은 노동계급 기반이 전혀 없었고, 그 당원들은 한 줌의 의사와 변호사였다. 사회당 지도자 마리우 소아레스는 개인적으로 용감하게 파시즘에 반대한 덕분에 오랫동안 명성이 높았다. 그는 무려 12번이나 투옥된 경험이 있었다.

1974년 5월 포르투갈에 수립된 최초의 임시정부에는 공산당과 사회당도 포함됐다. 처음에 결정적 구실을 한 것은 공산당이었다. 1944년과 1945년 사이에 프랑스와 이탈리아의 공산당이 한 것과 꼭 마찬가지로 포르투갈공산당도 반파시즘 투사라는 명성을 이용해서 노동계급의 자발성을 억눌렀다. 1974년 봄과 여름에 파업을 벌인 노동자들은 공산당의 비난을 받았고, 심지어 '파시스트'라는 소리까지 들었다.

공산당은 민중전선 전략에 충실했고, 이 때문에 사회당이 필요했다(사회당에 공산당이 필요한 것보다 훨씬 더 그랬다). 1974년 4월 이후 몇 달 동안 공산당은 사회당을 강화해서 신뢰할 만한 정당으로 만들기 위해 적극적으로 노력했다. 그 이유는 공산당이 유일한 노동계급 정당이 되는 위험을 무릅쓰고 싶지 않았고, 좌파 연합의 일부로서 행동하는 것을 선호했기 때문이다. 이런 상황 덕분에 사회당은 공산당보다 더 좌파인 척할 수 있었다. 사회당은 노동계급 기반이 [공산당보다] 더 작았기 때문에 파업 파괴자로 보일 일이 별로 없었다. 또 사회당은 공산당보다 덜 중앙집중적이고 규율도 느슨한 정당이었기 때문에 사회당 지도자들이 정부에 참여하고 있는 동안에도 사회당 지역 지부들은 파업을 지지할 수 있었다. 정치적 자유와 사회적 격변이라는 상황에서 공산당과 사회당 모두 급격하게 성장했다. 그러나 사회당은 산업 현장의 기반을 구축하는 데 실패했다. 사회당은 은행, 보험, 우체국 같은 화이트칼라 노동조합원들 사이에서는 상당한 지지를 받았지만, 조선 산업 등에서는 영향력이 거의 없었다. 1975년에 사회당이 벌인 시위를 목격한 사람이 묘사한 바로는, 비싼 정장을 차려입은 의사, 변호사, 은행 관리자로 이뤄진 "철저

하게 중간계급적인" 시위였다.[1]

1974년에는 분위기가 분위기인지라 사회당도 좌파적 데마고기에 어느 정도 몰두해야 했다. 1974년에 채택된 사회당 강령은 다음과 같이 주장했다. "사회당은 잔혹하고 억압적인 폭력 체제인 자본주의를 완전히 파괴하기 위해 투쟁한다." 또 "사회민주주의 운동이나 심지어 사회주의 운동을 자처하면서도 결국은 의도적으로 또는 사실상 자본주의 구조를 보존하고 제국주의의 이익에 봉사하는 운동 노선을 거부한다." 그러나 그와 동시에 소아레스는 자신이 '책임감 있고 온건한' 인물이라고 중간계급에게 납득시킬 수 있었다. 사회당은 자신의 이데올로기적 유연성을 효과적으로 이용했다. 1975년 선거 운동 기간에* 소아레스는 리스본의 산업 지역에서는 좌파적 연설을 했지만, 더 보수적인 북부 지방(파시스트들이 공산당 사무실을 공격하는 일이 다반사였던 곳)에서는 분위기에 맞춰 더 우파적인 발언을 했다.(아마 이런 위선적 태도의 극치를 보여 준 사람은 1974년에 정보부 장관이던 하울 헤구일 것이다. 그는 자신이 발행인으로 있는 신문 〈헤푸블리카〉(공화국)가 파업을 보도했다는 이유로 신문사에 벌금을 부과했다.)

사회당은 그런 데마고기와 간부들의 노력 덕분에 1975년 내내 대중의 지지를 끌어모을 수 있었다. 1975년 10월 25일 오포르투에서 열린 사회당 집회에는 20만 명이나 운집했다고 한다.[2] 1975년 선거 때 사회당의 선거운동은 교묘하고 효과적이었다.

---

* 포르투갈 혁명이 일어난 지 정확히 1년 후인 1975년 4월 25일 제헌의회 선거가 실시됐다.

가장 세련된 선거운동은 확실히 사회당이 계획한 것이었다. 2월 15일 이후 포르투갈 여론조사 기관은 세 차례 여론조사를 실시했는데, 사회 당은 이 조사 결과를 바탕으로 자신들의 전략을 수립했다. 세 가지 요 인이 결정적인 것으로 나타났다. 첫째, 자신이 선택한 후보를 여론조사 원에게 밝힌 사람들(대다수는 그러지 않았다) 사이에서는 사회당 지도 자인 마리우 소아레스가 단연 가장 인기 있는 인물이었다. 둘째, 공산 당 지도자인 알바루 쿠냘은 비록 소아레스보다 인기가 훨씬 적었지만 사람들은 소아레스와 사회당을 동일시하는 것보다는 쿠냘과 공산당 을 더 동일시하고 있었다. 셋째, 유권자들의 관심사 중에서 생활비 문 제 다음으로 중요한 것은 혁명의 산업적 측면(예컨대, 노동자들이 산업 을 얼마나 잘 운영하고 있는가)이 아니라 국가가 제공하는 의료 서비스 와 제대로 된 연금제도였다. 이 중 어느 것도 쿠데타 전에는 포르투갈 에 존재하지 않았다.[3]

(물론 소아레스는 이런 '현실적' 공약들을 이행할 수 없었다. 1970년대 말이 되자 포르투갈 경제는 국제통화기금IMF의 지시를 철 저히 준수해야 했고, 생활수준은 하락하고 있었다. 의사들은 [공공] 의료 서비스 방안을 저지하기 위해 파업을 벌였고, 1980년대가 되 자 병원들은 자금 부족으로 문을 닫아야 했다.)

선거운동을 벌일 때 소아레스는 자기 머릿속에서 방안들을 끄집 어내지 않았다. 서유럽의 사회민주주의 정당들, 특히 서독 사민당에 는 소아레스의 친구와 조언자가 많았다(카에타누 정권이 전복된 날, 소아레스는 본에서 사민당 소속 국방부 장관과 식사를 하고 있었 다).[4] 그리고 1975년 4월 선거에서 사회당은 37.87퍼센트를 득표했는데, 이것은 다른 어떤 정당의 득표율보다도 10퍼센트 이상 높은 수치였다.

1975년 5월 31일 소아레스는 밀라노에서 이탈리아사회당이 조직한 집회에서 연설했다. 그와 함께 연단에 선 사람들 중에는 프랑수아 미테랑, 안드레아스 파판드레우, 스페인 사회당의 펠리페 곤살레스, 칠레사회당의 카를로스 알티미라노 등이 있었다. 이와 같은 일들은 분명히 소아레스의 명성을 높여 줬다. 또 스웨덴이나 서독 같은 번영하는 나라에서 집권하고 있는 사회민주주의 정당들과 어울리는 것은 틀림없이 그의 이미지에도 좋은 일이었다. 소아레스는 외국에서 돈을 받기도 했다. 포르투갈 사회당은 프리드리히에베르트 재단에서 250만 파운드 이상을 받았다고 한다. 이 재단은 (1919년 독일 혁명을 목 졸라 죽이는 데 도움을 준 작자의 이름을 따서 만들어진 것인데) 서독 사민당이 운영하지만 기업들한테서 거액의 기부금을 받고 있었다.[5] 미국 중앙정보국의 옛 요원인 필립 에이지의 말로는 중앙정보국이 포르투갈의 (민중민주당과 두 기독교민주주의 정당뿐 아니라) 사회당에도 돈을 대 주고 있었다고 한다.[6]

그러나 이렇게 외국에서 받은 정치적·재정적 지원은 모두 부차적인 것이었다고 봐야 한다. 소아레스가 지지를 받은 이유는 자신에게 요구된 임무를 수행할 수 있다는 것을 입증했기 때문이다. 사실 소아레스의 성공은 대안의 실패 때문이었다. 1974년 4월 25일 이후 많은 혁명적 조직이 생겨났다. 그러나 혁명적 좌파는 심각하게 분열해 있었다. 많은 조직이 종파적이거나 독단적이었고, 심지어 가장 뛰어난 조직들도 지하활동의 습관을 빨리 떨쳐 버리지 못해서 노동계급의 일상적 투쟁에 뿌리내린 혁명적 지도부를 건설할 수 없었다. 공산당은 상당한 노동계급 기반이 있었지만, 운동을 조종하려 드는 정치와 소련에 충성하는 노선 때문에 권력 장악을 시도하지 못했다. 소아레스는 이런 경쟁자들의 결함 덕분에 성공할 수 있었다.

흐름이 바뀐 것은 1975년 11월 25일이었다. 그때 우파 장교들이 리스본 안팎에서 좌파 사병들을 무장해제시켰는데 거의 아무런 저항도 받지 않았다. 이 기습을 주도한 사람은 '온건파' 장군 안토니우 이아느스였다. 1976년 4월 총선에서 사회당이 다시 승리를 거두자 소아레스는 이아느스와 거래를 했다. 그 장군은 사회당의 지지를 받아 포르투갈 대통령으로 선출됐고, 소아레스는 총리가 됐다.

이제 소아레스의 임무는 1974~1975년에 노동계급이 투쟁으로 얻은 성과들을 되돌리는 것이었다. 이 일은 천천히 신중하게 추진해야 했고, 흔히 사회당 안에서 좌파의 반발에 부딪혔다. 소아레스는 국제통화기금에서 대출을 받았는데, 거기에는 긴축정책을 실시한다는 조건이 달려 있었다. 그 결과 임금은 동결되고 실업은 증가하고 물가 상승률은 거의 30퍼센트까지 치솟았다. 공산당의 옥타비우 테이세이라는 다음과 같이 논평했다.

국제통화기금 사람들은 사회당이 포르투갈을 통치하는 것이 좋다고 생각했다. 왜냐하면 사회당은 노동계급과 중간계급 대부분의 충실한 지지를 받고 있으므로 국제통화기금의 목적을 달성하는 데 도움이 됐기 때문이다.[7]

소아레스는 포르투갈 자본주의의 문제를 해결할 수 없었다. 세계 경제 위기가 너무 심각해서 이렇다 할 해결책을 찾을 수 없었고, 전에 소아레스가 약속한 개혁들은 공상에 불과하다는 것이 드러났다. 투자는 감소하고 외채는 증가했다.

1978년쯤 우파 정당들은 안심하고 독자적으로 지배할 수 있게 됐다. 혁명적 분출은 이제 완전히 사그라졌다. 소아레스는 충실한 야당으로서 조용히 대기하고 있었다. 그는 1983년에 다시 총리가 됐다. 그때쯤에는 노동계급의 패배가 궤멸로 바뀌어 있었다. 국영기업 노동자 수천 명이 임금을 한 푼도 받지 못했다. 때로는 1년 동안이나 그랬다. 1984년 4월에 노동자들은 소아레스의 집 앞에서 시위를 벌였다가 285명이 체포됐다. 이제 〈이코노미스트〉는 소아레스의 통치를 '청색* 사회주의'로 묘사했고, 그가 포르투갈에 "단호한 정부라는 희귀한 맛"을 보여 주고 있다고 칭찬했다.[8]

1985년 여름 연립정부가 붕괴했고, 이제 오래된 동맹인 대통령 이아느스와 사이가 틀어진 소아레스는 다시 야당으로 돌아갔다. 1985년 10월 총선에서 사회당은 의석을 절반 가까이 상실했지만, 소아레스 자신은 1986년 초에 오뚝이처럼 일어서서 이아느스의 뒤를 이어 대통령이 됐다.

포르투갈공산당은 여전히 강력해서, 1983년 총선에서 18퍼센트를 득표했고 1985년에도 약 15퍼센트를 득표했다. 포르투갈처럼 가난한 나라에서 유러코뮤니즘 노선은 타당성이 없었고, 공산당은 사회당이 주도하는 정부에 대항해 전투적 파업을 벌일 수 있었다. 상당히 많은 노동자가 공산당에 계속 충성하고 있다는 것은 분명했지만, 공산당은 실질적 대안을 제시하지 못했다. 1974~1975년에 대규

---

* 적색이 좌파의 색깔이라면 청색은 우파의 색깔이다.

모 투쟁 물결을 이용하는 데 실패한 정당이, 그런 투쟁 수준이 가라 앉은 뒤에 뭔가를 성취할 것이라고 기대하기는 힘들었다.

파시즘이 무너진 뒤 10년이 지났어도 포르투갈은 찢어지게 가난한 나라였다. 서유럽에서 임금은 가장 낮고 유아 사망률은 가장 높았다. 잃어버린 기회는 다시 찾아오지 않는다. 포르투갈 노동계급은 1975년에 권력을 장악할 기회를 놓친 것 때문에 가혹한 대가를 치렀다. 소아레스가 능숙하게 사태를 수습한 것은 하나의 모범이 돼 스페인과 그리스 [사회민주주의자들]도 그 뒤를 따랐다.

스페인

스페인 내전에서 프랑코가 승리한 것은 노동계급의 역사적 패배였다. 그 덕분에 스페인 지배계급은 30년간 확실히 권력을 유지할 수 있었다. 1960년대 말이 되자 집권 세력은 점점 더 방향감각을 잃고 프랑코 사후의 미래에 대한 분명한 전망을 찾지 못했다. 그와 동시에 노동계급은 자신감을 되찾고 있었다. 전투적 파업이 많이 벌어졌다. 그런 파업들은 국가의 통제를 받는 공식 노조(신디카토스)* 바깥에서 벌어진 것들이었다(공식 노조의 임무는 자본과 노동을 화해시키는 것이었다). 그 결과 지배계급의 일부 집단은 독립 노조를 허용할 때가 무르익었다고 생각했다. 그러면 노조 관료들을 협상 상대로 이용할 수 있으리라고 생각한 것이다. 1960년대의 파업 과정에서

---

* 신디카토스의 원래 이름은 스페인노동조합조직인데, 흔히 신디카토베르티칼, 즉 수직적노동조합이라고 불렸다.

노동자위원회라는 불법 단체들이 생겨났다. 처음에 노동자위원회는 파업 기간에만 존재하는 임시 조직이었지만, 1960년대 말쯤에는 더 체계적 구조를 갖춘 조직들이 됐다. 일부 사용자들은 노동자위원회가 노동자들의 진정한 대표자라는 이유로 그들과 '대화'하겠다고 공공연히 이야기하고 있었다.[9] 더욱이 부르주아지의 많은 부분은 유럽공동시장 가입을 간절히 원했다. 분명한 사실은 스페인에 의회 민주주의 형태와 독립적 노동조합운동이 존재하지 않는 한 이데올로기적 이유 때문에 유럽공동시장 가입은 불가능하다는 것이었다.

바로 이런 상황에서 스페인의 노동운동은 1960년대에 스스로 재조직하기 시작했다. 프랑코 체제 이전부터 존재한 주요 정당들 중에서는 공산당이 가장 잘 살아남았다. 공산당이 그럴 수 있었던 이유는 엄격한 규율 덕분에 비밀 활동에 더 적합했고 당원들이 용감했기 때문이다. 공산당은 노동자위원회 안에서 가장 우세한 정치 세력이 됐다.

사회당은 훨씬 더 약했고, 1960년대에는 거의 빈껍데기나 다름없었다. 1970년대 들어서 사회당이 어느 정도 성장한 것은 외국에서 재정 지원을 받은 덕분이었다고 할 수 있다. 사회당은 사회주의인터내셔널 소속이어서, 사회주의인터내셔널이 대신 모금을 해 줬다. 사회당은 서독 사민당한테 돈을 받았고, 베네수엘라 사회민주주의 정당의 돈도 받았다. 미국 노동조합들은 공산당에 대항할 세력을 확보하려는 노력의 일환으로 [스페인의] 사회민주주의적 노조와 아나코신디컬리즘적 노조에 자금을 약간 제공했다.

사회당은 확실한 이론적 정체성도 없었다. 그래서 자신의 마르크스주의 전통을 아주 모호하게 취급했다. 1970년대에 사회당은 전반적 급진화 물결에 편승해서 스스로 마르크스주의 정당이라고 선언했다.(당대회에 참석한 대의원 한 명은 다음과 같이 말했다. "프랑코가 마르크스주의를 반대했으므로, 마르크스주의에는 틀림없이 뭔가 좋은 것이 있을 겁니다.")[10] 1975년 프랑코가 죽기 직전에 사회당 지도자 펠리페 곤살레스는 다음과 같이 번지르르한 말로 양다리를 걸치려 했다.

우리는 마르크스주의 정당입니다. 오해하지 마십시오. 우리는 현실 분석 방법으로 마르크스주의를 신봉합니다. 그러나 우리는 독단적 마르크스주의자가 아닙니다. 우리는 계급투쟁을 신봉하는 노동자 정당입니다.[11]

그러나 1979년에 사회당은 다시 마르크스주의를 옆으로 치워 버렸다.

또 사회당은 진정한 의미의 노동자 정당도 아니었다. 프랑코 치하에서 그랬듯 사회당의 기반은 대체로 공무원, 교사, 일부 화이트칼라 노동자였다. 심지어 1977년 초에 합법 정당이 되고 나서 급속하게 성장할 때도 이런 상황은 근본적으로 바뀌지 않았다. 1979년 9월에 열린 사회당 당대회에 참석한 대의원의 23퍼센트는 공무원이었고, 15퍼센트는 변호사 등의 전문직 종사자, 7퍼센트는 숙련직 노동자, 1퍼센트만이 미숙련 노동자였다. 1979년 5월에는 펠리페 곤살레스 자신이 사회당은 "좌절한 프티부르주아지의 정당"이라고 말했다.[12]

1975년 11월 프랑코가 죽고 새 국왕 후안 카를로스 치하에서 조심스럽게 자유화가 시작됐을 때, 사회당에 분명한 이론적 지향과 사회적 기반이 없다는 것은 오히려 장점으로 작용했다. 왜냐하면 유연하게 정치적 책략을 부릴 수 있었기 때문이다. 곤살레스는 계급 협력을 얼마든지 받아들일 수 있다고 분명히 말했다.

계급투쟁을 신봉한다는 사실이 [계급] 연합 강령을 추구하는 것과 양립할 수 없는 것은 아닙니다. 특정한 최소한의 목표가 일치할 때, 다시 말해 독재 종식이라는 전망에 따라 민주적 변화를 달성하려는 공동 투쟁을 벌일 때 노동계급은 부르주아지와 동맹할 수 있습니다.[13]

실천에서 이것이 의미하는 바는 사회당이 민주통합이라는 기구에 참여했다는 것이다. 이 기구에는 기독교민주주의자, 바스크 민족주의자, 카를로스파(프랑코를 반대한 왕당파와* 자칭 사회주의자)가 포함돼 있었고, 옛 파시스트 일부도 참여하고 있었다. 민주통합은 공산당이 주도한 민중전선 기구인 민주평의회의 대안으로서 설립됐다.** 가끔은 민주평의회와 민주통합이 긴밀히 협력하기도 했다.

독재에서 모종의 의회 민주주의로 순조롭게 이행하고자 애쓰던 지배계급이 보기에는 공산당보다 사회당이 분명히 훨씬 더 안전한 선택이었(고 군대 내의 여전히 뿌리 깊은 반공주의 집단에게 반감을 살 가능성도 훨씬 낮았)다. 이런 견해는 포르투갈에서 소아레스가 성공한 것을 보며 더욱 강해졌다.

---

* 카를로스파는 1833년 스페인 국왕 페르난도 7세의 딸 이사벨 2세가 왕위를 물려받은 것을 인정하지 않고 동생인 몰리나 백작 카를로스의 혈통을 옹립하려 한 왕당파다. 반면에 프랑코가 1969년에 자신의 후계자로 지명해서 스페인 국왕이 된 후안 카를로스는 이사벨 2세의 혈통이다.

** 민주평의회는 1974년 7월, 민주통합은 1975년 6월에 만들어졌다.

지배계급은 십중팔구 사회당만 합법화하고 공산당은 여전히 금지된 상황을 선호했을 것이다. 실제로 프랑코 독재 말기에 야당이 여전히 불법이었는데도 일부 야당은 다른 정당들보다 더 법률적 자유를 누렸다. 그래서 경찰은 펠리페 곤살레스를 체포하지 않았고, 심지어 그가 서독 사민당 당대회에 참석하는 데 필요한 여권을 내주기도 했다.

그러나 사회당은 공산당과 사회당을 분리하려는 지배계급의 시도에 저항하면서, 공산당도 합법화하라고 요구했다(결국 1977년 4월 공산당도 합법 정당이 됐다). 만약 사회당이 그렇게 하지 않았다면, 급진적 조직으로서 사회당의 신뢰는 심각하게 손상됐을 것이다. 그와 동시에 사회당은 공산당한테서 주도권을 빼앗아 오기 시작했다. 포르투갈에서 그랬듯이 스페인에서도 공산당의 민중전선 전략이 그럴듯하게 보이려면 강력한 사회당이 필요했다. 특히 스페인공산당은 노동조합총연합UGT의 건설을 지원했다고 하는데, 노동조합총연합은 사회당과 연계된 노조였고 프랑코 독재 시기에는 기반이 거의 없었다.

프랑코가 죽자 노동계급 투쟁이 크게 고양됐다. 1975년 12월부터 1976년 2월까지 스페인에서는 경제적 조건 개선과 민주적 권리를 모두 요구하는 투쟁이 벌어져 거의 총파업 수준에 이르렀다. 그 운동은 대체로 공산당의 통제를 벗어나지 않았지만, 그래도 사회를 근본적으로 변화시키려는 스페인 노동자들의 투지를 보여 줬다. 국가기구와 노동자들의 폭력적 충돌이 계속됐다. 1976년 3월 [스페인 북부 바스크 지방 알라바주州의 주도인] 비토리아에서는 장기간의 파업 끝에 경찰이 노동자 집회에서 발포해 3명이 죽고 많은 사람이 다쳤다. 노동자들은 자신감이 높았다. 마드리드의 한 공장에서는 노동자 3000명이 11년 전에 해고당한 노동자 125명의 복직을 요구하며 파업에 들어갔다. 파업과 대중 시위는 1977년까지 계속됐다. 1977년 10월 초에는 50만 명이 물가 상승과 실업에 항의하며 마드리드 도심을 행진했다.

1977년 6월에 실시된 최초의 자유선거에서는 아돌포 수아레스가 이끄는 [부르주아 정당] 민주중도연합∞이 승리했다. 그러나 좌파도 모두 합쳐 40퍼센트 넘게 득표했고, 사회당은 원내 제2당으로 떠올랐다.

전환점은 그해 말에 찾아왔다. 1977년 9월 무렵 수아레스는 곤경에 빠졌다. 심각한 경제 위기가 닥쳐서 물가 상승률이 30퍼센트에 이르렀다. 정부는 분열하고 사기가 떨어졌으며, 대중의 불만이 확산됐다. 여론조사 결과를 보면, 수아레스의 정당에 대한 지지율이 선거 이후 34퍼센트에서 17퍼센트로 떨어졌다. 극우파는 거리의 폭력 시위와 군대 내 조직을 강화하고 있었다.

만약 좌파가 지난 2년 동안 발전해 온 투쟁의 동력을 유지하기 위해 노력했다면, 우파는 고립되고 전체 세력균형이 좌파에게 유리한 쪽으로 바뀔 수 있었을 것이다. 그러나 좌파 정당들은 수아레스와 타협해서 체제를 구해 줬다(이른바 몽클로아* 협약). 몽클로아 협약에 서명한 사람은 펠리페 곤살레스, 산티아고 카리요를 비롯해 모든 주요 정당의 대표들이었다. 그 내용은 독창적인 것이 거의 없었는데, 임금통제, 통화의 평가절하, 공공 지출 삭감, 실업률을 높게 유지하는 경제정책 등이었다. 그 대가로 일정한 개혁들을 약속했는데, 교육을 확대하고 그동안 자격이 없던 실업 노동자들에게도 실업급여를

---

* 몽클로아 궁은 스페인 총리 관저와 정부 청사 건물이다.

지급하는 것 등이었다.

대체로 몽클로아 협약은 매우 전통적인 긴축정책이었다. 그러나 펠리페 곤살레스는 그것이 "스페인에 사회주의 전망을 더 앞당길 것"이라고 주장했다.[14] 또 곤살레스는 몽클로아 협약이 실질적 변화를 가져다줄 것으로 기대한다고 말했다. "경제의 현대화 없이 우리 허리띠를 졸라매는 것은 마르크스주의 정당에 아무 의미가 없을 것이다."(경제를 현대화할 목적으로 노동자들의 허리띠를 졸라맨다는 것은 확실히 마르크스주의를 새롭게 정의하는 말이다.) 곤살레스는 몽클로아 협약의 결과로 "더 많은 학교, 더 좋은 주택, 더 좋은 병원, 더 나은 공공서비스, 그리고 특정 집단이 아니라 사회 전체에 도움이 되는 경제"가 실현되면 스페인 국민은 더 잘살게 될 것이라고 주장했다.[15]

현실은 사뭇 달랐다. 1977~1978년에 국민경제에서 임금이 차지하는 몫은 여러 해 만에 처음으로 감소했다. 몽클로아 협약이 체결되고 나서 5년 동안 노동조합총연합은 노동자들의 투쟁을 누그러뜨리려고 끊임없이 애쓴 반면, 생활비는 155퍼센트나 상승했고 실업률은 갑절로 높아져서 경제활동인구의 약 17퍼센트에 달했다. 몽클로아 협약이 체결됐을 때 시사 잡지 〈캄비오 16〉이[*] 사설에서 다음과 같이 열렬히 환영한 것도 당연하다.

이 멋진 소식, 즉 스페인의 정치 세력들이 이 나라의 민주주의 체제를 기꺼이 지지한다는, 심지어 명백한 희생을 치르더라도 그렇게 하겠다는

---

[*] 캄비오는 변화라는 뜻이고, 16은 잡지의 창립자 16인을 뜻한다.

것을 뚜렷이 입증한 이 소식 덕분에 우리는 희망의 문을 새롭게 열 수 있게 됐다.[16]

노동계급이 몽클로아 협약을 자동으로 받아들인 것은 아니었다. 협약에 반대하는 대중 시위들이 벌어졌다. 바르셀로나에서는 10만 명이, 빌바오에서는 15만 명이 반대 시위를 벌였다. 그러나 심지어 사회당 좌파조차 협약을 받아들일 태세가 돼 있었고, 혁명적 좌파는 그 운동에 초점을 제공할 만한 기반이 없었다. 공산당도 협약을 지지했다. 엄격한 규율이 있는 공산당이 모든 당원에게 노동자위원회 안에서 이 노선을 관철시킬 것을 요구했다.

사회당의 노조인 노동조합총연합은 훨씬 더 유연한 노선을 추구할 수 있었다. 노동조합총연합은 몽클로아 협약에 반대하는 대중운동을 조직하려는 시도는 전혀 하지 않았다. 그러나 노동조합총연합 조합원인 투사들은 공산당원들보다 더 많은 자유를 누릴 수 있었다. 그 결과 노동조합총연합의 신뢰도는 높아졌고, 상당히 많은 조합원을 얻을 수 있었으며, 노동자위원회의 지지도 받게 됐다. 그리고 이것은 사회당의 영향력 강화에 도움이 됐다.

노동계급 안에 몽클로아 협약 반대 투쟁을 이끌려는 대안적 지도부가 없다 보니 대중운동은 급속히 약해졌다. 이제 곤살레스는 자기 당을 확고하게 장악하고 당내 좌파를 분쇄할 수 있게 됐다. 결정적 순간은 1979년 5월에 열린 당대회에서 찾아왔다. 사회당이 믿을 만한 수권 정당이라는 것을 지배계급에게 입증하고 싶어서 안달이 난 곤살레스는 당의 마르크스주의적 성격을 폐기하려 했다. 이 시도는 당대회에서 좌절됐다. 사회당은 "[노동]계급에 기반을 둔, 민주적이고 연방주의적인 마르크스주의 대중"정당이라고 규정한 결의안이 61퍼센트의 찬성으로 가결됐다. 그러자 곧바로 곤살레스는 사무총장에서 물러났고, 이 때문에 좌파는 혼란에 빠졌다. 친마르크스주의 좌파의 지도자들 가운데 한 명인 프란시스코 부스텔로는 곤살레스 [지도부]의 당대회 전략을 비난하면서 다음과 같이 말했다.

오늘 그들은 묵은 포도주에 물을 약간 넣고 내일은 더 많이 넣을 것이다. 그렇게 해서 5~6년이 지나면 포도주는 전혀 남아 있지 않을 것이다.

그러나 곤살레스가 물러났을 때 좌파에게는 그를 대신할 사무총장 후보가 아무도 없었다. 그래서 "펠리페 곤살레스의 사임은 우리에게 약간 충격이었다. 우리는 대안을 생각해 본 적이 전혀 없었다" 하고 불만을 터뜨린 사람이 바로 부스텔로였다.[17]

그렇게 무능한 반대파에게 곤살레스의 협박은 쉽게 먹혀들었다. 더욱이, 200명에 가까운 사회당 국회의원이 거의 모두 곤살레스를 지지하고 있었다. 9월 말 임시 당대회가 열렸다. 곤살레스는 85.9퍼센트를 득표했고, 그와 경쟁한 좌파 후보는 겨우 6.9퍼센트를 득표했다. 이제 좌파는 곤살레스가 이끄는 대로 완전히 끌려다녔다. '마르크스주의' 문제를 대충 얼버무리는 표현 방식이 고안됐지만, 곤살레스는 마르크스주의가 무엇인지 알지도 못했고 관심도 없었기 때문에 그 문제는 전혀 중요하지 않았다.

결승점까지는 장애물이 하나 더 남아 있었다. 1981년 2월에 파시즘을 지지하는 군 장교 집단이 쿠데타를 기도했다. 이 쿠데타 기도는 순식간에 진압됐지만, 상당한 충격을 줬다. 좌파의 주요 정당들,

즉 공산당과 사회당은 수세적 태도를 취했다. 사회당은 실제로 민주 중도연합과 연립정부를 구성하자고 제안하기도 했다. 전에는 부르주아 정당들과 함께 정부에 들어가는 일은 절대로 없을 것이라고 굳게 맹세해 놓고 그랬다. 또, 쿠데타를 기도한 장교들이 재판을 받게 되자 사회당은 다른 정당들과 함께 '침묵의 협약'을 맺었다. 즉, 군대나 재판 절차에 대해 어떤 비판도 하지 않기로 약속한 것이다.

극우파의 복귀를 막을 수 있는 최상의 방어책은 물론 노동계급을 최대한 동원하는 것이었다. 그러나 노동자들이 사태를 주도하게 만드는 것이야말로 곤살레스가 한사코 피하고 싶은 일이었다. 군대 내 보수파가 반동적이고 무자비하다는 것은 의심의 여지가 없는 사실이었다. 그러나 어쨌든 당시 상황에서 쿠데타의 성공은 가능성 없는 시나리오였다. 왜냐하면 그랬다가는 스페인 지배계급이 이제 막 빠져나온 상황으로 다시 되돌아가야 했을 것이고, 유럽경제공동체 가입이라는 그들의 희망도 물거품이 되고 말았을 것이기 때문이다. 따라서 사회당 지도자들은 우파의 위협을 강조함으로써, 오히려 스페인 노동자들이 맞닥뜨린 진정한 문제들을 모호하게 만들고 있었다.

이제 곤살레스는 기층 지지자에게는 침묵을 강요하고 부르주아지에게는 자신이 믿을 만하다는 것을 확인시켰으므로 1982년 10월 총선을 위한 준비를 마친 셈이었다. 결국 그 선거에서 사회당은 압승을 거뒀다. 사회당의 [선거] 강령은 결코 실질적인 것이 아니었다. 즉, 사회당은 사실상 아무것도 약속하지 않았다. 군대 개혁도 없을 것이고, 대규모 사교육 부문에 도전하는 일도 없을 것이고, 스페인 영토에서 미군 기지를 철수시키려는 시도도 없을 터였다. 경제정책은 스페인 자본주의를 강화하기 위한 것이었다(필요하다면 노동자들을 희생시켜서라도 그래야 했다). 곤살레스는 스스로 약속을 배신하는 일을 피하기 위해 그냥 아무 약속도 하지 않으려 했다. 그는 데니스 맥셰인과* 인터뷰할 때, 얼마 전 프랑스에서 선출된 미테랑 정부에 관해 다음과 같이 말했다(15장 참조).

저는 그[미테랑]가 문제를 제대로 설명하고 있다고 생각하지 않습니다. 사람들의 기대가 너무 높아지고 있습니다. 프랑스 경제와 사회가 장기적으로 개혁돼야 한다면, 노동자들이 당장 모든 것을 얻을 수는 없습니다.[18]

스페인 사회당이 왜 집권하게 됐는지를 분명히 아는 것이 중요하다. 그들의 선거 승리는 사실상 부전승이었다. 민주중도연합은 정치적으로 파산했고 파벌 싸움으로 산산조각 나고 있었다. 또 우파든 공산당이든 현실적 대안이 전혀 아니었다. 유감스럽게도 사회당의 선거 승리가 의미하는 바는 수많은 스페인 노동자가 사회주의라는 순수한 우유를 원했다는 것도 아니고, 그들이 그것을 얻지 못할 때는 더 급진적 대안을 의지하게 되리라는 것도 아니었다. 오히려 곤살레스의 선출은 사회주의를 위한 투쟁이 기층에서 다시 시작돼야 한다는 것을 의미했다.

곤살레스의 실천은 그의 강령보다 훨씬 더 나빴다. 그의 주된 목표는 사적 부문에 대한 투자를 장려하는 것이었다. 이것이 의미하는 바는 구매력 삭감을 목표로 한 임금통제, 실업급여 축소였다. 철강

---

* 맥셰인은 영국 언론노조 위원장 출신의 노동당 정치인이다.

산업을 합리화하는 과정에서 일자리 수천 개가 희생됐다. 노동조합
(특히 노동조합총연합)은 자본주의의 필요를 위해 노동자들의 이익
을 희생하도록 권장됐다. 경쟁이 적극적으로 장려됐다. 그래서 〈이코
노미스트〉는 다음과 같이 보도했다.

> 스페인의 사회당 정부는 오랫동안 보호받아 온 경제를 대외 경쟁에 노
> 출시키고 있다. 총리인 곤살레스 씨는 만약 자신이 스페인 산업을 더
> 탄탄하게 만들지 못한다면 유럽공동시장 가입의 충격이 … 스페인 기
> 업에 이롭기보다는 해로울 수 있다는 사실을 알고 있다.[19]

1984년도 정부 예산을 보면 소득세를 크게 늘리고 공공 부문 임
금을 확고하게 통제했다. 베테랑 사회당원이자 마드리드 시장인 티
에르노 갈반이 곤살레스의 경제정책을 영국 마거릿 대처의 경제정
책에 비유한 것도 당연하다.[20]

사회당이 집권했을 때 스페인 노동자들이 직면한 주요 문제는 실
업이었다. [1982년] 총선 당시 전체 실업자 수가 이미 약 200만 명, 경
제활동인구의 14.5퍼센트였다. 선거운동 기간에 곤살레스가 내건
몇 안 되는 공약 가운데 하나가 사회당이 집권하면 임기 4년 동안
새로운 일자리 80만 개를 만들어 내겠다는 것이었다. 이것은 아주
소박한 목표였다. 목표를 달성하더라도 전체 실업자 수의 절반도 감
소하지 않을 터였다.[21]

심지어 이 수치조차 사회당 집권 기간의 실제 정책과는 거의 관
련이 없었다. 1985년 초까지 실업자는 64만 명이 늘어나서 경제활동
인구의 21.6퍼센트에 이르렀는데, 이것은 서방 세계에서 가장 높은

실업률이었다. 조선업이 발달한 갈리시아 지방 같은 일부 지역에서는 3명 중 1명꼴로 실업자였다. 실업자 4명 중에 3명은 실업급여를 받지 못했다. 이제 정부의 주된 관심사는 철강과 조선 같은 산업들에서 추가 감축을 밀어붙이는 것이었다.

프랑코 치하에서 노동자들은 노조할 권리는 없었지만 (노동과 자본의 조화라는 신화의 일부로서) 고용 안정은 어느 정도 누렸다. 노동자들은 해고당하지 않을 법적 권리가 있었다(물론 정치 활동 같은 규율 위반의 경우는 예외였다). 프랑코 사망 이후 그런 방어 장치는 체계적으로 해체됐고, 곤살레스는 일자리를 없애기 시작했다. 정부의 목표는 점점 더 임시직 노동계약을 권장하는 것이었다. 노동부 관리 한 명은 고용 안정을 축소하는 것이 실업에 맞서 싸우는 무기라는 새로운 주장을 내놨다.

우리는 경기 호전의 첫 조짐이 보이는 순간 기업이 노동자를 고용하도록 장려해야 한다. 국면이 바뀌면 기업이 노동자를 해고할 수 있다는 것도 알아야 한다.[22]

1848년 이래로 '일할 권리'는 노동운동의 핵심 구호였다. 그러나 펠리페 곤살레스에게는 '일할 권리'보다 사용자들의 '해고할 권리'가 더 중요한 듯했다.

그와 동시에 곤살레스는 임금통제 조치도 취했다. 1983년에 공공부문의 임금 인상률은 6.5퍼센트로 제한됐다(반면에 물가 상승률은 8퍼센트였다). 1985년에 정부는 임금 인상을 물가 상승률보다 낮은 수준에서 하기로 노조와 타협했다. 무상 의료 약속도 폐기됐다. 매우 제한적인 낙태법이 만들어진 것을 제외하면 여성을 위한 조치도 거의 없었다(곤살레스 정부에는 여성 각료가 한 명도 없었다).

곤살레스는 유럽공동시장 가입 협상을 바라던 스페인 부르주아지의 소원을 들어줬지만, 오래전부터 약속한 나토 탈퇴 국민투표는 계속 연기했다. 1986년 초에 그 국민투표가 마침내 실시됐을 때 곤살레스는 (광범한 나토 반대 여론에도 불구하고) 스페인이 나토 회원국으로 계속 남아 있어야 한다고 강력하게 주장했다. 대중매체를 조종하고 국민투표를 사실상의 정부 신임투표로 바꿔 버린 덕분에 그는 나토 잔류를 관철하는 데 성공했다.

[소수]민족의 권리에 관한 문제에서도 곤살레스의 실적은 전혀 신통치 않았다. 확고한 반反테러 노선은 군부를 달래는 좋은 방법이었다. 바스크 지방에서 철강과 조선 산업의 일자리가 사라져 실업이 증가하자 바스크 민족주의자들의 단체인 '바스크 조국과 자유ETA'가 벌이는 무장투쟁도 새롭게 활기를 띠었다. 곤살레스는 더 강경한 반테러 법률들을 만들고(그중 하나는 '바스크 조국과 자유'에 대한 정치적 지지 표명도 범죄로 규정했다), 경찰의 대테러 부대를 강화했다. 〈이코노미스트〉가 "대다수 스페인 장군이 곤살레스 씨의 사회당을 칭찬하는 데는 다 이유가 있다"고 논평한 것도 당연하다.[23]

곤살레스 정부는 지배계급의 대표자들과 친구들한테서 좋은 반응을 얻었다. 사용자단체인 스페인경제인연합회CEOE는 '대화'와 '건설적 협력'을 약속했다.[24] 집권 1년 후 곤살레스는 실업 문제를 우선 과제로 삼지 않았다는 이유로 〈이코노미스트〉한테서 칭찬을 받았다. 그 잡지는 곤살레스의 취임 후 1년을 "정직과 책임감의 모범"이라고 치켜세우며, 미테랑과 비교했다.[25]

그러나 많은 노동자는 심드렁했다. 1984년에는 수십만 명이 정부의 경제정책에 반대하는 시위를 벌였고, 일자리를 지키려는 조선소 노동자들과 [경찰의] 폭력 충돌이 일어나기도 했다. 1985년 6월에는 200만 명이 넘는 노동자가 연금 삭감 계획에 반대하는 파업을 벌였다. 그러나 공산당의 쇠퇴 때문에 이런 반대 운동의 정치적 초점이 형성되지 않았다.

20세기에 스페인 노동계급은 두 차례나 공세를 취하면서, 위대한 영웅적 행동과 투지를 보여 줬다. 그러나 첫 번째 봉기는 프랑코에게 유혈 낭자하게 진압당했고, 두 번째는 펠리페 곤살레스에게 흡수되고 배신당했다.

그리스

1967년 그리스 군부가 권력을 장악했을 때* 그리스에는 조직된 사회민주주의 좌파가 존재하지 않았다. 그런 경향이 나타나기 시작한 것은 바로 7년간의 군사정권 시기였다. 그리스에서 사회민주주의 경향이 출현한 것은 사실상 한 사람(안드레아스 파판드레우)의 작품이었다.

안드레아스 파판드레우의 아버지는 1940년대에 처칠의 꼭두각시였고 1950년대에 반공주의적 자유주의자였던 게오르기오스 파판드레우였다. 안드레아스는 1930년대에 잠시 트로츠키주의를 기웃거린 뒤에 여러 해 동안 미국에서 경제학 교수로 일했다. 그는 1959년

---

* 10장 참조 — 지은이.

그리스로 돌아왔고, 1960년대에 아버지의 총리 재임 기간에 일어난 사건들의 한복판에 있었다.[*]

군사 쿠데타가 일어났을 때 안드레아스는 힐튼 호텔에서 식사 후 귀가하는 길에 체포됐다. 그는 가혹한 처우를 받았고, 당연히 죽을 수도 있었지만 미국 대통령 린든 존슨과 가까운 미국인 친구들의 개입 덕분에 살아날 수 있었다.(존슨은 [백악관 모임에서] 다음과 같이 말했다고 한다. "방금 그 그리스 새끼들[군사정권]에게 그 이름이 뭐라고 했더라, 아무튼 그 [빨갱이] 개자식을 풀어 주라고 했어.")²⁶ 안드레아스는 1967년 12월에 석방되자 곧바로 망명길에 올라서, 군사정권 전복을 위해 헌신하는 조직인 범그리스해방운동PAK의 지도자가 됐다.

안드레아스 파판드레우는 노련한 정치적 책략가여서, 때에 따라 정치적 입장을 다양하게 바꿨다. 한 미국인 동조자는 그를 두고 다음과 같이 말했다.

> 유능한 현장 연구자라면, 안드레아스 파판드레우가 그리스에서 공산당의 입지를 약화시키는 데서 다른 어떤 정치인보다 더 많은 일을 했다는 사실과, 우파 정권이 경찰 탄압으로 이룰 수 있는 것보다 더 많은 성과를 거뒀다는 사실을 보여 줄 수 있을 것이다.²⁷

그와 동시에 파판드레우는 상황을 봐서 교묘하게 사회주의 선동을 하기도 했다.

---

* 사실상 부총리 구실을 했다.

우리의 사회주의 운동은 … 자본주의를 넘어서 사회주의 변혁으로 나아가야 한다는 원칙에 바탕을 두고 있습니다. 즉, 사회적 생산관계를 근본적으로 변혁해야 합니다.[28]

파판드레우의 좌파 정치는 항상 뿌리 깊은 민족주의와 밀접한 관련이 있었다. 군부가 정권을 잡고 있을 때, 그는 자신과 미국의 연관성에도 불구하고(파판드레우는 제2차세계대전 때 미국 시민권자가 돼 미국 해군에 복무했다) 그리스가 "미국의 경제적·군사적 위성국"이 됐다고 주장했다. 또 이런 신식민지적 관계 때문에 군사정권에 맞서는 저항이 "점차 민족 해방의 성격을 띠고 있다"고도 주장했다.

1974년 무렵 군사정권은 한계에 이르렀다. 군사정권은 그리스의 경제문제, 특히 물가 오름세를 해결하지 못했고, 노동자·농민·학생의 거센 반대에 부딪혔다. 이런 항의 운동에 오로지 탄압으로만 대응하는 정권은 심각한 사회적 격변을 불러일으킬 가능성이 커 보였다. 그리스 부르주아지는 점차 군인 지배자들에 대한 지지를 철회했고, 결국 1974년 [7월] 군사정권은 몰락했다. 의회 민주주의가 복원됐다고 해서 스페인이나 포르투갈처럼 노동계급의 급진화가 일어나지는 않았다. 그러나 좌경화는 일어났고, 처음으로 파판드레우는 자신의 정치에 분명히 사회주의적 성격이 있음을 강조하기 시작했다. 범그리스해방운동은 제구실을 다했으므로 파판드레우는 지지자들을 이끌고 범그리스사회주의운동PASOK[이하 사회당]을 창당했고, 옛 중도연합의 여러 분파들도 여기에 합류했다.

사회당은 급격히 성장했다. 1974년 총선에서 15퍼센트를 득표했고, 1977년 총선에서는 26퍼센트를 득표했다. 처음에 사회당은 '민족 해방'이라는 주제를 계속 강조하며 제3세계, 특히 리비아와 시리아의 바트당[아랍사회주의부흥당]과 연계를 발전시켰다. 그러나 1980년에 파판드레우는 마리우 소아레스, 펠리페 곤살레스, 프랑스 사회당의 샤를 에르뉘, 이탈리아 사회당 지도자 베티노 크락시와 이틀 동안 공식 회담을 하고 나서, 그리스 사회당의 정치는 유럽의 성공한 주류 사회민주주의 정당들과 같다고 공개적으로 선언했다.

그러나 사회당은 중요한 노동계급 기반을 구축하는 데 실패했다. 친소련파인 그리스공산당KKE은 비록 선거에서는 사회당보다 약했지만 여전히 조직 노동계급의 충실한 지지를 받고 있었고, 노동조합 관료들 사이에도 탄탄한 기반이 있었다. 반면에 사회당은 화이트칼라 노동자들 사이에서 어느 정도 지지를 받고 있었고, 경기후퇴 여파로 고통을 겪고 있던 중소 상공인들의 지지도 받고 있었다.

그 기반의 성격 때문에 사회당 정치의 핵심에는 모순이 있을 수밖에 없었다. 여느 사회민주주의자들과 마찬가지로 파판드레우도 자본주의를 '현대화'하겠다고 약속했다. 그러나 그리스 상황에서 현대화가 의미하는 바는 무엇보다도 중소 상공인들을 쥐어짜는 것이었다. 즉, 이전 정부 치하에서 고통을 겪었기 때문에 사회당을 해결책으로 여긴 바로 그 사회집단을 쥐어짜야 했던 것이다. 그와 동시에 민족주의가 계속 우세한 주제였다. 1976년에 터키가 그리스 근처의 에게해 일부를 자국 영해라고 주장하며 석유탐사선 시스미크호를 보내 해저를 탐사하게 했다. 그러자 그리스의 우파 총리인 카라만리스는 그 문제를 유엔안전보장이사회에 회부한 반면, 파판드레우는 그리스 해군이 시스미크호를 격침해야 한다고 주장했다.[29]

1981년 10월 총선에서 사회당은 국회 의석수를 더욱 늘려서* 마침내 집권하는 데 성공했다. 새 정부는 우파 정부들이 수십 년 동안 무시하거나 거부해 온 많은 개혁 조치를 실행했다. 그것들은 대체로 다른 유럽 나라에서는 오래전에 실시되고 있는 것들이었다. 예컨대, 사형제가 폐지됐고, 처음으로 종교의식을 하지 않는 신고식 결혼이 허용됐다(전에는 모든 결혼을 교회에서 해야 했다). 교도소에 갈 수 있는 범죄이던 간통죄도 폐지됐다. 이런 조치들은 모두 환영할 만하고 진보적인 것이었지만, 결코 사회주의적인 것도 아니었고 딱히 경제적 자원이 필요한 것도 아니었다.

또, 환경오염에 대처하기 위한 조치들도 취해졌다. 환경오염은 특히 아테네에서 심각했다. 권력을 분산하려는 계획도 수립됐다. 이전 정권들에서는 권력이 중앙정부의 수중에 단단히 집중돼 있었다. 또 새 정부는 통탄할 만큼 형편없는 그리스의 보건 의료 수준을 개선하려는 노력도 시작했다.

그리스처럼 외채가 많은 가난한 나라는 국제 문제가 결정적으로 중요하다. 1979년에 카라만리스가 그리스의 유럽공동시장 가입 협상을 벌이고 있을 때 사회당은 이에 강력하게 반대했다. 파판드레우는 유럽경제공동체가 그리스 경제에 해로울 것이라고 주장하며, 자신이 집권하면 그 문제를 국민투표에 부치겠다고 약속했다. 사회당 국회의원들은 그리스의 유럽공동시장 가입 문제를 둘러싸고 국회에서 벌어진 토론을 보이콧했다. [그러나] 집권이 가까워지자 파판드레우는 태도를 누그러뜨리기 시작했다. 가입 협상을 전면 철회할 것을

---

* 총 300석 가운데 172석을 획득했다.

요구하던 태도를 바꿔서 처음에는 유럽경제공동체 밖에서 특수한 관계를 맺을 것을 주장하더니 나중에는 그 안에서 특별한 지위를 얻자고 주장했고 결국은 그리스의 회원국 자격 조건을 '재협상'하자는 것에 불과한 주장을 했다. 국민투표 요구는 폐기됐다. 왜냐하면 국민투표 부의권은 오직 대통령만이 행사할 수 있는데, 이제[1980년부터] 대통령직을 차지하고 있는 사람이 바로 전임 우파 총리인 카라만리스였고, 그는 십중팔구 거부권을 행사할 터였기 때문이다. 그리고 파판드레우 자신도 이 문제 때문에 헌법을 둘러싼 싸움을 하고 싶지 않았다.

1983년에 그리스가 유럽경제공동체의 의장국이 됐을 때 파판드레우는 유럽공동시장에 대해 완전히 건설적이고 긍정적인 태도를 취하고 있었다. 유럽경제공동체의 간행물과 한 인터뷰에서 그는 공동체 내의 빈국과 부국 사이의 불평등을 해소하기 위해 공동체의 예산을 개혁해야 하고, 스페인과 포르투갈의 공동체 가입을 신속하게 처리하는 것을 지지한다는 뜻을 표명했다. 또, 유럽이 일본과 미국에 뒤처지지 않으려면 유럽경제공동체가 과학기술 혁명에 개입할 필요가 있다고 덧붙였다.[30]

나토 문제에서도 상황은 매우 비슷했다. 집권하기 전에 사회당은 나토에 반대하는 운동을 전개했다. 그러나 선거에서 승리하자 그것은 대체로 말뿐이었음이 드러났다. 그리스는 나토에서 탈퇴하지 않았고, 그리스에 있는 미군 기지의 철수도 거듭거듭 먼 미래의 일로 미뤄졌다. 이것은 분명히 그리스에 미국의 신규 투자를 유치하려는 파판드레우의 소망과 관련 있었다.

그러나 사회당 정부는 세계적 경기후퇴가 그리스에 미치는 영향을 막을 수 없었다. 1983년이 되자 공식 실업자가 약 25만 명으로 늘어나서 경제활동인구의 10퍼센트에 이르렀다. 1982년에는 내년도 임금 인상에 상한선을 부과하는 임금통제 법률이 제정됐다.

경기후퇴를 관리하는 임무를 떠맡은 정부가 노동조합운동과 정면으로 충돌하는 것은 필연적이었다. 특히, 정부가 제출한 이른바 '사회화 법안'은 파업권을 법적으로 제한하는 것이었다. 주목할 만한 조항은 노조가 파업을 결정하려면 조합원 찬반 투표에서 50퍼센트 이상의 지지를 받아야 한다는 것이었다. 투표를 할 수 없거나 하기를 꺼리는 조합원은 자동으로 반대표를 던진 것으로 계산됐다. 따라서 〈이코노미스트〉의 다음과 같은 논평은 매우 적절했다.

그리스 총리인 안드레아스 파판드레우 씨를 전형적인 좌파 사회주의자로 여긴 사람들은 그가 이번 주 의회에 제출한 법안을 잘 살펴보는 게 좋을 것이다. 공공 부문 노동자들의 파업권을 엄격하게 제한할 의도로 만들어진 그 법안은 영국에서 대처 여사가 노조에 부과하려는 온건한 제약보다 훨씬 더 철저하다.[31]

또, 국가가 노동조합에 직접 개입하기도 했다. 선거 직후에 사회당원들은 그리스노동조합총연맹GSEE의 선거 결과를 뒤집기 위해 소송을 제기했다. 그들은 소송에서 승리했고, 법원의 명령에 따라 사회당원들이 다수파를 차지한 새 집행부가 출범했다.[32]

파판드레우의 강경 노선에도 불구하고 상황은 그의 뜻대로 풀리지 않았다. 1983년 무렵 정부는 실업에 반대하는 파업과 대중 시위의 물결에 직면했다. 파판드레우에 대한 환멸이 널리 퍼졌다고 해서 우파에 대한 신뢰가 높아진 것은 아니었다. 그리스공산당이 대중의 불만에 어느 정도 초점 구실을 할 수 있었다. 사회당이 총선에서 압승을 거둔 지 겨우 1년 만에 치러진 지방선거에서 공산당은 분명히 사회당보다 좌파적 입장을 바탕으로 아테네에서 20퍼센트를 득표했다. 그러나 공산당의 목표는 파판드레우 정부에 들어가는 것이었다. 공산당은 탄탄한 노동조합 기반을 이용해 반정부 투쟁을 시작할 수 있었다. 그러나 투쟁을 정부에 대한 압력 수단쯤으로 여겼지 노동계급을 전면 동원하는 수단으로 여기지 않았다. 따지고 보면 공산당도 의회주의와 민족주의라는 똑같은 틀을 사회당과 공유하고 있었던 것이다. 더욱이, 공산당의 후원자인 소련도 파판드레우가 쫓겨나는 것을 결코 바라지 않았다. 파판드레우의 외교정책을 근본적으로 긍정적인 것으로 보고 있었기 때문이다.

1985년 봄에 파판드레우는 보수파 대통령 카라만리스를 사회당에 동조하는 인물로 교체하려는 책략을 부려서 헌정 위기를 불러일으키는 듯했다. 그 조치는 좌파들 사이에 매우 인기가 있었다. 이제 파판드레우는 조기 총선을 실시하는 도박을 감행할 수 있었고, 비록 의석수가 [11석] 줄어들기는 했지만 분명히 의회 과반을 차지했다.

이렇게 해서 자신의 기반을 굳힌 파판드레우는 거액의 외채 때문에 생겨난 경제문제들을 자신이 알고 있는 유일한 해결책에 따라 대처해 나갔다. 즉, 노동자들에게 긴축을 강요한 것이다. 그래서 2년 동안 임금이 동결됐는데, 이 때문에 보통의 그리스 노동자는 실질임금이 10퍼센트 삭감됐다. 공공 지출도 삭감됐고, 공공 부문 노동자가 해고돼 이미 9퍼센트를 웃돌던 실업률이 더 높아졌다.

결국 노동계급의 분노가 폭발해 24시간 총파업이 두 차례나 벌어졌다. 이 파업들은 경찰의 잔혹한 탄압을 받았고, 그 과정에서 학생 1명이 살해당했다. 파업을 지지한 노조 지도자들 가운데 사회당원은 즉시 당에서 제명됐다. 파판드레우가 마침내 본색을 드러낸 것이다.

1981년 총선 때 파판드레우가 내건 구호는 '알라기'(변화)였다. 유감스럽게도, 집권한 사회당은 변화와 거리가 멀었다. 과거의 그리스에서 달라진 것도 별로 없었고, 스페인이나 포르투갈의 사회민주주의 정부와 다른 점도 별로 없었다.

15장 자본주의를 구하라

사회민주주의 정당이 자본주의 체제를 구하는 임무를 떠맡은 것은 유럽의 주변부인 지중해 연안 나라들에서만이 아니었다. 노동계급의 위협이 그보다 덜 극적인 자본주의 유럽의 심장부(영국·프랑스·이탈리아)에서도 사회민주주의 지도자들은 자본주의에 이로운 쪽으로 위기를 관리해 달라는 요청을 받았다.

영국

1974년 2월에 노동당은 광원 파업 덕분에 총선에서 승리해 소수파 정부를 구성하게 됐다.* 같은 해 10월에 실시된 두 번째 총선에서는 [과반보다 1석을 더 얻어] 간신히 다수당이 됐다. 앞서 봤듯이,** 노동당은 에드워드 히스의 보수당 정부 시절 야당으로 있을 때는 약간 급진적인 정책들을 채택했고, 집권한 직후에는 좌파적 외양을 띠었다.

---

* 이 책의 215쪽 참조.

** 11장 참조 — 지은이.

이 점을 상징적으로 보여 준 것이 당내 좌파 인사인 마이클 풋과 토니 벤이 각료로 임명됐다(벤은 결정적으로 중요한 부서인 산업부 장관이 됐다)는 사실이다.

그러나 노동당이 집권했을 때 전 세계적 경기후퇴의 악영향이 막 나타나기 시작하고 있었다. [노동당 정부] 초기의 급진성은 국제경제의 냉혹한 압력에 직면해 곧 바닥나 버렸다. 2차 윌슨 정부는* 처음 2년 동안 노동조합에 이로운 법률을 몇 가지 도입했다. 보수당이 만든 노조 통제 법률을 신속히 폐지한 것은 노조 관료들과 거래하기 위한 필수 전제 조건이었다. 고용보호법은 노동자 개인과 노조 조직의 권리를 강화했다. 그러나 그 법으로도 고용을 보호하지 못했다는 것은 명백하다. 노동당 정부 시절 실업자가 급증했기 때문이다. 노동보건안전법[또는 산업안전보건법]과 성차별금지법은 노동자들의 법적 권리를 보강하는 데 어느 정도 도움이 됐지만, 작업장에서 강력한 조직의 뒷받침을 받지 못하면 거의 쓸모가 없다는 맹점이 있었다. 유감스럽게도 노동당 정책의 전반적 취지는 오히려 작업장 조직을 약화시키는 것이었다.

노동당 정부 5년(처음에는 해럴드 윌슨이 총리였고, 1976년부터는 제임스 캘러핸이 총리였다)을 지배한 것은 당연히 경제정책이었다. 영국 자본주의를 구하기 위해 노동당은 노동계급의 소득을 빼앗는 소득재분배를 달성해야 했다. 그래서 영국 노동계급은 제2차세계대전 이후 어느 보수당 정부 때보다 더 많이 소득을 빼앗겼다.

물론 노동당의 주된 장애물은 노동계급이었다. 노동당의 집권은

노동계급의 전반적 공세를 약화시켰다. 1971년과 1972년에 보수당이 집권하고 있을 때는 전체 파업 일수의 4분의 3 이상이 공인된 파업이었지만 1974년에 노동당이 집권하고 나서 10개월 동안 벌어진 파업 일수의 거의 90퍼센트는 비공인 파업이었다. 노동자들의 투쟁성이 소멸한 것은 아니었다. 반대로, 히스가 패배하자 처음에는 노동자들의 자신감이 올라갔다. 가장 투쟁적인 반응은 1974년 가을 스코틀랜드에서 터져 나왔다. 스코틀랜드는 경기후퇴의 타격을 가장 심하게 받은 지역 가운데 하나였다. 여기서는 노동쟁의가 한꺼번에 너무 많이 벌어져서 거의 총파업 수준이었다. 광범하게 확산된 트럭 기사 파업에서는 투쟁 현장을 돌아다니며 연대하는 피케팅 대열이 효과를 발휘했다. 글래스고에서는 하수처리 노동자와 환경미화원의 파업으로 쓰레기 1만 톤이 거리에서 썩고 있었다. 철도 기관사, 버스 기사, 예인선 노동자, 교사, 도축장 노동자도 파업을 벌였다. 그런데 이 모든 파업은 거의 모두 노조 지도자들의 반대를 거슬러서 벌어진 것들이었다. 예컨대, 운수일반노조TGWU 사무총장 잭 존스는 노동자들에게 다음과 같이 말했다. "노동당에 투표하는 것이 곧 임금 인상을 요구하는 것과 마찬가지입니다."[1] 1975년 3월 글래스고에서 청소차 기사들이 파업을 벌였을 때, 노동당 정부가 군대를 투입해 파업을 분쇄했지만 이에 항의하는 노조 관료나 노동당 좌파 국회의원은 거의 없었다.

집권하자마자 윌슨은 이른바 '사회협약'을 크게 강조했다. '사회협약'은 임금이 물가보다 빠르게 올라서는 안 된다는, 정부와 노조 관료 사이의 자발적 협정이었다. 사회협약의 내용은 모호했는데, 그것은 의도된 것이었다. 윌슨은 충돌이 일반화해서 임금 투쟁이 다시 정치 쟁점화하는 사태를 결코 원하지 않았기 때문이다. 정부의 소득정책이라는 초점이 없어지자 투쟁은 부문화·파편화했다. 한편, 윌슨은 [1975년 6월] 영국의 유럽공동시장 회원국 자격 유지에 대한 찬반 국민투표를 실시해서, 또 보수당과 노동당 우파가 지지하는 정책의 의회 표결에서 압도 다수의 찬성표를 획득해서 당내 좌파에게 굴욕감을 안겨 줬다. 토니 벤은 산업부 장관에서 해임돼 한직으로 밀려났다.

이제 더 단호한 조치를 취할 때가 무르익었다. 1975년 여름에 노동당 정부는 내년도 임금 인상에 주당 6파운드라는 상한선을 부과했다. 상한선을 정률제가 아니라 정액제로 정한 것은 저임금 노동자를 위한 것인 양 주장했지만, 실제로는 〈이코노미스트〉가 보도했듯이 다음과 같은 계산이 깔려 있었다.

두 자녀가 있는 기혼 남성은 주급이 약 22파운드 미만이라면 세금과 물가 상승률을 감안했을 때 처지가 더 나빠질 것이다. 이 계층에 해당하는 피고용자는 150만 명이 약간 안 된다(그중 대다수는 미혼 청년이거나 시간제 근로자다). 그 밖의 모든 사람도 생활수준의 급격한 하락을 겪게 될 것이다.[2]

게다가, 사회협약은 모든 사람에게 공정해야 했으므로 배당금도 억제돼야 했다. 그러나 뮤추얼펀드경영자협회* 회장인 팀 사이먼은 솔직하게 다음과 같이 시인했다.

---

* 뮤추얼펀드는 주식을 발행해서 모은 투자 자금을 전문 운용 회사에 맡기고 발생한 수익을 투자자에게 배당금 형태로 나눠 주는 투자회사를 말한다.

배당금 억제는 대중을 속이고 무지한 영국 노총 조합원들을 달래기 위한 순전히 겉치레일 뿐이다.[3]

사실 이제 윌슨이 어느 계급의 편에 서 있는지는 분명했다. 그해 초에 이미 윌슨은 〈이코노미스트〉한테서 다음과 같이 칭찬을 받았다.

[사회협약 같은] 합의 정책을 추구하는 이 노동당 정부는 올해처럼 나쁜 시기에 영국을 위해서는 가장 덜 나쁜 정부임이 드러날 것이다.[4]

이후의 사건들을 보면 이 말이 옳았다는 것을 알 수 있다. 지배계급은 사회협약이라는 이 새로운 단계를 진심으로 환영했다. 이 점은 "대다수 사람이 처음 보는 수준으로 주가지수가 하루 만에 급등한" 것에서도 드러났다.[5] 재무부 장관 데니스 힐리가 새로운 합의를 발표한 화요일 오후에 주식시장의 시가총액은 20억 파운드나 증가했다.

1974년 [10월] 총선에서 노동당은 가까스로 원내 다수당이 됐지만, 그 지위는 곧 보궐선거에서 무너지고 말았다. 노동당의 정책이 점점 더 지지자들을 소원하게 만들었기 때문이다. 그러나 사회협약이 작동하는 한 보수당은 굳이 정부를 몰아내려 하지 않았다. 노동당은 처음에는 자유당과, 나중에는 얼스터연합당과* 이런저런 거래

---

* 얼스터는 아일랜드섬의 북부 지방을 가리키는 말이고, 얼스터연합당은 아일랜드 독립이나 자치에 반대하고 영국과 (북)아일랜드의 '연합 왕국' 체제를 유지하고자 하는 보수 정당이다.

를 하면서 계속 집권했다. 노동당이 파업 물결을 막을 수 없다는 것이 입증된 1979년에야 보수당은 캘러핸을 사정없이 공격해서 총선을 실시하도록 강요했다.

사회협약의 성공에서 핵심 요인은 노조 관료들의 구실이었다. 히스 정부를 무너뜨리고 스코틀랜드의 파업 물결을 불러일으킨 투쟁성이 그냥 사라진 것은 아니었다. 그러나 투사들은 정부에 도전하려면 전국적으로 조정된 행동이 필요하다는 것을 알고 있었다. 대안적 현장 조합원 지도부가 존재하지 않는 상황에서는 기존 노조 관료들만이 그런 행동을 이끌 수 있었다. 노조 관료들은 사회구조 전체를 문제 삼을 수 있는 투쟁, 그와 함께 노동과 자본을 중재하는 자신들의 지위 자체도 문제 삼을 수 있는 투쟁에는 관심이 없었다. 그들은 자신들과 거래할 수 있는 정부, 자신들의 조언을 따르지는 않더라도 들어주려 하는 정부를 선호했다.

노동계급에게 사회협약을 납득시키는 데서 핵심적 구실을 한 인물은 운수일반노조TGWU 사무총장인 잭 존스였다. 스페인 내전에 참전해서 중상을 입기도 했고 투쟁적인 운수일반노조 코번트리 지부장 출신인 존스는 1970년대 초에 가장 좌파적인 노조 지도자들 가운데 한 명으로 여겨졌다. 그는 임금 인상에 6파운드 상한선을 부과한 조치를 강력하게 옹호하면서 영국 노총 대의원대회에서 다음과 같이 말했다.

사회주의의 이상은 훌륭합니다. 그러나 그것은 오늘의 의제가 아닙니다. … 우리가 항상 명심해야 하는 것은 자본주의라는 건물이 붕괴할 때 그 아래 우리 운동이 깔려서 분쇄될 수 있다는 것입니다.[6]

노조 관료들이 조합원들을 아주 잘 납득시킨 덕분에 12개월 뒤인 1976년에 [해럴드 윌슨이 총리에서 물러나고 캘러핸이 총리가 됐을 때] 재무부 장관 힐리는 두 번째 임기를 시작할 수 있었다. 이번에 그는 만약 노조가 지난해보다 더 낮은 수준의 새로운 임금 상한선(저임금을 받는 집단이든 고임금을 받는 집단이든 균일하게 5퍼센트)에 동의해 준다면 약간의 세금 감면 혜택을 주겠다고 제안했다. 노조 [관료]들은 동의했다. 비록 우파들은 노조가 "나라를 통치한다"고 떠들어 댔지만, 노동당 정부는 분명히 자본의 이익을 위해 행동하고 있었다.

사회협약의 결과는 인상적이었다. 1차 윌슨 정부와 보수당의 히스 정부 시절에는 실질임금이 계속 상승했다. 1964년부터 1970년까지는 연평균 실질임금 인상률이 2.5퍼센트였고, 히스 정부 시절에는 3.5퍼센트였다. 1974년 이후에는 실질임금이 하락하기 시작했다. 1974년 3월부터 1975년 3월까지 실질임금은 2퍼센트 하락했고, 이듬해에는 4퍼센트, 그다음 해에는 5퍼센트 하락했다. 마지막 두 해 동안에만 실질임금이 다시 올랐다.

1979년 3월 취업 노동자의 실질임금은 노동당이 막 집권했을 때보다 겨우 1퍼센트 더 올랐다.[7] 이 미미한 성과조차 다른 두 측면을 고려하면 더 꾀죄죄해진다. 첫째는 실업이 증가했다는 사실이다. 1974년에는 임금을 받고 있던 많은 사람이 1979년에는 실업급여를 받고 있었다. 둘째는 사회복지가 축소돼 생활수준이 전반적으로 하락했다는 사실이다. 노동계급 전체는 노동당 정부 5년간 분명히 처지가 더 나빠졌다.

지출 삭감은 노동당 경제정책의 또 다른 갈래였다. 국제금융시장에서 파운드화가 어려움에 직면할 때마다 노동당 정부는 공공 지출 삭감으로 대응했다. 공공 지출 삭감 때문에, 노동자들이 의지하는 교육·의료·복지·주택·연금 등 주요 사회복지 서비스의 인력이 감축되고 질적 수준도 떨어졌다. 그것은 1945년 이후 사람들이 생활 수준의 일부로서 당연히 누릴 자격이 있다고 믿게 된 사회복지 서비스에 대한 공공연한 공격이었다.

게다가 지출 삭감은 노동당 정부의 정당성 자체도 약화시켰다. 왜냐하면 노동당의 집권으로 이룩된 명백한 성과가 바로 의료 서비스를 비롯한 각종 복지 혜택이었는데, 이제 집권한 노동당이 바로 그 성과를 위협하고 있었기 때문이다. 실제로 노동당의 정책은 1979년 이후 보수당이 실시할 더 험악한 지출 삭감으로 가는 길을 닦고 있었다.

1975년 가을 무렵 실업자는 100만 명을 웃돌았다(실제로는 미등록 실업자까지 합치면 150만 명을 넘었다). 실업은 윌슨 정부가 일부러 만들어 낸 것이 아니라, 세계적 경기후퇴의 산물이었다. 그러나 [자본주의에 이로운 쪽으로] 경제 위기를 관리하는 데 전념하는 정부가 실업을 막기 위해 할 수 있는 일은 거의 없었다. 그리고 임금을 통제해 소비를 줄이고 공공서비스에 대한 지출도 삭감하는 데 맞춰진 정책은 실업급여 수령자 줄을 늘이는 것 말고는 다른 결과를 가져오기 힘들었다.

실업에 대한 두려움이 임금 인상 투쟁에 대한 노동자들의 열의를 떨어뜨렸고 사회협약이 실업에 저항하려는 노동자들의 의지를 약화시켰다는 것은 분명하다. 노조 지도자들은 임금 문제에서 정부와 협력하자고 조합원들에게 애원할 수도 없었고 해고와 직장 폐쇄에 대항할 유일하게 효과적인 전술, 즉 작업장 점거 투쟁을 고무할 수도 없었다.

1978년 무렵 정부의 임금 기준은 점점 더 지지를 잃어 갔다. 캘러핸 정부는 어쩔 수 없이 경제정책의 토대를 지출 삭감과 통화공급량 축소에 둬야 했다. 유감스럽게도 그 기간 내내 노동당 좌파는 분열해 있었고 무능했다. 〈트리뷴〉파 국회의원들은 지출 삭감과 임금 통제 같은 주요 쟁점에서 상시 분열 상태에 있었다. 노동당 좌파의 공인된 지도자 두 명, 즉 마이클 풋과 토니 벤은 1974년부터 1979년까지 줄곧 내각의 일원이었다. 풋은 점차 노동당 좌파와 관계를 단절한 반면, 벤은 내각 안에서 대안적 정책을 관철하려고 분투하는 것처럼 보였다. 그러나 벤조차 공개적으로는 정부 정책을 지지할 수밖에 없었고, 또 노동당의 정책 가운데 어떤 것도 장관직 사퇴의 근거가 될 만하다고는 생각하지 않았다(1차 윌슨 정부에서는 [우파적] 정책에 항의해 사퇴한 각료가 매우 많았다).

이렇게 노동당 정부의 비참한 행적을 감안하면, 1979년 총선에서 노동당이 패배한 것은 결코 놀라운 일이 아니다. 노동당이 집권 5년 동안 타협하고 책임을 회피한 결과로 마거릿 대처가 이끄는 강경 우파 보수당 정부가 들어서서, 1945년 이후 그 어느 때보다 더 단호하게 지배계급의 이익을 위해 싸웠다. 실업자가 증가해서 300만 명을 웃돌았고, 공공서비스에 대한 악랄한 공격이 이어졌다. 실업 때문에 소득정책 따위는 필요 없게 됐고, 공공 부문의 임금 인상은 강력히 억제됐다.

그러나 대처 정부의 공격이 혹독한 것이기는 했지만, 노동당과 보수당 정부의 정책에는 명백히 연속성이 있었다. 이 점을 가장 분명히 보여 주는 사례는 지출 삭감을 경제정책의 중요한 수단으로 사용했다는 것이다. 노조의 권리를 제한하는 대처의 법률은 이미 윌슨이 1960년대에 시작한 방법을 발전시킨 것이었을 뿐이다. 더 일반적으로 말하면, 노동당이 미안해하면서 실행한 것을 보수당은 이제 열정적으로 밀어붙이고 있었던 것이다. 경험 많은 노동당 [좌파] 국회의원이언 미카도는 1979년 총선 後에 다음과 같이 지적했다.

이제 우리는 … 보수당 정부 시절 그랬듯이 짐 캘러핸이 총리로 집권하고 있는 동안에도 … 부자는 더 부유해지고 빈민은 더 가난해졌다는 사실을 알고 있다. 그런 변화를 주도한 사람이 제프리 하우라면* 우리 지지자들은 그것을 당연하게 여기겠지만, 데니스 힐리가 그런다면 우리 지지자들은 실망하고 분노한다.[8]

많은 노동자의 사기 저하에도 불구하고 보수당의 정책에 맞서는 저항이 파업과 대중 시위 형태로 나타났다. 그러나 노동당은 그 투쟁을 진두지휘할 수 없었다. 집권 기간의 전력 때문에 노동당은 불신당하고 있었을 뿐 아니라, 미래의 수권 정당이라는 지위 때문에 스스로 투쟁의 선봉에 서기도 힘들었던 것이다. 노동당 국회의원들은 정부에 대항하는 직접행동과 저항을 고무할 수 없었다. 왜냐하면 그들의 간절한 염원이 다시 정권을 잡는 것인데, 재집권하면 그들도 매우 비슷한 정책을 실행해야 했기 때문이다.

똑같은 논리는 1984~1985년 광원 파업에서 훨씬 더 분명하게 드러났다. 수많은 노동당 평당원은 광원들을 적극적으로 지지하는 활

---

* 제프리 하우는 1979~1983년 보수당 정부의 재무부 장관이다.

동에 힘을 쏟아부었다. 그러나 노동당 지도자들은 (무엇보다도 유리한 '여론' 조성을 위해 언론의 환심을 사고 싶은 간절한 마음에서) 파업 기간 내내 모호하게 처신했다. 노동당의 새 지도자 닐 키넉은 경찰 폭력을 비판했지만, 피케팅하는 노동자들의 이른바 '폭력'도 똑같이 비판하는 맥락에서만 그랬을 뿐이다. 그는 심지어 "나는 모든 폭력을 공정하게 비난한다"고 자랑하기까지 했다.[9] 키넉의 도덕주의는 노조 지도자들에게 완벽한 핑곗거리를 제공했다. 그들은 입으로는 광원들을 지지한다고 떠들었지만, 절실히 필요한 연대 행동을 조직하지는 않았다.

노동당이 야당이 되면 으레 당내 좌파가 강해졌다. 1979년 이후 2~3년 동안에는 1960년 일방적 핵 폐기론자들의 승리 이후 최대 규모의 좌경화가 일어났다. 윌슨·캘러핸 정부 시절의 재앙적 전력 때문에 많은 노동당원이 더 급진적 비판을 기대했고, 산업 투쟁이 침체하자 노조 투사들이 흔히 노동당 활동에 의지하게 됐다. 그래서 노동당은 몇 년 만에 처음으로 성장하기 시작했고, 당대회에서는 일방적 핵 폐기와 유럽공동시장 탈퇴 같은 급진적 정책들이 잇따라 채택됐다. 토니 벤이 노동당 좌파의 핵심 인물로 떠올랐다. 그는 1981년 노동당 부대표 선거에서 데니스 힐리에게 도전해 1퍼센트 미만의 근소한 차이로 패배했다.

그러나 1979년 이후의 시기에 노동당 좌파의 우선순위는 보수당에 대항하는 구체적 투쟁들이 아니라, 당내 민주주의 투쟁에 있었다. 물론 여기에는 일정한 논리가 있었다. 역대 노동당 정부는 거듭 거듭 선거공약을 배신했고 당의 공식 정책을 무시했고 당대회 결정 사항을 거부했다. 부정한 수법으로 조작된 총선 후보 선출 모임에서 누군가에게 평생 직업[국회의원]을 보장할 수 있는 상황에서는 노동당 후보를 총선 전에 매번 다시 선출해야 한다는 요구는 분명히 일보 전진이었다(물론 재선출은 소환권이라는 소비에트 원칙에는 여전히 한참 못 미쳤다). 그러나 그런 당내 민주화 프로젝트는 노동당 국회 의원들이 재선출되기 훨씬 전에 우경화하고 배신할 수 있다는 사실 을 무시한 것이다. 재선출 절차를 통해 노동당을 변혁하려고 노력하 는 것은 마른 흙 한 줌을 던져서 늪을 메우려는 것과 다를 바 없다.

마찬가지로, 단지 국회의원들만이 아니라 모든 당원의 선거로 당 대표를 뽑자는 운동도 선거인단의 비중에 관한 아주 복잡 미묘한 논쟁을 불러일으켰다. 그리고 새로운 제도의 최종 결과는 닐 키넉이 역대 어느 노동당 대표도 누리지 못한 강력한 지위를 확보하게 해 줬다는 것이다.

노동당은 모호하게 얼버무리는 태도와 내부 논쟁 때문에 1983년 총선에 제대로 대비하지 못했다. 그렇다고 해서 보수당이 완승을 거 둔 것은 아니었다. 보수당은 더 적은 득표로 더 많은 의석을 차지했 을 뿐이다. 그러나 총선 결과는 노동당에 완전한 재앙이었다. 노동당 의 득표는 제2차세계대전 이후 최악이었다.

노동당의 장기적 위기는 지배계급의 친구들 사이에서 어느 정도 불안을 자아냈다. '마르크스주의 좌파'가 노동당을 장악해서 영국을 '소련처럼 만들 것'이라고 정말로 믿은 사람은 (아마 소수의 퇴역 장 교를 제외하면) 아무도 없었을 것이다. 더 현실주의적인 평가는 양 당 체제가 이제 더는 제 기능을 하지 못하리라는 것이었다. 의회 민 주주의에 필요한 것은 사회질서의 기본 원칙에 도전하지 않는 현실 적 대안이 존재해야 한다는 것이다. 이탈리아는 그런 현실적 대안이 존재하지 않는 의회 민주주의의 문제점들(집권당의 부패와 정체, 그리고 [체제 내로] 통합되지 않은 반대파의 돌발적 폭력)을 끊임없이 보여 주는 생생한 사례였다.

노동당 우파 정치인들은 그 위험을 알고 있었지만, 가능한 해결책을 둘러싸고 견해가 갈렸다. 일부는 노동당을 다시 장악해서 온건하게 만드는 투쟁을 벌이기로 작정한 반면, 다른 일부는 새로운 정당을 만들 때가 왔다고 믿었다. 옛 노동당 정부에서 장관을 지낸 국회의원 네 명(데이비드 오언, 윌리엄 로저스, 셜리 윌리엄스, 로이 젱킨스)이 1981년에 사회민주당SDP을 창당했다. 이 신생 정당은 보궐선거에서 승리해 젱킨스와 윌리엄스를 의회로 진출시키며 상당한 돌풍을 일으켰다. 그러자 자기 선거구에서 재선출되지 못할까 봐 두려움에 떨던 노동당 우파 국회의원 여러 명이 사회민주당에 합류했다. 또 1983년 총선에서 사회민주당은 자유당과 선거 동맹을 맺고 (북아일랜드를 제외한 지역에서) 26퍼센트를 득표했는데, 이 득표율은 노동당보다 겨우 2퍼센트 낮은 것이었다.

사회민주당은 운동이라기보다는 책략이었다. 사회민주당의 정책과 선언문에서는 일관된 정치적 원칙 같은 것을 찾아보기 힘들다. 1980년 셜리 윌리엄스가 "중도정당에는 뿌리도 없고 원칙도 없고 철학도 없고 [추구하는] 가치도 없을 것이라고 생각한다"고 말했을 때[10] 그녀는 사회민주당을 정확히 예측한 셈이다. 데이비드 오언은 스웨덴·오스트리아·서독의 사회민주주의 정당들을 존경한다고 공언한 반면,* 셜리 윌리엄스는 카를 카우츠키, 로버트 오언, R H 토니에게

---

* 16장 참조 — 지은이.

서 영감을 찾고 있다.[11]

사실 사회민주당 정치의 본질은 합의 정치, 즉 이른바 '버츠컬리즘'의 시대에 대한 향수인 듯하다. 그러나 온건함을 추구하는 합의 정치는 경제 호황기의 정치였다. 그때는 우파가 개혁을 허용할 수 있었고 좌파는 사회질서를 공격할 필요가 없었다. 경제 위기의 시대에 온건함은 환상일 뿐이다.

실제로 사회민주당은 이제 막 결별한 사람들을 공격하는 데 대부분의 에너지를 쏟아부었다. 셜리 윌리엄스는 만약 노동당이 다음 총선에서 승리한다면 "거리에 피가 흘러넘칠 것"이라 예상하고, 사회민주당은 "영국에서 혁명이 아닌, 민주적이고 온건하지만 급진적인 대안을 찾을 수 있는 마지막 기회"라고 주장했다.[12] 이 때문에 일부 보궐선거에서는 사회민주당이 노동당보다 보수당 지지표를 훨씬 더 많이 잠식하는 일이 벌어졌다. 이것은 일부 사회민주당 후원자들이 의도한 바가 결코 아니었다. 그들의 목적은 사회민주당이 주요 좌파 정당인 노동당을 대체하게 만드는 것이었기 때문이다.

1981년 말에 〈이코노미스트〉는 사회민주당의 신입 당원 모집책 구실을 하면서,[13] 그 문제를 지적한 바 있다. 영국의 선거제도는 중도 정당에 유리하지 않다고 지적하면서 다음과 같이 말한 것이다. "사회민주당은 노동당을 중도좌파의 자연스러운 다수당 자리에서 몰아낼 수 있을 때만 영국 정치의 새로운 새벽을 알리게 될 것이다."[14] 사회민주당이 좌파 정당이어야만(물론 '합리적 좌파'여야 한다) 급진주의를 흡수하는 구실을 제대로 해낼 수 있으리라는 것이었다. 사회민주당이 너무 우경화하면 정치적 스펙트럼상에서 오히려 극좌파 정당을 위한 공백이 생겨날 터였다(물론 그런 극좌파 정당은 권력을 장악할 수 있을 만큼 크지는 않겠지만 사회질서를 어지럽힐 수 있을 만큼은 꽤 클 것이다). 그러나 노조 관료들과 연계가 없는(그런 연계를 구축할 것 같지도 않는) 사회민주당이 노동당을 대체할 가능성은 거의 없었다.

사회민주당의 미래는 아직 결정되지 않았다. 사회민주당은 '절대다수당이 없는' 의회에서 결정권을 쥘 수 있고, 심지어 인기 없는 보수당 정부를 대체할 안전판 구실을 할 수도 있다. [그러나] 이미 분명한 사실은 사회민주당이 노동당을 다시 중도 쪽으로 끌어당기는 세력 구실을 하고 있다는 것이다. 사회민주당은 노동당 우파가 좌파를 단속할 때 그들을 겁주려고 면전에서 흔들어 대기 딱 좋은 도깨비 같은 것이었다.

유감스럽게도 노동당 좌파는 이런 위협에 대응할 현실적 해결책이 없었다. 선거 정치의 논리는 필연적으로 '중간층'의 표를 얻으려는, 즉 사회민주당을 모방해서 사회민주당과 경쟁하려는 시도를 의미했다. 노동당 좌파가 의회적 길이라는 틀을 받아들이는 한, 그들은 오른쪽으로 끌릴 수밖에 없었다.

북아일랜드

사회민주주의적 해결책이 무용지물인 정치 상황의 사례로 영국 식민지 북아일랜드에서 오랫동안 지속되고 있는 위기를 들 수 있다. 이 문제에서 노동당의 행적은 분명히 반동적이다. 1969년 북아일랜드에서 질서를 유지하기 위해 군대를 투입하기로 결정한 것이 바로 영국 노동당이었다. 그래서 북아일랜드에서 노동당이 하는 구실은 억압받는 가톨릭 사회가 자기방어를 위해 조직하고 무장하지 못하게 가로막는 것이 돼 버렸다. 1974년에는 버밍엄에서 아일랜드공화국군IRA의 폭탄 공격으로 20명이 사망하자 노동당은 득달같이 테러 방지법을 만들었다. 이 법에 따라 '테러 용의자'는 가족이나 변호사 접견이 금지된 채 7일간 구금될 수 있고 재판을 못 받을 수도 있었다. 또 재소자는 아일랜드로 추방당할 수도 있었다. 그 법은 아일랜드 노동계급 투사들을 괴롭히는 제도적 수단으로 이용됐다. 1981년에 아일랜드인 정치수들이 단식투쟁을 전개했을 때, 노동당 대변인들은 장차 노동당 정부가 들어서면 정치수들의 요구를 들어줄 것이라고 말하기를 한사코 거부했다. 그렇게 약속했다면, 적어도 대처의 냉혹한 태도를 들춰냈을 것이고, 어쩌면 부분적 승리라도 가능하게 만들 지렛대를 제공할 수도 있었을 것이다.

노동당 정책의 가장 큰 폐단은 영국 노동운동 안에서 아일랜드 투쟁에 대한 연대가 발전하지 못하도록 체계적으로 방해했다는 것이다. 그런 연대가 없다 보니 아일랜드공화국군임시파PIRA가 폭탄 테러 전술을 사용할 수 있었다(그런 테러는 비록 정당한 반제국주의 투쟁이지만, 승리하는 데 필수적인 대중 동원을 불가능하게 만든다). 영국 노동자들이 연대를 보여 줬다면, 아일랜드공화국군임시파의 전술에 반대하는 주장을 하고 싶은 사람들이 엄청나게 강해졌을 것이다. 노동당과 노조 관료들은 그런 연대를 방해하고 나서 아일랜드공화국군의 '테러'를 비난했으니 위선자라는 소리를 들어도 싸다.

노동당은 북아일랜드의 상황을 진정시키는 데 분명한 이해관계가 있었다. 노동당이 보기에 그럴 수 있는 가장 좋은 방법은 [북아일랜드의] 여섯 주에서 개혁주의 조직을 만들어 내는 것이었다. 그래서

1969년 12월 북아일랜드 정치인 다섯 명(존 흄, 아이번 쿠퍼, 오스틴 커리, 패디 데블린, 제리 핏)이 런던을 방문해 세인트어빈스호텔에서 노동당 의장인 아서 스케핑턴, 해외부 간사인 톰 맥널리, 윌슨 정부 시절 정무차관을 지낸 모리스 폴리를 만났다. 그들은 북아일랜드에 사회민주주의 정당이 필요하다는 주장으로 다섯 명을 설득했다.[15] 그 주장의 이면에 있는 논리를 혁명적 사회주의자로서 당시 북아일랜드노동당NILP 데리 지부의 의장이던 에이먼 매캔은 다음과 같이 설명했다.

영국의 관점에서 보면 1969년 이후 북아일랜드에는 가톨릭 사회를 그럴듯하게 대변할 수 있는 조직이 필요했다. 즉, 영국에 이로운 개혁주의적 해결책을 가톨릭 사회 전체가 기꺼이 받아들이도록 이끌 수 있는 조직이 필요했던 것이다.[16]

바로 이런 구실을 하기 위해 1970년 8월 사회민주노동당SDLP이 만들어졌다. 창당 선언문에서 밝힌 목표는 거의 완전히 온건하고 진부한 표현으로 이뤄져 있었고("공정하고 적절한 부의 분배를 확보하기 위해"), 민족문제에 관해서는 오직 광적인 얼스터 연합주의자들만이 거부할 수 있는 다음과 같은 목표를 주장했다.

남북 아일랜드 민중 다수의 동의를 통한 아일랜드의 궁극적 재통일을 위해 남과 북 사이의 협력과 우애, 상호 이해를 증진한다.

신당의 명칭에도 불구하고 창당 선언문에는 '공화주의'라는 단어

도 '사회주의'라는 단어도 나오지 않는다.[17]

민중민주주의의* 마이클 패럴은 사회민주노동당 창립 이면에 있는 정치적 책략을 다음과 같이 설명했다. 즉, 해럴드 월슨과 아일랜드공화국 정부가 신당을 후원한 이유는 의회 내 얼스터 연합주의 반대파의 무능 탓에 반反연합주의 세력의 주도권이 의회 밖 집단, 심지어 사회주의자들의 수중으로 넘어가고 있었기 때문이라는 것이다. 그래서 사회민주노동당이 북아일랜드 상황을 안정시키는 요인 구실을 하기를 바랐다는 것이다.[18]

에이먼 매캔은 신당의 정치적 진정성이 없다는 점을 훨씬 더 신랄하게 비판했다.

[얼스터 연합주의에] 반대하는 북아일랜드 국회의원들이 '중도좌파' 정치로 전향했다고 하는데, 그렇다면 그것은 중국의 한 장군이 1개 연대 병사들에게 소방 호스로 세례를 줘서 기독교도로 개종시킨 이래 틀림없이 역사상 최대 규모의 개종일 것이다.[19]

확실히 신당의 지도부는 사회주의자다운 확신을 주지 못했다. 제리 핏은 영국 국회에 진출해서 [노동당 좌파인] 〈트리뷴〉파와 공조했지만, 베트남전쟁이나 노사관계법 같은 문제에서는 결코 공개적으로 견해를 밝히지 않았다. 존 흄은 공장 경영자 출신으로, 사석에서는 비공인 파업을 주도한 현장위원들을 투옥해야 한다고 주장한 것으로

---

* 민중민주주의는 1968년 10월 북아일랜드의 종교적 소수파인 가톨릭교도의 공민권 운동을 지지하기 위해 만들어진 정치조직이었다.

알려졌다. 과거에 얼스터 연합주의자였고 자유당원이던 아이번 쿠퍼는 노동조합원을 고용하기를 거부한 건설 회사의 이사였다. 패디 데블린은 정치 성향이 더 급진적이었고, 1950년대에는 [아일랜드공화국군을 지지한 것 때문에] 얼스터연합당에 의해 구금된 적도 있어서, 사회민주노동당의 왼쪽 얼굴 구실을 하다가[20] 1977년 당에서 제명됐다.

북아일랜드에는 개혁주의가 성공할 만한 토대가 없었다. 한편에는 무자비한 얼스터 연합주의자들이 있었고, 반대편에는 무장투쟁에 몰두하는 아일랜드공화국군임시파가 있었다. 1976년 2월 사회민주노동당은 벨파스트에서 발행되는 일간지 〈뉴스레터〉에 전면 광고를 내서, '법치'를 유지시키는 왕립얼스터경찰대를 지지한다고 선언했다. 그러나 때로는 반제국주의 미사여구도 늘어놔야 했다.

사회민주노동당은 그럭저럭 일정한 선거 기반을 구축했다. 1973년 6월 영국의 직접 통치가 끝난 뒤 북아일랜드 의회 선거가 실시됐다. 사회민주노동당은 23퍼센트를 득표해, 선거에서 가톨릭 사회를 대변하는 주요 세력으로 자리를 잡았다. 그래서 얼스터연합당과 사회민주노동당의 공동 정부가 수립됐지만, 그 정부는 이듬해 여름에 로열리스트들의* '파업' 때문에 결국 붕괴했다.

그러나 사회민주노동당은 가톨릭 사회의 급진적 소수 활동가들을 끌어들일 수 없었다. 그런 활동가들은 여전히 아일랜드공화국군임시파에 기대를 걸고 있었다. 1981년 [아일랜드인 정치수들의] 단식투쟁이 벌어졌을 때 사회민주노동당은 침묵을 지키거나 모호한 우려를 표명했을 뿐 아무것도 한 일이 없었다. 단식투쟁을 지지하는 후보들이

---

* 로열리스트는 영국의 북아일랜드 합병을 지지하는 보수파를 가리키는 말이다.

벨파스트 시의회 선거에서 제리 핏과 패디 데블린에게 도전했고, 결국 두 사람은 의석을 잃었다.

공화주의 운동의 정치 분파인 신페인당이* 1980년대 초에 선거 정치에 뛰어들기로 결정하자(한 손에는 투표용지, 다른 한 손에는 소총을 드는 전략이었다) 사회민주노동당은 새로운 문제에 부딪혔다. 왜냐하면 만약 신페인당이 개혁주의 게임에 동참함으로써 사회민주노동당에 경의를 표하고 있는 것이라면, 머지않아 신페인당이 만만찮은 경쟁 상대가 될 터였기 때문이다. 결국 1983년 영국 총선에서 신페인당은 아일랜드 민족주의 지지표의 43퍼센트를 차지해서, 사회민주노동당의 선거 기반을 크게 잠식했다.

개혁주의자들이었지만 실제 권력에 전혀 다가가지 못했으므로 사회민주노동당은 아무런 개혁도 제공할 수 없었고 결국 신뢰성의 위기에 직면했다. 미래의 정치적 책략 여하에 따라 그들의 운이 되살아날 수도 있겠지만, 북아일랜드가 대량 실업과 무자비한 차별에 계속 시달리는 한 반제국주의 투쟁은 계속될 것이다. 그런 상황에 대한 해결책이 사회민주노동당에는 전혀 없다.

프랑스

1968년에 일어난 사건들 때문에 프랑스 사회당SFIO은 완전히 혼란에 빠졌다. 1969년에 드골은 [지방자치제도와 상원 개혁에 관한] 국민투

---

* 신페인은 아일랜드어로 '우리 자신'이라는 뜻으로, 신페인당은 아일랜드공화국군임 시파의 정치조직이다.

표에서 패배하자 사임했고, 새로운 대통령 선거가 실시됐다. 다양한 개혁주의자들은 중도좌파를 재결집하려는 전략을 다시 한 번 시도하기로 결정했고, 알랭 포에르라는 보잘것없는 중도파 인사를 지지해서 모였다. 포에르는 사회주의자 자격이 전혀 없는 인물이었다. 사회당의 가스통 데페르는 결선투표에서 포에르에게 자신의 표를 몰아주기 위해 1차 선거에 출마했다. 그 결과는 재앙적 참패였다. 데페르는 겨우 5.1퍼센트를 득표한 반면, 프랑스공산당의 자크 뒤클로는 21.5퍼센트를 득표했다. 결선투표에서 공산당은 포에르에게 투표하기를 거부하고 매우 효과적으로 기권을 주장했다. 드골파의 후보인 조르주 퐁피두가 승리해서 귀환했고, 사회당은 불신당하고 고립됐다.

사회당과 중도파 재결집 전략이 모두 파탄 나자 프랑수아 미테랑에게 길이 활짝 열렸다. 미테랑은 사회당원인 적이 없었고, 1965년 대통령 선거에서 드골과 접전을 벌인 명성이 있었다. 이제 그는 자신의 조직인 공화국제도회의CIR와 사회당의 재결집을 위해 노력했다 (공화국제도회의는 여러 정치 클럽과 의견 그룹이 약간 느슨하게 모여 있는 조직이었다). 특히 그는 사회당 내 좌파 경향인 사회주의연구조사교육센터CERES에* 호소했다. 그래서 1971년 6월 사회당PS의 재창당이 이뤄졌고 미테랑이 사무총장으로서 공인된 지도자가 됐다. 몰레와 옛 사회당의 보수파들은 뒷전으로 밀려났다. 프랑스 사회민주주의는 최악의 상태를 벗어났고 이제부터는 상승 가도를 달리는 일만 남아 있었다.

---

*   18장 참조 — 지은이.

미테랑은 중도파 재결집 전략이 끝장났다는 것과, 공산당이 필요하다는 것을 알고 있었다. 그에게 무엇보다 필요한 것은 공산당의 표였다. 500만 명이 여전히 공산당에 표를 던지고 있었다. 그 표가 없다면 좌파는 결코 집권할 수 없을 터였다. 그러나 공산당이 필요한 다른 이유도 있었다. 첫째, 사회당이 좌파 전체의 구심점이 돼야 했는데, 1968년 이후 다양한 좌파 경향이 발전했다. 공산당과 동맹하면 사회당이 다양한 좌파 경향을 끌어당기는 힘을 발휘할 수 있을 것이고, 그 동맹에 참여하지 않는 집단들은 주변화할 터였다. 둘째, 공산당이 여전히 주요 노총인 노동조합총연맹을 통제하고 있었다. 공산당이 원하는 바를 거슬러서 집권한 좌파 정부는 격렬한 산업투쟁에 직면할 게 뻔했다. 그러면 강령과 정책을 실행할 수 없을 것이고, 따라서 사용자나 노동자 어느 쪽도 만족시킬 수 없을 터였다.

1972년 6월 사회당은 공산당과 공동강령에 합의했고, 얼마 뒤에는 좌파급진당도 여기에 동참했다. 공동강령에 서명한 다음 날 미테랑은 빈으로 날아가서 사회주의인터내셔널 대회에 참석했는데, 대회 참석자 대다수는 프랑스 사회당과 공산당의 합의를 매우 의심스러워했다. 미테랑은 그들에게 공산당과 합의한 이유를 솔직하게, 또 냉소적으로 설명했다. 그는 1965년의 대통령 선거운동을 상기시키며 다음과 같이 이야기했다.

우리의 근본적 목표는 바로 공산당이 차지하고 있는 기반 위에 위대한 사회당을 재건하는 것입니다. 그것은 공산당을 지지하는 유권자 500만 명 가운데 300만 명은 사회당에 투표할 수 있다는 것을 증명하기 위한 것입니다! 바로 그것이 우리가 공산당과 합의한 이유입니다.[21]

공산당은 이 말을 진지하게 받아들였다. 그래서 기관지에서 다음과 같이 논평했다. "우리가 보기에 이런 소망은 … 현실적인 것이라기보다는 공상적인 것인 듯하다."[22]

물론 미테랑은 적절한 때에 공산당원들에게 아부하는 법도 알고 있었다. 1962년 12월 1일 그는 공산당원들의 대중 집회에서 연설했는데, 공산당의 총애를 받는 글쟁이이자 감상적 시인인 루이 아라공의 유명한 저항시 〈장미와 물푸레나무〉를 길게 암송해서 청중을 매료했다.[23]

그러나 심각한 문제들이 발생하자 감상에 젖어 있을 시간이 없었다. 1974년에 퐁피두가 사망하자 미테랑은 다시 대통령 선거에 출마했다. 그러나 그는 공산당과 어떤 사전 합의도 하지 않으려 했다. 미테랑이 효과적으로 공산당을 덫에 빠뜨렸기 때문에 공산당은 무조건 그에게 투표하든지 아니면 그를 지지하지 않든지 해야 했다. 그러나 만약 공산당이 미테랑을 지지하지 않는다면, 좌파연합이라는 그들 자신의 전략이 파탄 날 것이고 그러면 정부 입각이라는 희망도 물거품이 될 터였다.[24] 따라서 공산당은 미테랑을 지지하는 선거운동을 할 수밖에 없었다. 결선투표에서 미테랑은 49.33퍼센트를 득표했고, 지스카르데스탱은 간신히 승리할 수 있었다.

1977년 가을에 좌파연합은 붕괴했다. 표면상으로는 공동강령에 포함된 국유화 공약의 정확한 내용이 쟁점이었지만, 실제로는 공산당이 좌파연합에 계속 남아 있다가는 종속적 구실을 할 수밖에 없다는 사실을 깨달았기 때문이다.*

---

* 13장 참조 — 지은이.

미테랑은 1968년의 아이들을 설득해서 자기편으로 만드는 데도 관심이 있었다. 1972년 빈에서 연설할 때 미테랑은 [1968년 항쟁 당시] 프랑스 극좌파들이 사회의 "심층적 욕구"를 표현했다고 긍정적으로 이야기했다.[25] 물론 그는 폭력과 직접행동을 비난하는 의무도 잊지 않았다.

1974년에 통합사회당PSU의 상당 부분이 사회당에 가입하기로 결정했다. 이것은 좌파를 끌어들이려는 미테랑의 노력이 큰 성공을 거둔 것이었다. 통합사회당은 옛 사회당SFIO의 좌파적 분열로 생겨난 조직이었는데,* 1968년 이후 많이 성장했다. 1969년 대통령 선거에서 통합사회당 후보 미셸 로카르는 3.7퍼센트를 득표했다(이것은 사회당 후보 데페르보다 겨우 1.4퍼센트 낮은 수치였다). 데마고기에 능한 로카르는 나중에 사회당 내 우파의 지도자가 돼 경제적 긴축 정책을 옹호하게 된다.

1970년대에 사회당은 흔히 다양한 쟁점에서 공산당보다 좌파인 척할 수 있었다. 그래서 1972년에 르노 자동차 공장에서 마오쩌둥주의자 청년이 무장 경비원에게 살해당했을 때 사회당은 대규모 항의 시위를 지지한 반면 공산당은 극좌파의 '도발'을 비난하기만 했다. 1979년에 사회당은 불법 라디오 송신소를 설립해서, 국가가 방송을 독점하는 것에 도전했다. 그래서 경찰이 급습했을 때 사회당 국회의원 몇 명이 두들겨 맞았고, 미테랑은 기소 위협을 받기도 했다.

사회당과 공산당이 모두 추구하고 있던 선거주의 전략은 노동조

---

* 19장 참조 ― 지은이.

합 투쟁을 약화시키는 효과도 냈다. 노동조합총연맹과 (점차 사회당을 지지하는 쪽으로 옮겨 가고 있던) 민주노조연맹은 모두 산업 투쟁을 선거 전망에 종속시키는 경향이 있었다.

사회당은 좌파적 데마고기와 온건한 실용적 태도를 성공적으로 결합한 덕분에 1970년대 내내 영향력을 급속히 확대할 수 있었다. 창당 당시 사회당원은 8만 명이 채 안 됐지만, 이후 5년간 당원이 갑절로 늘었다. 여전히 산업 현장에서는 공산당의 영향력에 한참 못 미쳤지만, 공산당을 따라잡으려고 많은 노력을 기울였다.

득표(사회당에는 이것이 결정적 요인이었다) 면에서는 사정이 더 유리했다. 1976년 3월의 여론조사 결과를 보면, 산업 노동자 가운데 사회당에 투표하겠다는 사람이 36퍼센트인 반면 공산당 지지자는 34퍼센트에 그쳤다. 또 사회당은 청년 유권자들 사이에서도 결정적 우위를 확보했다.

사회당은 노동계급 기반을 구축하는 동시에 일부 경영자와 사용자 집단의 지지도 받을 만큼 충분히 양면적이었다. 1970년대에 일부 민주노조연맹 투사들은, 노동자의 어깨 위에 사장이 걸터앉아 있는 그림에 "여러분의 사장처럼, 여러분도 사회당에 가입하십시오"라는 문구가 쓰인 포스터를 제작해서 징계를 받기도 했다.

그사이에 사회당은 계속해서 공산당의 선거 기반을 가차 없이 잠식했다. 1973년 총선에서 사회당의 득표율은 공산당보다 겨우 3퍼센트 낮았을 뿐이고, 1978년 총선에서는 막상막하였다. 1981년 대통령 선거 1차 투표에서 미테랑은 25.8퍼센트를 득표한 반면 [공산당의] 마르셰는 15.3퍼센트를 득표했다. 주요 우파 후보들인 지스카르데스탱과 자크 시라크는 각각 28.3퍼센트와 18퍼센트를 득표했다.

결선투표에서 미테랑은 지스카르보다 3.5퍼센트 앞서며 아슬아슬하게 승리했다. 이어서 실시된 총선에서도 사회당은 37.51퍼센트를 득표한 반면 공산당은 16.17퍼센트를 득표하는 데 그쳤다.

미테랑의 당선은 프랑스 국내외에서 열렬한 환영을 받았다. 프랑스에서 좌파는 1950년대 중반 몰레 정부 이후 권력의 냄새도 맡아 보지 못했다. 중년층 이하의 청년 세대는 좌파 정부에 대한 기억이 전혀 없었다. 그래서 미테랑이 당선하자 거리에서는 사람들이 춤을 췄고 노동자들은 샴페인을 들고 공장으로 가서 축하했다. 국제 좌파들도 미테랑이 과거에 집권한 개혁주의 정당들의 처참한 실패를 보상해 주고 개혁주의의 진수를 보여 줄 것이라는 희망을 품고 있었다.

프랑스 지배계급은 미테랑의 당선에 별로 불안해하지 않았다. 확실히 선거 직후 월요일과 화요일에 파리 증권시장은 일종의 공황 상태에 빠져서 시가총액이 약 40억 파운드나 날아가 버렸지만, 목요일 쯤에는 모든 것이 다시 정상을 되찾았다.[26] 미테랑이 공산당원들을 각료로 임명한 바로 그날 파리 증권시장에서는 주가가 오히려 상승했다.

미테랑은 집권 초기에 자기 지지자들을 기쁘게 하고 고무하기 위한 개혁 조치들을 실시했다. 사형제를 폐지했고, 드골 치하에서 만들어진 억압 기관인 국가안보법원도 폐지했다. [프랑스 북서부의] 브르타뉴반도에 있는 플로고프에 핵 발전소를 건설하려던 계획은 중단됐고(다른 핵 발전소 건설 계획은 계속 추진됐다), [프랑스 남서부에 있는] 라르자크의 군사기지 확장 계획도 폐기됐다. 플로고프와 라르자크는 모두 그전 몇 년 동안 좌파들이 시위를 벌인 상징적 장소였다. 이런 조치들은 진보적인 것이었지만, 결코 사회주의적인 것은 아니었다. 더욱이, 돈도 별로 들지 않았다. 다양한 재소자들을 사면한 조치는 사실상 프랑스 교도소의 과밀 압력을 덜어 줘서 돈을 아낄 수 있게 해 줬다. 미테랑이 외교정책 고문으로 임명한 레지스 드브레는 전에 게릴라전 이론가였고 1960년대에 체 게바라의 게릴라 부대에 동참했다가 볼리비아에서 투옥된 적도 있는 인물이었다(미테랑은 자신의 인사 정책이 얼마나 공명정대한지를 보여 주려고 모리스 그리모를 내무부 고위직에 임명했는데, 그리모는 5월 항쟁 당시 파리 경찰청장으로서 시위 진압 경찰을 투입해 학생들을 폭력적으로 진압한 책임자였다).

또 미테랑 정부는 상당한 국유화 강령도 실행했다. 36개 은행뿐 아니라 전자·화학·유리·알루미늄 등 5개 대기업도 국유화했다. 그것은 중요한 공적 소유 강령이었고 상당한 논란을 불러일으켰지만, 프랑스 지배계급에게는 결코 위협이 되지 않았다.

어쨌든 국유화는 전혀 새로운 것이 아니었다. 전후의 연립정부가 이미 많은 은행을 포함해 프랑스 경제의 상당 부분을 국유화했다.(미테랑이 선거에서 승리한 다음날 모피 코트를 입고 보석으로 치장한 어떤 여성이 크레디리요네 은행으로 급히 들어와 미테랑이 은행을 국유화할까 봐 걱정이라고 말하며 예금을 모두 인출하려 했다. 그녀가 들은 대답은 크레디리요네가 이미 35년 전에 국유화한 은행들 가운데 하나라는 것이었다.)[27]

더욱이, 그 국유화 모델이라는 것도 전후 르노 자동차처럼 국유화한 기업에 경영의 자율성을 보장하는 것이었다. 사실상 이것이 의미하는 바는 사적 소유 때와 똑같은 경영 구조가 지속된다는 것이었다. 사회당이 야당 시절 그토록 강력하게 주장한 개념인 자주 관리를 실험하는 흥미진진한 일 따위는 전혀 일어나지 않았다. 국가가 인수할 기업 중 하나였던 톰슨브란트의 총수는 "사기업일 때와 마찬가지로 우리가 일할 수 있다면" 국유화는 아무 문제가 되지 않을 것이라고 말했다.[28]

국유화한 기업의 옛 소유자들은 거액의 보상을 받았다. 헌법평의회는 (법률이 헌법에 위배되는지를 판단하는 기관인데) 미테랑의 원래 국유화 계획이 1789년 인권선언에 명시된 소유권을 침해한다는 이유로 중단시켰다. 이것은 단지 보상 수준을 크게 높이려는 술책이었을 뿐이다.* 그래서 심지어 〈이코노미스트〉조차 "[정부의] 새로운 제안이 관대한 것을 보고 많은 사람이 놀랐다"고 쓸 수 있었다.[29]

미테랑 정부의 경험에서 가장 독창적인 특징은 경기 부양으로 경제문제를 해결하려는 시도였다. 다른 좌파 정부들은 세계적 경기후퇴를 공공 지출 삭감이 필요하다는 핑곗거리로 이용했다. 미테랑의 대안은 경제에 더 많은 구매력을 창출해서 프랑스가 세계경제의 새로운 호황을 주도할 수 있게 하려는 것이었다. 공공 지출이 27퍼센트나 늘어났고 최저임금이 10퍼센트 올랐으며 공공 부문, 특히 교육과 우체국에서 일자리 창출 사업이 추진됐다.

이것은 사회주의의 지상낙원과는 거리가 멀었다. 새로운 일자리에

---

* 헌법평의회는 1958년 제정된 5공화국 헌법에 따라 설치된 헌법재판소로, 전임 우파 정부 시절 임명된 늙은 정치인 9명으로 이뤄져 있었는데(드골이나 지스카르데스탱 지지자가 8명이었고, 평균연령이 74세였다) 국유화의 기본 원칙은 인정하면서도 정부 법안의 보상 규정이 소유권을 침해한다면서 보상 방안을 전면 수정하라고 판결했다. 이에 정부는 주주들에 대한 보상을 최대 50퍼센트 이상 증액하는 방안을 신속하게 내놨다.

도 불구하고 실업이 계속 증가했다. 미테랑이 선거에서 승리한 그해 11월에 실업자 수가 200만 명을 넘어섰다. 미테랑의 대통령 당선 후 1년 만에 연간 물가 상승률은 14퍼센트에 이르렀고, 식료품 가격이 16퍼센트나 올랐다. 사회보험료 인상으로 가장 큰 타격을 입은 사람들은 빈민과 실업자였다. 그래도 노동자들의 처지는 어느 정도 개선됐고, 더 나은 미래에 대한 희망도 존재했다.

1982년 늦봄이 되자, 일국의 경기 부양으로 경제문제를 해결한다는 것은 일국사회주의만큼이나 공상적이라는 사실이 분명해졌다. 미테랑의 경제정책은 실패했다. 경기 부양은 프랑스 경제를 자극하지 못했고 소비재 위주의 수입 호황을 낳았을 뿐이다. 1982년 7월 처음으로 프랑스의 수입이 수출을 초과했다. 1982년 1사분기에 서독에 대한 무역 적자가 80퍼센트나 증대했다. 거의 유일하게 성공한 사례는 무기 판매 증가였다. 1982년 상반기에 무역 적자는 전년도보다 갑절이나 커졌고, 프랑스의 물가 상승률은 서독의 두 배였다. 정부가 보증한 대규모 해외 차입은 결코 해결책이 되지 못했다. 그것은 부채 부담을 가중해서 미래의 상황을 더 악화시키기만 했다.

그래서 1982년 6월에 미테랑은 경제정책의 방향을 180도 전환하겠다고 선언했다. 프랑화를 방어하고 외국무역을 개선하고 물가 오름세에 맞서 싸우는 것이 최우선 과제가 됐다. 실업 대책은 뒷전으로 밀렸다. 곤경에 빠진 개혁주의 정부들이 사용한 고전적 방법도 있었는데, 바로 4개월 동안 임금과 물가를 동결한 것이었다. 미테랑은 이제 해럴드 윌슨이 인기 스타였던 클럽에 가입한 셈이었다.

임금동결은 전면적인 것이어서, 사용자들이 이미 합의한 임금 인상까지 무효화했다. 그러나 말할 필요도 없이 물가 동결은 훨씬 불

완전했다. 많은 생산자는 포장을 바꾸거나 수량을 줄여서 가격을 슬며시 올렸다. 흔히 가격은 동결이 시작된 바로 그날 대폭 인상됐다. 정부 스스로 물가 동결 기간에 우편요금을 인상했다. 유럽경제공동체EEC의 결정에 따라 신선 식품 가격과 마찬가지로 석유와 전기 요금도 가격 동결에서 면제됐다.

분명한 것은 미테랑이 완전히 새로운 정책을 추진하고 있다는 사실이었다. 이 정책을 열렬히 환영한 〈이코노미스트〉는 다음과 같이 썼다.

지금 그가 취하고 있는 노선, 즉 물가와 소득을 따로따로 통제하는 정책은 심지어 대처 여사조차 높이 평가할 것이다.[30]

이제부터 미테랑 정부는 줄곧 긴축정책을 실시했다. 심지어 노동자들의 이익을 위해 행동한다는 시늉조차 하지 않았다. 동결 기간이 끝나자 정부는 물가 상승률 예상치를 바탕으로 임금 기준을 부과하려 했다. 주류와 담배에 무거운 세금이 붙는 등 세금이 인상됐다.

의료 서비스도 급격하게 축소됐다. 프랑스의 사회보장제도에서는 의약품 비용을 사회보험국이 환급해 줬는데, 환급률은 의약품 종류에 따라 달랐다. 그런데 이제 많은 경우에 환급률이 100퍼센트에서 70퍼센트로, 70퍼센트에서 40퍼센트로 낮아졌다. '위약(플라세보)'으로 지정된 의약품(무슨 꿍꿍이인지는 모르겠지만, 정부가 사람들에게 실제로 필요하지 않다고 결정한 품목)의 경우에는 환급이 전혀 없게 됐다.

긴축에서 제외된 분야 하나는 국방비였다. 미테랑은 1950년대와

1960년대 초에는 프랑스의 독자적 핵 억지력에 반대했다. 그러나 이제는 전임 우파 대통령 지스카르데스탱조차 꺼리던 7번째 핵잠수함을 발주했고 중성자탄 연구도 계속했다. 1982년 프랑스 혁명 기념일 [7월 14일]에는 여느 때보다 갑절이나 많은 돈을 써 가며 대대적인 군사 퍼레이드를 벌였다. 미테랑은 프랑스판 피노체트가 될 수 있는 자들의 기분을 상하게 하는 모험 따위는 결코 하지 않았다.

또 미테랑은 자신이 미국 제국주의를 지지한다는 점도 분명히 밝혔다. 그는 미국이 유럽에 미사일을 배치하는 것을 환영한다고 공개적으로 선언했고(지스카르도 꺼리던 일이었다), 독일 잡지와 인터뷰할 때는 "만약 제가 중립 노선을 비난한다면, 그 이유는 평화가 세계의 세력균형과 관련 있다고 믿기 때문입니다" 하고 말했다.[31] 1984년에 미국을 방문한 미테랑은 유럽과 중동 정책이 훌륭하다고 미국 대통령 로널드 레이건에게 공개적으로 칭찬을 받았다.[32] (미테랑은 자신의 정책이 완전히 일방적인 것은 아님을 보여 주기 위해, 서방의 국가원수 가운데 처음으로 폴란드의 야루젤스키 장군을 접견하기도 했다.)

그러나 핵심적인 경제문제는 여전히 실업이었다. 지스카르가 실업 증가에 무관심한 것처럼 보였다는 점이 무엇보다도 미테랑의 집권에 도움이 됐다. 대통령 선거 전에 텔레비전으로 방영된 두 후보 간 토론에서 미테랑은 실업 문제에 관해 열변을 토했다.

만약 이 정책이 지속된다면 실업자가 250만 명에 이르게 될 것입니다. … 그것은 엄청난 죄악이자 … 인간의 존엄성을 심각하게 파괴하는 짓입니다.[33]

[그러나] 실업이 가차 없이 증가해서 200만 명 수준을 넘어서자 지스카르만큼이나 미테랑도 무력하다는 것이 드러났다. 정부 정책은 효과가 없다는 것이 입증됐다. '연대 협약'(고용 보장의 대가로 정부가 기업에 돈을 주기로 한 협약)은 거의 영향을 미치지 못했다. 기업들은 정부의 돈을 착복하고는 나이 든 노동자들을 조기 퇴직시키고 젊은 저임금 노동자로 대체한 다음에 고용 수준을 유지했노라고 자랑했다. 대통령 선거 전에는 주 35시간 노동이 실업 문제의 해결책으로 크게 강조됐다. 실제로는 주 39시간 노동조차 파업과 노조의 강력한 압력 후에야 비로소 도입됐고, 이후 노동시간 단축 제안은 흔적도 없이 사라져 버렸다.

사실 정부의 실업 통계 수치들은 문제를 과소평가하는 것처럼 보인다. 왜냐하면 그 수치에는 시간제 일자리나 임시직을 구하는 사람, 저임금으로 직업훈련을 받고 있는 청년, '일자리를 찾는' 것이 아니라 '직업훈련 기회를 찾는' 것으로 분류된 청년, '노동 부적합자'로 재분류된 장기 실업자 등은 빠져 있었기 때문이다. 그런 통계 수치 조작으로 은폐된 실업자가 십중팔구 25만 명은 될 것이다.

(노동자와 사용자의 분담금으로 조성한 기금에서 실업급여를 지급하는) 전국상공업고용조합UNEDIC이 위기에 빠진 1982년 가을에 실업자들을 공격하는 또 다른 조치가 취해졌다. 실업률이 낮을 때 조성된 그 기금은 실업 증가의 부담을 감당할 수 없게 됐고, 사용자들은 자신들의 분담금 인상을 막으려고 엄청난 압력을 가하고 있었다. 결국 미테랑은 기업주들의 압력에 굴복했다. 이제 그는 해럴드 윌슨이 아니라 램지 맥도널드의 뒤를 따르고 있었다. 즉, 실업급여를 삭감한 것이다.

1983년 10월부터 1984년 10월까지 실업자가 16퍼센트 이상 증가했다. 이제 프랑스는 선진국 중에서 청년 실업률이 가장 높은 나라가 됐고, 길거리에는 젊은 거지들이 점차 눈에 띄었다. 그러나 미테랑의 발언에서는 갈수록 사회주의보다는 수익성에 관한 언급이 많아졌고, 그가 밀어붙인 정책들은 철강·자동차·조선·탄광 산업에서 일자리가 사라지는 것을 의미했다.

사회당 정부의 비굴한 후퇴는 우파의 자신감만 높여 줬을 뿐이다. 1983년에는 (상점 주인, 농민, 우파 학생 같은) 일부 중간계급의 시위 물결이 일었고, 노동계급의 저항은 정부에 계속 충성하는 노조에 의해 억제됐다. 미테랑이 집권하면서 산업 투쟁 수준은 낮아졌다. 1970년대 말에는 철강 산업에서 고용을 요구하는 대규모 투쟁이 있었다. 그러나 1983년에 사회당 정부가 철강 산업의 인원 감축을 발표했을 때는 저항이 거의 없었다. 자동차 공장들처럼 투쟁이 있는 곳에서는 노조 관료들이 나서서 투쟁을 고립시키고 뒤통수를 쳤다. 사기 저하가 확산되는 분위기에서 치러진 보궐선거와 1983년 [3월] 지방선거에서는 강력한 우경화 현상이 나타났다.

대중이 사회당 정부에 환멸을 느끼면서 나타난 훨씬 더 걱정스러운 결과는 1983년 이후 뚜렷해진 인종차별적 우파 조직의 성장이었다. 1984년 유럽의회 선거에서 장마리 르펜이 이끄는 국민전선FN이 10.95퍼센트를 득표했다(이것은 공산당의 득표율 11.2퍼센트보다 근소하게 낮은 수치였다). 르펜의 정치에서 중심축은 이민자들을 공격하는 것이었다. 국민전선이 자신 있게 내세운 포스터에는 "실업자가 200만 명인데, 이민자 200만 명은 너무 많다"는 문구가 적혀 있었다. 이민자 공격과 결합된 잡다한 우파적 주제들로는 법질서, 사형제

부활, 사교육 옹호, 민영화, 파업권 제한 따위가 있었다. 단기적으로 르펜의 주요 관심사는 선거에서 괜찮은 성적을 내는 것이었지만, 국민전선은 순수한 파시스트 조직으로 발전할 가능성이 있었다. 르펜이 선거에서 성공을 거두자 인종차별적 공격과 살해의 물결에 청신호가 켜졌다.

처음에 사회당은 선거 결과가 두려워서 인종차별에 대항할 엄두를 내지 못했다. 1983년 지방선거에서 가스통 데페르는 (마르세유 시장이었을 뿐 아니라 미테랑 정부의 내무부 장관으로서, 인종차별적 기관으로 악명 높은 프랑스 경찰의 책임자였는데) 다음과 같은 문구가 적힌 포스터로 도시를 도배하다시피 했다. "우파는 불법 이민을 양산하지만, 좌파는 이민을 통제한다."[34]

그래서 르펜에 대항하는 반격을 시작하는 일은 조직된 좌파 정치 바깥의 [인종차별 반대] 단체인 에스오에스라시슴SOS-Racisme에 맡겨졌다. 인종차별 반대 운동이 본궤도에 오르기 시작했을 때(에스오에스라시슴은 3개월 만에 50만 개의 배지를 판매했다) 사회당은 시류에 편승해서 그들을 지지했다. 사회당 정부는 1985년 6월 파리에서 에스오에스라시슴이 조직한 대규모 인종차별 반대 축제에 자금을 지원했다.

그러나 집권 5년째에 미테랑은 선거에서 인기가 급락했고, 권력을 유지할 수 있는 길을 찾아 허우적거리고 있었다. 비례대표제 도입으로는 1986년 3월 총선에서 우파가 원내 다수파가 되는 것을 막을 수 없었다(비록 절대다수가 되는 것은 막을 수 있었지만 말이다). 또 비례대표제는 인종차별적인 국민전선이 35석을 차지할 수 있게 해 줬다. 미테랑은 드골파인 자크 시라크를 총리로 임명할 수밖에 없었고, 우파 정부와 '동거'해야만 했다. 이 우파 정부는 경찰력을 강화하고 민영화 계획을 수립하기 시작했다. 바로 그것이 프랑스에서 좌파 집권 5년의 유감스러운 결과였다.

이탈리아

1981년 이전에 미테랑이 프랑스 사회당을 재건하고 공산당을 능가하는 데 성공한 것은 다른 나라 사회민주주의자들에게 하나의 모델이 됐다. 그러나 이탈리아의 상황은 훨씬 더 힘들었다. 1970년대 중반에 이탈리아에서는 (집세, 식료품 가격, 교통 요금 등의 문제로) 노동자 투쟁의 물결이 크게 일었다. 학교와 빈집이 점거됐고, '붉은 보건소들'이 만들어졌으며, 교도소에서 반란이 일어났다. 온 나라가 반란으로 부글부글 끓고 있었다.

그러나 정치는 여전히 교착상태에 빠져 있었다. 1976년 총선에서 공산당은 34.4퍼센트를 득표했고, 기독교민주당은 38.7퍼센트를 득표했다. 사회당은 양대 정당 사이에서 짓눌려 겨우 9.6퍼센트를 득표하는 등 최악의 상태에 이른 듯했다.

30년 동안 이탈리아를 지배해 온 기독교민주당은 부패했고 심각하게 분열해 있었다. 이탈리아 지배계급은 위험을 무릅쓰고 위기를 극복할 수 있는 영국 노동당 같은 세력이 절실히 필요했다.

바로 이런 상황에서 이탈리아사회당은 서서히 기운을 되찾기 시작했다. 그들은 당분간 중도-좌파 노선이 전혀 득이 될 것이 없다는 점을 알고 있었다. 왜냐하면 그 노선은 사회당을 기독교민주당의 하위 파트너로 전락시켰을 뿐이기 때문이다.

그러나 새로운 전략을 발전시키는 데는 근본적 모순이 있었다. 사회당이 보기에 분명한 대안은 미테랑이 추진한 좌파연합을 모방해서, 사회당·공산당 정부를 세우려고 노력하는 것이었다. 그러나 만약 사회당이 이런 전략을 채택한다면, 스스로 공산당보다 더 좌파적 정당이 될 터였다. 왜냐하면 공산당은 기독교민주당과 '역사적 타협'을 이루는 데 몰두하고 있었기 때문이다(13장 참조).

따라서 사회당은 공산당을 공격하는 동시에 그들의 지지를 얻으려고 애쓰는 모순된 처지에 놓이게 됐다. 많은 점에서 사회당은 점점 더 공격적 태도를 취했다. 그들은 공산당이 레닌주의 조직이라고 공개적으로 비판했고, 자신들의 마르크스주의적 과거와 사실상 단절했다. 러시아 혁명 이후 사회당의 상징으로 사용된 망치와 낫 그림은 폐기되고 카네이션으로 교체됐다.

사회당의 이런 진화를 보여 주는 가장 뚜렷한 징후는 1976년 총선 직후인 7월에 나타났다. 베티노 크락시가 새 사무총장으로 선출된 것이다. 크락시는 피에트로 넨니의 제자였지만, 사회당의 보수파와 완전한 단절을 나타내는 인물이었다. 겨우 42세에 당 지도자가 된 크락시는 당의 불행한 과거 경험(1940년대 말의 스탈린주의나 1960년대의 실패한 중도-좌파 경험)과 스스로 단절할 수 있었다.

크락시는 정치적 책략에 능했고, 사회당이 의회에서 양대 정당 사이에 낀 처지 덕분에 사회당 자체의 사회적 기반이나 선거 기반보다 훨씬 더 큰 영향력을 발휘할 수 있다는 사실을 알고 있었다.

크락시는 공산당과의 동맹은 스탈린주의의 잔재에 대한 날카로운 비판 위에서 이뤄져야 한다고 주장했다.

우리는 좌파를 위한 전략적 대안을 제안하고 있습니다. … 그러므로 우리는 공산당이 이룩한 진보를 강조하지만, 그들의 침묵과 모호한 태도도 강조합니다. 우리는 [사회당이 공산당의] 동조자로 여겨지는 위험을 무릅쓸 수 없습니다.[35]

크락시의 전망은 '역사적 타협'이 실현될 수 없을 것이라는 정확한 예상에 바탕을 두고 있었다. 그는 사회당이 겨우 10퍼센트의 득표율로는 프랑스 사회당을 모방할 수 없다는 사실을 잘 알고 있었다. 또 공격적 태도가 사회당의 기반을 확대하는 가장 좋은 방법이라는 것도 알고 있었다.

간단한 길이 하나 있습니다. 흔히 말하듯이 '합리적'이 돼서 정부에 들어가는 것입니다. 그러지 않으려면, 공산당의 파트너가 돼 그들을 도와주는 길이 있습니다. 그러나 우리는 종속적 구실을 할 준비가 돼 있지 않습니다. 그리고 우리 당의 젊은 간부들도 그렇게 할 준비가 돼 있지 않습니다. 우리는 합리적으로 되고 싶지도 않고, 공산당의 말처럼 대동단결하는 것도 바라지 않습니다.[36]

따라서 여전히 다루기 힘든 노동계급에게 긴축을 설득하려고 공산당과 기독교민주당이 단결해 있는 동안 사회당은 뒤로 물러나서 가끔 주도력을 발휘할 수 있었다. 그래서 기독교민주당 지도자 알도 모로가 [극좌파 테러 조직] '붉은 여단'에게 납치당했을 때, 공산당은 테러리스트들과는 어떤 협상도 없다고 주장하면서 자신의 '책임감'을 증명하려 한 반면에 사회당은 협상 요구를 지지할 수 있었다. 1978년에 사회당은 주요 정당 간의 교착상태를 이용해 사회당 소속 전 하원 의장 산드로 페르티니가 공화국 대통령으로 선출되게 할 수 있었다.

1980년 4월 사회당은 이제 정부에 복귀할 때가 무르익었다고 판단했다. 그들은 정치적 비중이 커진 대가로 [기독교민주당 소속의 총리] 프란체스코 코시가의 새 내각에서 27명의 각료 중 아홉 자리를 차지했다.

1983년 6월 이탈리아 총선에서 사회당의 득표율은 11.5퍼센트로 상승했다. 1976년의 낮은 득표율에 비하면 상당히 높아졌지만, 기독교민주당의 33퍼센트나 공산당의 30퍼센트에 비하면 여전히 매우 낮았다. 사회당의 주요 사회적 기반은 여전히 전문 기술직과 관리직 같은 비교적 얇은 사회계층에 국한돼 있었다. 그렇지만 크락시는 양대 정당 간의 교착상태를 이용해, 유일한 정치적 해결책은 자신이 총리가 되는 것뿐이라고 주장할 수 있었다. 공식은 여전히 중도-좌파 정부였다. 그러나 기독교민주당의 처지에서 총리직을 포기하는 것은 (1940년대 이후 단 두 번뿐이었는데) 중대한 강조점 변화를 의미했다.

[1983년 8월] 집권한 크락시의 정책들은 유럽 다른 나라 사회민주주의자들과 마찬가지로 별 볼 일 없었다. 그는 (소련의 미사일 기지에 대한 최초의 핵 공격을 가능하게 하려고 고안된) 미국의 크루즈미사일을 이탈리아에 들여오는 것을 환영했고, 1986년까지 철강 산업의 일자리 2만 6500개를 감축하겠다는 계획을 발표했다. 또, 1970년대 말에 실시된 자유주의적 조치들 가운데 하나인 정신병원 개혁도* 없

---

* 1978년 이탈리아는 정신 질환자를 지역사회에서 격리하는 제도를 개혁하기 위해 점진적으로 모든 정신병원을 폐쇄하고 광범위한 지역사회 기반 서비스로 대체하겠다는 이탈리아정신건강법을 도입했다.

는 일로 만들어 버렸다(그 개혁은 돈이 부족해서 실패했다). 크락시는 취임사에서 "우리는 미치광이들을 다시 보호 수용소에 집어넣어야 합니다" 하고 고상하게 말했다.[37]

결정적으로 중요한 문제는 임금이었다. 크락시의 주요 임무 하나는 이탈리아 노동자들의 생활수준을 유지해 주는 근본적 요소, 즉 임금-물가 연동제를 분쇄하는 것이었다. 그 제도 덕분에 노동자들은 생계비 상승분의 75퍼센트를 무조건 보장받을 수 있었다. 크락시는 한 달에 12파운드가량을 줄이는 삭감안을 입법화했다. 그 법안은 대중의 반발을 사서, 약 70만 명이 참가한 시위가 벌어졌다. 더 작은 노조 연맹체인 이탈리아 노동조합연맹CISL과 노동조합연합UIL은 크락시를 지지했다. 그러나 공산당의 통제를 받는 이탈리아 노동조합총연맹CGIL은 크락시의 법안을 전면 거부했다. 그래서 〈이코노미스트〉는 신이 나서 다음과 같이 보도했다.

유럽에서 가장 강력한 노동조합운동 가운데 하나가 두들겨 맞아서 산산조각 나고 있다. 그것도 사회주의자가 이끄는 정부한테 그렇게 당하고 있다.[38]

1985년 6월 물가-임금 연동제의 혜택을 축소하는 법률을 폐지할지 말지를 묻는 국민투표가 실시됐다. 공산당과 그들이 주도하는 노조인 노동조합총연맹은 산업 투쟁에서 선거 대결로 방향을 바꿨다. 크락시는 (만약 국민투표에서 패배하면 총리직을 사임하겠다고 위협해서) 간신히 승리했다. 그래서 물가-임금 연동제에 대한 추가 공격의 길이 열렸다.

공산당은 중대한 패배를 겪었지만, 사회당이 공산당의 대중적 기반과 경쟁할 수 있을 때까지는 아직 갈 길이 한참 멀었다. 더욱이, 크락시가 최전선에서 활약하는 동안 기독교민주당은 조직을 정비해서 재집권을 준비하기 시작했다. 그렇지만 크락시와 사회당은 2년간 집권하는 동안 이탈리아 자본주의를 위기에서 구하기 위해 다른 어떤 정치 세력보다 더 많은 일을 해냈다. 1985년 말에 〈이코노미스트〉가 크락시를 "유럽의 실력자"라고 치켜세운 것도 다 이유가 있었다.[39] 1986년에 크락시는 전후 이탈리아 총리 가운데 처음으로 밀랍 인형으로 만들어져 런던의 마담투소 박물관에 전시됐다.

* * *

캘러핸과 미테랑과 크락시는 저마다 다른 상황에서 다른 전술을 구사했다. 그러나 결국은 모두 매우 비슷한 일을 했다. 자본주의 체제를 구하기 위해 노동자들의 생활수준을 떨어뜨린 것이다. 그들은 모두 순수한 일국적 해결책의 여지가 거의 없는 세계경제 위기라는 제약에 직면했다. 그리고 개혁주의자들이 과연 누구 편인지를 보여 주는 또 다른 증거를 제공했다.

16장 스웨덴 복지국가의 성공 신화

집권한 사회민주주의 정당의 꾀죄죄한 행적을 비판하면 사회민주주의자들은 대개 경제 위기 때 집권해서 그랬다느니 의회에서 안정적 다수를 확보하지 못해서 그랬다느니 하는 변명을 할 것이다. 그러므로 1945년 이후 사회민주주의 정당의 지속적 통치를 10년 이상 '즐긴'(이런 표현이 맞는다면) 유럽 나라들을 살펴보는 것도 유익하겠다. 스웨덴·오스트리아·서독은 사회민주주의가 무엇을 성취할 수 있는지를 보여 준 모델로 흔히 거론된다. 예컨대, 미테랑은 흔히 오스트리아 '사회주의'를 열심히 칭찬한다. 그러나 늘 그렇듯이 현실은 그다지 좋아 보이지 않는다.

스웨덴

스웨덴은 사회민주주의의 꿈나라다. 사회민주주의 지지자들이 보기에 스웨덴의 성과는 혁명이 불필요하다는 것을 증명한다. 사회민주주의의 적들이 보기에 스웨덴의 (신화적) 자살률은 사회주의의 실현 불가능성을 증명한다. 스웨덴사회민주노동당SAP[이하 사민당]은

1932년부터 1976년까지 줄곧 집권했다(1936년에 3개월 동안만 제외하고). 이것은 사회민주주의 정당의 세계 최장기 집권 기록이다. 1982년과 1985년에도 사민당은 총선에서 승리했다. 스웨덴에서 불가능한 일은 다른 어느 나라에서도 불가능하다는 주장이 나올 법도 하다.

지난 50년간 스웨덴은 고도로 발전한 복지국가가 어떤 것인지를 보여 줬다. 즉, 넉넉한 노령연금과 휴가 일수와 건강보험은 스웨덴 사회의 중요한 특징이었다. 스웨덴은 유럽에서 실업률이 가장 낮은 나라 축에 들고, 세계에서 기대 수명은 가장 길고 유아 사망률은 가장 낮은 나라 축에 든다. 낙태의 자유가 법률로 보장돼 있고, 사람들은 세계 최고의 생활수준을 누리며, 1인당 소득은 서독보다 더 높다.

그러나 이런 성과를 액면 그대로 받아들여서는 안 된다. 스웨덴이 이렇게 성공한 이유는 사민당(가끔은 약간의 마르크스주의 미사여구를 기꺼이 사용한다)의 정치적 의지 때문이라기보다는 사회민주주의 실험에 특별히 적합한 환경 때문이었다고 할 수 있다. 스웨덴은 인구가 약 800만 명밖에 안 되는 작은 나라다. 그 규모와 지리적 위치 덕분에 유럽 각국의 충돌과 분쟁에서 중립을 유지할 수 있었다. 제2차세계대전 동안 스웨덴은 피해가 비교적 적었다. 그래서 손상되지 않은 생산능력 덕분에 전후 시기에 세계시장에서 경쟁하기에 유리한 위치를 확보할 수 있었다. 최근에는 군비경쟁의 직접적 압력에서 자유로울 수 있었다. 그래서 스웨덴 자본주의는 주요 제국주의 열강들을 제물 삼아 다양한 제3세계 나라들과 수지맞는 거래를 할 수 있었다(좌파 정부의 '진보적' 반제국주의 외교정책이 도움이 됐다는 것은 분명하다).

더욱이, 사민당은 대체로 스웨덴 정계의 흐름을 거스르지 않았다. 그들은 집권 기간 거의 내내 단독으로 집권하지 않고 연립정부를 구성했다. 즉, 제2차세계대전 동안에는 모든 정당과, 1950년대에는 대부분 농민당(나중에 중도당으로 이름을 바꿨다)과 연립정부를 구성했다(이것이 의미하는 바는, 예컨대 농산물 가격을 높게 유지하기로 [농민당과] 거래를 했다는 것이다). 사민당의 목표는 흔히 야당들의 지지를 받아서 개혁을 실행하는 것이었다. 따라서 1976년부터 1982년까지 집권한 우파 정부는 사민당의 정책들을 뒤집으려는 중요한 시도를 전혀 하지 않았다. 실제로는 이 기간에 집권한 이른바 '부르주아' 정부가 44년간의 사민당 집권기보다 더 많은 국유화를 단행했다.[1] 사실 사민당과 '부르주아' 정당들 사이의 이데올로기 차이는 크지 않다. 그래서 보수당은 '사회적 시장경제'를 주창했고, 중도당은 '민주적 복지사회'를 주창했다.

그러므로 사민당이 항상 자본주의 경제의 틀 안에서 움직였고 자본가들의 권력에 결코 도전하지 않았다는 사실은 전혀 놀라운 일이 아니다. 1930년대 이래로 사민당은 대자본과 긴밀하게 협력했고, 제2차세계대전 동안에는 많은 기업인이 전시 행정부에서 요직을 맡았다.

자본가들의 재산을 상당 부분 몰수하려는 시도가 전혀 없었다는 것은 확실하다. 공공 부문 전체가 국민소득의 약 3분의 2를 차지하고, [수도·가스·전기 등을 공급하는] 공익 기업체와 대중교통 체계와 광산업도 공공 부문에 포함된다. 그러나 국가가 소유한 제조업 부문은 아주 작다. 일부 강력한 개별 자본가들은 아무 탈 없이 살아남았다.

금융업자 마르쿠스 발렌베리가 1982년에 죽었을 때, 그가 결정권을 쥐고 있던 기업들의 연간 총매출액은 그해 정부의 조세수입 예상액과 맞먹었다.[2] 국유화 자체는 사회주의가 아니지만, 사유재산의 몰수 없는 사회주의는 존재할 수 없다.

사민당의 관심사는 항상 노동과 자본의 협력 관계를 확립하는 것이었지 노동자들을 위해 자본에 대항하는 것이 아니었다. 사민당의 전망은 당의 지도적 사상가 중 한 명인 에른스트 비그포르스가 다음과 같이 요약한 바 있다.

사적 산업의 생산을 늘리는 정책이 우리가 바라는 사회변혁에 도움이 될 수 있다는 생각은 사회민주주의에 결코 낯선 것이 아니다. 자본주의의 발전이 사회주의로 이행하는 데 필요한 조건들을 창출할 것이다.[3]

1985년 총선 때 사민당이 제작한 포스터를 보면, 스포츠카를 타고 있는 말쑥한 청년 기업인이 "저는 스웨덴 경제의 질서가 유지되기를 바라기 때문에 사민당에 투표할 것입니다" 하고 말한다.[4]

1980년대에 사민당은 노동과 자본의 조화를 촉진할 새로운 방안, 즉 임금노동자 기금을 내놨다. 우파의 선전 공세에도 불구하고 그 제도는 자본주의 체제를 전혀 위협하지 않았다. 임금노동자 기금은 노조의 대표가 다수를 차지하는 이사회가 운영했고 공기업에 투자됐다. 사민당 [우파] 지도자인 셸올로프 펠트는 그 기금의 실제 목적을 다음과 같이 강조했다. "우리는 그 기금이 시장경제에 적응할 수 있기를 바란다. 시장경제에서는 이윤이 [경제] 회생의 진정한 원천이다."[5]

평등한 [부의] 재분배를 위해 만들어졌다고 하는 조세정책에도 불구하고 사민당이 집권한 스웨덴은 평등을 향한 극적인 변화를 만들어 내지 못했다. 사민당이 통치한 지 20년이 지난 1950년대 중반에도 소득 상위 10퍼센트가 세후 총소득의 27퍼센트를 차지했다. 이것은 당시 보수당이 집권한 영국의 수치 24.5퍼센트와 비슷하다.[6] 1940년대부터 1960년대까지 블루칼라와 화이트칼라 노동자의 소득 격차는 실제로 커졌다. 1970년대 초에는 정부 보고서조차 다음과 같이 결론을 내렸다. "[저소득과 실업이 모두 만연해 있고, 현재의] 사회정책 아래서 소득재분배 제도는 무시해도 될 정도의 재분배 효과밖에 없다."[7] 교육제도는 상류층 자녀에게 유리한 차별을 계속 유지하고 있었다.[8]

사민당이 양성평등 정책을 시행했다는 주장도 더 면밀히 살펴봐야 한다. 1970년대에 풀타임으로 일하는 여성의 수는 실제로 감소했다. 1979년 무렵 여성은 노동인구의 44퍼센트였지만 실업자의 55퍼센트를 차지했다. 여성은 전통적으로 남성이 지배하던 분야의 일자리를 파고드는 데 실패했다. 그래서 학교 교장의 90퍼센트는 남성이지만 담임교사는 대부분 여성이었다.[9]

사민당의 주요 강점은 노동계급 기반이었다. 사민당은 지지자들에게는 약간의 개혁을 제공하고 스웨덴 자본주의에는 비교적 수동적인 노동계급을 제공할 수 있었다. 사민당이 선거에서 얻은 표는, 국가에서 소득을 얻는 스웨덴인의 60퍼센트에서 그리고 매우 잘 조직된 강력한 스웨덴 노총LO과의 긴밀한 연계에서 나오는 것이었다. 그러나 노동계급을 위해 행동하는 정당으로 여겨지는 사민당이 노동계급의 자주적 행동을 원하지 않는다는 사실은 그들이 도입하고 유지해 온 노동법을 보면 알 수 있다. 왜냐하면 그 법률은 사용자들의 직장 폐쇄는 쉽게 해 주고 노동자들의 파업권은 (예컨대, 사전 통보를 요구하거나 법적 구속력이 있는 계약을 강요하거나 해서) 제한했기 때문이다.

스웨덴이 노동과 자본의 조화를 성공적으로 확립했다는, 즉 사실상 파업이 없는 지상낙원이라는 신화는 1970년 초에 스웨덴의 주요 국유 기업 가운데 하나인 광산 회사 LKAB가 노동자 5000명의 비공인 파업으로 타격을 받으면서 산산조각 났다. 처음에는 파업의 원인이 임금 계약에 대한 불만이었지만, 곧 다른 불만들, 특히 열악한 노동조건과 경영진의 횡포에 대한 불만도 터져 나왔다. 의미심장하게도, 노동자의 다수는 관료적 노조가 자신들을 대표하는 것을 거부하고 특별 파업 위원회를 건설했다. 그 파업은 스웨덴의 다른 많은 산업 부문의 공장들로 확산됐다(고 심지어 덴마크와 노르웨이에서도 비공인 파업을 불러일으켰다). LKAB 광원들과 연대하려는 움직임이 널리 퍼졌고, 많은 공장에서 모금이 진행됐다.

이듬해 봄에 공공 부문 노동자들의 훨씬 더 큰 파업 물결이 스웨덴을 강타했다. 학교가 문을 닫았고, 철도 운행이 대부분 중단됐다. 심지어 군 장교들도 파업에 가담했다(진보적인 스웨덴에서는 군 장교도 노조로 조직돼 있었다). 정부의 대응은 직장 폐쇄를 강행하는 것이었다. 스웨덴의 산업 평화 신화가 급속히 무너지고 있었다. 1985년 5월에는 스웨덴 역사상 최대 규모의 공공 부문 파업이 벌어졌다. 공공 부문 노동자 2만 명이 학교 문을 닫고 공항을 폐쇄하면서 파업은 시작됐다. 세관원들이 일손을 놔 버리자 수출과 수입이 모두 중단됐다. 정부의 대응은 대규모 직장 폐쇄였다. 개혁주의자들이 47년간 집권했어도 계급투쟁은 사라지지 않았다.

물론 사민당의 통치에도 불구하고 국가기구는 전혀 손상되지 않고 그대로 남아 있었다. 실제로 1969년에 국가 보안경찰은 (사민당 지도자로서 그해 10월에 총리가 되는) 올로프 팔메를 위험인물로 분류했다. 그가 미국의 베트남전쟁을 반대하는 운동에 참여했다는 것이 그 이유였다.[10]

또 스웨덴은 자본주의 경제 위기의 끔찍한 측면들이 존재하지 않는 꿈나라 같은 곳도 아니었다. 제2차세계대전 후에 스웨덴 사용자들은 주로 그리스·터키·유고슬라비아에서 오는 이민을 장려했다. 1980년대에 스웨덴에는 외국 출신이 약 100만 명이나 있었다. 정부가 실시한 이민 통제는 이민노동자들에게 '골칫거리'라는 딱지를 붙이고 그들을 적대감의 표적으로 만드는 데 기여했을 뿐이다. 실업이 증가하기 시작하자 인종차별적 폭력이 점차 흔한 일이 됐다.

1976년 9월에 사민당은 총선에서 패배했다. 사민당 지도자 올로프 팔메가 핵 발전소 건설 계획을 열렬히 지지한 것이 총선 패배의 한 요인이었음은 명백하다.

이 시점까지 스웨덴은 세계 자본주의 구조에서 차지하는 주변적 위치 덕분에 경기후퇴의 최악의 결과를 피할 수 있었다. 그러나 스웨덴도 세계경제의 외부에 머물러 있을 수는 없었다. 느리지만 분명히 경기후퇴의 악영향이 나타나기 시작했다. 1983년이 되자 실업률이 전후 기록적 수치인 3.6퍼센트에 이르렀다. 늘 그렇듯이 공식 수치만 보면 문제를 과소평가하게 된다. 어떤 관찰자가 계산한 결과를 보면, 구할 수 있는 일자리가 없어서 구직을 포기한 사람들이나 특별 인력 양성 프로그램에 참가하고 있는 사람들, 풀타임 일자리를

원하는 파트타임 노동자들을 모두 합칠 경우 전체 실업률은 13.2퍼센트로 껑충 뛰었다.[11]

이렇게 경기후퇴가 시작되자 사민당이 사회민주주의 정당의 고전적 구실을 할 때가 찾아왔다. 그래서 1982년 9월 총선에서 사민당은 다시 정권을 잡았다.

놀랍게도 스톡홀름 증권시장은 새 정부를 환영했고, 주가가 급등했다. 총선 다음 주에 주가는 연일 최고치를 경신하며 치솟았다.[12]

올로프 팔메가 이끄는 새 정부는 수출을 지원하기 위해 즉시 스웨덴 통화의 가치를 16퍼센트 떨어뜨렸다(평가절하). 이것은 전 국민이 4퍼센트의 생활수준 하락을 받아들여야 할 것이라는 발표와 연결됐다. 직접세가 2퍼센트 증가했고, 정부는 평가절하로 인한 물가 상승을 6퍼센트로 억제하기 위해 연금을 인상하지 않을 것이라고 발표했다.

이 일을 제대로 해내기 위해 팔메는 사민당과 노동조합의 연계에 더 의존해야 했다. 그래서 주요 노조 관료 3명을 정부 각료로 임명했다. 재무부 장관인 셸올로프 펠트는 다음과 같이 말했다.

국제기구들은 우리 경제의 군살을 빼야 한다고 우리에게 말했다. … 그것은 어려운 수술이지만, 사민당 정부는 노조의 지지에 호소할 수 있다는 점에서 엄청난 자산을 갖고 있다. 이 자산, 즉 지난 반세기 동안 우리가 노조 안에서 형성해 놓은 신뢰라는 이 자산을 우리가 이용하지 않는다면 무책임한 일일 것이다.[13]

펠트는 그 수술의 친자본주의적 성격을 아주 분명히 하면서 다음과 같이 강력히 권고했다.

우리는 산업의 경쟁력을 강화하고, 기업 이윤의 증대를 받아들이고, 투자를 촉진하고, 사적 소비를 억제해야 한다.[14]

스웨덴 사민당은 '특수한 경우'로서 오랜 세월을 보낸 뒤에 결국 다른 사회민주주의 정당과 같은 신세가 됐다.

오스트리아

오스트리아사회당SPÖ은 1970년에 [단독으로] 집권했고, 이후 세 차례 총선에서 모두 50퍼센트 이상 득표했다. 흔히 오스트리아는 브루노 크라이스키(사회주의인터내셔널에서 유명 인사였고, 여전히 마르크스를 곧잘 들먹였다) 치하에서 1970년대에 '경제 기적'을 이룩했다고들 말한다. 확실히 실질적 개혁이 있었다. 즉, 주 40시간 노동, 가족수당, 의료 서비스 개선과 낙태 합법화 등이 있었고, 실질임금이 올랐으며 실업률은 낮게 유지됐다.

스웨덴과 마찬가지로 오스트리아도 작은 나라이고(인구가 800만 명이다), 1945년 이후 중립국으로서 군비경쟁의 직접적 압력을 받지 않았다. 이른바 '경제 기적'은 대체로 1970년에 임금수준이 다른 유럽 나라보다 낮았고 외국자본이 대거 유입됐다는 사실로 설명될 수 있다. 오스트리아는 다국적기업의 국내 진출을 장려했다. 그와 동시에 환율을 이용해 국제적 인플레이션의 영향을 완화했다. 오스트리아의 외교정책도 긍정적인 경제적 이점이 있었다. 크라이스키가 팔레스타인을 지지하는 태도를 취한 덕분에 아랍 국가들과 매우 유익한 거래를 할 수 있었다. 그러나 오스트리아의 국제적 입장은 심지어 스웨덴만큼도 '진보적'이지 않았다. 크라이스키는 미국의 베트남 전쟁을 결코 비판하지 않았다. 오스트리아는 샤[이란 국왕의 칭호]가 지배하는 이란과 우호적 관계를 유지했고, 남아공과 수지맞는 거래를 했다.

스웨덴 사민당과 마찬가지로 오스트리아사회당도 비사회주의 정당들과 오랫동안 협력했다. 1945년부터 1966년까지 오스트리아사회당은 보수 정당인 국민당과 함께 연립정부를 구성했다. 오스트리아가 서유럽에서 가장 큰 공공 부문이 있는 나라 축에 든다는 사실은 특별히 사회주의적인 정책들의 결과가 아니라, 1946~1947년으로 거슬러 올라가는 초당적 국유화 법령의 산물이었다(5장 참조). 크라이스키는 항상 자기 당의 한계를 넘어서 지지를 받으려고 노력했다. 어떤 여론조사 결과를 보면, 국민당에 투표한 사람들 가운데 57퍼센트는 크라이스키를 최고의 총리로 여겼다.[15] 1983년 총선에서 의회 과반 다수당의 지위를 잃은 사회당은 자유당과 연립정부를 구성했는데, 자유당은 오랫동안 옛 나치 잔당의 피난처였다.

가끔 마르크스주의적 미사여구를 사용했지만, 사회당은 결코 오스트리아 자본주의를 조금도 위협하지 않았다. 크라이스키는 자신이 이끄는 정부의 목표가 "오스트리아를 현대적 산업국가로 만들어서 기꺼이 유럽의 일부가 되는 것"이라고 밝혔고, "메이데이는 노동자들이 민주적 국가에 통합됐다는 것을 나타낸다"고 말하기도 했다.[16] 사회당의 이론가 한 명은 그 점을 다음과 같이 표현했다.

유권자들이 우리에게 맡긴 임무는 오스트리아를 현대화하는 것이었다. 우리는 그 이상의 권한을 위임받고자 하지 않았다. 즉, 우리의 기본 강령에 나와 있는 사회주의적 구조들을 창출하기 위한 더 광범한 조치들을 실시하려고 하지 않았다.[17]

사회당의 경제정책은 케인스주의적 방법을 시장경제에 적용한 것 이상이 결코 아니었다.

당연히 평등을 위한 실질적 조치도 전혀 없었다. 어떤 교수의 연구 결과를 보면, 1970년대에 국민소득에서 임금이 차지하는 몫은 실제로 감소했다. 1975년부터 1980년까지 임금노동자의 총소득이 45퍼센트 증가하는 동안 그들이 내는 세금은 97퍼센트 증가했다.[18] [1970~1981년에] 사회당 소속 재무부 장관이던 요하네스 안드로슈는 기존 조세제도 덕분에 오스트리아가 서독 자본을 유치할 수 있다는 이유로 더 진보적인 조세제도의 도입을 거부했다.[19]

오스트리아 [사회민주주의]를 옹호하는 주장은 주로 세계적 경기후퇴 와중에도 실업률이 낮게 유지됐다는 것이다. 특히 사회당 정부가 실업 증가를 막기 위해 재정 적자를 기꺼이 감수했다는 것이다. 크라이스키는 다음과 같이 말했다.

수천 실링의* 재정 적자보다 더 나를 밤잠 설치게 만드는 것은 1000여 명의 실업자다.[20]

---

* 실링은 오스트리아의 옛 화폐 단위로, 2002년에 유로화로 대체됐다.

크라이스키가 덧붙이지 않은 말은 그가 이민자들의 일자리를 걱정하느라 밤잠을 설치지는 않았다는 것이다. 일자리를 잃은 이민자들을 고국으로 돌려보내 빈곤 상태에 빠뜨린 덕분에 오스트리아의 실업률이 낮게 유지될 수 있었다. 1973년부터 1982년까지 이민노동자가 6만 5000명 감소했는데, 이것은 전체 이민노동자의 4분의 1이 넘는 수치였다. 1982년 오스트리아에는 터키와 유고슬라비아 노동자 16만 2000명이 남아 있었는데, 그들의 실업률은 11퍼센트나 됐다.[21]

사회당이 이룩한 실질적 성과는 계급투쟁의 불길을 꺼뜨렸다는 것이다. 그것은 노조 관료들과의 긴밀한 연계 덕분이었다. 주요한 노조 지도자들은 대부분 사회당 국회의원이기도 했고, 오스트리아노총ÖGB 위원장은 국회의장을 겸직하기도 했다. 노조·사용자·정부의 대표들로 구성된 '임금·물가 평가平價 위원회'가 소득정책을 개발하는 일을 맡았다. 다른 나라와 마찬가지로 물가를 통제하는 것보다는 임금을 통제하는 것이 훨씬 더 효과적이었고, 노조 기구들은 노동계급의 이익보다는 이른바 '국익'을 지키는 일에 완전히 헌신했다.

오스트리아의 노조들은 대부분 매우 관료적이어서, 현장 노동자들이 참여할 기회가 전혀 없었다. 심지어 지부 정례 회의조차 열리지 않았다. 산업 투쟁 수준은 극도로 낮았다. 1979년에는 모종의 파업 투쟁에 참가한 노동자가 1만 명당 겨우 3명꼴이었다. 취업 인구의 평균을 보면, 노동자 1인당 연간 파업 참가 시간은 8초가 채 안됐다. 그러나 투쟁이 완전히 억제된 것은 아니었다. 세계경제 위기가 오스트리아에 영향을 미치기 시작했을 때 노동자 투쟁의 잠재력은 남아 있었다. 한편으로는 다른 사회적 불만도 표출됐다. 생태 문제로 투쟁이 분출한 것이 주목할 만했는데, 특히 1984년 도나우강 수

력발전소 건설 반대 운동이 대표적 사례다.

사회민주주의의 허울 이면에는 오스트리아 사회의 추잡하고 잔혹한 특징들이 숨어 있다. 정치 활동에 참여한 이민노동자들은 즉시 강제 추방당했다. 1985년에는 연립정부 내의 자유당 소속 장관이 이탈리아 교도소에서 풀려난 나치 전범을 공공연히 환영했다. 그 전범은 1944년에 수백 명을 학살한 장본인이었는데 말이다. 그러나 사회당 소속 총리는 연립정부를 깨뜨리지 않으려고 이 사실을 은폐했다.

스웨덴과 마찬가지로 오스트리아도 세계적 경기후퇴의 영향을 언제까지나 피할 수는 없었다. 1982년에는 실업자가 전년도보다 거의 50퍼센트나 증가했다. 전체 실업률은 (경제활동인구의 3.6퍼센트로) 여전히 낮았지만, 이제는 크라이스키 자신이 경제 위기의 시대에는 완전고용을 유지하는 것이 불가능하다고 시인했다.[22] 1985년에는 오스트리아의 재정 적자가 사상 최대 규모를 기록했다. 게다가, 오스트리아 최대의 국유 철강·기계 기업인 푀스트알피네가 (약 2억 2000만 파운드에 달하는) 엄청난 손실을 입어서 충격을 줬다. 오스트리아의 [사회민주주의] 이미지에 빠르게 금이 가고 있었고, 이른바 '사회적 조화'가 약해질 가능성이 커지고 있었다.

서독

서독을 사회주의의 지상낙원으로 여기는 사람은 거의 없을 것 같다. 사민당은 바트고데스베르크 당대회* 이래로 사적 소유와 시장경

---

* 8장 참조 — 지은이.

제를 보호하는 일에 헌신한다는 점을 분명히 밝혀 왔다. 오히려 서독에 관한 신화는, 노동자들이 열심히 일하고 파업을 거의 하지 않으면 자본주의의 번영을 함께 누릴 수 있다는 것이다. 1969년부터 1982년까지 13년간의 사민당 집권기를 들먹이는 사람들은 대체로 사회주의로 가는 개혁주의의 길을 신봉하는 자들이 아니다. 선거 승리가 사회변혁의 수단이 아니라 그 자체로 목적이라고 여기는 자들이다.

그렇지만 13년간의 사민당 집권기에 인상적 성과가 있었고, 그 시기에 서독 노동자들의 처지가 나아졌다는 것은 분명하다. 1969년부터 1982년까지 취업 노동자의 실질소득은 30퍼센트 증가했고, 연금 생활자의 실질소득은 43퍼센트 증가했다. 이혼과 낙태에 관한 법률이 개혁되기도 했다. 서독 노동자들은 여전히 유럽에서 가장 잘사는 노동자 축에 들었다.

사민당은 사실 서독의 경제력에 기여한 바가 거의 없었다. 왜냐하면 서독의 경제력은 전후 시기와 1950년대·1960년대의 기독교민주당 집권기에 구축됐기 때문이다. 사민당은 1966년부터 1969년까지 기독교민주당과 연립정부에 참여한 뒤에야 수권 정당으로 신뢰받을 수 있었다. 사민당은 그렇게 진정으로 초당적인 태도를 증명하고 나서 1969년부터 1982년까지 자유민주당을 하위 파트너로 삼은 연립정부를 주도했다. 그래서 처음부터 사민당은 급진적 정책들을 추진하려는 시늉조차 않았다. 사민당 소속 총리인 빌리 브란트는 1973년 당대회에서 다음과 같이 말하면서 '중도파'의 입장에서 통치할 것임을 분명히 밝혔다.

우리 당이 '새로운 중도' 노선을 포기하지 말아야 하는 이유는 우리가 중도 노선을 잃어버린다면 집권할 수 없기 때문입니다.[23]

1974년 5월 브란트는 그의 개인 비서가 동독 첩자라는 사실이 드러나서 총리에서 물러났다. 많은 사람은 브란트가 노조의 임금 인상 요구에 너무 무르게 대응하고, 변변찮은 당내 좌파에게 대항할 의지가 없다고 여겼다. 그를 대체한 사람은 [당내] 강경 우파인 헬무트 슈미트였다. 슈미트는 서독과 미국의 관계를 훨씬 더 긴밀하게 만들었고, 1980년에는 로널드 레이건의 미국 대통령 당선을 환영하면서 이제 "미국의 지도력이 새로워지고 단호해질 것"이라고 말했다.[24] 1976년 총선 때 기독교민주당이 '사회주의가 아니라 자유'라는 선거 구호를 내걸자 〈뉴욕 타임스〉는 "터무니없는" 구호라고 일축하며 다음과 같이 지적했다.

슈미트는 1974년에 빌리 브란트의 뒤를 이어 총리가 된 이후 사민당 좌파를 가혹하게 다뤘고, … 예산 삭감에 이은 80억 달러 세금 감면과 금리 인하 같은 상당히 보수적인 수단을 사용해서, 서유럽에서 가장 효과적인 인플레이션 억제 정책과 경제 회복 프로그램을 지휘해 왔다.[25]

슈미트 통치의 초당적 성격을 보여 준 또 다른 증거는 사민당 정부 시절 국회의 유력한 상임위원회들, 예컨대 국방·외교·예산 위원회 등의 위원장을 기독교민주당 인사가 맡고 있었다는 사실이다.

사민당 정부의 중요한 독창적 성과 하나는 외교정책 분야에서 거둔 것이었지만, 이것은 결코 딱히 사회주의적인 것이 아니었다.

오히려 그것은 국제 상황에서 서독이 안고 있던 중요한 모순을 해결해 줬다. 한편으로 반공주의는 서독의 핵심 이데올로기였고 기존 사회·경제 질서를 정당화하는 데서 결정적 요인이었다. 그렇지만 1969년 무렵 핵 교착상태에서 독일의 통일은 상상도 할 수 없는 것이었고, 따라서 서독은 동구권과 정치적·경제적 관계를 회복할 필요가 있었다. 브란트는 소련·폴란드·동독과의 협상을 주도하며, 이른바 동방정책을 추진했다. 동방정책은 동독과 서독의 경계, 그리고 동독과 폴란드의 경계(오데르·나이세선線)를 영구적인 것으로 인정했다. 1972년 11월 체결된 동·서독 기본 조약에서 동방정책은 절정에 달했다. 브란트는 기독교민주당의 이데올로기적 장애들이 동독과 서독의 교역 발전을 방해하도록 놔두지 않겠다는 것을 보여 줬다.

흔히 서독을 옹호하는 사람들은 부의 평등한 분배를 고집하는 것보다는 전반적 번영을 증진하는 것이 더 낫다고 주장한다. 그러나 계급 권력 구조를 공격하지 않고는 소외된 사람들을 보호할 수 없고 전형적인 '빈익빈' 현상이 나타날 수밖에 없다. 오스트리아와 마찬가지로 서독도 이민노동자들을 가혹하게 다루면서 실업률을 조작해서 어느 정도 시간을 벌 수 있었지만, 사민당 집권기에 실업은 꾸준히 증가했다. 1970년대 말에 실업자가 약 120만 명이 됐을 때, 이민노동자에게 노동 허가증과 일자리 제공을 거부하는 정책이 없었다면 공식 실업자가 200만 명을 넘었을 것이다. 이것은 노동당 집권기의 영국 실업률보다 높은 수준이었을 것이라는 계산도 있다.[26] 1982년이 되자 전체 실업자는 170만 명에 달했고, 이것은 1953년 이후 최고치였다.

서독이 계급 없는 지상낙원이라는 신화를 조장하는 데 많이 기여한 잡지 〈이코노미스트〉는 1978년에 다음과 같이 보도했다.

[실업 때문에 ― 지은이] 서독의 50만 가구(약 150만 명)가 빈곤선 이하의 생활을 하고 있다. 서독에서 빈곤(층)은 … 대체로 사회보장 급여를 받을 자격이 되는 수준으로 규정된다. 사회보장 급여를 받는 사람의 수는 1975년에 처음으로 200만 명을 넘어선 이후 계속 증가하고 있다.[27]

사민당은 이미 오래전에 계급투쟁의 미사여구를 포기했지만, 그렇다고 해서 당 지도자들이 현실을 망각한 것은 아니었다. 그들은 스웨덴과 오스트리아 사회민주주의 정당의 동지들과 마찬가지로, 노동자 운동을 자본주의 체제에 통합하는 것이 목표였다. 특히 노조 관료들과 긴밀한 관계를 유지하려 했다. 심지어 사민당은 정치적 목적을 위해 노동계급과의 연계를 이용하기도 했다. 그래서 1972년에 기독교민주당이 외교정책에 관한 신임투표를 통해 브란트 정부를 끌어내리려 했을 때, 본에서 3만 명이 거리 시위를 벌이는 등 노동자 10만 명이 참가한 대중 시위가 있었다.

장기간의 자본주의 번영으로 서독 노동계급은 강력하고 자신감이 있었다. '경제 기적'의 빛이 바래기 시작하자 노동자들은 점점 더 자신들의 독자적 힘에 의지해야 한다는 것을 깨닫기 시작했다. 이 점은 특히 1984년 주 35시간 노동을 요구하는 금속 노동자들의 대규모 파업에서 잘 드러났다.

사민당이 집권했다고 해서 서독 사회의 민주화나 인간화가 크게 진척된 것도 아니었다. 브란트와 슈미트는 좌파 '테러리즘'에 대한 강경한 태도를 과시했고, 서독에 살고 있는 이민자 450만 명에게 정치적 권리를 주기 위한 조치를 전혀 취하지 않았다. 1972년에, 즉 동방정책이 절정에 달한 바로 그해에 브란트가 내놓은 정책은 모든 공무원이 "항상 자유민주주의 질서를 수호할" 의무가 있으며 급진적 조직에 가입하거나 "그런 정당과 조직을 이렇게 저렇게 지원하는" 사람은 공무원으로 임용될 수 없다는 것이었다.[28] 이른바 '공직 취임 금지'로 알려지게 된 이 정책 때문에 서독의 지방정부들은 공산당 등의 좌파 조직에 가입하거나 지지하는 사람들을 해고하거나 임용을 거부할 수 있었다. 어떤 통계를 보면, 공직 취임 금지 정책에 따라 조사를 받은 사람이 100만 명이나 됐고 그중에 4000명은 임용을 거부당했다.[29]

서독이 경제력이 있다 해도 세계적 경기후퇴의 영향을 받지 않을 수 없었다. 1970년대 중반이 되자 그 유명한 '경제 기적'은 사라지고 있었고, 사민당은 경제 위기를 관리하는 전형적 구실을 하고 있었다. 1975년에 교통·의료·교육 등의 분야에서 대대적인 지출 삭감이 있었다. 마침내 1982년에 정부 내의 위기가 폭발했다. 사민당과 자유민주당의 합의는 사민당이 공공 지출을 장려하고 자유민주당은 사적 투자를 장려한다는 것에 바탕을 두고 있었다. 그런데 경기후퇴 때문에 더는 이 둘이 공존할 수 없게 됐다. 자유민주당 소속 경제부 장관이 내놓은 대안적 경제정책을 보면 마거릿 대처조차 기뻐하고 흥분했을 것이다. 그중에는 실업급여 수준을 낮추고 유급 병가와 출산 보조금을 축소하고 공공 부문 임금을 억제하는 것도 있었다.

이제 사민당은 진퇴양난에 빠졌다. 만약 사민당이 (사용자들이 열렬히 지지하는) 그 정책을 받아들인다면, 노동자 정당으로서 신뢰를 완전히 잃어버릴 터였다. 그러나 이미 긴축정책을 주도하고 있던 터라 1972년에 그랬던 것처럼 대중의 지지를 끌어낼 수도 없었다. 그래서 [1982년 10월] 연립정부는 붕괴했고, 자유민주당과 기독교민주당이 함께 정부를 구성했다. 이 연립정부는 몇 달 뒤[1983년 3월] 실시된 조기 총선으로 확정됐다. 이런 변화는 사민당의 정책이 본질적으로 초당적 성격을 띠었음을 보여 준다. 새 연립정부는 사민당의 외교정책을 계속 추진했고, 경제정책도 사소한 부분만 바꿨을 뿐이다.

이렇게 해서 사민당은 다시 야당이 됐고, (가장 책임감 있는 태도로) 노조나 평화운동과 관계를 개선해서 다시 신뢰를 쌓기 시작했다. 사민당은 13년간 집권하는 동안 믿음직한 집권당으로서 흠잡을 데 없다는 신뢰를 얻었다. 미래에 사민당의 도움이 [지배계급에게] 다시 필요하게 될 것이라는 점은 의심할 여지가 없었다.

* * *

사회민주주의 정당이 집권한 다른 사례들을 봐도 사정은 비슷했다. 노르웨이 노동당은 1935년부터 1965년까지 집권했고, 다시 1971~1972년과 1973~1981년에도 집권했다. 그러나 노동당의 정책은 항상 체제 내의 개혁을 추구하는 것이었다. 전후 시기에 노동당은 재건을 위한 계급 협력 정책을 추진했고, 그것은 공동 생산 위원회, 파업 금지, 혼합경제에 대한 헌신으로 표현됐다. 1949년에 채택한 강령에서 노동당은 "이제 더는 단일한 계급이나 단일한 집단을 대표하지 않는다"고 선언했다.

1970년대에 노동당이 다시 집권했을 때는 석유 호황을 이용할 수 있었다. 석유 호황 덕분에 노르웨이로 돈이 홍수처럼 밀려들어 왔다. 노르웨이 인구가 겨우 400만 명밖에 안 됐으므로 노동당은 고임금과 좋은 교육·의료·교통 서비스를 제공할 수 있었다. 그러나 석유 호황을 누린다고 해서 노르웨이가 세계경제에서 벗어날 수 있는 것은 아니었다. 1981년에 물가 상승률은 17퍼센트에 달했고, 이것만으로도 노동당은 선거에서 패배하는 데 충분했다. 1986년 4월에는 노동자들이 자신들의 조건을 지키기 위해 50년 만에 최대 규모의 파업을 벌였다. 이 때문에 우파 정부가 무너지고 노동당이 다시 집권하게 됐(지만 경제 위기가 해결될 가망은 전혀 보이지 않는)다.

스칸디나비아 나라들과 서독과 오스트리아는 다른 나라 사회민주주의자들에게 계급 없는 사회에 관한 미사여구를 제공했고, 그들은 그런 미사여구를 모방하려고 노력할 수 있었다. 그러나 그 성과는 대단한 것이 못 됐고, 모방할 수 있을 것 같지도 않다.

17장 성공은 실패의 어머니?

사회민주주의의 역사적 구실은 자본주의 체제를 옹호하는 것이었다. 이 구실을 할 수 있으려면 대중적 기반이 있어야 한다. 지지 기반이 없다면, 배신할 수도 없기 때문이다. 그런 대중적 기반을 얻으려면, 때때로 개혁을 제공해야 한다. 개혁을 성취할 수 없는 개혁주의 정당은 선거에서 쉽게 이기지 못할 것이기 때문이다.

노동자 대중이 행동에 나서는 것은 추상적 사상 때문이 아니라, 물질적 이해관계 때문이다. 대다수 노동자는 사회체제 내에서 어느 정도 개선이 이뤄질 수 있다고 생각하는 한 그 사회체제를 받아들일 것이다. 사회체제가 그들의 처지를 개선해 주지 않고 심지어 생존조차 어렵게 만들 때에야 비로소 그들은 행동에 나서서 그 체제를 분쇄하고 노동 대중이 스스로 운영하는 사회로 대체할 것이다.

그러므로 제2차세계대전 이후 40년 동안 개혁주의가 득세한 것은 당시 경제 상황의 산물로 이해해야 한다. 노동계급의 다수는 체제가 어느 정도 개혁을 제공했고 더 많은 개혁을 제공할 수 있으리라고 생각한 것이다.

전후 장기 호황으로 말미암아 개혁주의 의식의 성격에 중대한 변화가 일어났다. 완전고용 덕분에 노동자들은 훨씬 더 강력한 입지에서 사용자와 협상할 수 있었다. 파업률이 낮은 것처럼 보였다면, 그것은 노동자들이 흔히 실제로 작업을 중단하지 않고도 원하는 것을 쟁취할 수 있었기 때문이다.

이것이 뜻하는 바는 개혁 과정이 지역화하거나 현지화했다는 것이다. 노동자들은 점점 더 개별 작업장 내의 자기 힘에 의지하게 됐고 전국적 노동조합이나 의회 대표자에게 덜 의지하게 됐다. 노동자들의 소득은 점차 전국적 협상보다는 지역과 현장의 협상에 달려 있게 됐다. 때로는 가장 성공적인 파업은 노조 상근 간부가 개입하기 전에 시작되고 끝나는 파업이라는 주장도 있었다. 임금뿐 아니라 휴가 일수와 다양한 '복리 후생 혜택'도 작업장 협상의 쟁점이 됐다. 역설처럼 들릴지 모르지만, 노동자들은 점점 더 그들 자신의 자주적 행동과 자체 조직화에 의지하게 됐지만 그와 동시에 '정치'는 점점 더 필요하지 않다고 생각하게 됐다. 왜냐하면 정치라는 것은 일반화 수준과 관련 있는데, 그런 일반화 자체가 그냥 불필요한 것처럼 보였기 때문이다. 이런 과정이 진행되는 구체적 형태는 나라마다 크게 달랐지만, 그 일반적 결과는 사회민주주의의 대중적 기반이던 조합원과 당원, 유권자의 태도에 큰 변화가 일어났다는 것이다.

장기 호황이 끝나자 지역과 현장에서 노동자들의 힘은 약해졌다. 따라서 그들은 점점 더 '정치적' 해결책에 의지할 수밖에 없었다. 그러나 전후 시기에 일어난 근본적 변화가 역전되지는 않았다.

같은 시기에 노동계급의 성격에도 변화가 일어났다. 많은 관찰자는 노동계급이 실제로 사라지고 있다고 주장했다. 1950년대에는 흔히 사회적 풍요 때문에 계급 격차가 더는 중요하지 않게 됐다는 주장이 많았다. 1970년대 말과 1980년대에는 전통적 중공업의 쇠퇴를 프롤레타리아 자체의 쇠퇴와 동일시하는 견해가 많았다. 노동계급의 적들에게는 불행한 일이지만, 노동계급은 그렇게 쉽게 사라지지 않는다. 모든 파업을 보면 알 수 있듯이, 착취당하는 사람들이 노동을 멈추면 전기가 나가고 빵이 만들어지지 않고 물자 공급이 안 된다. 육체노동자의 수가 줄어들고 노동인구에서 이른바 '화이트칼라' 노동자의 비율이 높아졌다는 것은 분명히 사실이다. 그러나 '화이트칼라' 노동자라는 범주는 다양한 형태의 노동을 은폐해서 오해의 소지가 있다. 예컨대, 대규모의 사무·기술·전문직 노동자는 모두 노동계급의 필수적 일부다. 지난 20~30년 동안 그런 노동자들 사이에서 노동조합 조직이 크게 확대됐다.

전통적 자영업자 중간계급은 쇠퇴한 반면, 흔히 고등교육이 대폭 확대된 결과로 전문직·관리직 노동자로 이뤄진 신중간계급이 등장했다. 비록 그런 사람들이 봉급 받는 피고용인이고 심지어 노조로 조직될 수도 있지만, 그들의 지위와 태도, 자신의 노동(과 흔히 다른 사람들의 노동)을 통제할 수 있는 권한을 볼 때 그들을 노동계급의 일부로 여길 수는 없다(물론 그들이 노동계급의 잠재적 동맹일 수는 있다). 이 신중간계급을 이루고 있는 사람들의 상당 부분은 국가에 고용된 사람들이고, 그들은 공공 지출 증대와 공공 부문의 성장에 물질적 이해관계가 있다. 그러므로 이 계층의 다수가 사회민주주의로 이끌렸다.

이런 다양한 변화로 말미암아 전통적 방식의 사회민주주의 조직은 완전히 붕괴했다. 전통적 사회민주주의 조직은 1914년 이전의 사회주의인터내셔널, 특히 독일과 오스트리아의 사회민주주의 정당에서 절정에 달했다. 당시 독일 사민당은 당원이 100만 명이었고, 일간지를 90개나 발행하고 있었을 뿐 아니라, 노동자 합창단과 스포츠 클럽, 우표 수집 동아리에 이르기까지 노동자들의 광범한 경제·문화 기구들을 거느린 채 사실상의 대안 사회 구실을 했다.

1945년 이후에는 노동자들이 사회민주주의 정당을 개혁의 원천으로 대하는 태도가 훨씬 더 실용주의적이었다. 그 결과로 변동성이 훨씬 더 커졌다. 계급의식의 전통적 지표인 [사회민주주의 정당의] 득표 수, 당원 수, 신문 구독자 수만 봐서는 계급의식을 가늠하기 힘들어졌고, 노동계급의 행동은 훨씬 더 예측할 수 없게 됐다.

그런 변동성의 전형적 사례는 사회학자 존 골드소프가 1960년대에 루턴[영국 남동부의 도시]에 있는 복스홀 자동차 공장 노동자들을 연구한 결과에서 드러난다. 꼼꼼한 조사 끝에 골드소프가 내린 결론은 노동자들이 "자신들과 회사의 관계를 대체로 긍정적인 것으로" 여기고 있고 대다수는 "경영진에 협력하는 태도"를 취한다는 것이었다. 골드소프의 연구 성과를 담은 책이 출판된 지 한 달이 채 안 돼 〈타임스〉는 루턴의 복스홀 공장에서 "거의 폭동에 가까운 상황"이 벌어져 노동자 2000명이 〈적기가赤旗歌〉를 부르고 경영진의 이름이 거론될 때마다 "교수대로 보내!" 하고 외친다고 보도했다.[1] 더 규모가 큰 사례로는 좌파든 우파든 모두 놀라 자빠지게 만든 프랑스의 1968년 5월 항쟁을 들 수 있을 것이다.

이런 변동성은 혁명 전략에 중대한 함의가 있다. 선출된 개혁주의자들에 대한 환상이 없다면, 나중에 대중이 환멸을 느끼는 일도 없을 것이다. 어쨌든 모든 경험을 보면, 집권한 좌파에 대한 환멸이 혁명으로 이어지는 것이 아니라 반동으로, 보수주의의 귀환으로, 심지어 인종차별을 통한 희생양 찾기로 이어진다는 것을 알 수 있다. 혁명적 조직이 현실적 대안을 제공하지 못하면 이런 일은 피할 수 없을 듯하다.

1920년대에는 집권한 개혁주의자들에 대한 환상은 많고 경험은 거의 없었다. 그러므로 개혁주의자들을 선출해서 그들의 약점을 폭로하자는 요구는 의미가 있었다. 오늘날에는 그런 전략의 가능성이 훨씬 줄어들었다. 개혁주의를 건너뛸 수도 없고 개혁주의 정당에 투표하라는 요구도 여전히 옳지만, 오늘날 주로 강조해야 하는 점은 혁명적 대안을 건설해야 한다는 것이다.

당원들

당원을 조직하는 문제에서 대다수 사회민주주의 정당은 1945년 이후 장기적으로 당원 수 감소를 경험했다. 이것을 부분적으로나마 상쇄한 경우는 그들이 선거에서 승리하(고 그래서 더 많은 일자리를 제공하)거나 또는 그들이 좌경화해서 행동의 초점으로서 더 그럴듯하게 보여서 성장하는 시기뿐이었다. 1952년에 영국 노동당의 당원은 100만 명을 약간 웃돌았다(노동조합 소속 당원들은 제외한 수치다). 사용된 계산 방법이 바뀌어 정확히 비교하기는 힘들지만, 1978년의 당원 수의 현실적 추정치는 28만 4000명이고, 1985년에는 상당히 늘어 32만 명이지만 그래도 1950년대 초에 비하면 3분의 1에 불과했다.[2] 프랑스 사회당SFIO은 1945년에 33만 5000명이던 당원이 1966년에는 7만 명으로 감소했다. 일부 지역에서는 지방의원으로 선출된 사회당원이 등록된 당원 수보다 더 많은 경우도 있었다.[3] 재조직된 사회당PS은 1971년에 8만 명이던 당원이 1978년에 18만 명까지 늘었다. 그렇지만 여전히 1945년의 수치에는 한참 못 미쳤다.

사회민주주의 정당에 투표한 유권자와 당원 수의 단순 비율이라는 잣대로 보면, 1980년대 초에 [나라별로] 큰 차이가 있다는 것을 알 수 있다. 사회민주주의 정당이 거의 항상 집권한 나라에서는 그 수치가 높다. 예컨대, 스웨덴은 유권자 100명당 당원이 42.4명이고 오스트리아는 29.7명이다. 사회민주주의 정당이 집권했다 안 했다 하는 나라에서는 그 수치가 더 낮고(예컨대, 서독에서는 유권자 100명당 당원이 5.9명, 영국에서는 5.7명이다), 대중적 공산당이 사회민주주의 정당과 경쟁하고 있는 나라에서는 그 수치가 훨씬 더 낮다(예컨대, 이탈리아에서는 4.5명, 프랑스에서는 3.1명이다). 사회당이 합법 조직이 된 지 몇 년밖에 안 지난 스페인에서는 그 수치가 유권자 100명당 당원 1.8명에 불과하다.[4]

당원 수 감소뿐 아니라 사회민주주의 정당의 계급 구성이 바뀐 것도 중요하다. 그 분야의 통계는 난해하고 모순된 것으로 악명 높다. 그 이유는 주로 대다수 사회과학자가 사용하는 범주가 엉성하고 부정확하기 때문이다. (노동계급의 전반적 추세를 반영하는) 육체노동자에서 화이트칼라 노동자로 당원 구성이 바뀌는 것과 '신중간계급'의 영향력이 증대하는 것을 구분하기는 꽤 어렵다. 그러나 대체로 사회민주주의 정당이 어떤 의미에서든 노동자들의 정당과 거리가 먼 조직이 되고 있다는 것은 명백하다.

그래서 1970년대의 프랑스 사회당을 연구한 자료를 보면, 당원의

38.2퍼센트가 노동계급(육체노동자와 화이트칼라 노동자, 기술자, 하급 공무원, 초등학교 교사로 규정되는) 출신이었다. 이 수치는 이 집단이 인구 전체에서 차지하는 비율과 얼추 비슷했다. 당원 가운데 신중간계급(전문직, 고등교육기관의 교원, 감독관, 중간 관리자) 출신은 17.4퍼센트였는데, 이 집단이 인구 전체에서 차지하는 비율은 겨우 5퍼센트에 불과했다.[5]

프랑스 사회당은 1970년대에 공산당의 산업 현장 기반에 도전하기 위해 작업장 지부를 건설하는 데 많은 노력을 기울였다. 그래서 1977년에 사회당은 작업장 지부가 1000개라고 주장했다. 그러나 한 평론가는 다음과 같이 지적했다. "실제로 존재하는 작업장 지부는 흔히 중간계급적이었다. 왜냐하면 '작업장'이 (은행, 사무실 등처럼) 관리·행정 업무를 하는 곳일 가능성이 매우 높았고, 공장에서는 사회당이 당원을 가입시키는 주된 기반이 중간 관리자층이었기 때문이다."[6] 사회당의 작업장 지부 당원들 가운데 평균적으로 20퍼센트는 노조로 조직되지 않았다.[7]

이탈리아사회당은 1960년대에 점점 더 '공무원과 준準국영기업 피고용인'의 정당이 되고 있다고 일컬어졌다.[8] 1945년에는 노동계급 당원의 비율이 62퍼센트였지만, 1978년에는 겨우 24퍼센트였다.[9]

서독 사민당은 1956년에 당원의 54.4퍼센트가 산업 노동자였고 19.7퍼센트는 화이트칼라 노동자와 공무원이었다. 그러나 1971년에는 그 수치가 산업 노동자 35퍼센트, 화이트칼라 노동자와 공무원 36퍼센트로 바뀌었다.[10] 이제 노동자 당원의 비율은 전체 인구에서 노동자가 차지하는 비율보다 약간 더 낮았다.

사회민주주의 정당의 고위 당직자들을 살펴보면 변화는 훨씬 더 두드러진다. 1973년에 프랑스 사회당원 가운데 18.1퍼센트는 육체노동자였지만, 지도부 가운데 육체노동자 비율은 겨우 3퍼센트였다.[11] 영국 노동당으로 말하자면, 1940년대 애틀리 내각에서는 대략 절반이 노동계급 출신 장관이었다. 1964년 윌슨 정부 시절에는 그 비율이 26퍼센트였고, 1969년 10월 개각 이후에는 노동계급 출신 장관이 한 명도 없었다.[12] 1983년 총선 때 노동당 국회의원 후보로 선정된 441명을 조사한 결과를 보면, 육체노동자 출신이 80명인 반면 대학교수가 80명, 교사가 77명, 변호사가 47명, 경영자가 34명이었다.[13]

사회민주주의는 수동성의 정치이고, 대체로 사회민주주의 정당은 당원들의 수동성을 조장한다. 사회민주주의 정당이 당원들에게 대안적 문화를 제공하던 오래된 패턴은 이제 완전히 사라졌다. 새로운 패턴은 소수의 당원(주로 중앙정부나 지방정부에서 자리를 얻어 출세하려는 자들)은 높은 수준의 활동에 참여하는 반면 나머지 당원들은 당비를 내고 이따금 모임에 참석하고 선거 때 선거운동을 약간 하는 것이다. 무엇보다도 당무와 직접 관련이 없는 당원들, 특히 노조 활동과 관련이 없는 당원들에게는 규율이 부과되지 않는다. 개혁주의에서는 정치와 경제가 엄격히 분리된다. 파업을 이끄는 현장위원도, 파업을 배신하려고 하는 노조 간부도 (심지어 그 파업을 분쇄하려 드는 공장 경영자도) 모두 같은 [사회민주주의] 정당의 당원일 수 있다.

물론 이런 추세의 예외도 있다. 특히 당내에서 좌파가 성공을 거두는 것처럼 보일 때가 그렇다. 1980년대 초에 영국 노동당 내에서 토니 벤을 중심으로 한 좌파의 영향력이 커졌을 때 당원이 증가했을 뿐 아니라 당원들의 참여 수준도 높아졌다는 것은 의심할 여지가 없다. 그러나 그런 움직임은 대체로 오래가지 못한다.

유럽의 공산당들은 (적어도 1960년대까지는, 또 어느 정도는 그 뒤까지도) 활동가들의 정당이었고, 선거운동이 아닌 활동들, 예컨대 집회와 시위, 지역사회 운동 등에 당원들을 동원할 수 있었다. 사회민주주의 정당들은 대체로 선거운동이 아닌 분야에 당원들을 동원하는 것에는 취약했다. 그들의 활동은 압도적으로 선거운동에 맞춰져 있었던 것이다. 1970년대 말에 프랑스 사회당은 당원이 약 18만 명이었는데, 그중에 10만 명 이상이 중앙정부나 지방정부 기구에 선출된 사람들이었다.[14] (프랑스는 지방의회가 있는 작은 도시와 마을이 유별나게 많은 나라다.) 선거에서 떨어진 후보들까지 합친다면, 당원들의 기구로서 프랑스 사회당은 국회의원이나 지방의원, 그런 의원이 되고자 하는 사람들의 조직이라는 점을 분명히 알 수 있다.

유권자들

어떤 의미에서는 사회민주주의 정당이 의회주의에 집착하는 것은 역설적이다. 왜냐하면 전후 정치의 전반적 추세는 의회 제도를 평가절하하는 것이었기 때문이다. 자본주의 독점기업과 다국적기업의 힘이 커진 데다 핵무기 경쟁의 결과로 의사 결정 권한도 집중되자(대체로 비밀리에 이뤄진다) 갈수록 국회의원, 심지어 정부 장관도 실질적 권한이 없어졌다. 토니 벤은 자신이 비록 핵무기 연구를 책임지는 장관이었고 네 차례나 정부 각료를 지냈지만, 영국의 어느 군

사기지에서 미국의 핵무기를 발사할 수 있는지에 관해 결코 들은 적이 없다고 썼다.[15]

그와 동시에 사회민주주의 정당의 국회의원이나 지방의원이 점점 더 당에서 자율적으로 되는 추세가 나타났다. 의원단이 스스로 정책 결정 기구가 되고 있는 것이다.

의회 제도에 대한 경멸은 지금 많은 노동 대중 사이에 널리 퍼져 있다. 이것 자체는 진보적인 것이 아니다. 그것은 좌파가 성장할 수 있는 토양이 되기도 하지만 파시즘의 자양분이 될 수도 있기 때문이다. 그래도 그것은 투표 패턴의 변동성이 커진 것을 설명하는 데 도움이 되는 요인이라고 할 수 있다.

점차 유권자들은 오래된 계급적·이데올로기적 충성을 근거로 정당을 선택하지 않고 정책이나 지도자에 대한 단기적·실용적 판단을 바탕으로 선택한다. 확실히 사회민주주의 정당의 득표는 극적으로 증가할 수 있다. 예컨대, 프랑스 사회당의 득표율은 1962년 12.5퍼센트에서 1973년 20.7퍼센트, 1981년 37.8퍼센트로 증가했다. 그러나 이런 증가가 정치적 태도나 지지 성향의 중대한 변화를 반영한 것이라는 증거는 전혀 없다. 흔히 선거 통계는 그 함의가 모순되거나 불분명해 보인다. 1964년에 영국 노동당이 총선에서 승리했을 때 득표수는 오히려 1959년에 참패했을 때보다 적었다. 또 1974년에 노동당이 두 차례 총선에서 모두 승리했을 때도 득표수와 득표율은 1935년 이후 가장 낮았다.

계급적 충성이 투표 패턴을 결정하는 경향은 훨씬 약해진 듯하다. 1966년부터 1979년까지 노동당에 투표하는 육체노동자의 비율은 69퍼센트에서 50퍼센트로 낮아졌다.[16] 1969년 총선에서 숙련노동자의 11퍼센트가 보수당에 투표한 반면, 노동당은 실제로 전문직 종사자들과 관리직 노동자들의 표를 얻었다(아마 보수당의 지출 삭감에 불안해진 공공 부문 피고용인들이 주로 노동당을 지지했을 것이다).[17] 1983년에는 노동조합원 가운데 겨우 39퍼센트만이 노동당에 투표했다.[18]

프랑스 사회당은 똑같은 동전의 뒷면을 보여 준다. 1973년부터 1981년까지 육체노동자들 사이에서 사회당의 득표율은 27퍼센트에서 44퍼센트로 높아졌다(주로 공산당의 표를 잠식한 결과였다). 그러나 이 시기에 사회당은 전반적으로 득표가 증가했다. 따라서 육체노동자들 사이에서 득표율 상승이 특별히 노동자 기반의 확대를 의미한 것은 아니었다(같은 기간에 전문직·관리직 사이에서 득표율도 7퍼센트에서 38퍼센트로 높아졌다).[19] 심지어 사민당이 노동조합과 특별히 긴밀한 관계를 맺고 있는 스웨덴에서도 노조원들 사이에서 사민당의 득표율은 1968년 81퍼센트에서 1976년 66퍼센트로 떨어졌다.[20]

여기서 분명해 보이는 주된 추세는 투표 행위의 변동성이 상당하다는, 십중팔구 점점 더 커지고 있다는 것이다. 제2차세계대전 이후 영국에서 나타난 주기적 패턴은 여론조사와 보궐선거를 보면 알 수 있다. 총선 사이 기간에는 집권당 지지율이 급락했다가 총선 때는 집권당의 득표가 회복된다. 총선 사이 기간의 그런 지지율 변화와 나중의 총선 결과는 상관관계가 거의 없는 듯하다. 따라서 선거 결과를 예측하기가 어렵다.[21] 이것이 함의하는 바는 유권자들은 대부분 누가 집권하든 불신하지만 그렇다고 해서 다른 대안이 실제로 더 나을 것이라는 확신도 거의 없다는 것이다. 지난 20년 동안 대략

유권자 세 명 중에 한 명은 총선 때마다 지지 정당을 바꿨다.[22]

따라서 투표 패턴은 계급의식이나 계급적 정체성을 분명히 보여 준다고 할 수 없고, 특정 상황에서 가장 유용한 선택(이나 십중팔구는 차악)으로 보이는 것에 대한 실용적 반응이라고 봐야 한다. 만약 사람들이 5년에 한 번만 성관계를 할 수 있고, 그것도 겨우 10초만 할 수 있다는 말을 듣는다면, 그들은 거리로 뛰쳐나올 것이다. 그러나 대다수 사람들은 이것을 선거 민주주의의 적당량으로 받아들인다. 투표 패턴은 사람들이 실제로 무엇을 원하는지, 그리고 무엇을 쟁취하고자 하는지에 관해 우리에게 많은 것을 알려 주지 않는 것 같다.

언론

한때 사회민주주의 정당이 통제하는 언론은 그 지지 기반에 대한 영향력을 유지하는 필수적 수단이었다. 1914년 이전에 제2인터내셔널 소속 정당들은 약 200개의 일간지를 발행하고 있었다. 사회민주주의의 능동적 기반이 약해지(고 텔레비전이 등장하고 언론의 소유 집중이 이뤄지)자 사회민주주의 언론도 전반적으로 쇠퇴했다.

영국 노동당은 1960년대가 되자 〈데일리 헤럴드〉를 계속 지지할 수 없었다. 그 신문이 매각돼서 보수당을 지지하는 반동적 일간지 〈선〉으로 바뀌었기 때문이다. 〈데일리 헤럴드〉가 망한 이유는 독자들이 부족해서가 아니라(문 닫을 때 그 신문의 판매 부수는 〈가디언〉과 〈타임스〉, 〈텔레그래프〉를 모두 합친 것보다 많았다), 광고주가 부족해서였다. 그러나 〈데일리 헤럴드〉의 실패는 결국 그 신문을 지지하는 운동의 실패였다. 새로운 노동당 일간지를 발행하려는 다양한 시도는 수치스럽게 실패했고, 노동당의 [공식 기관지로서 1988년에 폐간된] 〈레이버 위클리〉는 판매 부수가 겨우 1만 9000부 정도였고(당원은 30만 명이 넘었는데도 그랬다), 노동당과 비공식적 관계인 〈트리뷴〉의 판매 부수는 그 절반도 안 됐고[23] 그조차도 노조의 광고 덕분에 겨우 생존할 수 있었다(따라서 노조 관료들을 비판하는 능력이 무딜 수밖에 없었다).

비슷한 모습은 유럽의 다른 나라에서도 찾아볼 수 있다. 프랑스에서는 1950년대에 사회당의 일간지 〈포퓔레르〉(민중)가 1장짜리 신문으로 축소됐다. 그렇게라도 신문을 발행한 것은 독자들을 위해서가 아니라, 사설을 다른 신문이나 라디오 방송이 인용할 수 있도록 하기 위해서였다.[24] 프랑스에서는 지방 언론이 여전히 비교적 강력하고, 일부 신문은 아직도 사회당의 통제를 받고 있다. 그러나 사회당과 가장 긴밀한 연관이 있는 전국적 일간지 〈마탱〉(아침)은 1985년에 판매 부수가 8만 부 아래로 떨어졌다. 그리스에서는 사회당을 지지하는 일간지 〈그노미〉(여론)가 1984년에 판매 부수가 1만 부가 채 안 돼 결국 폐간됐다.[25]

한때 활동가들의 지지를 받던 공산당 언론도 비슷한 쇠퇴를 겪고 있다. 벨기에공산당은 1960년대에 일간지를 포기했고, 영국과 프랑스의 공산당은 모두 오랫동안 당원들에게 당 기관지를 구독하라고 설득하는 운동을 전개했다.

그런 쇠퇴는 결코 불가피한 일이 아니다. 유럽에서 혁명적 언론이 살아남은 것을 보면 알 수 있다. 특히 이탈리아에서 1970년대 말에 혁명적 일간지가 세 개나 발행됐다는 사실을 보면 분명히 그렇다.

그러나 선거주의적 수동성에 빠져 있는 조직이 아니라, 신문 판매와 사상 투쟁에 헌신하는 조직만이 혁명적 언론을 성공적으로 발행할 수 있다.

지방자치 사회주의

의회에 대한 신뢰가 떨어진 반면, 어떤 곳들에서는 지방정부에 대한 환상과, 고립된 지역에 '지방자치 사회주의'를 건설할 가능성에 대한 환상이 되살아났다. 사실 지방정부의 논리는 곧장 개혁주의로 이어진다. 지금 유행하는 용어인 '지방 국가'는 앞뒤가 안 맞는 말이다. 국가는 전국 단위의 영토와 권력을 바탕으로 단 하나만 존재할 수 있기 때문이다.

재정 면에서 지방정부는 국가 재정에 의존하거나 지방에서 거둔 세금, 즉 지방세에 의존(하거나 또는 둘을 결합)해야 한다. 전자의 경우라면, 중앙정부의 재정 담당 관료가 정책을 좌지우지할 것이다. 지방세를 거둔다면 자율성을 더 많이 누리겠지만, 그래도 여전히 근본적 딜레마는 남는다. 지방세를 주로 기업주들이 부담한다면 그들은 '기업하기 더 좋은' 지역으로 옮겨 갈 것이다. 그러면 조세 수입이 줄어들고 실업이 늘어날 것이다. 지방세를 일반 주민들이 부담한다면 노동 대중이 세금을 내야 할 것이다. 따라서 가장 진보적인 지방의회조차 계급 간 부의 재분배를 실행할 수 없다. 그저 노동자들의 변변찮은 자원을 재분배하는 효과만 낼 수 있을 뿐이다. 영국에서는 지방세 제도가 노동계급에게 매우 불리하게 작용한다. 1981년 수치를 보면, 주당 소득이 26파운드인 가구는 소득의 7.5퍼센트를 지방세로 냈지만 그보다 10배나 소득이 많은 가구는 2퍼센트 미만을 냈다(이 수치는 환급을 고려한 것이다).[26]

1950년대와 1960년대에 프랑스와 이탈리아의 공산당은 중앙정부에서 배제돼 있었으므로 지방정부에서 세력을 구축했다. 전형적 사례는 제2차세계대전 이후 이탈리아공산당이 지배한 볼로냐였다(1980년대에 영국의 런던광역시의회를 지지한 좌파들은 볼로냐 사례를 모범으로 거론한다). 볼로냐 지방정부는 이탈리아의 다른 지역에 비해 훨씬 저렴한 주택을 공급하고 학교를 짓는 등 '진보적' 정책을 추진했다. 그것은 신중한 균형예산의 틀 안에서 이뤄진 일이었다. 더욱이, 볼로냐 지방정부는 중요한 사용자였다. 수천 개의 일자리를 직접 제공했고, 또 다른 수천 개의 일자리에 영향을 미쳤다. 그 결과, 노동쟁의 때 공산당이 하는 구실은 보통 (공산당원인 노동자들과 공산당이 지배하는 지방정부 사이를) 화해시키는 것이었지 계급투쟁이 아니었다. 1970년대 말에 이탈리아공산당이 [중앙]정부를 지지한다는 데 합의하자 볼로냐 지방정부의 자율성은 훨씬 더 제한됐다. 1977년에 볼로냐 지방정부 당국은 학생과 실업자의 항의 시위를 탄압했고, 그 과정에서 한 명이 사살되고 수십 명이 투옥됐다. 1985년 2월에 볼로냐 [지방정부]의 이미지는 지방정부 노동자 23명이 부패 혐의로 체포되는 바람에 크게 손상됐다.

1980년대 초에 영국의 많은 좌파들은 중앙정부 수준에서는 보수당에 도전할 수 없어서 지방정부의 가능성에 몰두했다. 1981년 런던광역시의회 선거에서 노동당이 승리하자 이제 런던광역시의회가 지방자치 사회주의의 새로운 모델을 제공하는 것처럼 보였다. 그렇지만 런던광역시의회는 곧 체제의 한계(와 자신들의 정치적 한계)에 직면했다.

1981년에 런던광역시의회는 런던의 버스와 지하철 요금을 상당히 인하하는 조치를 도입했다. 요금을 다시 인상해야 한다는 법원의 명령이 잇따랐다. 런던광역시의회는 광범한 대중적 캠페인을 펼치고 추가 소송전을 벌여서 결국 요금을 인하하는 데 성공했다(비록 처음보다는 인하 폭이 줄어들었지만 말이다). 이것은 부분적 승리였지만, 런던광역시의회의 인기에는 분명히 도움이 됐다. 그러나 분명한 사실은 런던의 운수 노동자들이 전면적 파업 투쟁을 벌였다면 훨씬 더 빨리 완전한 승리를 거둘 수 있었을 것이라는 점이다. 물론 런던의 운수 노동자들이 그런 투쟁 계획을 지지했을지는 확실하지 않다. 그러나 매우 분명한 사실은 런던광역시의회의 지도자들이 운수 노동자들을 동원하려는 시도를 전혀 하지 않았다는 것이다. 마찬가지로, (런던광역시기업위원회를 통해) 노동자 협동조합을 설립하려던 계획은 흔히 노동자들의 관심을 고용 안정 투쟁에서 딴 데로 돌리는 구실을 했다.

런던광역시의회를 비롯해 노동당이 장악한 지방정부들의 제한적 성과조차 보수당 정부가 보기에는 지나치게 많은 양보였다. 그래서 보수당 정부는 그런 성과들을 분쇄하기로 작정했다. 결국 [1986년에] 런던광역시의회는 폐지됐다. 다른 지방정부들은 중앙정부의 교부금이 대폭 삭감된 데 이어서, 지방세를 인상해 재정을 확충하지 못하게 금지하는 '지방세 상한제' 등의 공격을 받았다. 그 결과 지방정부는 사회복지 사업에 대한 지출을 대폭 삭감할 수밖에 없었다. 사회복지 지출이 많은 지방정부들, 즉 궁핍한 시민이 많아서 사회복지 사업이 가장 절실한 지방정부들이 가장 심각한 타격을 받았다.

노동당이 장악한 지방정부들은 (존재의 정당성 자체가 위협받고 있었으므로) 처음에는 이런 공격에 저항했다. 그러나 가장 투쟁적인 지방의원들조차 여전히 선거 정치의 틀 안에 갇혀 있었다. 정치투쟁과 경제투쟁의 결정적 경계선을 기꺼이 넘어서고자 하는 사람은 거의 없었다. 따라서 정부의 공격에 맞서 산업 투쟁을 조직하려는 시도도 거의 없었다. 그래서 저항은 점차 분쇄됐다. 1985년 무렵 런던광역시의회 폐지 반대 투쟁은 패배했고, [런던시장인] 켄 리빙스턴을 비롯한 런던광역시의회 지도자들은 보수당 정부와 대결을 회피하기 위한 종합예산에 합의했다.

가장 오래 투쟁이 벌어진 곳은 리버풀이었다. 실업으로 황폐해진 도시 리버풀에서 노동당 좌파가 지방정부를 장악해서 매우 실질적인 성과를 거뒀다(특히 공공 임대주택 3700호를 건설했다). 리버풀 시의회가 중앙정부의 재정 제한 조치에 대항하는 오랜 투쟁을 벌인 끝에 마침내 1984년에 정부가 더 많은 돈을 투입하기로 합의했다. 그러나 그것은 지방세를 17퍼센트 인상하고, 세입자의 실내장식 비용 공제를 철회하고, 시의회가 고용과 서비스를 개선하지 못하도록 금지하는 것을 의미했다. 설상가상으로 이 일은 1984~1985년 광원 파업이 한창일 때 일어났다. 광원들의 파업과 나란히 산업 투쟁이 조직됐다면 성과를 낼 수 있었을 것이다. 1985년 가을 무렵 상황은 훨씬 더 나빠졌다. 노동당 지방정부는 산업 투쟁을 동원하는 데 다시 실패했고, 노동당 중앙 지도부의 악랄한 비난에 시달렸다. 고립된 그들은 타협안을 받아들일 수밖에 없었다. 그것은 실제로 심각한 패배였다.

하나의 지자체에서 사회주의를 건설한다는 전망이 결코 장밋빛이 아니라는 것은 유럽의 다른 나라들도 마찬가지였다. 프랑스에서는 전통적으로 지방정부보다 중앙정부의 권한이 훨씬 강력했고, 중앙정부가 지출을 엄격하게 통제했다. 1964년에는 (공산당이 장악한) 생드니 시의회가 조직한 수학여행을 중앙정부가 임명한 도지사가 취소한 일도 있었다. 지방정부는 학교와 도서관을 건립하고, 교사 봉급을 제외한 교육예산을 통제할 권한이 있다. 그러나 재정 문제가 심각해서, 1970년대에는 지방세를 대폭 인상할 수밖에 없었다. 지방정부가 정책 결정의 여지는 별로 없지만, 많은 일자리를 배치할 권한은 있다. 이것은 잘해야 정치적 후원, 최악의 경우에는 부패로 이어진다. 1982년에 미테랑 정부는 지방정부의 자율성을 확대하는 개혁을 도입했다.

그래도 지방정부는 항상 프랑스 사회당에 매우 중요했다. 사회당이 오랫동안 야당으로 있을 때 지방정부는 중요한 활동 영역이었고, 지방의원들은 당의 기반에서 매우 높은 비율을 차지하고 있었다. 사회당의 전형적 스타는 위베르 뒤브두였다. 그르노블에 있는 핵연구센터의 노동자였던 뒤브두는 1960년에 자신의 4층 아파트 수도꼭지가 고장 난 것을 발견했다. 그와 동료 기술자 몇 명은 그르노블의 상수도 현대화 운동을 시작했고, 그 결과로 뒤브두는 시장으로 선출됐다. 그는 새 지방정부에 과학기술 전문성이 있다는 이미지를 만들어내는 것을 목표로 삼았고, [1968년] 그르노블에서 열린 동계올림픽경기로 큰 명성을 얻었다. 원래 무소속 정치인이던 뒤브두는 1970년대 초에 새 사회당에 가입했다.

약간 덜 멋진 그림은 마르세유에서 찾아볼 수 있다. 30년 넘게 마르세유를 지배한 것은 가스통 데페르가 이끄는 사회당 시의회였다.

데페르는 반공주의를 바탕으로 시의회를 통제했고(1965년에 그가 제작한 포스터에는 [소련의 상징인] 망치와 낫 그림 아래 "이건 절대 아니다"라는 문구가 쓰여 있었다), 노골적인 게리맨더링으로 그 통제권을 유지했다. 데페르는 1981년에 내무부 장관이 된 이후 마르세유에 경찰 수천 명을 추가 투입했다고 자랑했다. 1983년까지 그와 함께 일한 직원 가운데 부패 혐의로 투옥된 사람이 25명이 넘었다.[27]

이탈리아의 상황도 마찬가지로 나쁘다. 1975년에 공산당원인 디에고 노벨리가 토리노 시장이 됐다. 그는 지역 주택문제에 관심이 많았고, 소규모 산업의 이익을 증진시키는 작업을 시작했다. 그는 유능하고 정직한 인물로 널리 인정받았고 부패를 근절하고자 투쟁했다. [그러나] 1983년에 사회당과 기독교민주당이 중앙 정치 수준에서 거래를 성사시키자 노벨리는 어쩔 수 없이 물러나야 했다. 이제 토리노는 기독교민주당과 동맹한 사회당이 통치했다. 1985년 무렵 (옛 부시장을 포함한) 사회당원 5명이 부패 혐의로 수사를 받고 있었다.[28]

어디서나 교훈은 똑같은 듯하다. 지방자치 사회주의는 어느 정도 개혁을 제공할 수 있지만, 경제 위기가 심화할수록 이런 개혁의 여지는 더 줄어든다. 지방자치 사회주의는 잘해야 실현 불가능한 공상이고 최악의 경우에는 부패의 늪인 것이다.

노동조합

노동운동에서 지방자치 사회주의에 관여하는 사람은 극소수에 불과하고, 지방선거 때 애써 투표라도 하는 유권자는 흔히 절반도 채 안 된다. 오늘날 개혁주의의 주요 지지 기반은 노동조합 관료들이다. 그리고 구식 사회민주주의 정당 조직이 사라짐에 따라, 개혁주의 정치와 노동자 대중의 연결 고리 구실을 하는 것은 주로 노동조합이다. 왜냐하면 노조는 노동자 대중이 자신들의 힘을 발휘할 수 있는 곳, 즉 작업 현장의 노동자들을 포괄하고 있기 때문이다(심지어 프랑스처럼 노조 조직률이 낮은 곳에서조차 노조로 조직되지 않은 많은 노동자가 노조에 의지하고 노조의 행동을 지지한다).

노조 관료들이 개혁주의에 헌신하는 것은 그들의 사회적 지위 때문이다. 그들의 기능은 자본과 노동을 중재하는 것이므로, 그들은 어느 한쪽의 최종 승리를 바랄 수 없다. 그와 동시에 그들은 할 수 있는 한 자신들의 힘을 사회생활의 많은 측면으로 확대하기를 원한다. 그래서 자신들을 받아들이고 사회 운영에 영향을 미칠 수 있는 지위를 제공할 태세가 돼 있는 정당과 정치적 연계를 맺고 싶어 한다. 노조 관료들과 사회민주주의 정당 지도부 사이에는 항상 긴밀한 연계가 있다. 물론 영국처럼 사회민주주의 정당과 노조 사이에 공식적 연계가 있는 경우는 유럽에서 찾아보기 힘들다. 예컨대, 서독에서는 노조가 사민당과 공식적 연계가 전혀 없다. 그러나 거의 모든 노조 지도자와 매우 많은 노조 간부가 사민당원이고, 노조는 선거에서 사민당을 지지하며 더 은밀하게는 재정 지원도 한다.

사실 그런 연계는 주로 조직적인 것이라기보다는 이데올로기적인 것이다. 심지어 프랑스나 이탈리아처럼 노총 전체를 공산당이 통제하는 곳이나 노조의 요직을 공산당원들이 차지하고 있는 곳에서조차 노조의 정치는 여전히 사회민주주의의 논리를 따른다.

노동자들을 개혁주의의 정치적 전망으로 통합하고 개혁주의 정당에 계속 묶어 두는 것은 무엇보다도 노동조합 구조, 그리고 사용자와 협력하는 노동조합의 정책들이다.

프랑스에는 노조와 정당이 공식적으로 연계돼서는 안 된다고 주장하는, 20세기 초까지 거슬러 올라가는 오랜 전통이 있다. 1950년대에 사회당은 [1948년] 노동조합총연맹CGT에서 친미 우파가 분열해 나와 만든 노총인 '노동자의 힘FO'과 긴밀하게 협력했다. 그러나 '노동자의 힘'의 기반은 빈약했다. 그래서 1970년대에, 재조직된 사회당은 옛 가톨릭계 노총인 민주노조연맹CFDT과 더 긴밀한 연계를 발전시켰다. 민주노조연맹은 '노동자의 힘'보다 더 광범한(특히 더 현대적인 산업 부문에) 기반이 있었고, 낡은 냉전적 미사여구에 사로잡혀 있지도 않았다. '노동자의 힘'과 민주노조연맹의 사무총장은 모두 개인적으로 사회당원이었다.

스페인에서는 노동자위원회에 대한 영향력을 확립하는 것이 사회당의 신뢰 구축에 필수적이었다. 1978년 무렵 노동자위원회 회원의 60퍼센트가 사회당에 투표했다. 그러자 펠리페 곤살레스는 이들을 사회당계 노조인 노동조합총연합UGT의 대열로 끌어들이려는 전략을 추구했다.[29] 이탈리아에서는 사회당이 노동조합연합UIL이라는 노총을 이용해 신뢰를 쌓았다. 노동조합연합은 원래 노동조합총연맹CGIL에서 우파가 분열해 나온 조직이었지만, 1970년대에는 다양한 마오쩌둥주의 경향과의 연계를 이용해 공산당을 비판하는 좌파적 주장을 발전시켰고, 그래서 사회당의 신뢰를 높여 줬다.[30]

[노조] 관료주의 문제는 단순히 몇몇 독단적 지도자들의 문제가 아니다. 그것은 작업장의 다양한 직위를 통해 수많은 노동자가 기존 체제를 관리하는 데 통합되는 문제다. 그들은 자신의 시간을 모두 또는 대부분 노조 활동에 쏟는다. 그래서 자신들이 대표하는 사람

들[현장 조합원들]한테서 멀어지게 된다. 프랑스에서는 이런 통합을 달성하는 주요 수단이 공장위원회다. 물론 공장위원회가 생산을 통제하지는 않지만, 특정한 서비스(예컨대, 구내식당이나 휴양 시설 등)를 관리하고 그 과정에서 공장위원회 자신이 상당수의 노동자를 고용한다. 공장위원회는 이런저런 협의회에도 참여하고, 이 때문에 공장위원회의 노조 대표들은 그들이 대표하는 노동자들의 이익보다 회사의 이익을 먼저 생각하는 경향이 있다. 그래서 대다수 노동자들이 노조 관료들과 똑같은 개혁주의적 관점을 받아들이게 되는 것이다.

마찬가지로 서독에서도 작업장평의회가 노동자들을 계급의식에서 멀어지게 만드는 구실을 한다. 법원 판결에 따르면, 작업장평의회 위원이 정당을 지지하는 선동을 해서 '노동 문제'를 일으키거나, 사용자를 비난하는 리플릿을 작업장에서 배포하면 사전 통지 없이 해고당할 수 있다. 일례로, 비노조원인 노동자를 노조에 가입시키려고 설득했다는 이유로 작업장평의회 위원이 사전 통지 없이 해고당하기도 했다. 작업장평의회는 노조가 파업을 벌이면 무조건 중립을 지켜야 한다.[31]

노조 개혁주의의와 의회 개혁주의는 다른 식으로도 서로 강화한다. 20세기 초 이후 노동운동의 역사를 보면, 신디컬리즘과 의회주의가 갈마드는 패턴을 찾아볼 수 있다. 노동자들이 작업장에서 직접 행동으로 자신들의 조건을 개선할 수 있을 때는 [정치적] 일반화나 의회 대표들에게 의지할 필요를 거의 느끼지 않는다. 그러나 세력균형 때문에 산업 투쟁이 성과를 내기 힘들어지면, 좌파 정부를 선출해서 뭔가를 얻어 내는 데 더 의지하는 경향이 있다. 그러나 좌파 정부가 스스로 약속한 개혁을 제공하지 못하면, 노동자들은 다시 직접행동으로 돌아간다.

그래서 1950년대 영국에서는 노동자들이 보수당에 투표하는 경향과 나란히 강력한 현장위원 조직이 발전했다. 많은 현장위원이 공산당원이었지만, 이것은 의회 [선거]에서 공산당을 지지하는 것으로 반영되지 않았다.

1970년대 중반에 실업이 증가하자 현장위원들의 힘이 약해졌고 노동자들의 자신감도 줄어들었다. 이것은 어느 정도 노동당에 대한 관심이 되살아나는 것으로 표현됐다(비록 대중이 능동적으로 참여하는 형태는 아니었지만 말이다). 당시 노동당 정부가 '사회협약'을 노동자들에게 납득시킬 수 있었던 이유 하나가 바로 그것이었다. 캘러핸 정부 말기인 1979년에 노동당이 [개혁을] 제공할 수 없다는 것이 드러나자 이른바 '불만의 겨울'에* 직접행동이 되살아났고 이어서 보수당이 총선에서 승리했다.

더 일반적으로 말하면, 1970년대 말 노동자들의 투쟁 수준과 자신감 저하가 당시 유럽에서 사회민주주의가 되살아난 것과 관련이 있다고 할 수 있다. 물론 의회와 선거에서 부활했다고 해서 꼭 능동적 참여가 되살아나는 것은 아니다.

문제는 개혁주의와 신디컬리즘이 갈마드는 현상이 영원한 진자 운동처럼 될 수 있다는 것이다. 즉, 정치적 사상의 일반화 없는 작업장의 자주적 활동이 자주적 활동 없는 추상적인 정치적 일반화로 바뀔 수 있고 다시 그 반대로 바뀌는 일이 끝없이 계속될 수 있다

---

* 노동당 정부가 임금 억제 정책을 강요하자 노동자들이 1978년 말부터 1979년 초까지 벌인 임금 투쟁을 말한다.

는 것이다. 정치와 경제를 분리하는 장벽(부르주아 이데올로기를 떠받치는 기둥 가운데 하나)은 손상되지 않고 그대로 남아 있다.

개혁주의의 지배력을 분쇄하려면, 개혁주의와 신디컬리즘이 갈마드는 이런 무익한 현상을 극복해야 한다. 그러려면 두 가지를 명심해야 한다. 첫째, '정치'는 한 다발의 추상적 공식이 아니라는 것이다. 정치는 구체적 투쟁 경험을 일반화한 것일 뿐이다. 둘째, 진정한 문제는 의식이 아니라 자신감이라는 것이다. 즉, 노동자들이 현 체제를 좋아하거나 그 이데올로기를 신봉하는 것이 아니라, 자신들의 힘으로 현 체제를 변혁할 수 있다는 자신감이 없는 것이 문제다. 그러므로 실현 가능한 대안이 존재한다는 것을 보여 줄 필요가 있다. 그런 대안의 구성 요소는 두 가지다. 하나는 노동자 민주주의에 바탕을 둔 대안 사회를 일반적으로 설명하는 것이고, 다른 하나는 현재의 단편적 투쟁들을 통해 노동자들이 자주적 활동에 대한 자신감을 갖게 하는 것이다. 이 둘을 모두 제시하는 것, 또 일반화한 자주적 활동의 정치를 주장함으로써 하나는 다른 하나에 뿌리를 두고 있다는 것을 보여 주는 것이 혁명적 정당의 임무다. 그런 정당이 건설될 때까지는 개혁주의의 지배력이 유지될 것이다(개혁주의에 열광하기 때문이 아니라 대안이 없어서 그럴 것이다).

그런 정당을 건설하려면 노조 관료들의 모순을 이용해야 한다. 왜냐하면 노조 관료들은 사회민주주의 정당의 정책들(정부에 참여하고, '사회협약'을 체결하고, 선거에 불리할 수 있으므로 파업을 철회하는 것 등)에 더 긴밀하게 협력하라는 압력을 끊임없이 받기 때문이다. 그러나 그런 압력에 굴복할수록 그들은 조합원의 이익을 대변하는 데 실패할 수밖에 없다. 그러면 노조 안에서 대안적 지도부가 성장할 가능성이 열리게 된다. 개혁주의의 영향력은 (투표소나 지방 의회 회의실이 아니라) 작업 현장에서 토대가 구축된다. 따라서 그 토대를 뒤흔들고 무너뜨릴 수 있는 운동이 건설돼야 하는 곳도 바로 작업 현장이다.

6부
좌파를 끌어들이기

18장 당내 좌우파 투쟁

지금까지 이 책의 1~5부를 읽은 많은 독자는 윌슨이나 몰레 같은 사람들을 비난한 것에 동의할 것이다. 그렇지만 사회민주주의 정당 안에는 윌슨이나 몰레 같은 지도자와 그들의 정책을 개탄하는 사람도 많기 때문에 사회민주주의 정당은 바뀔 수 있다고 주장하는 독자도 많을 것이다.

사회민주주의 정당에는 사회주의적 사회변혁에 완전히 헌신하는 평당원 투사도 많다는 것은 분명한 사실이다. 그러나 역사를 보면, 사회민주주의 정당을 안에서든 밖에서든 개혁하려는 시도는 언제나 실패했다는 것을 알 수 있다. 이 책의 결론에 해당하는 6부에서는 이 주장을 뒷받침하는 증거를 살펴보겠다.

* * *

대다수 사회민주주의 정당에는 정도 차이는 있겠지만 조직된 좌파가 있기 마련이고, 그들은 흔히 신문, 의원단 또는 유명한 지도자를 중심으로 조직돼 있다. 이 점에서 사회민주주의 정당은 스탈린주의 정당과 크게 다르다. 스탈린주의 정당은 획일적 구조를 유지하려고 노력하기 때문이다. 최근 여러 나라 공산당이 어쩔 수 없이 당내 우파를 용인해야 했지만, 당내 좌파는 허용하지 않을 것이다.

사회민주주의 정당의 좌파와 우파가 벌이는 논쟁은 흔히 극적인 대결 양상을 띤다. 그래서 1950년대에 어나이린 베번은 영국 노동당에서 거의 제명될 뻔했고, 1964년에는 이탈리아사회당에서 좌파가 분열해 나갔으며, 1975년에는 포르투갈에서도 비슷한 분열이 일어났다. 그러나 그런 요란 법석의 이면을 들여다보면, 좌파와 우파의 이해관계가 조화를 이룬다는 사실을 알 수 있다. 어떤 의미에서는 좌파와 우파가 서로 상대방의 신뢰를 강화해 준다. 우파가 좌파를 '마르크스주의자'나 '과격파'라고 비난할 때 우파는 자신들이 체제에 충성한다는 것을 보여 줘서 부르주아지를 안심시키는 셈이다. 그와 동시에 평당원들이 좌파를 더 신뢰하게 만들어 주기도 한다. 좌파가 그런 비판을 받을 만하다면, 당내에서 투쟁을 벌이는 것은 가치 있는 일이기 때문이다. 반면에, 좌파가 우파를 비난할 때는 좌파와 우파 사이에 실질적 차이가 있다는 것을 자기 지지자들에게 확신시키는 동시에 우파가 '책임감 있고 온건하다'는 명성을 강화해 주는 효과를 낸다.

전통적으로, 사회민주주의 정당은 그 평당원들을 동원하기 위해 당내 좌파가 필요했다. 사회민주주의 정당에는 선거 때 쏟아지는 비를 맞으면서도 포스터를 붙이고 선거운동을 할 수 있는 투사들이 필요한데, 그런 열정적 투사들이 개혁주의 우파의 무미건조한 선언문 따위에 고무될 리는 만무하기 때문이다. 그러므로 지역 활동가들이 당내 좌파의 주축을 이루는 경향이 있다. 최근에는 선거운동이 지역 조직이 아니라 텔레비전을 중심으로 진행되는 경향이 있는데, 이것이 당내 좌파의 힘을 약화시키는 한 요인이다.

게다가 좌파의 구실이 선거 주기에 맞춰져 있다. 사회민주주의 정당이 선거에서 패배하면 흔히 좌파가 목소리를 키우고 활발하게 움직이면서 평당원을 고무하고, 신입 당원을 가입시키고, 다음에 집권하면 지난 번처럼 재앙적이지는 않을 것이라고 사람들을 설득한다. 그러다가 다음 선거가 다가올수록 강조점이 바뀌어 당의 통합과 중도층 유권자 붙잡기가 부각된다. 좌파가 이 점을 인정하고 스스로 무장해제 하지 않으면 회유당하거나 침묵을 강요당한다.

가끔 우파는 매우 솔직하게 좌파가 어떤 기능과 구실을 하는지를 털어놨다. 윌슨 정부의 각료(였고 그 자신이 백만장자)였던 해럴드 레버는 다음과 같이 말했다.

기업인들은 너무 예민하게 굴지 말고 좀 더 분별력이 있어야 한다. 이제 그들은 강력한 정치적 구호가 흔히 [노동]당의 완고한 강경파를 달래는 선물로 사용되거나 정책을 수술할 때 쓰이는 마취약 구실을 한다는 점을 깨달아야 한다.[1]

물론 실제 사정은 그렇게 단순하지 않다. 어쨌든 좌파와 우파는 모두 서로 싸워서 이기려고 하기 때문에, 조화로운 균형이 항상 유지되는 것은 아니다. 그러나 가끔 좌파가 실제로 이기더라도 그것은 무의미한 승리가 될 가능성이 높다. 왜냐하면 우파가 경기 규칙 자체를 바꿔 버리기 때문이다. 예컨대, 1960년 영국 노동당 당대회에서 일방적 핵 폐기를 주장한 좌파가 승리했을 때, [당 대표인] 휴 게이츠쿨과 의원단 지도부는 그 결정을 무시했다(8장 참조). 경기 규칙을 바꿀 수 없다면 그냥 경기장에서 나가 버린다. 예컨대, 1920년 프랑스 사회당 당대회에서는 코민테른에 가입한다는 방침이 표결 끝에 3대 1로 통과됐지만, 우파는 곧바로 탈당해서 새로운 당을 만들었다. 또 1940년 이탈리아사회당에서 우파가 분열해 나간 것이나 1980년대에 영국 노동당에서 우파가 분열해 나간 것도 마찬가지다.

다른 한편으로, 우파가 사회민주주의 정당을 완전히 지배할 수도 있다. 서독 사민당 안에는 매우 소규모의 조직된 좌파가 (주로 사회주의청년단을 중심으로) 있는데, 그들은 당 관료들에 의해 완전히 주변으로 밀려나 있어서 상징적 성공의 가망조차 전혀 없다. 거의 모든 사회민주주의 정당과 달리 사민당은 사실상 좌파 국회의원들이 전혀 존재하지 않는다. 이것은 관료들이 꿈꾸는 이상적 조건처럼 보일 수 있지만, 사실 사민당은 우파가 당을 독점한 대가를 치러야 했다. 다른 나라 같았으면 사회민주주의 정당을 변화시키려고 입당했을 법한 많은 사람이 서독에서는 사민당에 가입하는 것이 아무 의미도 없다고 생각했다. 그런 사람들 가운데 많은 이가 최근에 생태 운동[의 산물], 즉 녹색당에 가입했다(19장 참조). 이 녹색당은 사민당의 표밭을 잠식하며 선거에서 성공을 거뒀다. 1984년의 조사 결과를 보면, 녹색당은 18~25세 집단에서 21퍼센트를 득표했는데,[2] 이것은 사민당의 지지 기반을 심각하게 위협하는 것이었다. 사민당은 자신의 왼쪽에 있는 세력에게 모종의 손짓을 해야 하고 당 규율의 통제를 받지 않는 세력과 거래를 해야 한다는 것을 알게 됐다.

좌파 사회민주주의 관점의 중요한 요소는 민족주의다. 국제주의적 미사여구라는 겉치장을 걷어 내고 보면, 사회민주주의 좌파는 흔히 우파보다 더 민족주의적이라는 사실이 드러난다. 그 이유는 간단하다. 좌파는 우파보다 더 급진적인 경제적 변혁을 추구하지만, 우파와 똑같은 틀 안에서, 즉 국민경제의 틀 안에서 변혁을 추구한다. 따라서 난관에 봉착했을 때 좌파의 자동적 반응은 그 국민경제를 세계경제에서 분리하려고 시도하는 것이다. 즉, 온갖 민족주의적 해결책(수입 통제, 유럽공동시장 탈퇴 등)을 추구하게 되는 것이다.

다음의 두 사례를 보면, 사회민주주의 당내 좌파의 한계를 알 수 있을 것이다.

프랑스

1970년대 초에 프랑스 사회당이 재편된 이후 그 안에는 사회주의연구조사교육센터CERES라는 조직 좌파 경향이 있었다. 1964년 사회주의연구조사교육센터가 처음 만들어졌을 때 가장 유명한 지도자는 장피에르 슈벤망이었고, 그는 동료들과 함께 집단적으로 사회당SFIO에 가입했다. 당시 사회당은 대중의 신뢰를 잃어버린 부스러기 잔당에 불과했고, 흥미로운 좌파적 사고와 활동은 대부분 사회당에서 분열해 나와 통합사회당PSU을 결성한 사람들 사이에서 이뤄지고 있었다(19장 참조). 그러나 사회주의연구조사교육센터는 노회한 기 몰레의 후원을 받으며 때가 오기를 기다렸고, 마침내 1969~1971년의 [사회당] 재편기에 중요한 구실을 하면서 새로운 사회당PS의 중요한 구성 요소로 확실히 자리를 잡았다.

사회주의연구조사교육센터는 흔히 정설 개혁주의 좌파나 심지어 '마르크스주의자들'로 묘사된다. 그 지도자들은 말끝마다 그람시를 들먹이는 경향이 있다. 확실히 경제정책 면에서 그들은 모종의 고전적 좌파 사회민주주의 원칙을 고수한다. 그리고 사회주의연구조사교육센터는 1968년 5월 항쟁으로 급진화한 세대를 개혁주의 정치로 설득해서 자기편으로 만들어야 한다는 것과 이것은 좌파의 동맹이라는 틀 안에서 이뤄질 수 있다는 사실을 일찍부터 알고 있었다. 그래서 슈벤망은 "우리의 구실은 5월 정신과 [좌파] 연합 전략을 결합하는 것이었다" 하고 말했다.[3]

그러나 사회주의연구조사교육센터의 가장 두드러진 점은 매우 뿌리 깊은 민족주의다. 그들은 민족 주권과 민족 독립을 계속 말하면서, 프랑스의 주권을 지키기 위해 유럽공동시장 조약을 재협상해야 하고 프랑스 경제를 보호하기 위해 보호무역주의를 채택해야 한다고 주장한다. 이런 민족주의는 국방 정책으로까지 확대된다. 1983년 사회당 당대회에서 슈벤망은 프랑스의 핵 공격력을 옹호했을 뿐아니라, 사실상 프랑스의 핵무기 증강을 요구하기까지 했다.[4] 심지어 공적 소유조차 주로 민족주의적 목적 달성을 위한 수단으로 여긴다.

우리가 보기에 국유화 정책은 민족과 유럽의 틀 안에서 독립을 되찾기 위한 더 광범한 전략의 한 요소일 뿐이다.[5]

사회주의연구조사교육센터와 미테랑은 근본적 차이가 전혀 없었다. 다만, 미테랑이 민족주의적 미사여구를 덜 사용한다는 정도만 달랐을 뿐이다. 사회주의연구조사교육센터 역시 다른 좌파 경향들과 똑같은 상황에 놓이게 됐다. 즉, 자기 주장을 너무 강하게 밀어붙이거나 지도부에 도전한다면 곧 자기 분수를 깨닫게 된다는 것이다.

1973년 사회주의연구조사교육센터가 주도하던 사회당 파리연맹이 중동 문제에서 아랍을 지지하는 태도를 취하자 미테랑이 당 사무총 장에서 물러나겠다고 위협했다. 그러자 사회주의연구조사교육센터 는 즉시 굴복했다.[6] 그러면서 단결이라는 미사여구를 둘러댔는데, 이 것은 사실상 자신들의 독립적인 정치적 주장을 철회한다는 의미였 다. 1981년 대선과 총선 뒤에 열린 당대회에서 사회주의연구조사교 육센터는 서로 경합하는 입장들을 투표로 결정해서는 안 된다고 주 장했다.[7]

슈벤망은 1981년에 [산업부] 장관 자리를 받아들이고 정부 업무에 책임을 지기 시작했다. 1982년 여름에 미테랑이 긴축정책으로 전환 하자 슈벤망은 "현재의 목표는 사회주의가 아니다" 하고 선언했다.[8]

결국 미테랑의 우경화 때문에 사회주의연구조사교육센터는 어쩔 수 없이 모종의 반대 목소리를 내야 했지만, 처음에 정부의 노선을 지지한 것 때문에 이제 와서 반대하기도 어려웠다. 1983년 3월 슈벤 망은 장관 자리에서 물러났고, 사회주의연구조사교육센터는 엄격한 수입 통제와 국유 산업에 대한 투자 정책을 요구하는 운동을 전개 하기 시작했다.

슈벤망은 계속해서 민족주의를 자기 주장의 핵심으로 제기했다. 그래서 다음과 같이 개탄했다.

백년전쟁 이래로 우리 민족이 이토록 심각한 정체성 위기를 겪은 적은 한 번도 없었다. 우리 말이 사상 처음으로 죽을 위험에 처해 있다.[9]

그가 요구한 정책은 다음과 같은 것이었다.

기술·문화·군사 수준에서 나라의 독립을 유지하고 강화해서 … 프랑스를 세계 3위의 과학 강국으로 만들 수 있는 정책.[10]

1984년에 슈벤망은 미테랑과 화해하고 다시 정부에 들어가서 교육부 장관이 됐다. 그는 학교에서 애국심과 규율을 강화하는 운동을 전개해 우파들에게 박수갈채를 받았다. 사회주의연구조사교육센터는 슈벤망의 출세를 위한 발판 구실을 했지만, 1985년 무렵 사회당은 우파가 완전히 지배하고 있었다. 이제 대안적 정책에 관한 논쟁은 사라졌고, 어떻게 선거에서 승리해 정권을 유지할 것인지에 관한 논쟁만 있었다. 1986년 3월 [총선에서] 사회당이 패배한 후 사회주의연구조사교육센터는 해산하고 '사회주의와 공화국'이라는 그룹으로 대체됐다. 공공연히 계급 협력을 약속한 그들은 정책 초안에서 "노동조합의 힘이 정당하다는 것과 기업 이윤이 필요하다는 것을 모두 인정한다"고 주장했다.[11]

영국

전후 영국 노동당 좌파의 핵심 인물은 어나이린 베번이었다. 베번이 [1960년에] 죽은 뒤로 그의 이름은 끊임없이 회자됐다. 특히 해럴드 윌슨과 닐 키넉이 말끝마다 베번을 들먹였다. 베번은 웨일스 남부의 탄광촌 출신이었고, 그의 정치적 기억은 러시아 혁명까지 거슬러 올라갔다.

나는 제정러시아가 전복됐다는 신문 기사를 읽은 광원들이 몰려나와

눈물을 흘리며 서로 악수하면서 "마침내 올 것이 왔어" 하고 말하던 것이 기억난다.[12]

그래서 베번은 의회 밖 활동을 들먹이는 데 아무 거리낌이 없었다. 1936년에 베번은 실업자 지원 문제로 국회에서 논쟁할 때 다음과 같이 말했다.

만약 이 법 때문에 우리 지역 주민들의 사정이 나빠진다면, 여러분이 정규군을 투입해야만 질서가 유지될 수 있는 그런 사태가 벌어지기를 바랍니다. … 나는 정말 이 국회가 경멸스럽고 역겹습니다.[13]

1951년 4월에 베번은 국가보건서비스에 요금이 부과되고 군비 지출이 늘어나는 것에 항의해서 6년간 몸담고 있던 애틀리 정부에서 물러났다. 그와 함께 해럴드 윌슨도 물러났다. 그해 가을 [총선에서] 보수당이 승리하자 베번은 자연스럽게 노동당 좌파의 구심점이 됐다. 그들은 6년간 실시된 [노동당의] 우파적 정책들에 좌절하고 있었다. 주간지 〈트리뷴〉이 노동당 안에서 빠르게 조직된 대중적 [좌파] 경향에 정체성을 제공했다. 〈트리뷴〉은 '브레인 트러스트'라는 전문가 집단의 순회강연을 조직했다. 그래서 전국 각지에서 매주 네다섯 차례 열리는 모임에서 [좌파] 연사들이 강연을 했다. 이 운동을 두고 한 평론가는 "지금까지 노동운동 안에서 벌어진 가장 크고 가장 지속적이고 광범한 선전 활동"이라고 묘사했다.[14] 베번과 윌슨 등이 머리말을 쓴 〈트리뷴〉 소책자가 1951년에 발행돼서 10만 부 넘게 팔렸다.

앞서 봤듯이, 베번은 사후에 묘사되는 것과 달리 자유주의 성향의 국회의원이 아니었다. 그리고 베번 좌파 운동은 적어도 몇 년 동안은 대중운동의 성격을 띠었다. 1954년에 베번 좌파는 전국항만하역노조와 운수일반노조 사이에 분쟁이 일어났을 때* 항만노조를 지지해서 감히 정치와 노동조합운동 사이의 신성불가침한 경계선을 넘어가기도 했다(물론 그 주된 이유는 운수일반노조의 우파 지도자인 아서 디킨과 노동당 좌파 사이의 오랜 투쟁 때문이었다고 할 수 있다).

베번파는 강력하고 투쟁적이었지만, 분명한 전략이 없었다. 노조 관료들이 노동당을 꽉 잡고 있었기 때문에 베번파는 실제로 당 지도부를 차지하려는 희망을 전혀 품지 않았다. 그렇다고 해서 분열해 나갈 생각도 전혀 없었다. 어떤 조건에서 다시 당에 통합될 것인지 확신이 없었기 때문이다. 비꼬기 잘하기로 유명한 베번파 지도자 리처드 크로스먼은 1951년 12월 5일 자 일기에서 다음과 같이 토로했다.

다른 노동당원들과 정말이지 미국은 베번 좌파 운동과 베번파가 매우 중요하고 잘 조직된 음모가 집단이라고 여기는 듯하다. 그러나 베번파에 몸담고 있는 우리는 우리가 조직돼 있지 않다는 것을 잘 안다. 사실, 어나이린을 설득해서 일관되고 체계적인 전략을 수립하게 만드는 것은 불가능하다. 우리는 응집력 있는 조직 건설 계획조차 마련하지 못했다.[15]

---

* 운수일반노조의 일부 투사들이 운수노조를 탈퇴하고 항만노조에 가입하자, 운수노조 관료들은 항만 사용자들과 협정을 체결해 운수노조 조합원들만 채용되게 만들있는네, 이 때문에 두 노조 사이에 분쟁이 벌어졌다.

우파가 당 기구를 확고하게 장악하고 있었다. 1955년 초에 디킨을 비롯한 노조 지도자들이 주도하는 전국집행위원회 내의 우파가 베번을 제명하는 데 성공할 뻔했다(그 노조 지도자들은 노동당의 주요 자금원이 노조이므로 자신들이 당을 소유한다고 생각했다). 베번은 결국 당 대표인 애틀리를 '어려움'에 빠뜨린 것에* 대해 사과하는 성명을 발표해야 했다.[16]

1957년 베번은 [일방적] 핵 폐기 문제를 두고 좌파와 결별했다(8장 참조). 그는 재빨리 나토 지지 진영으로 넘어가서 나토를 열렬히 지지했다. 베번의 부인 제니 리는 다음과 같이 말했다.

미국에서 그는 많은 강연을 하고 돌아다녔다. 그래서 영국뿐 아니라 미국 언론계에도 널리 퍼져 있던, 베번은 도깨비 같은 인물이라는 이미지를 불식할 수 있었다. … 그의 강연회에 참석한 주요 경제 단체들이 보내 준 감사 편지는 의례적 인사치레를 넘는 것들이었다.[17]

1959년 총선 뒤에 베번은 노동당 부대표가 됐지만, 1960년 7월에 사망함으로써 우파에게 더 순응할 일은 없어졌다.

베번이 없는 노동당 좌파는 별로 보잘것없었다. 베번의 주요 지지 기반이던 전후 [노동당] 좌파의 핵심은 계급 문제에 대한 태도가 매우 모호했다. 1950년에 그들은 사실상 소득정책을 옹호했다. 1950년

---

* 보수당 정부가 재래식 무기의 공격에 맞서 수소폭탄을 사용하기로 결정하자 애틀리는 수정안을 국회에 제출했는데, 베번은 노동당 의원 61명을 설득해서 그 수정안 표결에 기권하게 만들었다.

에 크로스먼, 이언 미카도, 바버라 캐슬 등[의 노동당 좌파 국회의원들]이 서명해서 출판한 소책자《좌파 고수》는 다음과 같이 주장했다.

임금동결이라는 자의적 결정이나 조정되지 않은 부문별 협상이라는 우연에 따라 임금이 결정된다면, 민주적 사회주의 경제는 성공적으로 작동할 수 없다.

한때 베번파이던 해럴드 윌슨이 [1964년] 영국 총리가 됐을 무렵 노동당 좌파는 혼란에 빠져 있었다. 윌슨의 집권 기간 내내 그들이 거둔 성과는 실속 없는 상징적 제스처에 불과했다. 베번 좌파 운동의 절정기에도 〈트리뷴〉의 판매 부수는 겨우 1만 8000부였는데, 이후 심각하게 감소해서 1980년대 초에는 9000부도 채 안 됐다(이것은 〈소셜리스트 워커〉의 판매 부수보다 훨씬 적은 수치다).[18]

1970년대 중반에 토니 벤을 중심으로 새로운 좌파가 등장한 것은 사뭇 다른 현상이었다. 베번은 생애 말년에 비교적 부유해졌는데도 항상 프롤레타리아 스타일을 유지했다. 그러나 베번과 달리 토니 벤은 노동계급 투쟁에 뿌리가 전혀 없었다. 더욱이, 벤의 경력은 대다수 노동당 정치인과 뚜렷한 차이가 있었다. 그들은 대부분 급진파로 시작해서 [체제에] 순응하는 관리로 끝났다. 그러나 벤은 오랫동안 당중앙에 있었고, 1964년부터 1970년까지, 다시 1974년부터 1979년까지 오랫동안 이런저런 장관직을 역임한 뒤에 급진화했다. 벤은 〈트리뷴〉 좌파 출신은 아니었지만, 1970년대에 새롭게 고양된 산업 투쟁 물결에 반응했다. 그는 전통적인 노동당 좌파보다 노조의 현장 조합원들이 더 중요한 기반이라는 사실을 발견할 수 있었다. 그래서 바로 이런 청중을 겨냥해서 (딱히 사회주의적이진 않지만) 급진 민주주의에 바탕을 둔 미사여구를 사용하기 시작했다.

1979년 총선에서 노동당이 패배한 후 벤은 순식간에 명성이 높아졌다. 언론이 그에게 공격을 퍼부을수록 노동당 기층 활동가들 사이에서는 인기가 높아졌다. 그의 인기는 1981년 노동당 부대표 선거에서 아슬아슬하게 패배했을 때 절정에 달했다. 산업 투쟁의 승리를 맛보기가 매우 힘든 시기에 많은 투사는 노동당을 변화시키는 것만이 전진할 수 있는 유일한 길이라고 생각했고, 벤은 그런 염원의 초점 구실을 했다.

벤이 윌슨과 캘러핸 정부의 실패를 극복할 대안으로 내놓은 현실적 강령은 놀라울 만큼 모호했다. 그가 주창한 것은 경기 부양을 위한 공공 지출(프랑스에서 미테랑이 시도했다가 포기한 케인스주의 전략), 수입 통제(구제 불능의 민족주의를 제외하면, 20세기 말의 통합된 세계경제에서는 효과가 있을 것 같지 않은 정책), 계획 협정(노·사·정 협력이라는 낡은 공상으로 회귀하는 것), 구체적으로 명시하지 않은 공적 소유 약속 등이었다.

결코 급진적이지 않은 이런 정책들은 공공연한 민족주의의 틀 안에 머물렀다.

짐바브웨나 인도, 가이아나, 그 밖의 어느 나라 국민과 마찬가지로 영국 국민에게도 민주적 자치 (정부)와 해방은 정당한 염원입니다.[19]

벤은 분명히 제국주의자들의 민족주의와 피억압자들의 민족주의를 구별할 수 없었다. 심지어 오랫동안 그의 민족주의는 영국의 나토 탈퇴를 주장하는 데까지도 나아가지 못했다. 1985년에야 비로소 그는 나토 탈퇴 요구를 제기하기 시작했다.[20]

그러나 벤은 노동당이 활동가 기반을 재건하려면 1968년 이후 성장한 새로운 정치 경향들을 끌어들여야 한다는 것을 깨달았다.

> 노동당은 통화주의와 군국주의에 반대하는 여성운동, 흑인운동, 환경운동, 평화운동, 농촌의 급진적 운동, 종교운동과 연합해야 하고, 종파적 고립 상태에 있는 사회주의자들을 노동당의 주류로 다시 끌어들여야 합니다.[21]

노동당이 좌파를 흡수하는 일을 벤이 계속 도와주는 한, 노동당 우파는 벤의 존재를 계속 용인할 것이다.

그러나 벤이 소수파의 처지에서 벗어날 가능성이 조금이라도 보이면 그들은 참지 않을 것이다. 벤의 영향력이 절정에 달한 1981년에 그는 노동당 부대표 선거에서 거의 이길 뻔했다. 그러나 이후 몇 년 사이에, 벤을 지지하던 많은 사람이 그를 버리고 닐 키넉의 더 큰 '현실주의'를 지지했다. 1985년 무렵 자신만만해진 키넉은 공공연히 다음과 같이 선언했다. "노동당이 집권하게 되면 극좌파의 견해는 정부에서 아무런 구실도 못 할 것이다."[22]

* * *

사회민주주의 정당의 좌파들은 지금까지 나타났다 사라졌고 앞으로도 흥망을 계속할 것이다. 그들의 구체적 역사는 선거 주기에 따라, 또는 인기 있는 정치인의 부침에 따라 달라질 수 있을 것이다. 그러나 그들이 사회민주주의 정당의 행동을 제약하는 틀, 즉 의회주의와 민족주의의 틀을 받아들이는 한, 그들은 결코 중대한 변화를 이룰 수 없을 것이다.

19장 신사회운동과 사회민주주의

사회민주주의 정당을 안에서 바꾸려고 한 사람들이 거의 성공을 거두지 못했다면, 개혁주의의 논리와 단절하지 않은 채 조직적 대안을 건설하려 한 사람들이라고 해서 더 큰 보상을 받은 것도 아니었다. 랠프 밀리밴드는[*] 최근에 다음과 같이 주장했다.

지금 필요한 것, 또 오랫동안 필요했던 것은 다양한 관심사와 열정을 가진 수많은 사람들, 즉 남성과 여성, 청년과 노인, 흑인과 백인, 블루칼라 노동자와 화이트칼라 노동자, 그 밖의 다양한 사람들을 하나로 결속할 사회주의 정당이다. 그러면 그들은 자본주의·여성차별·인종차별에 반대하는 투쟁, 미국과 그 동맹국들의 세계적 반혁명 책동에 대항하는 투쟁에 완전히 헌신하는, 개방적이고 민주적이며 틀림없이 토론과 논쟁이 활발한 하나의 조직에서 함께 활동할 것이다. …
그런 조직은 여성, 흑인, 평화운동가, 생태주의자, 그 밖의 진보적 사

---

[*] 랠프 밀리밴드는 1960년대 영국의 신좌파 운동에서 저명한 인물이었고 노동당의 의회주의를 비판한 책, 《의회 사회주의》(1961)를 썼다.

회운동 참여자들의 요구를 존중할 것이다. 또 그들을 결코 식민지 주민 취급하거나 부려 먹으려 하지 않고 그들과 협력하고 동맹을 맺을 것이다.[1]

진보적 사회운동을 토대로 해서 사회민주주의 정당도 아니고 레닌주의 정당도 아닌 사회주의 정당을 건설하겠다는 꿈은 매력적인 것처럼 보일 수 있다. 그러나 그것은 이미 시도됐고 불충분한 것임이 드러났다. 1950년대 이후 서유럽에서는 좌파 사회주의 정당이 많이 만들어졌다. 벨기에·프랑스·이탈리아·포르투갈에서는 사회당이 분열해서, 덴마크에서는 공산당이 분열해서 그런 정당이 생겨났다.

그런 정당은 마르크스주의자들이 전통적으로 '중간주의'로 묘사한 범주에 속한다. '중간주의'라는 말은 흔히 무차별적으로 남용되지만, 정확히 말하면 중간주의는 개혁주의와 혁명적 정치 사이에서 동요하는 것을 가리킨다. 따라서 중간주의자들은 대체로 마르크스주의에서 중요한 모든 문제를 얼버무린다. 그들은 노동계급의 역사적 중요성을 인정하지만, 계급을 초월한 동맹의 필요성도 강조한다. 그들은 국가기구를 근본적으로 변혁해야 한다는 점을 받아들이지만, 이것이 의회의 조치를 통해서도 이뤄질 수 있다고 주장한다. 그들은 [혁명적] 정당의 필요성을 받아들이지만, 중앙집중적 규율을 거부할 뿐 아니라 노조 활동가들이 당의 지도를 받아들여야 한다는 것도 인정하지 않는다.

중간주의 조직들을 살펴볼 때는 지도부와 기층 조직원들을 구별하는 것이 중요하다. 중간주의 지도자들은 흔히 모호하게 말하고 얼버무리면서 양다리를 걸친다. 혁명적 위기 때 그들이 하는 행동은 배신행위나 마찬가지다. 그러나 중간주의 정치는 [계급]의식의 발전, 특히 사태의 압력에 따른 의식의 발전을 반영하는 것이기도 하다. 자러 갈 때는 개혁주의자였는데 다음 날 아침에 혁명가가 돼 일어나는 사람은 없다. 사람들은 개혁주의자와 혁명가의 중간 단계를 거치기 마련인데, 그때는 흔히 혼란스럽고 모순된 견해를 갖게 된다. 중간주의는 사실 개혁주의와 혁명적 정치 사이에 놓인 다리 같은 것이다. 그 다리를 건너서 이쪽으로 올 수도 있고 건너편으로 넘어갈 수도 있다. 중간주의 정당의 일부 당원은 개혁주의가 불충분하다는 것을 깨닫고 혁명적 정치로 더듬더듬 나아갈 수 있지만, 다른 당원들은 한때 혁명가였다가 개혁주의로 되돌아갈 수도 있다. 중간주의 정치가 어떻게 동요하는지는 프랑스와 이탈리아의 사례를 보면 알 수 있다.

프랑스

1958년에 프랑스 사회당이 수치스럽게도 알제리 전쟁을 격화시키고 비굴하게 드골에게 굴복하자* 일부 당원이 분열해 나가서 독립사회당PSA을 만들었다. 독립사회당원의 다수는, 다른 유럽 나라였다면 기꺼이 사회민주주의 정당 안에 남아 있었을 공공연한 개혁주의자들이었다(그래서 영국 노동당, 스웨덴 사회민주노동당SAP, 서독 사회민주당SPD이 프랑스 독립사회당 창당 대회에 참관인단을 파견했다). 그들은 단지 기 몰레의 전횡과 관료주의적 방식을 참을 수 없었을 뿐이다.

---

* 9장 참조 — 지은이.

1960년에 독립사회당은 좌파 기독교인, 옛 공산당원, 일부 구식 트로츠키주의자를 포함한 여러 집단과 함께 통합사회당PSU을 결성했다. 통합사회당의 강령은 다음과 같이 국가권력 문제를 얼버무리는 전형적 중간주의에 바탕을 두고 있었다.

사회주의 체제는 단지 경제력의 결과나 점진적·제한적 개혁의 결과만은 아니다. 그러므로 무력으로 권력을 장악하는 혁명적 행동이 절대로 필요하다. 통합사회당은 오늘날 프랑스에서 평화적으로 사회주의를 향해 나아가는 것이 가능하다고 생각한다. 통합사회당이 할 일은 그 과정을 앞당기는 것이다. 그러나 통합사회당은 [사회주의 체제가] 폭력적 결과라는 가설도 묵살하지 않는다. 왜냐하면 그것은 우리의 적인 자본가들의 저항에 달려 있기 때문이다.[2]

그렇지만 알제리 전쟁 말기에 통합사회당이 한 행동은 칭찬할 만한 것이었다. 그들은 전쟁에 반대하는 성공적 시위를 많이 조직했고, 그보다는 덜 성공적이었지만 비밀군사조직OAS(알제리 독립을 막으려고 프랑스 극우파가 만든 무장 테러 조직)이 암약할 때 [1961~1962년] 반파시즘 순찰대를 건설하려고 노력하기도 했다.

그런데 알제리 전쟁이 끝나자 통합사회당은 활동의 초점, 사실상 그 존재 이유를 잃어버렸다. 일부 당원은 통합사회당이 프랑스 사회의 새로운 과학기술 전문가층에게 다가가도록 만들고 싶어 했다. 그래서 이 집단의 관심사를 다루는 세미나를 열었다. 또 통합사회당은 가장 유명한 당원인 전 총리 피에르 망데스프랑스와 동일시되는 경우가 흔했는데, 그는 사회당 바깥의 개혁주의 좌파를 재결집하려는 자신의 정치적 야망을 달성할 수단으로 통합사회당을 이용하려 했다.

1968년 5월 항쟁은 통합사회당의 결정적 전환점이었다. 그들은 당시 상황에 절실히 필요한 혁명적 정당 구실을 할 수 없었다. 그러나 분명히 공산당보다 좌파적 태도를 취했고, 5월 항쟁으로 급진화한 많은 사람이 통합사회당에서 자신의 정치적 고향을 찾고 있었다. 망데스프랑스는 이제 좌경화하는 듯한 통합사회당을 탈퇴했다.

1960년대 말과 1970년대 초에 통합사회당은 몇몇 혁명적 좌파 단체와 함께 토론하며 공동 활동을 조직했다. 그러나 1968년이 지나 투쟁이 사그라지고 새로운 사회당과 좌파연합이 등장하자 통합사회당의 일부는 그것에 저항하기 힘든 매력을 느꼈다. 결국 1974년에 미셸 로카르가 통합사회당원 상당수를 이끌고 탈당해서 새로운 사회당으로 가 버렸다.*

통합사회당 잔류파는 정체성 위기에 끊임없이 시달렸다. 한편으로, 당을 자진 해산하고 통째로 사회당에 가입하기는 싫었다. 다른 한편으로, 사회당의 개혁주의를 효과적으로 대체할 정치적 대안으로 발전하지도 못했다. 1981년 대통령 선거에서 통합사회당은 미테랑을 완전히 신뢰하지는 않는다는 것을 보여 주려고 위게트 부샤르도를 독자 후보로 내세웠다. 그런데 미테랑이 긴축 노선으로 전환한 지 한참 뒤인 1983년에 위게트 부샤르도는 미테랑 정부의 작은 부서[환경부] 장관 자리를 받아들였다. 이것을 두고 어떤 언론인은 "1968년 5월 [항쟁]에 대한 향수를 간직하고 있는 생태주의자, 반핵

---

* 15장 참조 — 지은이.

운동가, 페미니스트, [외교적] 중립주의자들에게 [미테랑이] 손을 내민 것"이라고 말했다.[3] 통합사회당의 상당수 당원은 부샤르도가 미테랑 정부에 참여한 것을 비난했다. 결국 2년 뒤인 1985년에 부샤르도는 탈당했다. [통합사회당의] 디딤돌 구실이 끝난 것이다.

이제 통합사회당은 무의미한 동요 말고는 미래가 없는 것처럼 보였다. 영국 노동당은 노동계급 안에서 압도적으로 무거운 존재였기 때문에 다른 모든 좌파를 끌어당기는 힘이 강력했다. 프랑스 사회당은 그렇게 끌어당기는 힘이 훨씬 약했지만, 극좌파들이 통합사회당이라는 통로를 통해 사회당으로 들어가거나 사회당의 영향을 받았다. 결국 통합사회당이 사회당을 크게 도와준 것이다. 1986년에 이르러 통합사회당원이 약 1000명으로 줄어들어서 이런 구실조차 끝난 것처럼 보이자 당 지도자들은 당을 해산하자고 주장하고 있었다.[4]

이탈리아

1963년 말 이탈리아에 중도-좌파 정부가 들어서자[*] 연립정부에 반대하던 사회당 좌파 일부가 탈당해서 이탈리아프롤레타리아통일사회당PSIUP을 새로 만들었다. 이 당의 지도자 중 한 명인 렐리오 바소는 전에 사회당 사무총장을 지낸 유명한 이론가였다. 신당의 성격을 다음과 같이 설명한 바소의 말은 중간주의의 전형적 표현이라 할 수 있다.

---

* 10장 참조 — 지은이.

나는 의회와 바리케이드 사이에서 무조건 정치적 선택을 해야 한다고 는 결코 생각하지 않았다. 또 나는 항상 노동계급 운동이 의회를 투쟁 수단으로 활용해야 하고, 필요하다면 바리케이드를 이용하는 것도 선험 적으로 거부해서는 안 된다고 생각했다. 그러나 권력 장악을 위한 투쟁 은 이 두 방법 사이에서 어느 하나를 선택하는 것으로 환원될 수 없다.[5]

이것은 그릇된 이분법을 이용해, 국가라는 결정적 문제에서 관심 을 딴 데로 돌리려는 수작이다. 이것 자체가 순전히 탁상공론식 문 제였다. 왜냐하면 1964년 이탈리아에서 실제로 바리케이드를 쌓자고 제안한 사람은 아무도 없었기 때문이다. 그러나 그것은 전략적 혼란 을 낳았다. 바소는 프롤레타리아통일사회당이 공산당보다 '좌파'도 아니고 '우파'도 아니라고 주장하며, 특히 다음과 같이 강조했다.

공산당보다 더 좌파적 태도를 취해야 한다는 생각, 온갖 반항아와 편 협한 청년을 모두 끌어모으자는 생각, 무장봉기를 열망하는 모든 지 식인 집단과 파벌을 단결시키자는 생각, 더 간단히 말해서 이탈리아판 '중국' [공산]당이 되자는 생각은 터무니없는 것이고, 그래서 철저히 거 부했다.[6]

여기서 바소는 일부러 과격한 말을 사용해서, 혁명적 정당 건설 을 해도 되고 안 해도 되는 일처럼 묘사한다. 그러면서 장차 변신할 수 있는 여지를 남겨 두고 있다.

프롤레타리아통일사회당에는 특히 노동조합총연맹CGIL의 노조 지 도자 출신이 많았는데, 예컨대 비토리오 포아는 노동조합총연맹 사무부총장이었다. 그런 사람들의 지위는 분명히 공산당과 협력할 수 있는지 없는지에 달려 있었다. 1965년에 공산당은 중도-좌파 정부의 경제정책을 제한적으로 지지하는 태도를 취했다. 프롤레타리아통일사회당의 신문은 정부의 경제정책이 친자본주의적이라고 비난했지만, 노동조합총연맹 대의원대회에 참석한 그 당원들은 표결에서 공산당과 같은 태도를 취했다. '민주적 중앙집중주의'를 거부했다는 점에서 프롤레타리아통일사회당은 중간주의 조직의 전형적 약점, 즉 노동조합 소속 당원들을 통제하지 못한다는 점을 드러냈다.

그러므로 프롤레타리아통일사회당을 규정할 수 있는 어떤 원칙을 확인하기는 어렵다.(어쨌든 바소 자신이 사회당에서 분열해 나오기 1년 전만 해도 다음과 같이 썼다. "나는 기독교민주당과 일시적 동맹을 맺는 것을 선험적으로 거부할 수는 없다고 생각한다. 왜냐하면 그것이 특정한 구체적 개혁을 달성하는 데는 유용할 수 있기 때문이다.")[7] 결국 프롤레타리아통일사회당의 실험은 그리 오래가지 못했다. 그 당은 1968년 총선에서는 140만 표를 얻어 득표율이 4.5퍼센트였지만, 1972년 총선에서는 득표수가 절반 이하로 줄었고 단 1석도 건지지 못했다. 두 달 뒤에 프롤레타리아통일사회당은 해산했고, 대다수 당원들은 공산당에 가입했다. 그런데 이제 공산당 자신이 기독교민주당과 중도-좌파 정부를 구성하는 타협을 원하고 있었다.(공산당에 가입하기를 거부한 소수파는, 1969년 공산당에서 제명당한 〈일 마니페스토〉(선언) 그룹과 함께 프롤레타리아통일당PDUP을 만들었다. 이 프롤레타리아통일당도 1976년에, 즉 이탈리아 극좌파가 전반적으로 붕괴하던 1970년대 후반에 분열했고, 그중 일부는 결국 공산당으로 되돌아갔다.) 프롤레타리아통일사회당은 흔히 과감하고 새로운 모험으로 칭송받았지만, 실제로는 이탈리아 좌파가 재편되는 과정에서 하나의 에피소드였을 뿐이다.

* * *

새로운 중간주의 정당들이 1960년대의 특징이었다면, 1970년대의 특징은 많은 좌파가 정당이라는 사상 자체를, 특히 레닌주의 조직 형태를 거부하고 단일 쟁점 캠페인과 운동을 지지했다는 것이다. '녹색'운동이나 생태운동, 평화운동, 여성운동은 그런 유일한 사례까지는 아니더라도 가장 두드러진 사례들이다.

그런 운동에 참여한 사람들은 흔히 자신들이 전통적 형태의 정치와 근본적으로 결별하고 있다고 주장했다. 그러나 그들은 중앙집중적 정치조직보다 개혁주의를 훨씬 덜 위협하고, 오히려 개혁주의와 공존하는 능력은 훨씬 뛰어나다. 그들은 개혁주의 정당의 이데올로기적 헤게모니, 심지어 선거의 헤게모니에도 도전하지 않고, 단지 특정한 요구들을 지지하는 활동만을 추구한다. 더욱이, 그들은 어떤 사회 계급과도 제휴하기를 거부하기 때문에 개혁주의의 틀에 잘 맞는다. 어떤 계급의 여성이든 모든 여성은 똑같이 억압받는다고 믿는 운동은 기존의 소유권을 전혀 공격하지 않을 것이다. 핵무기는 자본주의의 산물이 아니라 특이하고 별난 악이라고 주장하는 운동은 핵군축을 단지 정책의 문제로 여길 뿐 군산복합체 전체를 공격할 필요가 있다고 생각하지는 않을 것이다.

사실 유럽의 많은 사회민주주의 정당은 이런 다양한 '운동'을 자신들의 지지 기반과 당원 확대를 위한 잠재적 원천으로 여겼다. 그래서 1982년에 [《가디언》의 유럽 담당 기자] 존 파머는 다음과 같이 날카롭게 지적했다.

얄궂게도, 영국 노동당이 당대회에서 밀리턴트 경향* 제명을 시작으로 당내 급진 좌파를 제거할 준비를 하고 있는 바로 그때 다른 많은 유럽 나라에서는 노동당의 자매 정당들이 극좌파 급진주의자들을 자기 대열로 끌어들이려고 열심히 노력하고 있다. 이 점은 서독 사민당이 '녹색'운동 안팎의 집단들을 가입시키려고 애쓰는 것에서 가장 분명히 드러난다.

독일의 반핵·환경 운동은 항상 옛 기독교민주당원부터 마르크스주의자와 아나키스트까지 다양한 정치 경향의 광범한 연합이었다. 그러나 영국 노동당 우파가 오랫동안 '현대화'의 완벽한 본보기로 여겼던 독일 사민당은 지금 '녹색'운동의 극좌파를 가입시키는 데 자신의 미래가 달려 있다고 생각한다. …

'좌파에게 문호를 개방하기' 전략의 또 다른 사례는 네덜란드 노동당의 전술에서 분명히 드러난다. 그들은 야당 시절에 그동안 일방적 핵 폐기를 주장하는 급진 좌파 정당들(예컨대, 평화사회당 등)이 독점해 온 기반을 잠식하는 데 6개월간 공을 들였고, 마침내 이번 달[1982년 9월] 실시된 총선에서 네덜란드 최대의 정당으로 떠오를 수 있었다.

마찬가지로 분명한 사실은 지금 야당인 덴마크 사회민주당도 이와 비슷한 계획을 세우고 있다는 것이다. 사회민주당 지도자 한 명이 최근

---

* 밀리턴트는 '투사'라는 뜻으로, 1991년 옛 소련이 몰락할 때까지 노동당 안에서 활동한 '정설' 트로츠키주의 단체였다.

나에게 들려준 바로는, 그들이 일부러 정권을 내놓기로 결정한 이유는 더 좌파적인 정당들(예컨대, 민중사회당)한테 잠식당한 선거 기반을 되찾을 뿐 아니라, "이데올로기 배경에 대한 지나친 우려 없이" 투사와 좌파 활동가를 가입시키기 위해서였다고 한다.[8]

녹색운동

녹색운동이나 생태운동은 1970년대에 서유럽의 몇몇 나라에서 발전했다. 프랑스에서 그들은 1977~1978년 선거에서 어느 정도 성공을 거뒀고, 1981년 대통령 선거에서는 녹색운동 후보인 브리스 라롱드가 1차 투표에서 3.9퍼센트를 득표했다. 사회당의 선거공약에 미래의 핵 발전 사업을 취소한다는 것이 포함돼 있었기 때문에, 대다수 생태주의자는 십중팔구 결선투표에서 미테랑에게 표를 던졌을 것이고, 아마 이것이 그가 전세를 뒤집고 승리하는 데 결정적 구실을 했을 것이다.* 미테랑은 당선하자마자 브르타뉴반도의 플로고프에 핵 발전소를 건설하려던 계획을 취소했는데, 플로고프는 오랫동안 대규모 반핵 시위가 벌어진 곳이었다. 그러나 이런 상징적 제스처를 취하고 나서 미테랑은 나머지 핵 프로그램은 계속 추진했다. 지금 프랑스는 핵 발전소에서 사용되는 고속증식로를 세계적으로 선도하는 나라다. 라롱드는 쓰라린 심정으로 다음과 같이 불만을 터뜨렸다.

---

* 1차 투표에서 미테랑은 25.9퍼센트를 득표했고 지스카르데스탱은 28.3퍼센트를 득표했지만, 결선투표에서는 미테랑이 51.8퍼센트를 득표하며 승리했다.

대통령과 정부는 생태운동의 중요성과 그것이 청년들에게 주고 있는 희망을 이해하지 못하는 것 같다. 또 그들은 우리가 기꺼이 그들을 도와줄 용의가 있다는 것도 이해하지 못한다. … 우리는 굴욕을 당했다.[9]

그러나 너무 늦었다. 녹색운동은 미테랑을 신뢰했지만, 그는 녹색운동을 짓밟았다. 그것은 분명한 정치적 지도(부)가 없는 단일 쟁점 운동의 필연적 운명이었다. 1986년 무렵 라롱드는 핵 발전소와 "함께 살아야 한다"고 말하고 있었다.[10]*

서독의 녹색운동은 기반이 더 강력했고, 프랑스 녹색운동의 실패를 똑똑히 목격했다. 독일의 녹색운동이 실제로 시작된 것은 1972년이었다. 그때 소수의 사민당 활동가는 사민당이 개혁을 실행할 수 있다는 믿음을 잃어버리고 나서 녹색운동을 시작했다. 사민당이 집권해서 우경화하자 그들은 계속 신뢰를 받을 수 있었고, 1979년쯤에는 선거에 출마할 수 있을 만큼 입지를 다졌다. [1980년에 창당한] 녹색당의 강령은 정치적으로 꽤나 비논리적이었다. 그들은 (중공업의 소유·통제 방식에 반대한 것이 아니라) 중공업 자체를 전면 거부하면서 도덕적 훈계를 늘어놨기 때문에, 실업이 증가하는 시기에 산업 노동자들에게 할 말이 거의 없었다. 독일의 마오쩌둥주의 운동이 마침내 붕괴하자 녹색당은 많은 극좌파를 끌어들일 수 있었지만, 옛 나치들도 녹색당에 관심을 보였다. 그래서 1983년 선거에서 녹색당 후보로 출마한 사람들 중에는 나치의 불법 무장 단체이던 '갈색 셔츠단', 즉 돌격대SA 출신도 있었다.

---

* 2년 뒤인 1988년에 라롱드는 환경부 장관이 됐다.

그러나 녹색당은 여러 주의회와 시의회 선거에서 당선했을 뿐 아니라, 1983년 연방의회 선거에서도 27석을 확보하는 데 성공함으로써 서독의 중앙 정치권에서 주요 세력으로 인정받게 됐다. 그러자 당시 야당으로서 지지 기반을 재건하기 위해 애쓰고 있던 사민당이 일부 녹색당원에게 추파를 던졌다. 정치 공작에 능한 빌리 브란트가 특히 녹색당을 사민당 쪽으로 끌어당기는 데 열을 올렸다. 사민당의 새 지도자인 한스요헨 포겔은 전임자인 헬무트 슈미트보다 약간 더 좌파적이라고 자처할 수 있었다. 포겔은 "녹색당의 주장에 기꺼이 귀를 기울이겠다"며 다음과 같이 말했다.

녹색당의 말을 그대로 따르겠다는 것이 아니라, 그들의 훌륭한 사상을 우리의 강령에 포함하려는 것이다. 어쨌든 그들이 제기하는 문제들은 현실적이다. 베를린 같은 도시들을 새롭게 할 필요가 있다는 녹색당의 주장은 결코 틀리지 않았다. 물론 그들이 요점을 과장하는 경향이 있는 것은 사실이다.[11]

이런 압력 때문에 이상주의적인 녹색당 활동가들은 큰 어려움을 겪었다. 1982년 함부르크 주의회 선거에서 사민당은 녹색당의 지지 덕분에 겨우 주 정부를 구성할 수 있었다. 녹색당은 사민당이 정책을 양보하는 대가로 정부에 참여하지는 않은 채 사민당을 지지하기로 합의했다. [그러나] 몇 달 뒤 사민당은 이 합의를 깨뜨리고 녹색당을 비난하면서 새로 선거를 실시했고 결국 확실한 다수당이 됐다. 마찬가지로 헤센 주에서도 녹색당은 사민당 정부를 '소극적으로 지지'했지만, 실제로 정부에 참여하라는 압력에 시달렸다. 결국 1985년

12월에 녹색당 지도자 한 명이 헤센 주정부에 입각했지만, 녹색당의 많은 당원은 그의 행동에 반대했다.

지금 녹색당은 사민당과 협력하기를 원하는 '현실주의자들'과 기존 방식을 고수하고 싶어 하는 '원칙주의자들'로 심각하게 분열해 있다. 녹색당의 선거 성과는 절정기를 지난 듯하고, '현실주의자들'이 사민당과 더 긴밀하게 협력하도록 만드는 압력은 갈수록 커질 것 같다.

평화운동

신냉전의 결과 하나는 서유럽 전역에서 평화운동이 크게 성장했다는 것이다. 1981년 10월과 11월에 벌어진 시위에 약 200만 명이 참가했다. 본에서 25만 명, 런던에서 20만 명, 암스테르담에서 50만 명(네덜란드 전체 인구의 30분의 1), 브뤼셀에서 12만 명, 파리에서 5만 명이 시위를 벌였다. 이들은 모두 핵무기의 단계적 확대, 특히 미국의 신형 미사일이 서유럽으로 확산되는 것에 반대했다.

이것은 서방 자본주의 경제의 중심에 있는 군비 생산과, 각국 정부가 흔히 자기 존재와 정책을 정당화하는 데 이용한 냉전 이데올로기를 모두 반대하는 대중운동으로 발전할 잠재력이 있었다. 그러나 체제는 그 위협을 큰 어려움 없이 봉쇄할 수 있었다. 그것은 대체로 평화운동의 정치에 내재한 한계 때문이었다. 대다수 활동가는 핵무기를 자본주의 경제 자체와 분리할 수 있는 동역학(에드워드 톰프슨은 이를 '절멸주의'라고 불렀다)의 산물로 봤다. [자본주의] 체제라는 건강한 몸에 난 흉측한 사마귀나 혹 같은 것으로 여긴 것이다.

그래서 평화운동에 참여한 대다수 사람의 전망은 체제 전체를 변혁하는 것이 아니라, 정부를 설득해서 다른 정책을 채택하도록 만드는 것이었다. 그러므로 그들이 정치적 수단을 찾을 때는 사회민주주의 정당에 초점을 맞추는 경향이 있었다.

사회민주주의자들에게 이것은 시험이자 기회였다. 그들은 대중적 평화운동을 그냥 무시할 수만은 없었다. 많은 사회민주주의 지도자들(스웨덴의 팔메, 네덜란드의 덴 아윌 등)은 핵무기 폐기론자들에게 공감하는 태도를 취했다. 그러나 얄팍한 미사여구만으로도 흔히 핵무기 폐기론자 대다수를 개혁주의 정치의 깃발 아래로 불러 모을 수 있었다. 영국에서는 핵무기철폐운동CND의 많은 활동가가 노동당의 선거 승리와 집권을 지지하도록 설득당했다. 핵무기 문제에서 노동당이 보여 준 과거 행적과,* 노동당의 비핵 정책은 나토라는 핵무기 동맹을 강력히 지지하는 것과 결합돼 있었다는 사실에도 불구하고 그랬다.

프랑스에서는 평화운동이 순조롭게 출발하는 데 실패했다. 왜냐하면 사회당이 서방[의 핵무기] 동맹과 프랑스의 핵 공격력을 강력하게 지지했기 때문이다. 미테랑은 1960년대에는 프랑스의 핵무기를 반대했고 1981년 이전에는 핵무기 철폐를 약속했지만, 정작 집권하고 나서는 프랑스의 핵 미사일을 단 1기도 줄일 수 없다고 단호하게 거부했다. 반핵 좌파는 사회당과 공산당의 반대를 모두 거슬러서 기반을 구축할 능력이 없었다.

서독에서는 사민당이 처음에는 [프랑스와] 비슷한 상황을 만들려

---

* 8장 참조 ─ 지은이.

고 했다. 헬무트 슈미트는 원래 1981년 10월 평화 시위에 참가하는 사민당원을 모두 징계해야 한다고 주장했다. 그의 위협은 약 50명의 사민당 국회의원이 시위 참가 의사를 밝히는 등 당내에서 지지가 확산되자 완전히 실패했다. 사민당 지도자 중 한 명인 에르하르트 에플러는 시위에 참가해 연설하겠다고 밝혔다. 에플러는 연설에서, 헬무트 슈미트가 "스스로 평화운동의 일부가 돼야 한다"고 말하면서 시위대를 사민당 쪽으로 끌어당기려고 노력했다.[12] [1982년 10월 자유민주당이 연립정부에서 탈퇴하는 바람에] 사민당이 다시 야당이 되자, 좌파를 흡수하고 싶어 한 브란트 같은 사람들은 평화운동에 주목했다. 전에 사민당이 [평화운동에] 적대적 태도를 보인 것은 모두 이제는 [총리에서] 물러난 슈미트 탓이었다고 둘러댈 수 있었다.

여성운동

유럽의 여성운동은 1968년의 격변에서 시작됐다. 분명히 1968년의 많은 투사는 여성차별적 태도를 공공연히 드러냈다(예컨대, 파리의 담벼락에 쓰인 남성 우월주의적 문구들을 보라). 그러나 학생과 노동자가 자신의 삶을 스스로 통제하겠다고 나섰다는 사실 때문에, 많은 여성도 자신이 겪는 억압에 문제를 제기하기 시작했다. 1960년대 말쯤 미국 여성운동의 사상이 유럽에 광범한 영향을 미쳤다.

그러나 여성운동의 부활은 단지 사상의 문제만은 아니었다. 그것은 노동하는 여성들의 투쟁이 낳은 결과이기도 했다. 영국의 여성운동은 포드 자동차 공장에서 [자동차 좌석 커버를 만드는] 여성 재봉공들이 [남녀] 동일 임금을 요구하며 벌인 파업에서 시작됐다. 그 파업으로 여성들은 윌슨 정부의 주요 여성 각료인 바버라 캐슬(고용·생산성부 장관)과 정면으로 충돌하게 됐다. 그래서 파업 지도자인 로즈 볼랜드는 다음과 같이 말했다.

> 저들은 계속 "임금을 동결해야 한다"고 말합니다. 그것은 연봉이 7000 파운드나 되는 바버라 캐슬에게는 괜찮은 일입니다. 좋아요, 먼저 그녀의 임금을 삭감하라고 합시다.[13]

그렇게 개혁주의를 거부하고 성별보다 계급을 우선시하는 것은 여성운동 초기에 드문 일이 아니었다. 노동자들의 투쟁 수준이 여전히 높았던 1975년경까지는 여성운동이 노동계급과 긴밀한 관계를 유지할 수 있었다.(그렇다고 해서 여성운동과 혁명적 좌파 사이에 마찰이 전혀 없었다는 말은 아니다. 마찰은 많았고, 그 책임은 양쪽 모두에게 있었다.)

그러나 1970년대 중반 이후 투쟁이 가라앉기 시작하자, 노동계급과 긴밀한 관계를 유지하는 것이 더는 효과를 내지 못하는 것처럼 보였다. 여성들은 매우 옳게도 독단적 마르크스주의자들을 비판하면서, 여성해방은 '혁명 후에' 자동으로 오는 것이 아니라고 주장했다. 그런데 '혁명이 일어날 때까지 기다리지 않겠다'는 태도에서 너무 나아가 이제는 아예 혁명을 모두 잊어버리고 아무리 사소한 것이라도 현 체제에서 이뤄지는 개혁만을 붙잡으려 했다. 여성 위원회가 설립되거나 여성이 고액의 보수를 받는 고문 자리에 임명되는 것 등은 지금 당장 쟁취할 수 있는 성과였고, 이런 일들은 대체로 사회민주주의 정당을 통해 실현됐다. 노동운동의 구조 안에서 '긍정적 차별'[사회적 약자 우대 정책]이 점점 더 주목받았다. 예컨대, 노조 지도 기구에 여성을 위한 자리를 따로 마련한다거나 총선 후보로 여성을 더 많이 내세우는 것 등이 그랬다. 이와 나란히 페미니즘 언론과 출판사가 성장했고, 고등교육 과정에서 여성학이 늘어났다. 이런 활동은 대부분 직간접적으로 공공자금에 의존하는 것이었다. 그래서 페미니스트들은 더욱더 사회민주주의 정당의 구조 안으로 포섭됐다.

1970년대 초에 많은 페미니스트는 전통적 좌파의 조직 구조를 날카롭게 비판하면서, 더 비공식적이고 분산된 조직 형태를 옹호했다. 다른 페미니스트들은 여성이 여성 전용 조직에서만 활동해야 한다거나 적어도 정당과 노조 내의 여성 간부 회의와 여성 위원회 활동에 집중해야 한다고 주장했다. 그런 전략들은 계급 행동과 혁명적 조직을 노골적으로 거부하는 것이었기 때문에, 페미니스트들이 개혁주의 정당으로 흡수되기 더 쉽게 만들었다. 사회민주주의 정당의 중앙집중적이지 않은 조직 구조도 여성 활동가들을 흡수하는 데 도움이 됐다. 혁명적 조직들은 흔히 여성운동의 요구들을 좀처럼 받아들이려 하지 않는다는 비난을 들었다. 그러나 중앙집중적 레닌주의 조직은 낙태나 [여성]차별 문제에 관해 어떤 입장을 채택하면, (남성이든 여성이든) 모든 조직원이 그것을 위해 공개적으로, 또 작업장에서 투쟁해야 할 의무가 있다. 사회민주주의 정당의 당원들에게는 그런 의무가 없다. 여성 간부 회의의 임원들은 조금도 성차별적이지 않은 언어를 고수하는 최고로 순수한 태도를 취할 수 있다. 그러나 그들의 결정은 당원 대중에게 아무런 영향도 미치지 못한다. 따라서 당원 대중은 여전히 성차별적 언어를 사용할 수 있다.

그래서 영국 노동당이 공식적으로는 "변화를 위해 여성의 말에

귀를 기울이겠다"고 약속했지만, 실제로는 이렇다 할 정책으로 반영된 것이 거의 없다. 여성을 겨냥한 노동당의 정책 방송, 집회, 일련의 공개 모임에 이어서 '여성의 노동권 축제' 같은 행사가 열렸다. 의심할 바 없이 이것은 당원들의 사기 진작을 위해 좋은 일이고, 더 많은 페미니스트를 노동당으로 끌어당기는 데 도움이 됐다. 그러나 노동당은 수많은 노동하는 여성의 물질적 조건을 개선할 수 있는 임금정책과 공공 지출 정책을 개발하겠다는 확약은 결코 하지 않았다. 또, 여성의 낙태권을 지지하지 않는 노동당 국회의원들을 징계하겠다고 분명히 약속하지도 않았다(페미니스트의 표도 꽤 많았지만, 가톨릭교도의 표는 훨씬 더 많았다).

따라서 여성운동은 스스로 개혁주의의 흡수 대상이 됐다. 이 점을 가장 분명히 보여 주는 사례는 1981년 미테랑이 대통령으로 선출될 당시의 프랑스 여성운동이다. 지젤 알리미가* 이끄는 '선택: 여성의 대의'라는 여성운동 단체는 1974년 대통령 선거에서 어느 후보도 지지하지 않았고, 1978년 총선 때는 독자적으로 43명의 후보를 출마시켜서 1.5퍼센트를 득표했다. 그런데 1981년 대통령 선거 때 '선택'은 결선투표를 앞두고 공개 토론회에 두 후보[미테랑과 지스카르데스탱]를 모두 초대했다. 그러나 미테랑만 참석하자 알리미는 다음과 같이 말하면서 사회당을 강력히 지지했다.

공산당과 함께 오랫동안 계급 분석의 수렁에 빠져 있던("성적 억압 따위는 존재하지 않는다. 부르주아지가 프롤레타리아를 착취하는 것만이

---

* 지젤 알리미는 튀니지 출신의 프랑스 인권 변호사, 페미니스트 저술가다.

있을 뿐이다" 기타 등등) 사회당이 느리지만 분명하게 자신의 태도를 수정하고 있다. 그러면 전에는 왜 그러지 못했는가? 시대에 뒤떨어진 마르크스주의적 도식(아니, 더 정확히 말하면 해석) 때문이었다. 그런 도식과 해석으로 어떻게 과연 여성에 대한 초착취를, 즉 여성이 실업률도 더 높고 교육도 제대로 못 받고 직업훈련의 기회도 없는 문제를 다룰 수 있겠는가?

알리미는 미테랑이 사형제를 반대한 것도 자신들 덕분이라고 주장했다.

미테랑은 이번 선거운동에서 유일하게 철학적으로 중요한 쟁점이 될 문제에서, 아무리 중한 범죄를 저질렀더라도 사람을 두 동강 내는 것을 거부한다. 이것은 분명히 문화의 문제이고, 여성이 전 세계에서 비폭력이 선택되도록 만드는 데 적합한 문제다.

그리고 서정적인 어조로 다음과 같이 결론지었다.

여성의 미래가 암울해지는 것을 원하지 않는다면, 우리는 선택을 해야만 한다. 그렇다, 이번에는 미테랑을 선택해야 한다.[14]

알리미는 그 보상을 받으려고 오래 기다리지 않아도 됐다. 1981년 6월 총선에서 그녀는 사회당의 지지를 받아서 국회의원이 됐다.
또 미테랑은 [1970년에 창립한] 프랑스 여성해방운동MLF의 지지도 받았다. 그러나 여성해방운동은 좌파가 집권한 지 2년 뒤인 1983년 지방선거 때 자기 지지자들에게 기권을 강력히 권고했다.[15] 환멸이 널리 퍼졌다는 것은 의심할 여지가 없다. 그러나 미테랑의 대안이 될 만한 혁명적 사회주의 세력이 없다 보니 그 환멸은 막다른 지경에 이르렀을 뿐이다.

20장 좌파 지식인과 사회민주주의

　지식인들은 사회민주주의 정당에 약간 문젯거리다. 사회민주주의 정당은 이론의 필요성을 부정하기 때문이다. 사회민주주의 정당에서는 실용주의와 기회주의가 최고의 자리를 차지한다. 베른슈타인이나 페이비언파* 같은 사상가들조차 현대의 사회민주주의 정당에는 도움이 되기보다는 장애물이 될 것이다. 선거에서 승리하고 경제적 필요에 따르려면 그런 몇 안 되는 원칙조차 끊임없이 개조해야 하기 때문이다.

　그러나 현대 자본주의 사회에서는 이데올로기가 매우 중요하므로 사회민주주의 정당은 지식인들을 무시할 수 없다. 대중매체, 특히 텔레비전의 엄청난 성장과 고등교육의 확대 덕분에 지식인들은 '여론'과 접촉할 기회가 그 어느 때보다 더 많아졌고, 따라서 선거와 밀접한 관련을 맺게 됐다. 사회민주주의 정당은 사상투쟁에서 손을 뗄 수 없다. 사상이 그들의 실제 정책에 영향을 미치는 것을 아무리 달

---

*　페이비언파Fabians는 1884년 영국에서 설립된 페이비언협회가 주창한 점진적·개혁주의적 사회주의를 옹호하는 사람들을 일컫는다.

가워하지 않더라도 말이다.

많은 지식인이 사회민주주의에 끌리는 이유는 그들이 신봉하는 지적 원칙('과학적 진리', '예술의 자유' 등)이 자본주의의 시장가치에 어긋난다는 것을 알게 되기 때문이다. 그래서 그들은 시장가치와 반대되는 것처럼 보이는 정치에 매력을 느끼는 것이다. 그러나 지식인들이 자본주의의 시장가치에 반대하는 것은 개인적 동기에서 비롯한 것이지 사회적 뿌리가 있는 것이 아니다. 대다수 지식인은 서로 독립적으로 일하거나(작가·화가 등) 적어도 자신이 하는 일을 상당히 통제할 수 있다(연구원·기자·대학교수 등).

그런 지식인들이 이론과 실천의 통일을 이루려면, 정당이라는 조직의 규율이 필요하다. 그러나 사회민주주의 정당은 그런 규율을 제공할 수 없다. 사회민주주의 정당은 지식인들의 실천을 진지하게 받아들이지 않기 때문이다. 마르크스와 엥겔스에서 레닌·트로츠키·그람시로 이어지는 지적 전통, 이론과 실천의 통일이 그 특징인 지적 전통은 이제 혁명적 좌파라는 제한된 집단 바깥에는 존재하지 않는다. 그 결과 대다수 좌파 지식인은 추상적 이론과 기회주의적 실천 사이에서 동요한다.

문제를 더 복잡하게 만든 것은 1930년대부터 1950년대까지 스탈린주의의 경험이었다. 왜냐하면 스탈린주의는 규율 있는 정당이라는 틀을 지식인들에게 제공했지만, 그것은 지적 정직성을 조직의 전술적 필요에 종속시키는 형태였기 때문이다. 공산당의 지식인들은 명백히 잘못된 독단적 신조, 예컨대 노동계급의 '절대적 빈곤화' 같은 주장을 고수했다. 또 소련의 유전학자 리센코 사례에서 보듯이 공산당이 모든 과학 문제에 판결을 내릴 권한이 있다고 옹호했다. 그리고 기괴하고 종파주의적인 미사여구에 탐닉했는데, 그 전형적 사례는 "만약 하이에나가 만년필을 사용할 줄 알고 자칼이 타자기를 칠 수 있다면, T S 엘리엇의 작품 같은 글을 쓸 것"이라고 말한 알렉산드르 파데예프나 *"앙드레 지드가 볼셰비키를 역겨워하게 됐다면, 그것은 볼셰비키가 남성 동성애자들이 아니었기 때문이다" 하고 말한 장 카나파였다.[1]**

이 때문에 냉전 시대에는 좌파 지식인들이 양극화해서, 사회민주주의 지식인들은 자유주의적 개념인 '지적 자유'의 이름으로 스탈린주의에 반대했다. 사회주의 전통이 오래됐고 고전적 우파가 불신의 대상이던 서유럽에서는 사회민주주의가 스탈린주의의 이데올로기적 대안으로서 가장 훌륭한 것처럼 보였다. 그 결과 미국 [중앙정보국]의 자금 지원을 받은 '문화적 자유를 위한 회의'와 그들의 간행물(영국의 《인카운터》, 프랑스의 《프뢰브》, 서독의 《모나트》 등)은 *** 휴 게이츠컬 같은 우파 사회민주주의 정치인들과 긴밀한 관계를 발전시켰다. 앤서니 크로스랜드도 '문화적 자유를 위한 회의'와 주기적으로 접촉했고, 그들의 격려를 받으며 《사회주의의 미래》라는 책을 썼다.[2]

냉전 시대의 또 다른 중요한 문헌은 전향한 공산당 지식인(아서 케스틀러, 이그나치오 실로네, 앙드레 지드, 리처드 라이트, 루이스 피셔, 스티븐 스펜더)의 글을 모아 펴낸 《실패한 신》(1950)이었다.****

---

* 알렉산드르 파데예프는 소련작가동맹 의장을 지낸 소설가였다.

** 장 카나파는 프랑스 공산당의 지도자이자 작가였다.

*** '문화적 자유를 위한 회의'는 한창때 전 세계 35개국에 조직이 있었다.

**** 국역: 《붉은 신화》, 내외문제연구소, 1964.

이 책의 의도는 지식인들에 대한 공산당의 지배력을 들춰내고 약화시키려는 것이었다. 이 책의 편집과 출판을 주도한 사람은 영국 노동당 국회의원으로 머지않아 베번 좌파의 지도자가 되는 리처드 크로스먼이었다. 그 책에 실린 글 중에서 특히 (이탈리아의 사라가트 지지자인) 실로네는 약간 모호한 도덕적 사회주의가 공산주의의 대안으로서 가장 훌륭하다고 강조했다.

이 시기에 좌파 지식인들에게 냉전 이데올로기를 제공하는 데서 중요한 구실을 한 사람은 철학자 칼 포퍼와 소설가 알베르 카뮈였다 (둘 다 사회민주주의 정당의 당원은 아니었다). 포퍼의 책 《열린 사회와 그 적들》(1945)은 이른바 마르크스주의 '논박서'였는데, 그 내용에 비해 터무니없이 성공을 거둔 책이었다. 그 책에서 포퍼는 마르크스의 저작들에 대해 한심할 만큼 무지하다는 것을 드러냈다. 포퍼의 주된 기여는 '점진적 사회공학'이라는 개념이었는데, 그는 다음과 같이 주장했다.

명백히 잘못된 것에 대항하는 체계적 투쟁, 예컨대 불의나 착취의 구체적 형태들 그리고 빈곤이나 실업처럼 피할 수 있는 고통에 대항하는 체계적 투쟁은 먼 미래 사회에 대한 이상적 청사진을 실현하려는 노력과는 전혀 다르다.[3]

포퍼 자신은 오스트리아사회민주당을 탈당한 지 한참 오래됐지만, 여전히 개혁주의 정치에 광범한 영향을 미치고 있었다. 영국의 포퍼 팬클럽 지도자인 브라이언 매기(노동당 국회의원이었다가 사회민주당으로 넘어갔다)는 포퍼가 "민주적 사회주의의 철학적 토대"를 놓았다고 주장했다.[4] 서독에서는 사민당 지도자인 헬무트 슈미트가 포퍼의 책《열린 사회와 그 적들》의 번역본 머리말을 썼다. 이탈리아에도 사회당원 가운데 포퍼 추종자가 많았는데, 그들은 1983년에 투라티클럽(1920년대에 공산주의를 반대한 사회민주주의 지도자 필리포 투라티의 이름을 따서 만든 단체)의 후원 아래 포퍼 강연회를 조직하는 데 도움을 줬다.

카뮈는 그 나름대로 마르크스주의를 논박하는 책《반항하는 인간》(1951)을 쓰는 동안 포퍼의《열린 사회와 그 적들》을 읽었다.[5] 포퍼와 마찬가지로 카뮈도 역사적 과정에는 어떤 방향이나 논리가 있다는 사상을 비판해서 마르크스주의의 기반을 약화시키려 했다. 이것의 개혁주의적 함의를 깨닫기는 어렵지 않다. 가끔 카뮈는 아나코신디컬리즘의 미사여구에 탐닉하는 것도 좋아했다. 그러나 1955년에 그는 공산주의를 격렬하게 반대한 개혁주의자 전 총리 망데스프랑스를 지지한다고 공개 선언했다. 망데스프랑스가 '프랑스판 [영국]노동당 정치'를 대변한다고 봤기 때문이다.[6] ([1960년에 사망한] 카뮈의 영향력은 지금도 살아 있다. 카뮈 연구의 권위자인 로제 키요는 기몰레를 위해 공산주의를 비판하는 글을 여러 편 썼고, 1981년에는 미테랑 정부의 주택부 장관이 됐다.)

냉전 시대의 양극화 때문에, 진지한 이론적 저작이 나오는 것은 사실상 불가능했다. 그러다가 1956년에 사정이 바뀌기 시작했다. 다수의 유능한 공산당 지식인이 스탈린주의와 결별하고 근본적인 이론적 문제들을 붙잡고 씨름하기 시작했다. 그들이 맞닥뜨린 새 세대 사상가들은 1930년대와 1940년대의 패배를 경험하지 않았고 반제국주의 운동과 평화운동으로 급진화한 사람들이었다.

1950년대의 '신좌파' 지식인들은 스탈린주의와 개혁주의로 왜곡되지 않은 혁명적 마르크스주의의 부활을 위한 토대를 놓을 수 있는 잠재력이 있었다. 그러나 노동계급 운동이 저조한 상태였기 때문에 그들은 이론과 실천 사이의 심연을 극복할 수 없었다. 더욱이, 그들은 스탈린주의에서 물려받은 문제에 얽매여 있었다. 그들이 스탈린주의를 이해하려면, 표면상으로는 계획경제가 물질적 토대인 사회에서 어떻게 야만적이고 폭압적인 독재 체제가 성장할 수 있었는지를 설명해야 했다. 이 수수께끼를 풀 수 있는 해결책은 두 가지였다. 하나는 더 근본적인 해결책으로서, 스탈린 치하 소련의 경제 질서가 본질적으로 자본주의적 성격을 띠고 있음을 인식하는 것이었다. 이것을 받아들이려 하지 않는 사람들에게는 다음과 같은 대안이 있었다. 마르크스주의의 토대·상부구조 모델에 따른 이른바 '[경제] 환원론', 즉 법률적·정치적 기구와 지적 생활은 모두 궁극적으로 사회의 경제구조에서 유래한다는 이론을 거부하고, 개인을 더 중시하는 '인간주의[휴머니즘]적' 마르크스주의를 주장하는 것이었다.

마르크스주의적 인간주의(장폴 사르트르, 레이먼드 윌리엄스, 뤼시앵 골드만, 에른스트 피셔 같은 다양한 인물이 대표자였다)는 더 활기 넘치고 비판적인 마르크스주의로 가는 길을 열었다는 것은 틀림없다. 그러나 정치적·문화적 과정이 계급투쟁이라는 토대에서 거의 독립적이라는 주장은 일련의 단일 쟁점 운동에 바탕을 둔 정치로 가는 길을 열었다. 따라서 마르크스주의적 인간주의는 개혁주의로 쉽게 흡수됐다.

더욱이, 마르크스주의 이론과 노동계급 운동의 분리 때문에 마르크스주의적 인간주의를 주상한 사람 대다수가 그 주요 인물 한 명이 "방법론에 집착하는 태도"라고[7] 적절하게 부른 것으로 빠지고 말았다. 즉, 세계의 현실과 그것을 변혁하는 데 필요한 전략에 관심을 두기보다는 마르크스주의 자체의 지위와 성격에 관심을 쏟는 경향이 있었던 것이다.

'신좌파'의 이론적 취약성은 영국 잡지 《뉴 레프트 리뷰》의 진화 과정을 보면 알 수 있다. 그 잡지의 편집진은 끊임없이 '이론적 엄밀함'이 필요하다고 떠들어 댔지만, 정작 현실 세계로 뛰어들 때는 그 엄밀함이 아침 이슬처럼 사라지고 말았다. 그래서 편집장인 페리 앤더슨은 해럴드 윌슨의 '신화'를 곧이곧대로 믿고 다음과 같이 썼다.

> 영국 노동운동을 심각하게 손상시킨 한계들은 모두 유감스럽게도 그 공식 대변인들을 통해 이어져 왔다. 이제 이런 사정은 갑자기 끝나게 됐다. 노동당은 50년 동안 실패한 뒤에 마침내 활기 넘치고 유능한 지도자[윌슨]를 배출했다.[8]

이론과 실천의 분리가 이보다 더 애처롭게 드러날 수도 없을 것이다.

마르크스주의적 인간주의는 대체로 1960년대 말에 학생들의 급진화로 빛을 잃었다. 새로운 물결은 더 급진적으로 들리는 이론을 찾고 있었고, 루이 알튀세르라는 사람의 저작에서 그것을 발견했다. 알튀세르는 오랫동안 프랑스 공산당원이었는데, 몇 년 동안 유럽에서 인기를 누리고 있었다.

알튀세르의 사상에는 많은 모순이 있었다. 그가 인간주의를 비판한 것은 어느 정도는 전형적 스탈린주의로 회귀하는 것이었다(헤겔에 관한 알튀세르의 논의는 안드레이 즈다노프에서* 곧장 유래한 것이었다). 그러나 알튀세르는 '상부구조의 상대적 자율성'을 주장하기도 했다. 즉, 정치적·지적 활동의 특정 분야들은 계급적 토대로 환원될 수 없다는 것이었다.

이것은 중요한 정치적 함의가 있었다. 첫째, 이른바 알튀세르의 '이데올로기주의'가 있다.⁹ 즉, 알튀세르는 사회의 '이데올로기적 국가기구들'을 분석하면서 마치 그런 기구들을 국가기구 분쇄 과정과 별개로 장악할 수 있다는 듯이 암시한다. 이것이 개혁주의의 논리라는 것은 분명하고, 산티아고 카리요는 이 주장을 이용해 '유러코뮤니즘' 전략을 정당화했다.

둘째, 알튀세르가 이론의 자율성을 옹호한 것은 리센코 사건 따위에 대한 건강한 반발이기도 했지만 한편으로는 이론과 실천의 분리를 신성불가침으로 만들어 버리는 것이기도 했다. 그래서 공산당은 지식인들이 기호학을 갖고 장난치도록 내버려 두고, 지식인들은 공산당이 개혁주의자들과 무원칙한 거래를 하도록 내버려 둔다. 자크 랑시에르가** 인용한 어떤 알튀세르 추종자는 학자인 자신이 공산당에 몸담고 있는 이유는 "자신에게 행동을 요구하지 않은 유일한 조직"이기 때문이라고 말했다.¹⁰ [공산]당과 당내 지식인의 구실을 이렇게 이해하는 것 자체가 분명히 사회민주주의적 개념이다.

---

* 안드레이 즈다노프는 제2차세계대전 후 소련공산당의 문화 정책 노선을 따르지 않는 문화·예술계 인사들의 숙청을 주도하며 한때 스탈린의 후계자로 거론됐으나 스탈린보다 먼저 죽었다.

** 자크 랑시에르는 알튀세르의 수제자였으나 1968년 항쟁을 계기로 알튀세르와 결별한 프랑스 철학자다.

그러므로 알튀세르의 많은 제자가 사회민주주의로 이동한 것은 결코 놀라운 일이 아니다. (포퍼와 마찬가지로) 포스트알튀세르주의 자들도 '역사주의'를 거부한다. 즉, 역사적 과정은 우리가 혁명적 미래의 전망 속에서 현재의 실천을 자리매김할 수 있게 한다는 생각을 거부한다. 또 그들은 이른바 '경제주의'를 거부하면서, 노동자들이 일상 속에서 제한된 목표를 추구하는 자주적 행동은 사회주의와 아무 관련이 없다고 주장한다. 또 '전체성'도 부정하면서, 모든 투쟁이 세계적 혁명의 전망 안에서 서로 연결돼 있다고 보는 것도 거부한다.

1970년대 말에 투쟁이 침체하자 지식인들은 더 우경화했다. 이제 숭배 대상이 알튀세르에서 미셸 푸코로 바뀌었다. 푸코는 마르크스주의 자체가 강제수용소를 낳았다고 본다.[11] 그는 사회의 권력이 다음과 같이 완전히 분산돼 있다고 주장한다.

국가에서 가족까지, 군주에서 아버지까지, 법원에서 일상적 처벌의 사소한 변화까지, 사회적 지배 기구부터 주체 자신을 구성하는 구조들까지 [도처에서] 우리는 권력의 일반적 형태를 발견한다. 단지 그 규모만 다를 뿐이다.[12]

이런 관점에서는 국가를 분쇄한다는 것을 생각조차 할 수 없고 다만 각각의 훌륭한 대의를 추구하는 파편화한 운동만이 있을 뿐이다.

1970년대 말쯤 우경화는 더욱 빨라지고 있었다. 프랑스의 좌파 지식인들은 1960년대와 1970년대에는 유럽 전역에서 엄청난 영향을 미쳤지만, 이제는 산산이 흩어지고 없었다. 옛 극좌파 일부, 특히 한때 이론적 순수성을 자랑했던 옛 마오쩌둥주의자들은 맹렬한 반反마르크스주의 진영으로 넘어가 버렸고, 나머지는 미테랑의 꽁무니를 좇는 것에 만족했다.

노동계급의 투쟁이 없다 보니 비관주의가 대다수 지식인을 엄습했는데, 단지 프랑스에서만 그런 것이 아니라 서유럽 전체에서 그랬다. 한편으로는 우파의 강점을 분석하고 다른 한편으로는 노동계급의 약점을 분석한 많은 지식인이 최소한의 목표를 위해 최대한 광범한 동맹을 건설하지 않고는 아무것도 이룰 수 없다고 생각했다. 일부 지식인은 사회주의 개념 자체를 새롭게 정의해야 한다고 생각했고, 다른 지식인은 사회주의를 일체의 계급 기반에서 분리한 도덕적 유토피아주의로 회귀했다.

전반적 우경화 와중에 두 사람이 상당한 영향력을 행사했는데, 앙드레 고르와 에릭 홉스봄이 그들이다. 고르는 오랫동안 미셸 보스케라는 필명으로 프랑스 사회당을 지지하는 주간지 〈르 누벨 옵세르바퇴르〉(새로운 관찰자)에 정기적으로 기고했다. 그는 여러 해 동안 개혁과 혁명의 차이를 흐리려고 노력한, 재주 많은 중간주의자이기도 했다. 1966년에 고르는 가까운 미래에 노동자들이 '혁명적 총파업'에 의지하는 일 따위는 없을 것이라고 예언했는데,[13] 겨우 2년 뒤에 프랑스 노동자 1000만 명은 그가 틀렸음을 입증했다.

[그러나] 고르는 구제 불능이었다. 1980년에 그는 《노동계급이여, 안녕》이라는 얇은 책을 펴냈다.[14] 그 책에서 고르는 기술혁신과 사회 변화의 약간 피상적인 증거를 바탕으로, 노동 자체가 사라지고 있고 따라서 노동계급도 없어질 것이라고 주장했다. 이 책을 읽은 노동자

들은 당연히 왜 사장이 자신들에게 온종일 일을 시키려고 열을 올리는지, 또 왜 자신들이 파업을 하면 언론과 경찰이 작업 복귀를 종용하는지 궁금해할 것이다. 특히 프랑스 노동자들은 만약 노동이 정말로 사라지고 있다면 왜 미테랑 정부가 주 35시간 노동제 입법안을 포기했는지 물어볼 것이다.

고르가 노동계급에게 안녕을 고해서 얻게 되는 결정적 이점은 정치적 유연성이다. 한편으로 그는 낡은 독단과 단절해서, 한없이 급진적인 것처럼 보일 수 있게 된다. 그와 동시에, 생태주의나 페미니즘, 그 밖의 어떤 최신 유행 사조나 운동에도 달라붙을 수 있게 된다. [그렇게 되면] 사회주의는 성모 마리아나 … 프랑수아 미테랑의 명령에 따라서도 도래할 수 있을 것이다. 고르가 매우 숭배하듯 인용하는 권위자 두 명이 자크 아탈리와 자크 들로르라는 것은 결코 놀라운 일이 아니다.[15] 아탈리는 미테랑의 측근인 경제 고문이고, 들로르는 전에는 드골파였지만 미테랑 정부에서 재무부 장관을 지냈다. 고르의 급진주의는 사회민주주의를 옹호하는 또 다른 핑곗거리에 불과하다는 것이 곧 드러났다.

에릭 홉스봄은 더 만만찮은 사상가다. 뛰어난 역사가이자 오랜 공산당원인 그는 노동당 지도자 닐 키넉이 매우 존경하는 인물이기도 하다.[16] 홉스봄은 노동계급에게 실제로 안녕을 고하지는 않았지만, 노동계급과 약간 소원해졌다고 느낀다.

전통적 사회주의 노동자 정당들의 핵심이던 육체노동자 계급은 오늘날 확대되는 것이 아니라 축소되고 있다. 그들은 변모했고, 어느 정도는 분열해 있다. 수십 년 동안 생활수준이 상승해서, 1939년에 고액의 보수를 받던 사람들조차 꿈도 꿀 수 없는 수준에 이르렀기 때문이다. 이제 더는 모든 노동자가 자신의 계급적 처지 때문에 사회주의 노동자 정당을 지지해야 한다고 생각하지는 않는 듯하다. 물론 아직도 많은 노동자가 그렇게 믿고 있지만 말이다.[17]

홉스봄의 전략적 결론은 예상할 수 있다. 노동당이 다시 집권하려면, 중간층을 설득해서 자기편으로 만들려고 노력해야 하고(이것은 정확히 1950년대에 노동당 우파가 한 주장이다), 노동당은 국민 감정이 강력하다는 것을 더 분명히 인정해야(즉, 개혁주의의 핵심에 있는 '국익'으로 돌아가야) 한다는 것이다. 그리고 노동계급이 사라지고 있는 중이기 때문에, 파업을 지지하는 것은 분명히 별로 중요하지 않은 일이다. 1985년 무렵 홉스봄은 '계급 정치'를 스탈린주의 제3기의 종파주의적 미친 짓에 비유할 정도로 막 나갔다.[18] 노동당 지도부가 홉스봄의 전략적 충고에서 배울 만한 것이 조금이라도 있을 것 같지는 않다. 오히려 홉스봄의 구실은 뛰어난 마르크스주의 역사가라는 그의 명성으로 키넉을 뒷받침하고 옛 혁명가들이 키넉의 뒤에 줄을 서도록 도와주는 것이다.

레닌이 지적했듯이, 혁명적 이론은 혁명적 행동의 필수적 전제 조건이다. 그러나 실천이 없는 이론은 아무짝에도 소용없다. 사회민주주의는 그 본성상 이론과 실천의 통일을 이룰 수 없다. 사회주의 이론이 세계를 더 잘 이해하게 해 주고 어떻게 세계를 변혁할 수 있는지 알려 주는 것이라면, 사회민주주의는 사회주의 이론의 발전에 기여한 바가 눈곱만큼도 없다.

그러나 사회민주주의가 진정한 사회주의 이론에 거의 관심이 없다는 사실에도 불구하고(이 점은 공산당과 다른데, 공산당은 이론이 정당성을 부여해 주는 것이라고 여겨서 항상 지식인들을 단속하는 데 많은 주의를 기울였다), 사회민주주의 정당은 지식인들을 흡수하는 데 상당히 성공했다. 앞서 봤듯이, 칼 포퍼부터 에릭 홉스봄까지 아주 다양한 사상가들이 사회민주주의의 지적 신뢰를 높이는 데 기여했다. 그런 흡수가 계속되지 않도록 막을 수 있는 것은 오직 이론과 실천을 진정으로 통일시키는 혁명적 조직뿐이다.

21장 극좌파와 사회민주주의

개혁주의가 서유럽 좌파를 완전히 지배한 것은 아니었다. 1945년 이후에도 사회민주주의와 스탈린주의를 모두 거부하고 코민테른 초기의 혁명적 전통을 지키려 한 혁명가들의 소규모 경향은 계속 존재했다. 1968년까지 그런 단체들은 소규모였고, 노동계급 투쟁의 주류에서 고립돼 있었다. 이것은 그들의 잘못이 아니었다. 한편으로는 스탈린주의의 지배력, 다른 한편으로는 장기 호황(이 때문에 혁명적 변화는 불필요하고 비현실적인 것처럼 보였다)이 지속되면서 혁명가들은 투쟁의 변두리로 밀려나 버렸다. 그들은 1968년 이후에야 비로소 조금씩, 그러나 뚜렷이 성장하기 시작했다. 그렇지만 이 혁명가들조차 (비록 소비에트 권력과 노동자들의 자주적 행동에 의식적으로 진지하게 헌신했는데도) 개혁주의에 흡수되는 일이 너무 흔했다.

왜 그리고 어떻게 그런 일이 일어났는지를 이해하려면, 그들이 어떤 정치적 전통을 배경으로 생겨났는지를 살펴봐야 한다. 코민테른은 공공연한 혁명적 정당을 옹호했다. 레닌이 [1920년 코민테른 2차 대회에서] 영국공산당에 노동당 가맹을 추진해 보라고 조언했을 때, 그는 다음과 같이 그 조건을 분명히 이야기했다.

노동당의 가맹 단체는 노회한 당 지도자들을 신랄하게 비판할 수 있을 뿐 아니라, 공공연하고 분명하게 그 지도자들의 이름을 직접 부르며 사회주의의 배신자라고 비난할 수도 있습니다. 이것은 매우 독특한 상황입니다. 즉, 엄청나게 많은 노동자 대중을 단결시키고 있는 정당이고 그래서 하나의 정당처럼 보이지만, 당원들에게 완전한 자유를 허용할 의무가 있는 그런 정당입니다. … 그런 상황에서 이 정당의 가맹 단체가되지 않는 것은 잘못일 것입니다.[1]

따라서 레닌이 생각한 것은 입당 [전술]이 아니라, 공산당이 독자적 언론과 정체성을 유지한 채 [노동당의] 공공연한 가맹 단체가 되는 것이었다. 여기서 명심해야 할 점은 1920년의 노동당은 비교적 느슨한 조직이었다는 사실이다. 어쨌든, 공산당의 가맹 요청은 거부당했지만 1924년까지는 공산당원이 개인적으로 노동당에 공공연히 가입할 수 있었고, 심지어 유명한 공산당원이 노동당의 국회의원으로 선출되기도 했다.

1930년대 초에 '입당 전술'을 생각해 낸 소규모 트로츠키주의 단체는 그런 '사치'를 누릴 수 없었다. 그들은 공산당 안에서 활동할 기회가 전혀 없었다. 공산당의 관료적 체제가 워낙 살벌했기 때문이다. 그러나 사회민주주의 정당 안에서는 활동할 기회가 훨씬 많았다. 1934년에 프랑스 트로츠키주의자들은 사회당에 가입했는데, 당시 사회당의 운영 체제는 공개적 논쟁뿐 아니라 상시적 조직 경향을 형성할 권리도 허용하고 있었다. 바로 그런 바탕 위에서 이른바 '프랑스의 [전술] 전환'[프랑스 트로츠키주의자들의 사회당 입당 전술]은 가능했고, 이후 다른 나라의 트로츠키주의 단체들도 프랑스의 선례를 따랐다.

프랑스에서 '입당 전술'은 겨우 1년간 지속되다가 결국 트로츠키주 의자들이 사회당에서 제명당했다. 입당 전술의 가시적 성과는 전혀 없었(지만 다른 행동 방침은 십중팔구 결과가 더 나빴을 것이)다. 그 래도 잠시 동안의 침입(급습이나 마찬가지였다) 덕분에 트로츠키주 의자들은 적어도 관계 맺을 뭔가를 얻을 수는 있었다. 몇몇 나라, 예 컨대 영국에서 트로츠키주의자들이 처음에는 독립노동당ILP, 나중에 는 노동당에 가입했는데 그 입당은 더 장기간 지속됐다.

1950년대에야 제4인터내셔널은 더 장기적인 '입당 전술' 개념을 이론화하기 시작했다. 1954년에 열린 제4인터내셔널 세계 대회는 제 3차세계대전이 임박했다고 생각해서(완전히 믿기 힘든 생각은 아니 었다) 다음과 같은 인터내셔널 건설 전략을 채택했다.

제4인터내셔널은 노동자들의 전위와 대중을 설득해서 제4인터내셔널의 강령과 조직을 지지하게 만드는 방법은 자신과 현실의 대중운동을 대립 시키는 것이 아니라, 스스로 그 운동 속으로 들어가서 운동과 융합하는 것, 정치적·실천적 개입을 통해 운동의 발전을 지원하고 그 대열 안에서 새로운 지도적 간부들이 선발되도록 도와주는 것이라고 생각한다.[2]

(그런데 이것은 저 기이한 '파블로 노선'치고는* 꽤나 설득력 있는 진술이다.) 이후 제4인터내셔널은 약간의 우여곡절을 겪었지만, 그들

---

* 당시 제4인터내셔널 사무총장이던 미셸 파블로는 제2차세계대전 후 동유럽에 들 어선 스탈린주의 체제들이 '기형적 노동자 국가'이며 소련 관료들이 제국주의의 위협과 세계혁명 사이에서 세계혁명 편에 섰다고 주장하며 사실상 스탈린주의를 옹호했다.

이 가진 유산은 여전히 1934년과 1954년의 것이 대부분이었다.

극좌파의 지형은 1960년대 초에 유럽의 많은 공산당에서 친중국파[마오쩌둥주의자들]가 분열해 나오면서 복잡해졌다. 마오쩌둥주의의 근저에 있는 논리는 주의주의主意主義, 즉 순전히 의지력으로 산업화를 달성하려고 애쓰는 후진국 지배계급의 이데올로기였다(중국 국가 주석 마오쩌둥이 고령에도 불구하고 세계 기록보다 4배나 빠른 속도로 양쯔강을 헤엄쳐 건너는 위업을 달성했다는 보도는 이런 주의주의를 상징적으로 보여 준다). 1960년대에 마오쩌둥주의 정치는 극도로 강경한 것처럼 보였지만, 또한 매우 변덕스러운 것이기도 했다. 마오쩌둥주의자들의 주요 분석 도구는 '수정주의'라는 꽤 모호한 개념이었는데, 그들이 못마땅하게 여기는 것에는 모두 주관적으로 '수정주의'라는 딱지를 붙였다. 마오쩌둥주의자들은 자신들이 분열해 나온 공산당에 극도로 적대적이었다. 그들은 흔히 코민테른의 '제3기' 용어들을 가져와서 공산당을 '사회[주의] 파시스트'로 묘사했다. 마오쩌둥주의자들은 사회민주주의에 대해서는 아는 바가 별로 없었으므로 덜 강경한 태도를 취하는 경향이 있었다. 그들은 순전히 주관적 기준에 따라 협력이나 제휴를 했으므로 동맹은 수시로 바뀔 수 있었다.

대체로 마오쩌둥주의자들은 개혁주의의 영향력을 극히 과소평가하는 경향이 있었다. 그래서 아주 초좌파적인 미사여구에 탐닉하는 경우가 흔했다. 1969년에 프랑스의 마오쩌둥주의 신문 〈라코즈 뒤 푀플〉(민중의 대의)은 부르주아지를 납치해서 목구멍에 침을 뱉고 거꾸로 매달았다가 목매달아 죽이겠다고 경고하는 기사를 실었다. 이듬해 그 신문은 살인·절도·약탈·방화를 옹호했다는 이유로 발행이 금지됐다. 영국의 마오쩌둥주의 조직인 영국공산당(마르크스-레닌주의)CPB-ML은 선거 때 "투표하지 말고 파업하라"는 구호로 대응했다.

1968년 항쟁과 이후의 사건들로 혁명가들 사이에서 초좌파주의 분위기가 고조됐다. 1968년 5월 파리나 1969년 가을 토리노의 격변을 목격한 사람들은 개혁주의가 여전히 노동자들을 사로잡고 있다는 것을 믿을 수 없었다. 이탈리아에서 〈로타 콘티누아〉(계속되는 투쟁) 그룹은 노조라고 하는 것은 공산당이 노동자들에 대한 통제력을 되찾는 수단일 뿐이라고 봤다. 그래서 그들은 노조 안에서 투쟁하기를 반대하고 "우리는 모두 대의원이다"라는 구호를 내놨다. 사실상 이것은 공산당이 노조를 통제하기 더 쉽게 만들어 줬을 뿐이다. 왜냐하면 공산당의 통제력이 〈로타 콘티누아〉 지지자들의 도전이나 반대에 부딪히지 않았기 때문이다.

심지어 제4인터내셔널조차 당시 널리 퍼진 초좌파주의 분위기에 사로잡혔다. 1968년 5월에 프랑스 트로츠키주의 조직인 혁명적공산주의청년단JCR은 다음과 같이 주장하는 리플릿을 발행했다.

이 새로운 세대의 영웅은 미테랑이나 발데크 로셰가 아니라, 체 게바라나 보응우옌잡이다.[3]*

사실에 관한 진술로서 이것은 거의 틀림없이 맞는 말이다. 그러나 그것은 미테랑이 한물갔고 그래서 친절하게도 조용히 사라질 것이

---

* 발데크 로셰는 당시 프랑스공산당 사무총장이었고, 보응우옌잡은 베트남 민족해방운동의 군사 지도자였다.

라고 암시하는 경향이 있었다(물론 그는 결코 그러지 않았다).

전에 초좌파였던 사람들이 흔히 최악의 우파가 됐다. 펑크록 밴드 '더 클래시'의 불후의 가사처럼 "수녀들과 성교한 사람이 나중에 성당을 다닌다네."[4] 개혁주의는 이미 붕괴했다고 믿게 된 사람들이 개혁주의가 여전히 건재하다는 것을 깨닫고 나서는 오히려 개혁주의에 굴복하는 경향이 있다. 당장 싸우고 싶어 안달하던 초좌파주의적 조급성이 지름길을 찾는 기회주의적 조급성으로 바뀌는 것이다.

바로 이것이 1970년대 말에 시작된 '혁명적 좌파의 위기'를 설명해 준다. 이탈리아와 포르투갈에서는 1975~1976년에 존재하던 대규모 혁명적 좌파들이 잇따라 분열하면서 회원 수가 급감했다. 프랑스와 스페인에서는 상당한 규모의 혁명적 좌파들이 분열과 사기 저하, 회원 수 감소를 경험했다. 영국에서는 혁명적 좌파 단체들이 스스로 노동당에 파묻히기로 결정했다. 여기저기서 살아남은 초좌파 집단들은 아무짝에도 소용없는 개인적 테러리즘 노선을 추구했다. 이탈리아의 '붉은 여단'이 대표적이다. 그러나 압도적 경향은 우경화였다. 흔히 혁명적 좌파는 1968년의 찬란했던 순간에 대한 쓰라린 대가를 치르고 있는 것처럼 보였다. 예컨대, 프랑스에서는 1968년 항쟁 당시 국가권력 문제가 제기됐으므로 혁명가들은 일반적인 정치적 공식이 있어야 했다. [그런데] 1970년대 중반 무렵 대중투쟁의 수준이 가라앉았지만, 혁명가들은 함께 내려가지 않았다. 그들은 여전히 정부 구성에 관한 공식과 선거 전략을 이야기하면서 일상적 투쟁의 사소한 변화는 무시했다. 피켓라인에* 서 있는 것은 대통령 선

---

* 피켓라인은 노동쟁의 때 출근 저지 투쟁을 위해 파업 노동자들이 늘어선 줄을 말한다.

거 출마 후의 위신 실추처럼 보였던 것이다.

1975년 포르투갈의 준準혁명적 상황은 모든 혁명적 조직을 시험대에 올려놨다. 마오쩌둥주의 조직들이 특히 잘못을 많이 했다. 그들은 공산당에 대한 종파주의적 혐오 때문에 마리우 소아레스의 사회당과 보조를 맞췄지만, 사회당이야말로 혁명적 분출을 억제하는 주요 수단 노릇을 했다(14장 참조). 프롤레타리아정당재건운동MRPP이* 특히 사회당과 긴밀하게 협력했다. 그들은 대통령 선거에서 우파 후보인 이아느스 장군을 지지했고, 공산당의 통제를 받던 노총을 분열시키는 짓을 사회당과 함께 했다.

트로츠키주의자들이 더 운이 좋은 것도 아니었다. 제4인터내셔널의 포르투갈 지부는 두 개였는데, 하나는 사회당의 꽁무니, 다른 하나는 공산당의 꽁무니를 좇았다. 1976년 4월 총선에 두 정당 모두 출마했다. 그중 하나인 국제공산주의동맹LCI은 이렇게 선언했다.

우리는 공산당과 사회당이 부르주아지의 대표가 없는 정부를 구성해서 자신들의 책임을 다할 것을 요구한다.[5]

개혁주의 정당들의 "책임"이 무엇인지는 정확히 규정하지 않았다. 한편, 혁명적노동자당PRT은 유권자들에게 다음과 같이 말했다.

사회당과 공산당 동지들의 의지를 대변할 정부를 원한다면, 자본가나 장군이 없는 사회당 정부를 원한다면, 혁명적노동자당에 투표하시오.[6]

---

* 나중에 포르투갈노동자공산당PCTP으로 이름을 바꿨다.

단순한 유권자라면, 만약 원하는 게 단지 그것뿐이라면 왜 그냥 사회당에 투표하면 안 되는지 물어봤을 것이다.

같은 해 6월에 실시된 대통령 선거에서는 국제공산주의동맹과 혁명적노동자당이 연합해서 단일 후보를 냈다(실제로는 투표 전에 사퇴했다). 그 후보는 선거 강령에서

만약 자신이 당선한다면, 사회당 사무총장인 마리우 소아레스나 사회당이 선택한 당 지도자에게 노동자 다수의 의지를 대변할 정부를 구성하도록 요청하겠다고 약속했다.[7]

다시 말해, 트로츠키주의자가 대통령으로 선출되는 있음직하지 않은 일이 일어났더라도 총리로 임명됐을 사람은 이아느스 장군이 [대통령이 된 후] 실제로 임명한 바로 그 사람이었던 것이다. 더 말할 필요는 없을 듯하다.

1976년 이탈리아에서는 혁명가들이 개혁주의 좌파가 선거에서 승리할 가능성이 높은 상황에 직면했다. 물론 이런 상황에서는 혁명가들이 개혁주의 좌파의 집권을 지지하는 선거운동을 하는 것이 완전히 옳다. 그러지 않는다면, 혁명가들이 영향을 미치려고 하는 사람들과 스스로 완전히 멀어질 것이기 때문이다. 그와 동시에 혁명가들은 노동자들에게 집권한 개혁주의자들이 무슨 짓을 할지를 경고하고 오직 노동자들 자신의 힘과 조직만을 신뢰하라고 아주 정직하게 말해야 할 의무가 있다.

유감스럽게도 당시 이탈리아 혁명가들은 이런 의무를 다하지 못했다. 그들은 노동자전위AO를 포함한 3대 혁명적 좌파 조직이 모여

만든 프롤레타리아민주주의DP라는 선거 연합을 통해 출마했다. 노동자전위는 상당히 커다란 현장 노동자 기반을 구축한 마오쩌둥주의(였지만 스탈린주의는 아닌) 조직이었다. 그러나 프롤레타리아민주주의의 강령은 노동자들을 동원하는 것보다는 좌파 정부에 대한 환상을 자아내는 데 기여했다. 그 강령은 "정부에 끊임없는 대중적 압력을 가해서 … 자본주의 체제를 안정시키는 구실을 하지 못하게 만들어야 한다"고 주장했다. "그래야만 [정책] 결정의 중심을 민중이 통제해서, 노동계급 권력으로 나아가는 길이 열릴 수 있을 것이다." 또 그 강령은 (예컨대, 공산당이 지배하는) 좌파 정부를 "전반적 사회변혁 과정의 능동적 도구"로 묘사했고, 혁명가들의 구실은 "이런 [좌파] 정부를 지지하는 동시에 압박해서 훨씬 더 진보적인 목표를 위해 투쟁하게 만드는 것"이라고 주장했다.[8] 이것은 레닌주의라기보다는 좌파 유러코뮤니즘처럼 보인다. 한때 유럽에서 가장 강력했던 이탈리아의 혁명적 좌파는 이후 줄곧 내리막길을 걷게 됐다.

프랑스의 혁명적 좌파도 미테랑 정부가 선출되는 과정에서 여러 문제에 부딪혔다. 특히 양대 좌파 정당인 사회당과 공산당이 대통령 선거 1차 투표에서 각자 후보를 내면서 공개 논쟁을 벌였을 때 그랬다. 국제공산주의조직OCI이라는 트로츠키주의 조직은 공산당에 반대해서 사회당을 지지했다. 그들은 1차 투표에서 (공산당 후보인 마르셰가 아니라) 미테랑에게 투표할 것을 촉구하며 작업장에서 노동자 수천 명의 서명을 받았다.[9]

제4인터내셔널의 프랑스 지부인 혁명적공산주의동맹LCR은 더 원칙 있는 태도를 취했다. 그러나 그들의 입장도 좌파 정부 선출이 어떤 결과를 낳을 수 있는지에 대한 잘못된 평가에 바탕을 두고 있었다. 1977년 혁명적공산주의동맹의 대표자 회의에서는 다음과 같이 주장하는 결의안이 통과됐다.

공산당과 사회당은 1978년 [총선]을 기다리지 말고, 공동강령에서 밝힌 것처럼 시장경제의 틀 안에서 부르주아 국가를 운영하기 위해서가 아니라, 지스카르데스탱을 제거하고 노동자들의 요구를 들어주고 노동자 권력으로 가는 길을 열어 줄 반자본주의적 조치들을 취하기 위해 지금 당장 정부를 구성할 준비가 돼 있다고 선언해야 한다.

혁명적공산주의동맹은 좌파 정부가 만들어 낼 열정을 과대평가했을 뿐 아니라, 개혁주의자들에게 근본적으로 그들의 본성에 어긋나게 행동하도록 요구하는 것(마치 오리에게 모피를 내놓으라고 요구하는 것처럼)이 뭔가 가치 있는 일이라고 암시하기도 했다. 개혁주의자들에게 도전해서 그들이 스스로 약속한 개혁을 실행하게 만드는 것과, 그들이 개혁주의의 한계를 뛰어넘을 수 있다는 환상의 씨앗을 뿌리는 것은 완전히 다른 문제다.

그렇게 강조하는 것이 위험하다는 점은 대통령 선거 1년 전에 분명히 드러났다. 사회당과 공산당은 서로 허세를 부리고 엄포를 주고받으며 상호 후보 사퇴, 즉 더 불리한 후보가 사퇴하면서 자기 지지자들에게 더 유리한 후보에게 투표하라고 호소하는 것에 합의하지 않고 있었다.(사실 그런 합의는 공산당이 미테랑을 지지한다는 약속이나 다름없었을 것이다. 왜냐하면 마르셰가 1차 투표에서 미테랑을 이길 것이라고는 상상도 할 수 없었기 때문이다.)

좌파의 승리를 바라는 많은 노동자는 두 좌파 정당의 이런 종파주의적 태도를 보면서 분명히 약간 짜증이 났을 것이다. 그러나 상호 후보 사퇴는 결코 당시의 핵심 쟁점이 아니었는데도, 혁명적공산주의동맹은 그렇게 만들고 있었다. 그래서 혁명적공산주의동맹은 개혁주의자들의 공동 행동을 요구하는 조직으로 여겨지게 됐다. 혁명적공산주의동맹의 주간지는 선거 직전 8개월 동안 자그마치 4번이나 상호 후보 사퇴를 요구하는 헤드라인을 1면에 대문짝만하게 실었다.[10]

그래서 미테랑이 승리하고 그의 정당이 의회 다수당이 되자 혁명적공산주의동맹은 약간 어리벙벙해졌다. 이제 무엇을 요구해야 하는가? 그들의 주간지 〈루주〉(빨갱이)는 사설에서 다음과 같이 주장했다.

이제부터 미테랑의 길을 가로막을 장애물은 전혀 없다. 정부를 구성하고 있는 사회당과 공산당의 길도 마찬가지다. 이제 노동자들에게 유리한 단호한 조치를 가로막을 수 있는 것은 깨끗이 치워졌다![11]

아마 〈루주〉의 편집진이 실제로 미테랑이 사회주의 사회로 안내할 것이라고 믿지는 않았을 것이다.

이후 혁명적공산주의동맹은 미테랑이 대선 공약을 포기한 것에 대해서 비판을 아끼지 않았지만, 어떻게 해야 노동자들이 정부에 맞서 반격을 시작할 수 있는지를 설명하는 데 노력을 집중하는 것이 아니라, 정부가 실행할 수 있는 대안적 정책들을 제안하는 데 주의를 기울이는 경향이 있었다. 1985년에 미테랑의 인기가 시들해지고 인종차별주의 조직인 국민전선의 영향력이 커지자 혁명적공산주의동맹이 몇몇 지도적 인사들의 지지를 받아서 시작한 전국적 청원 운동은 … 비례대표제를 요구하는 것이었다!¹² 만약 혁명적공산주의동맹이 요구한 대로 최소한의 문턱도 없는 전국 단위 비례대표제가 1986년 총선에서 받아들여졌다면, 혁명적 좌파 국회의원은 겨우 9명 당선하고 파시스트들이 56명이나 당선했을 것이다(실제로는 더 제한적인 비례대표제가 도입됐기 때문에 파시스트들은 35석을 얻는 데그쳤다). 선거에 집착해서 얻은 결실이란 그런 것이다.

어떤 조직들은 그 주장의 논리적 결론에 따라서 실제로 사회민주주의 정당에 가입했다. 사회민주주의 대중정당 안에서 활동하는 혁명적 사회주의 조직 가운데 가장 유명하고 가장 지속적인 사례는영국 노동당 안에 있는 밀리턴트 경향이다. 그들의 기본 관점은 코민테른의 경험에서 유래한 것이다. 즉, 그들은 1917년 이후의 시기에유럽의 사회민주주의 정당들이 엄청나게 성장했듯이 [영국에서도] 위기가 심각해질수록 점점 더 많은 사람이 노동당으로 이끌릴 것이라고 생각했다.

사태의 충격을 받아서 노동당은 점점 더 급진적인 방향으로 움직일 것이고, 대중은 수만, 수십만 명씩 줄지어 노동당으로 들어와서 능동적당원이 될 것이다.¹³

그래서 노동당 안에서 위기가 폭발하면 그 결과로 새로운 볼셰비키당이 등장할 것이다. 이런 시나리오가 망각하고 있는 사실은1920년 이래로 수많은 세월이 흘렀고 '대중'은 노동당의 전력 때문에 그들을 어느 정도 불신하고 있다는 것이다.

물론 밀리턴트 경향은 순전히 의회주의적인 조직이 아니다. 오히려 노동당 안에 있는 대다수 좌파 그룹과 달리, 노동조합운동 안에서 체계적으로 활동해 왔다. 그러나 여기서도 그들의 실천은 흔히 선거주의 때문에 왜곡된다. 의회주의적 관점은 기층 대중의 일상적 투쟁을 무시하게 만드는 경향이 있다. 때로는 노조 집행부 장악 자체가 목적이 돼서 밀리턴트 지지자들은 혁명적 정책들을 지지해 줄 만한 현장 조합원 기반이 없는데도 노조의 직책을 차지하게 된다. 밀리턴트 경향은 다양한 노조에서 범좌파 경향들을 건설해서, 공산당의 [영향력] 붕괴로 생겨난 공백을 어느 정도 메웠다. 그 결과 그들은 노조 기구 내의 활동이라는 똑같은 논리에 사로잡혔다. 예컨대, 밀리턴트 경향이 어느 정도 영향력이 있는 공무원노조CPSA에서 그들은 노동쟁의를 확대하는 것에 반대했다.

그러나 밀리턴트 경향의 가장 심각한 폐단은 그들이 사실상 개혁주의의 신뢰성을 높여 준다는 것이다. 밀리턴트 경향의 창립자들은 마르크스·레닌·트로츠키의 혁명적 사상을 실천하는 투쟁을 벌이겠다는 매우 진실한 마음으로 노동당에 가입했다. 그런데 그들이 어느 정도 전진하기 시작하자, 그들을 괴롭혀서 당에서 쫓아내고 싶어 하는 우파들과 맞닥뜨리게 됐다. 밀리턴트 경향은 노동당 안에 남아 있는 것이 가장 중요한 목표라고 생각했기 때문에, 의회 민주주의를 진심으로 신봉하는 충실한 노동당원이라고 주장하며 자신들의 입장을 얼버무려야 했다. 혁명가들이 신문과 텔레비전 인터뷰를 통해, 좀처럼 접하기 어려운 대중적 청중 앞에서 스스로 의회주의를 선전하고 있었던 셈이다. 결국 그들은 유러코뮤니즘 좌파와 아주 비슷한 공식으로 자신들의 입장을 이론화하게 됐다.

그러나 우리는 〈밀리턴트〉 지면에서, 소책자에서, 발언에서, 사회주의 영국을 건설하는 투쟁은 의회 밖 노동운동의 엄청난 힘을 지원받아 의회 안에서 완수될 수 있다는 것을 보여 줬다. 그러나 이것은 단 하나의 조건에서만 가능할 것이다. 즉, 노조와 노동당이 분명한 마르크스주의 강령과 관점을 받아들이고, 운동의 모든 힘이 신속하고 완전한 사회주의적 사회변혁을 위해 사용될 때만 그럴 수 있을 것이다.[14]

혁명가들이 달리 갈 데가 없고 청중이 필요해서 사회민주주의 정당에 가입하는 것과, 의회를 선전하는 활동을 하는 것은 완전히 다른 문제다. 밀리턴트 경향은, 사회민주주의 정당을 접수하려고 입당한 사람들이 결국은 사회민주주의 정당에 접수되고 만다는 오래된 진실을 입증하는 또 다른 사례다.

밀리턴트 경향이 채택한 보호색도 그들이 노동당 안에서 박해받는 것을 피할 수 있게 해 주지 못했다. 물론 그들이 자신들을 축출하고 싶어하는 당 관료들을 비난하는 것은 정당하다(그 관료들의 민주주의 경력과 노동자 이익 옹호 경력은 밀린턴트 경향의 20분의 1도 안 될 것이다). 또, 마르크스주의자들이 노동당 안에 존재할 권리가 있다는 밀리턴트 경향의 주장도 옳다. [19세기 후반 영국의 혁명적 사회주의자이자 예술가] 윌리엄 모리스 이래로 마르크스주의는 영국 노동운동 내의 정당한 경향이었다. 그러나 밀리턴트 경향은 어떤 대가를 치르더라도 노동당 안에 남아 있어야 한다고 주장하기 때문에 점점 더 압력에 시달리고 있다. 조만간 그들은 혁명적 원칙과 조직적 충성 사이에서 선택을 해야 할 것이다.

1968년에 그토록 많은 사람이 예상한 것과 반대로 개혁주의는 극히 탄력적이라는 것이 입증됐다. 심지어 가장 정설파처럼 보이는 혁명가들조차 자신들이 개혁주의의 영향력에 휘둘리지 않는다는 것을 입증하지 못했다.

22장 사회민주주의의 대안?

1985년에 전 세계는 제2차세계대전 종결 40주년을 '축하'했다. [그러나] 그 40년간의 평화 시기에도 150차례가 넘는 전쟁에서 약 3500만 명이 죽었는데, 기술적으로는 얼마든지 그들을 먹여 살릴 수 있을 만큼 풍요로운 세계인데도 그랬다. 1945년에 빈곤·실업·전쟁이 없는 세계를 기대했던 사람들은 이제 자신의 염원이 배신당했음을 알게 됐다.

이런 배신의 주된 책임은 미국과 소련의 지배자들, 그리고 전 세계 자본가들에게 있다. 그러나 이 책에서 계속 주장했듯이, 그 책임의 일부는 서유럽의 이른바 '사회주의' 지도자들에게도 있다.

사회주의 사상을 옹호하는 문제 중에는 우리의 언어가 끊임없이 도용당하고 우리를 비난하는 데 사용되는 것에 대항해야 한다는 것도 있다. 기 몰레, 해럴드 윌슨, 펠리페 곤살레스가 '사회주의자'를 자처할 때 우리는 그들의 전통과 우리의 전통은 다르다는 점을 분명히 해야 한다. 우리와 그들의 차이는 수단이 아니라 목적이다. 그들은 자본주의 체제가 불평등의 악취를 풍기며 위기에 빠져 썩어 가는 것을 보면서, 체제의 극심한 병폐들을 완화하고 피억압자들의 불만을 방지해서 체제가 생존할 수 있게 만들고자 한다. 그것이 그들의 목적이다. 우리의 목적은 최대한 빨리 자본주의 체제를 끝장내고 그 폐허 위에서 이윤이 아니라 인간의 필요에 적합한 세계, 노동 대중 자신이 민주적으로 통제하는 새로운 세계를 건설하는 것이다.

개혁주의자들은 우리의 목적이 공상적인 반면 자신들은 성과를 낼 수 있는 냉철한 현실주의자라고 주장한다. 그러나 지난 40년간을 결산해 보면, 그 성과라는 것이 매우 하찮은 것임을 알 수 있다. 1940년대 말에 개혁주의자들이 포함된 각국 정부는 노동 대중에게 실질적 혜택을 주는 이런저런 복지 정책을 도입했다(가장 두드러진 사례는 영국의 국가보건서비스NHS였다). 그러나 이런 개혁들은 착취 기구를 전혀 건드리지 않았고, 지배계급의 권력이나 부를 피지배계급에게 근본적으로 넘겨주지도 못했다. 1960년대의 모습은 더 암울했다. 영국의 노동당 정부와 이탈리아의 중도-좌파 정부는 중요한 개혁을 전혀 하지 못했다. 1970년대 중반 이후에는 영국의 윌슨과 캘러핸, 프랑스의 미테랑, 스페인의 곤살레스가 긴축정책을 실행하면서도 별다른 저항에 부딪히지 않았다(만약 우파 정부가 긴축정책을 실행했다면 훨씬 강력한 저항에 부딪혔을 것이다). 그들의 개혁주의는 … 개혁 없는 개혁주의다.

또 지난 40년간을 결산해 보면, 개혁주의가 지배계급에게 봉사했다는 것도 알 수 있다. 1945년 이후 세계 분할을 관리하고, 전시에 급진화한 대중이 혁명으로 나아가지 못하게 막은 것은 바로 개혁주의자들이었다. 1968년 프랑스에서 사상 최대의 대중 파업을 안전한 의회주의 통로로 돌린 것은 바로 개혁주의 지도자들이었다. 또 1975년에 포르투갈을 혁명 직전의 위기에서 구한 것도 마리우 소아레스와 사회당이었다. 서독은 헬무트 슈미트 치하에서 기존 질서의 요새가 됐고, 미테랑은 프랑스와 서방 동맹의 관계를 더 긴밀하게 만들었다.

이런 결산을 통해 우리는 사회민주주의 정당들의 규칙을 알 수 있다. 그들은 노동계급의 정당이 아니다. 사회민주주의 정당이 많은 노동자의 표와 에너지를 동원하고, 노동계급의 염원을 표현하는 미사여구를 사용하고, 노조 지도자들과 친밀한 관계를 유지하고, 노동계급의 일부 개인에게는 출세할 수단을 제공한다는 것은 사실이다. 그러나 다른 계급들의 이익과 대립하는 노동계급의 독립적 이익을 대변하지는 않는다. 반대로, 사회민주주의 정당의 기본 구실은 노동계급의 이름으로 여러 계급들을 중재하는 것, 그것도 궁극적으로는 기존 질서와 그 수호자들에게 유리한 쪽으로 중재하는 것이다.

따라서 개혁주의의 미래는 자본주의 체제의 미래와 결부돼 있다. 지금 자본주의는 심각한 위기에 빠져 있다. 그러나 자본주의는 전에도 위기에서 살아남았고 앞으로도 살아남을 수 있다. 위기의 대가를 노동계급이 치르도록 만들 수만 있다면, 자본주의는 어떤 위기에서도 살아남을 수 있다. 노동자들의 생활수준을 크게 떨어뜨린 덕분에 자본주의 체제의 수명이 연장될 수 있었다.

투쟁이 계속 침체하는 동안에는 개혁주의 정당은 [노동자들의] 불만을 표출할 수 있는 통로가 되고 너무 인기 없는 우파 정부를 안전하게 대체할 수 있는 방안이 된다. 투쟁이 고양될 때는 개혁주의 정당은 1975년 포르투갈에서 그랬듯이 위협받는 체제의 마지막 방어벽 구실을 할 것이다.

1945년에는 스탈린주의 정당들도 자본주의 체제를 구하는 데서 핵심적 구실을 했다. 이후 스탈린주의 정당들은 구제 불능의 심각한 위기에 빠졌다. 반면에, 사회민주주의 정당들은 훨씬 더 탄력적이라는 것이 드러났는데, 그 이유는 여러 가지다.

첫째, 사회민주주의 정당은 기존 질서에 충성한다는 점이 입증됐다. 반공주의는 1950년대에 맹위를 떨쳤지만 지금도 여전히 서방 사회의 중요한 이데올로기로 남아 있다. 사회민주주의 정당이 선거에서 승리하더라도 증권시장에 미치는 파장은 거의 없다. 공산당이 정부에 들어가는 것은 완전히 다른 문제다. 1960년대 중반 이후 공산당의 정부 참여 가능성에 단단히 대비한 이탈리아 부르주아지는 결코 그런 모험을 감행하지 않았다.

더욱이, 사회민주주의 정당은 공산당의 특징인 획일적 중앙집중주의 전통이 없었다. 사회민주주의 정당은 동시에 다양한 입장을 아우를 수 있고 그런 상황을 적극적으로 이용할 수 있다. 그래서 1984년 영국 광원 파업 때 노동당 지도부는 피케팅하는 노동자들의 폭력을 개탄하면서 주류 정치인들 같은 태도를 취했지만, 동시에 노동당 지역 지부들은 파업 노동자를 지원하는 모금 활동에 엄청난 노력을 쏟았다. 노동당은 파업을 지지하는 사람과 반대하는 사람을 모두 끌어당길 수 있었다.

좌파를 끌어들이는 이런 능력은 항상 사회민주주의 정당의 강점이었다. 공산당은 트로츠키주의자와 마오쩌둥주의자를 비롯한 당내 좌파들을 쫓아낸 오랜 역사를 통해 스스로 피해자가 된 반면에, 사회민주주의 정당은 자기 왼쪽에 있는 조직과 운동에 다가가서 그들을 흡수하는 동시에 점잖고 온건하다는 인상을 주는 데도 능숙했다. 영국 노동당에서 비꼬기 잘하는 사람으로 유명했던 리처드 크로스먼은 이 점을 다음과 같이 설명했다.

노동당의 지구당 활동에는 투사들, 정치적으로 의식적인 사회주의자들이 필요했다. 그러나 이런 투사들은 흔히 '극단주의자들'이었다. 그러므로 당내 민주주의가 완전히 실현되는 것처럼 보이게 만들어서 그들의 열정을 보존하면서도 실질적 권력에서는 그들을 배제하는 당헌이 필요했다. 따라서 원칙상으로는 연례 당대회에 참석한 대의원들에게 최고의 권한이 있었지만, 노동조합의 블록투표와 의원단의 완전한 독립성 때문에 그 최고의 권한은 대부분 빈껍데기에 지나지 않았다.[1]

그런 흡수는 혁명적 좌파를 끊임없이 위협한다. 그러나 그 위협은 기회이기도 하다. 개혁주의 정당이 극좌파를 끌어들이려고 애쓴다는 사실 자체가 그들이 극좌파를 무시할 수 없다는 것을 의미한다. 그 덕분에 혁명가들은 연단을 얻게 되고, 그 연단을 과감하게 이용할 수 있어야 한다. 그러나 그 연단을 효과적으로 이용하려면, 혁명가들이 원칙에 관해서는 철저하게 명확하면서도 전술적으로는 신축성이 있어야 한다.

올바른 전술은 정치적 현실을 정확히 이해하는 것에 바탕을 둬야 한다. 혁명가들이 너무 흔히 빠지는 함정은 개혁주의의 힘을 과소평가하거나 과대평가하는 것이다. 다른 사람도 아니라 레온 트로츠키가 1939년 6월에 다음과 같이 썼다.

애틀리와 폴릿,[*] 블룸과 토레즈는 같은 일을 하고 있다. 만약 전쟁이 벌어지면, 그들 사이에 남아 있는 마지막 차이들도 사라질 것이다. 그들

---

* 해리 폴릿은 당시 영국공산당 사무총장이었다.

은 모두 부르주아 사회 전체와 함께 역사의 수레바퀴 아래서 짓이겨질 것이다.[2]

트로츠키의 말은 완전히 틀렸다. 애틀리는 6년 동안 영국 정부의 우두머리였고, 블룸도 [1946년 12월부터 1947년 1월까지] 잠시 동안 프랑스 총리였으며, 토레즈가 이끌던 프랑스공산당은 당원 수가 거의 100만 명에 육박했고, 폴릿조차 소규모였던 영국공산당의 당원 규모가 역대 최고 수준에 이른 것을 볼 수 있었다.

트로츠키는 지성의 비관주의보다 의지의 낙관주의를 더 중시한 최초의 혁명가도 아니었고 최후의 혁명가도 아니었다. 그러나 개혁주의의 탄력성을 그렇게 과소평가하면 위험한 결과를 낳을 수 있다. 명확성과 성실성이 트로츠키에 미치지 못하는 사람들은 체제의 붕괴가 임박했다고 기대하다가 예상이 빗나가면 너무 쉽게 절망에 빠질 수 있다(심지어 기회주의로 빠지는 더 나쁜 경우도 있다). 초좌파주의가 우파 보수주의를 낳는다. 오늘 개혁주의를 과소평가하는 사람들이 내일은 개혁주의의 강력한 힘에 압도당(해서 대안이 없다고 여기고 개혁주의 대열에 합류)한다.

개혁주의의 지배력을 약화시키는 일은 길고 힘든 과제일 것이다. 개혁주의의 역사적 전력을 폭로하는 것은 필수적인 일이지만, 그 자체만으로는 충분하지 않다. 오래전에 마르크스는 다음과 같이 썼다.*

---

* 독일의 1848년 혁명과 반혁명을 다룬 이 글은 원래 1851년 10월 25일 자 〈뉴욕 트리뷴〉에 마르크스의 이름으로 실렸지만 실제로는 엥겔스가 썼다.

[독일에서] 반反혁명이 성공한 원인을 물을 때마다 어디서나 당장 듣게 되는 대답은 이 양반이나 저 사람이 민중을 '배신'했기 때문이라는 것이다. 이런 대답은 상황에 따라서 맞을 수도 있고 틀릴 수도 있지만, 어떤 경우에도 제대로 된 설명은 아니다(어떻게 해서 '민중'이 그런 '배신'을 허용하게 됐는지를 보여 주지도 못한다). 그런데 아무개라는 사람은 믿을 수 없다는 단순한 사실에 관한 지식 말고는 내놓을 것이 전혀 없는 정당이란 얼마나 가망이 없는가.[3]

더 흔한 사례를 들어 보자. 단체 휴가 여행객 가운데 한 명이 내일 날씨가 나쁠 것이라는 말을 날마다 한다면, 설령 그 사람 말대로 비가 와서 일행이 모두 흠뻑 젖게 되더라도 그는 별로 인기를 끌지 못할 것이다. 그러나 만약 그 사람 혼자만 우산을 갖고 있다면 … .

개혁주의는 여러 번 시험대에 올랐다. 윌슨과 몰레, 소아레스와 미테랑의 기억은 여전히 매우 생생하게 남아 있다. 그러나 대안이 없는 상황에서는 환상이 커지기 마련이다. 사람들은 (키넉이든 누구든) 차기 지도자는 어쨌든 전과 다를 것이라고 착각하고 싶어서 티끌 만한 미사여구라도 붙잡을 것이다.

그런 환상은 오직 경험을 통해서만 깨질 것이다. 그러나 패배와 배신의 경험 자체가 사람들을 혁명가로 만드는 것은 아니다. 오히려 사회주의적 염원을 포기하고 정원 가꾸기에 몰두하거나 … 심지어 극우파가 될 가능성이 훨씬 높다.

만약 혁명적 좌파가 개혁주의자들의 거듭된 실패에서 득을 보고자 한다면, 오직 공동전선을 이용해야만 그럴 수 있다. 개혁주의자들은 자신들이 원하는 것은 특정한 구체적·제한적 개선을 얻어 내는 것이라고 주장한다. 좋은 일이다. 우리는 그들의 투쟁에 함께해서, 그들이 얼마나 전진할 태세가 돼 있는지를 지켜볼 것이다. 혁명가들은 단지 혁명에 대해 말할 뿐 아니라, 실천에서도 자신들이 개혁을 위해 가장 잘 싸우는 사람들이라는 것을 보여 줘서 신뢰를 얻어야 한다.

물론 공동전선은 매우 신축성 있는 무기다. 공동전선의 형태는 세력균형과 당시 상황에 따라 매우 다양할 수 있다. 지금은 혁명적 좌파가 너무 작아서 개혁주의 지도자들에게 전국 단위의 공동전선을 제안하기는 힘들다. 게다가, 개혁주의 지도자들에 맞서서 공동전선을 건설해야 하는 경우도 흔하다. 해럴드 윌슨이 선원 파업을 비난하고 있을 때나 포르투갈에서 마리우 소아레스가 반혁명의 선두에 서 있었을 때 그런 자들에게 공동전선을 제안하는 것은 터무니없는 짓일 것이다. 그런 경우에는 바로 그 신사 양반들이 한동안 주적이었다. 물론 그들이 이끄는 정당의 평당원들을 공동 활동으로 끌어들이려는 노력은 계속됐어야 할 것이다.

지금 공동전선 활동은 훨씬 더 제한된 목표(파업을 지지하는 행동이나 인종차별에 저항하는 투쟁 등)를 중심으로 이뤄질 것이다. 바로 그런 투쟁들 속에서 개혁주의 조직의 어떤 회원들이 노동계급의 자주적 행동에 바탕을 둔 사회주의관을 우리와 공유하고 있는지를 발견할 수 있을 것이다.

공동전선은 혁명가들이 자신들의 진정한 목표와 신념을 숨기려고 내세우는 모종의 위장 기구가 아니다. 우리가 원하는 목표, 즉 임금인상, 사회복지 개선, 실업 해소 등은 개혁주의자들도 원하는 것이다. 그러나 우리는 기존 체제 내에서 의회주의적 수단을 통해 그런 목표를 달성할 수 있다고 생각하지 않는다. 그 문제를 해결할 수 있는 것은 주장이 아니라 투쟁이다.

무엇보다도 공동전선은 완전한 명확성을 요구한다. 공동전선은 항상 제한된 목표를 위한 것, 즉 쟁취할 수 있는 뭔가를 위한 것이다. 그리고 그 목표를 추구할 때 단결을 존중하는 것이 필수적이지만, 그렇다고 해서 논쟁이나 비판을 하지 말아야 한다는 말은 아니다.

대안을 내놓는다는 것은 사상을 제시한다는 것 이상을 의미한다. 즉, 조직이 필요한 것이다. 지난 몇 년 동안 레닌주의의 혁명적 정당 개념은 좌파들 사이에서 분명히 인기를 잃어버렸다. 그것은 권위주의적이고 낡은 개념으로 묵살당했다.

그러나 오직 [혁명적] 정당만이 개혁주의자들의 배신에 대항해서 함께 싸우고 싶어 하는 사람들에게 초점을 제공할 수 있다. 오직 그런 정당만이 모든 투쟁과 운동에 체계적으로 관여하는 활동을 조직할 수 있다. 오직 그런 정당만이 선전·선동 간행물을 정기적으로 펴내고 판매할 수 있다.

그런 정당에는 규율이 필요하다. 그것은 스탈린주의 조직의 상명하복식 규율이 아니다. 오히려 책임지는 규율, 즉 모든 당원이 자신의 행동에 대해 집단적 검토를 받으며 책임을 지는 그런 규율이다. 오직 그런 규율만이 혁명가들을 끌어당기는 개혁주의의 엄청난 힘에 저항할 수 있고, 지역사회와 작업장에서 끊임없이 접하게 되는 개혁주의의 압력과 유혹에 대항할 수 있다.

앞으로 한동안 그런 정당은 여전히 극소수로 남아 있을 것이다. 이것 자체는 우리의 걱정거리가 아니다. 지배 이데올로기의 엄청난 압력에 직면해서 작은 정당이라도 유지하는 것 자체가 하나의 성과

이기 때문이다.

물론 우리는 다수파가 되고자 한다. 오직 노동 대중 압도 다수의 자주적 행동을 통해서만 [자본주의] 체제를 변혁할 수 있기 때문이다. 그러나 그런 다수파가 되기 위한 지름길만 찾다 보면 반드시 개혁주의의 논리에 사로잡힐 것이다. 대다수 노동자가 혁명적 사상을 거부하고 있을 때, [혁명가들이] 국회의원이나 지방의원 또는 노조 지도자의 자리를 차지하게 되면 거짓되고 가식적인 행동을 할 수밖에 없을 것이다. 오늘날 다수의 견해를 규정하는 이른바 '여론'은 대중매체에 의해 형성되고 결정된다. 그런 여론에 내재한 모순을 들춰낼 수 있는 것은 오직 투쟁 경험과 장기적 사상투쟁뿐이다.

오늘날 세계에서 사회주의 혁명의 가능성은 그 어느 때보다 더 크다. 보수주의자들과 개혁주의자들은 모든 혁명이 실패했다는 사실을 끊임없이 강조한다. 그러나 완전하고 철저한 노동자 혁명은 오직 한 번, 즉 1917년 러시아에서만 시도됐다. 그 혁명은 고립과 일련의 독특한 정치 상황 때문에 실패했다. [그러나] 개혁주의는 말 그대로 수십 번 시도됐고 다 실패했다.

우리는 패배와 사기 저하의 암울하고 쓰라린 시기[보수당 총리 마거릿 대처가 1984~1985년의 광원 파업을 분쇄한 직후]에 살고 있다. 그러나 우리는 완전히 패배하지 않았다. 지배계급이 얻은 성과도 그들의 체제가 건강을 회복하는 데 필요한 수준에는 턱없이 못 미친다. 우리가 직면한 것은 장기적 진지전이다.

또 심지어 패배의 와중에도 고무적 투쟁들이 분출한다. 1980년대 중반에도 덴마크의 총파업, 독일 금속 노동자들의 중대한 파업, 영국 광원들의 영웅적 투쟁, 남아공의 인종차별 정권에 맞선 강력한 저항 등이 있었다. 노동자들이 패배를 받아들이는 이유는 그것을 좋아하기 때문이 아니라 세계를 변혁할 수 있다는 자신감이 없기 때문이다. 작은 승리만으로도 그런 자신감이 회복되기 시작할 수 있고, 그래서 흐름을 바꿔 놓는 데 도움이 될 수 있다.

바로 그런 투쟁들을 통해서 혁명적 정당은 건설될 수 있다. 영국 사회주의노동자당SWP은 바로 이 임무에 헌신하고 있다.

* * *

이 책의 지은이는 [해럴드 윌슨의 영국 노동당이 집권한] 1964년 전에 정치에 입문한 사회주의자 세대에 속한다. 그들은 해럴드 윌슨이 영국 정치에 급진적 변화를 불러올 것이라고 기대하고 믿었다. [그러나] 윌슨이 임금을 동결하고, 공공 지출을 삭감하고, 이민 통제를 강화하고, 비굴하게 베트남전쟁을 지지했을 때, 많은 사람이 환멸과 배신감을 느꼈다. 그러나 의지할 데가 전혀 없었다. 공산당은 이미 쇠퇴하고 있었고, 혁명적 좌파는 너무 작아서 이렇다 할 현실적 대안이 되지 못했다. 그래서 일부는 넌더리를 내면서 정치에서 멀어졌고, 다른 사람들은 대안이 없다고 주장하면서 이를 악물고 노동당의 오른쪽으로 넘어갔다.

그 시대를 경험한 우리 같은 사람들은 프랑스의 미테랑 정부를 보면서 전에 본 영화를 다시 보는 것 같다고 느낀다. 두 경우 모두 수혜자는 인종차별적 우파, 즉 영국에서는 이녁 파월, 프랑스에서는 장마리 르펜이었다.

오늘날 영국의 많은 사람은 대처 정부와 그 정부가 옹호하는 모든 것이 끝장나기를 바란다. 그러나 만약 그들이 원하는 대로 노동당 정부가 들어선다면, 그들은 역사가 다시 되풀이되는 것을 보게 되지 않을까? 이것은 불가피해 보인다. 노동당에서 완전히 독립적이고 대안 세력 구실을 할 만큼 충분히 강력한 혁명적 조직을 건설하지 못한다면 말이다.

지금 그런 조직을 건설하겠다는 전망을 갖고 있는 것은 사회주의노동자당뿐이다. 여느 사람들과 마찬가지로 사회주의노동자당의 개인 당원들도 개혁주의의 유혹에 완전히 면역돼 있지는 않지만, 집단으로서 사회주의노동자당은 개혁주의에 저항하고 궁극적으로는 개혁주의를 대체할 기회를 제공한다. 만약 우리가 실패한다면, 기 몰레와 해럴드 윌슨, 펠리페 곤살레스와 닐 키넉 같은 자들이 훨씬 더 많아지는 암울한 미래에 직면할 것이다.

연표

1944년 8월   파리 해방
        12월   아테네 무장봉기
1945년 1월   얄타회담
         5월   독일 항복
         5월   알제리 민족주의 봉기
         7월   영국 노동당 집권
         8월   히로시마 원자폭탄 투하, 일본 항복
1947년 1월   사라가트, 이탈리아사회당 탈당
         5월   프랑스·이탈리아 공산당, 정부에서 쫓겨남
         6월   마셜플랜 발표
1948년 4월   이탈리아 총선, 공산당·사회당 연합 전선 패배
         6월   베를린봉쇄 시작
1949년 4월   나토NATO 창설
1950년 6월   한국전쟁 발발
1951년 4월   베번, 영국 노동당 정부에서 물러남
         7월   사회주의인터내셔널 (재)창립
       10월   영국 애틀리 정부 몰락
1953년 3월   스탈린 사망
1954년 5월   베트남 주둔 프랑스군의 디엔비엔푸 요새 함락
       11월   알제리 전쟁 발발
1956년 2월   흐루쇼프, 소련공산당 당대회에서 비밀 연설
       10월   헝가리 혁명
       10월   영국과 프랑스, 이집트(수에즈) 침략
1957년 3월   유럽공동시장 창설
1958년 5월   드골, 프랑스에서 권좌 복귀
1959년 11월   서독 사민당의 바트고데스베르크 당대회
1960년 10월   영국 노동당 당대회에서 일방적 핵 폐기 입장 채택
       12월   벨기에 총파업
1962년 7월   알제리 독립
       10월   쿠바 미사일 위기

1963년	11월	게오르기오스 파판드레우, 그리스 총리 취임
	12월	이탈리아 중도-좌파 정부 집권
1964년	10월	영국 노동당의 윌슨 정부 출범
1965년	2월	미국, 북베트남 폭격 시작
1966년	11월	서독 사민당, 대연정 참여
1967년	4월	그리스 군사 쿠데타
1968년	5~6월	프랑스 총파업
	8월	소련, 체코슬로바키아 침략
1969년	10월	서독 사민당 집권
1970년	1월	스웨덴 광원 파업
	8월	북아일랜드 사회민주노동당 창립
1971년	6월	프랑스 사회당 (재)창당
1972년	6월	프랑스 사회당과 공산당, 공동강령에 서명
	11월	서독과 동독, 기본 조약에 서명
1973년	9월	칠레 군사 쿠데타로 아옌데 정부 전복
1974년	3월	윌슨, 영국에서 소수파 노동당 정부 구성
	4월	포르투갈 파시즘 체제 붕괴
	7월	그리스 군사정권 몰락
1975년	4월	베트남전쟁 종결
	4월	포르투갈 최초의 [자유]선거
	7월	영국 노동당 정부, 임금 억제 정책 강행
	11월	스페인 독재자 프랑코 사망
1976년	4월	캘러핸, 영국 노동당 대표 취임
	9월	스웨덴 사민당 정권 상실
1977년	10월	스페인 몽클로아 협약 체결
1978년	3월	이탈리아 전 총리 알도 모로 피랍
1979년	5월	마거릿 대처, 영국 총리 취임
	12월	소련군 아프가니스탄 침략
1981년	5월	미테랑, 프랑스 대통령 당선
	10월	그리스 사회당 집권
	12월	폴란드에서 야루젤스키 쿠데타
1982년	9월	스웨덴 사민당 재집권
	10월	스페인 총선에서 사회당 승리
1983년	3월	서독 총선에서 사민당 패배
	6월	이탈리아 총선, 크락시 총리 취임
1984년	3월	영국 광원 파업 시작

후주

참고 문헌

나는 당대의 언론을 인용해서 설명을 뒷받침하려고 최대한 노력했다. 내가 주로 의지한 것은 〈소셜리스트 워커〉, 《소셜리스트 리뷰》, 《인터내셔널 소셜리즘》(1·2 시리즈)에 실린 보도와 분석이다. 부르주아 언론 중에서는 〈르몽드〉, 〈가디언〉, 〈이코노미스트〉가 특히 도움이 됐다. 다른 좌파 간행물 중에서는 《뉴 레프트 리뷰》, 《인터내셔널 소셜리스트 저널》, 《인터콘티넨털 프레스》, 《뤼트 우브리에르》, 《래디컬 아메리카》, 《솔리대리티》, 《뉴 소셜리스트》가 특별히 유용했다.

내가 참고한 책들은 아래 후주에 밝혀 놨다. 내가 특히 유용하다고 생각한 단행본은 유럽 사회민주주의를 다룬 글 모음집인 J Ross and others, *Profils de la Social-Démocratie Européenne* (Paris 1982)다.

1부 들어가며

1장 사회민주주의의 길고 구불구불한 길

1. R H Tawney, "The choice before the Labour Party", in W Robson, *The Political Quarterly in the 1930s* (London, no date) pp 103~104.

2. E Bernstein, *Evolutionary Socialism* (New York 1961) p xxii[국역: 《사회주의의 전제와 사민당의 과제》, 한길사, 1999].

3. C Harman, *The Lost Revolution* (London 1982) p 23[국역: 《패배한 혁명》, 풀무질, 2007]에서 인용.

4. 위의 책 참조.

5. I Birchall, *Workers Against the Monolith* (London 1974) 참조[국역: 《전후 유럽 공산당의 배신》(가제), 책갈피, 근간].

6. C Manceron and B Pingaud, *François Mitterrand* (Paris 1981) p 66에서 인용.

7. D S Bell and E Shaw (editors), *The Left in France* (Nottingham 1983) p 125에서 인용.

2장 백일몽의 신봉자들

1. L Blum, *A L'Echelle Humaine* (Paris 1971) p 173.
2. 국제노동자협회 규약.
3. G B Shaw, *The Intelligent Woman's Guide to Socialism, Capitalism, Sovietism and Fascism* (Harmondsworth 1965) pp 292~293.
4. 1937년 노동당 당대회에서 한 말. S Bornstein and A Richardson, *Two Steps Back* (Ilford 1982) p 31에서 인용.
5. A Schonfield, *Modern Capitalism* (London 1965) pp 95~96.
6. W Brandt, B Kreisky, O Palme, *La Social-Démocratie et l'Avenir* (Paris 1976) p 125.
7. T Cliff, *The Crisis* (London 1975) p 190에서 인용.
8. C A R Crosland, *The Future of Socialism* (London 1956) p 113.
9. Crosland, p 146.
10. *New Socialist*, January-February 1984.
11. D Coates, *The Labour Party and the Struggle for Socialism* (Cambridge 1975) pp 157~158.
12. S Holland, "New Strategy for Europe", *New Socialist*, November-December 1982 참조.
13. A Donneur, *L'Internationale Socialiste* (Paris 1983) pp 96~99.
14. *Statement Made on the 9th January 1957 by M Guy Mollet*, French Embassy Press Service (London) pp 8~9.

2부 1944~1953년: 세계대전에서 냉전으로

3장 반反파시즘 전쟁?

1. W S Churchill, *The Grand Alliance* (Boston 1951) p 443.
2. B N Pandey, *The Break-up of British India* (London 1969) p 161.
3. G Kolko, *The Politics of War* (London 1969) p 361.
4. I Deutscher, *Stalin* (Harmondsworth 1966) p 435.
5. W S Churchill, *Closing the Ring* (Boston 1951) p 51.
6. 28 November 1939.
7. A Pozzolini, *Che cosa ha veramente detto Togliatti* (Rome 1970) p 51에서 인용.
8. M-A Burner, *Histoire du Socialisme 1830-1981* (Paris 1981) p 70에 나오는 개인적 대화에서 인용.

9. J Moch, *Confrontations* (Paris 1952) p 224.

10. T D Burridge, *British Labour and Hitler's War* (1976) pp 23, 60~61, 107.

11. W S Churchill, *Their Finest Hour* (Boston 1949) pp 111~112.

12. A Bullock, *The Life and Times of Ernest Bevin*, volume 2 (London 1967) p 271.

13. R Croucher, *Engineers at War* (London 1982) pp 239~242.

14. Croucher, pp 149~174.

15. E P Thompson, *Writing by Candlelight* (London 1980) p 82.

4장 역사의 갈림길

1. D N Pritt, *The Labour Government 1945-51* (London 1963) p 25에서 인용.

2. 조지프 C 그루(Joseph C Grew)가 헨리 스팀슨(Henry Stimson)에게 보낸 편지에서 한 말. Kolko, p 517에서 인용.

3. Kolko, pp 507~508.

4. M A Waters, *GIs and the Fight Against War* (New York 1967) pp 8~10.

5. W S Churchill, *Triumph and Tragedy* (Boston 1953) p 227.

6. C Thorne, *Allies of a Kind* (London 1978) p 553.

7. Kolko, p 540.

8. J Minnion and P Bolsover, *The CND Story* (London 1983) p 11.

9. *L'Unità*, 10 August 1945.

10. *Daily Herald*, 9 August 1945.

11. Y Craipeau, *La Libération Confisquée* (Paris 1978) pp 105~107.

12. J Fauvet, *La Quatrième République* (Paris 1959) p 31.

13. A Philip, *Les Socialistes* (Paris 1967) pp 122~123.

14. *Economist*, 24 November 1945.

15. Kolko, p 54.

16. *Evening News* (London), 3 November 1944.

17. Churchill, *Triumph and Tragedy*, p 109.

18. C Tsoucalas, *The Greek Tragedy* (Harmondsworth 1969) p 74.

19. 1943년 3월 노동당 전국집행위원회가 작성한 정책 보고서 *The Colonies: The Labour Party's Post-War Policy*.

20. House of Commons, 21 February 1946.

5장 국유화: 새로운 기업주를 영접하라

1. House of Commons, 17 February 1943.

2. 1944년 노동당 전국집행위원회가 당대회에 제출한 보고서 *The Labour Party: Coal and Power* 에서 인용.

3. H Macmillan, *The Middle Way* (London 1966, first published 1938) 특히 pp 186, 230, 356~357.

4. *Daily Herald*, 10 August 1945.

5. Ernest Davies, *Problems of Public Ownership*, Labour Party pamphlet (1952).

6. H Fagan, *Nationalisation* (London 1960) p 46에서 인용.

7. *Economist*, 13 August 1949.

8. *The Times*, 28 October 1946.

9. *Manchester Guardian*, 19 February 1943.

10. D Wedderburn, "Facs and Theories of the Welfare State", in R Miliband and J Saville (editors), *The Socialist Register 1965* (London 1965) p 134.

11. *Lords Debates Volume 182*. J Kincaid, "The Decline of the Welfare State", in N Harris and J Palmer (editors), *World Crisis* (London 1971) p 48에서 인용.

12. M Foot, *Aneurin Bevan*, volume 2 (London 1973) p 140.

13. 자세한 설명은 G Ellen, "Labour and Strikebreaking 1945-51", in *International Socialism* 2:24 (Summer 1984) 참조.

14. *News Chronicle*, 20 April 1959. Foot, p 349에서 인용.

15. *Le Monde*, 29 September 1985.

16. J Moch, *Confrontations* (Paris 1952) pp 230~231.

17. D Guérin, *Quand l'Algérie s'insurgeait* (Claix 1979) pp 24~25.

18. C Harman, *Bureaucracy and Revolution in Eastern Europe* (London 1974) p 80.

19. G Minnerup, "West Germany since the War", in *New Left Review* 99에서 인용.

20. W Kendall, *The Labour Movement in Europe* (London 1975) p 114에서 인용.

21. E Hartrich, *The Fourth and Richest Reich* (London 1980) p 21에서 인용.

6장 냉전의 전사들

1. Moch, p 208.

2. A Werth, *De Gaulle* (Harmondsworth 1965) pp 203~204에서 인용.

3. A Werth. D Ligou, *Histoire du Socialisme en France (1871-1961)* (Paris 1962) p 566에서 인용.

4. *Economist*, 18 June 1949.

5. *For A Lasting Peace, For A People's Democracy*, 21 April 1950, 28 December 1951, 13 March 1953 and 17 July 1953.

6. M Duverger, *Political Parties* (London 1959) p 350. *Le Monde*, 20 October 1950을 인용.

7. *Avanti*, 30 May 1947.

8. *Economist*, 27 March 1948.

9. N Kogan, *A Political History of Postwar Italy* (London 1966) pp 51~52.

10. *Avanti*, 19 April 1948.

11. *Avanti*, 11 April 1948.

12. *Avanti*, 13 April 1948.

13. *Avanti*, 8 April 1948.

14. Pritt, p 186에서 인용.

15. 10 August 1947.

16. Pritt, pp 243~244.

17. Ernest Bevin, *Foreign Affairs*, Labour Party pamphlet: Bevin's speech to Labour Party Conference June 1946.

18. K Harris, *Attlee* (London 1982) pp 287~288.

19. Viscount Montgomery, *Memoirs*. R Miliband, *Parliamentary Socialism* (London 1972) p 297에서 인용.

20. Foot, p 230에서 인용.

21. *Tribune*, 28 July 1950.

22. House of Commons, 15 March 1948.

23. *Arbeiter-Zeitung*, 3 September 1950.

24. *Economist*, 27 March 1948.

25. Donneur, p 59.

3부 1953~1963년: 우경화

7장 전후 호황과 스탈린 격하

1. D Mothé, *Militant chez Renault* (Paris 1965) pp 28~29.

2. Speech by M A Suslov, *Soviet News booklet* No 9 (1956) p 8.

3. 1957년 1월 20일 연설.

4. *Nuovi Argomenti*, June 1956.

5. Ross and others, *Profils de la Social-Démocratie Européenne* (Paris 1982) p 377에서 인용.

6. "The Kruschev Speech, the PCF and the PCI", in R Miliband and J Saville (editors), *The Socialist Register 1976* (London 1976) pp 59~60.

8장 강령을 바꿔라

1. G Minnerup, *New Left Review* 99.
2. *Economist*, 21 November 1959.
3. *Frankfurter Allgemeine Zeitung*, 14 November 1959.
4. H Brakemeier, "SPD: The Spirit of Routine", *International Socialist Journal* 19 (1967)에서 인용.
5. *Frankfurter Allgemeine Zeitung*, 16 November 1959.
6. 바트고데스베르크 강령의 내용은 모두 S Muller (editor), *Documents on European Government* (New York 1963) pp 148~164에서 인용했다.
7. *Economist*, 13 February 1954.
8. Crosland, pp 26, 65~66.
9. *Guardian*, 6 October 1960.
10. *Guardian*, 12 October 1960.
11. M Foot, p 574.
12. *International Socialism* 3의 편집자 머리말.
13. *Guardian*, 28 September 1960.
14. T Southall and J Atkinson, *CND 1958-65: Lessons of the First Wave* (York, no date 1981) p 35에서 인용.
15. *Arbeiter-Zeitung*, 15 May 1958.

9장 제국을 지켜라

1. *Le Monde*, 2 July 1957.
2. Fauvet, pp 321~322.
3. House of Commons, 2 August 1956.
4. *Tribune*, 3 August 1956.
5. *Tribune*, 3 August 1956.
6. Miliband, p 338.
7. *Tribune*, 9 November 1956.
8. *Tribune*, 2 November 1956.
9. S Simon, *La Grève Générale Beige* (Vincennes 1961) p 27.
10. Simon, p 55.
11. Simon, p 21.
12. J Lacouture, *Pierre Mendès-France* (Paris 1981) p 347에서 인용.
13. *L'Express*, 5 September 1953.

14. D Mothé, *Journal d'un Ouvrier* (Paris 1959) p 108.

15. P Fougeyrollas, *La Conscience Politique dans la France Contemporaine* (Paris 1963) pp 43, 78.

16. M Bridier, "Colonial Revolution and the French Left", *International Socialist Journal* 26-27 (1968)에서 인용.

17. *Le Monde*, 5-6 October 1975.

18. F-O Giesbrecht, *François Mitterrand ou la Tentation de l'Histoire* (Paris 1977) pp 165~166.

19. F Mitterrand, *Présence Française et Abandon* (Paris 1957) p 174.

20. Mitterrand, p 93.

21. *L'Express*, 5 June 1958에 실린 D 모테(Mothé)의 기사와 비교해 보라.

22. M and S Bromberger, *Les 13 Complots du 13 Mai* (Paris 1959) p 366.

4부 1963~1973년: 새로운 시작

10장 집권당이 되고 싶다

1. *Foreign Affairs*, January 1962.

2. *La Stampa*, 7 December 1963.

3. J Earle, *Italy in the 1970s* (London 1975) pp 53, 72.

4. P Foot, *The Politics of Harold Wilson* (Harmondsworth 1968) p 15.

5. *Labour's Plan for Science*, speech to Labour Party Conference, 1 October 1963.

6. *Economist*, 10 October 1964.

7. P Anderson, "Critique of Wilsonism", *New Left Review* 27.

8. H Wilson, *The Labour Government 1964-1970* (London 1971) p 31.

9. Wilson, p 34.

10. Wilson, p 37.

11. T Cliff, "The Balance of Class Forces in Recent Years", *International Socialism* 2:6 (Autumn 1979)에서 인용.

12. House of Commons, 20 June 1966.

13. *Listener*, 15 December 1966.

14. Wilson, pp 641~642.

15. J Kincaid, *Poverty and Equality in Britain* (Harmondsworth 1973) pp 73~74.

16. *Guardian*, 30 September 1965.

17. *Guardian*, 8 May 1968.

18. V Mosler, "Prices, Wages and Trade Unions", *International Socialist Journal* 20 (1967)에서 인용.

19. *Der Spiegel*, 5 December 1966.

20. *Der Spiegel*, 5 December 1966.

21. *Frankfurter Allgemeine Zeitung*, 29 and 30 November 1966.

22. *Der Spiegel*, 15 September 1969.

23. *Le Monde*, 29 December 1961.

24. S Rousseas, *The Death of a Democracy* (New York 1967) pp 22~23.

25. *Le Monde*, 11 September 1965.

11장 1968년의 폭풍우

1. *Economist*, 25 May 1968.

2. A Hoyles, *Imagination in Power* (Nottingham 1973) p 41.

3. *L'Humanité*, 3 May 1968.

4. F Mitterrand, *Ma Part de Vérité* (Paris 1969) p 97.

5. C Estier, *Journal d'un Fédéré* (Paris 1970) p234.

6. P Mendès-France, *Choisir* (Paris 1974) pp 138~139.

7. J Lacouture, *Pierre Mendès-France* (Paris 1981) p 474.

8. House of Commons, 29 January 1969.

9. 1968년 5월 25일 연설.

10. T Cliff, *The Crisis* (London 1975) p 119에서 인용.

11. *Economist*, 9 February 1974.

12. *Labour Weekly*, 5 October 1973. *Guardian*, 2 October 1973.

5부 1973~1985년: 다시 닥친 경제 위기

12장 개혁을 되돌리고 저항을 억누르기

1. *Financial Times*, 12 September 1972.

2. M Gonzalez, "The Left and the Coup in Chile", *International Socialism* 2:22 (Winter 1984) 참조.

3. *The Times*, 13 September 1973.

4. *Marxism Today*, July 1976.

5. Giesbert, p 313에서 인용.

6. F Mitterrand, *La Paille et le Grain* (Paris 1975) p 201.

13장 유러코뮤니즘이 사회민주주의를 도와주다

1. P Filo della Torre, E Mortimer and J Story (editors), *Eurocommunism: Myth or Reality?* (Harmondsworth 1979) p 122.

2. *Le Monde*, 5 May 1976.

3. *Times Higher Education Supplement*, 25 November 1977에서 인용.

4. S Carrillo, *'Eurocommunism' and the State* (London 1977) p 13[국역: 《맑스주의와 유로코뮤니즘》, 중원문화, 2012].

5. E Berlinguer, *After Poland* (Nottingham 1982) p 7에 실린 E 헤퍼의 머리말 참조.

6. *Panorama*, 5 July 1973.

7. *Intercontinental Press*, 4 December 1978에서 인용.

8. *Proposta di Progetto a Medio Termine* (Rome 1977) p 47.

9. Filo della Torre, Mortimer and Story, p 88에서 인용.

10. Berlinguer, *After Poland*, pp 22, 40~41.

11. *Intercontinental Press*, 8 May 1978.

12. *Economist*, 3 November 1979.

13. Filo della Torre, Mortimer and Story, p 164에서 인용.

14. *Economist*, 10 December 1983.

15. *Programme pour un Gouvernement Démocratique d'Union Populaire* (Paris 1971) p 234.

16. *Guardian*, 17 January 1977.

17. *Le Monde*, 12 March 1981.

18. *Le Monde*, 4 August 1979.

19. *Le Monde*, 25 October 1978.

20. *Le Monde*, 27 December 1980.

21. P Robrieux, *Histoire Intérieure du Parti Communiste*, volume 3 (Paris 1982) p 510.

14장 혁명을 막아라

1. *Socialist Worker*, 26 July 1975.

2. *Intercontinental Press*, 17 November 1975.

3. Sunday Times Insight Team, *Insight on Portugal* (London 1975) p 234.

4. J P Faye, *Portugal: The Revolution in the Labyrinth* (Nottingham 1976) p 51.

5. *Tribune*, 17 August 1984.

6. Faye, p 190.

7. *Tribune*, 9 December 1977.
8. *Economist*, 10 September 1983.
9. "The Spanish Workers' Commissions", *International Socialism* 33 참조.
10. *Economist*, 3 November 1979.
11. *Le Monde*, 7 May 1975.
12. *Economist*, 3 November 1979.
13. *Le Monde*, 7 May 1975.
14. *Le Monde*, 27 October 1977.
15. *Cambio 16*, 17 October 1977.
16. *Cambio 16*, 17 October 1977.
17. *Le Monde*, 22 May 1979.
18. *New Socialist* No 3, January-February 1982.
19. *Economist*, 7 January 1984.
20. *Cambio 16*, 25 June 1984.
21. *Lutte Ouvrière*, 31 December 1983.
22. *Le Monde*, 19 November 1983.
23. *Economist*, 4 February 1984.
24. *Lutte de Classe*, November 1982에서 인용.
25. *Economist*, 7 January 1984.
26. A Papandreou, *Democracy at Gunpoint* (Harmondsworth 1973) p 45.
27. Rousseas, *The Death of a Democracy*, pp 102~103.
28. *Guardian*, 6 October 1975.
29. C M Woodhouse, *Karamanlis* (Oxford 1982) p 253.
30. Interview with André Deliyannis, *Europe*, October 1983.
31. *Economist*, 28 May 1983.
32. *Guardian*, 30 August 1982.

15장 자본주의를 구하라

1. *Socialist Worker*, 26 October 1974.
2. *Economist*, 19 July 1975.
3. *Daily Express*, 3 July 1975.
4. *Economist*, 11 January 1975.
5. *Economist*, 5 July 1975.
6. *Socialist Worker*, 6 September 1975.
7. T Cliff, "The Balance of Class Forces in Britain Today", *International*

Socialism 2:6 (Autumn 1979)에서 수집·분석한 수치들.

8. *Tribune*, 28 September 1979.

9. 1984년 10월 2일 노동당 당대회에서 한 발언.

10. *Guardian*, 9 June 1980.

11. R Samuel, "The SDP's escape from the Christian heritage of socialism", *Guardian*, 29 March 1982 참조.

12. Samuel, 같은 글에서 인용.

13. "Labour's Love Lost", *Economist*, 14 November 1981 참조.

14. *Economist*, 14 November 1981.

15. *Irish Times*, 20 August 1970.

16. E McCann, *War and an Irish Town* (Harmondsworth 1974) p 249.

17. *Irish Times*, 22 August 1970 and 24 August 1970.

18. *Irish Times*, 21 August 1970.

19. *Irish Times*, 21 August 1970.

20. *Socialist Worker*, 16 September 1972에 실린 E 매캔의 글 참조.

21. *Le Monde*, 30 June 1972.

22. *L'Humanité*, 30 June 1972.

23. P Robrieux, volume 3, p 23.

24. Giesbert, p 278.

25. *Le Monde*, 30 June 1972.

26. *Sunday Times*, 17 May 1981.

27. *Le Canard Enchaîné*, 20 May 1981.

28. *Socialist Review*, October 1981.

29. *Economist*, 23 January 1982.

30. *Economist*, 19 June 1982.

31. *Stern*, 8 July 1981.

32. *Guardian*, 23 March 1984.

33. *Le Monde*, 7 May 1981.

34. *Lutte Ouvrière*, 12 March 1983.

35. *Le Monde*, 4–5 September 1977.

36. *Le Monde*, 4–5 September 1977.

37. *Socialist Review*, May 1984. *Economist*, 7 April 1984 참조.

38. *Economist*, 24 March 1984.

39. *Economist*, 12 October 1985.

16장 스웨덴 복지국가의 성공 신화

1. J Pontusson, "Behind and beyond Social Democracy in Sweden", *New Left Review* 143.

2. *Guardian*, 21 September 1982.

3. J Ross and others, *Profils de la Social-Démocratie Européenne* (Paris 1982) p 137에서 인용.

4. *Le Monde*, 15~16 September 1985.

5. *Guardian*, 15 September 1982.

6. G Therborn, "Power in the Kingdom of Sweden", *International Socialist Journal* 7 (1965).

7. H Scott, *Sweden's 'Right to be Human'* (London 1982) pp 18~19.

8. Therborn, *ISJ* 7.

9. Scott, pp 3, 31, 40, 126.

10. *Guardian*, 13 September 1983.

11. Pontusson, *NLR* 143.

12. *Intercontinental Press*, 13 December 1982.

13. *Intercontinental Press*, 13 December 1982에서 인용.

14. *Le Monde*, 12 November 1982.

15. Ross and others, p 101.

16. *Intercontinental Press*, 15 November 1971.

17. *Intercontinental Press*, 10 January 1972.

18. Ross and others, pp 102, 122.

19. *Intercontinental Press*, 10 January 1972.

20. *Le Monde*, 18 April 1979.

21. *Le Monde*, 14~15 November 1982.

22. *Le Monde*, 14~15 November 1982.

23. E Hartrich, *The Fourth and Richest Reich* (London 1980) p 242.

24. *Guardian*, 17 November 1980.

25. *New York Times*, 29 September 1976.

26. *Guardian*, 27 January 1976 and letter from Stuart Holland, *Guardian*, 22 September 1984.

27. *Economist*, 11 February 1978.

28. G Minnerup, "West Germany since the War", *New Left Review* 99에서 인용.

29. *Economist*, 18 February 1978.

17장 성공은 실패의 어머니?

1. R Blackburn, "The Unequal Society", in R Blackburn and A Cockburn (editors), *The Incompatibles* (Harmondsworth 1967) pp 48~49에서 인용.

2. *Labour Weekly*, 26 February 1982 and 12 April 1985 참조.

3. Philip, pp 174, 178.

4. Ross and others, p 357.

5. Ross and others, pp 254~255.

6. D Bell and E Shaw, *The Left in France* (Nottingham 1983) p 72.

7. Ross and others, p 273.

8. L Basso, "The Italian Left", in R Miliband and J Saville (editors), *The Socialist Register 1966* (London 1966) p 34.

9. Ross and others, p 424.

10. Ross and others, p 89.

11. Ross and others, p 265.

12. B Hindess, *The Decline of Working-Class Politics* (London 1971) p 9.

13. *Guardian*, 28 February 1983.

14. Ross and others, p 278.

15. T Benn, *Arguments for Democracy* (Harmondsworth 1982) p 13.

16. B Särlvik and I Crewe, *Decade of Dealignment* (Cambridge 1983) p 87.

17. *Economist*, 12 May 1979.

18. *Guardian*, 13 June 1983.

19. Bell and Shaw, p 39.

20. Ross and others, p 144.

21. *Guardian*, 18 October 1985.

22. Särlvik and Crewe, p 61.

23. *Labour Weekly*, 5 March 1982.

24. D Ligou, *Histoire du Socialisme en France (1871-1961)* (Paris 1962) p 594.

25. *Guardian*, 10 June 1985 and *Le Monde*, 13-14 May 1984.

26. *Socialist Review*, July 1981.

27. *Guardian*, 19 February 1983.

28. *Guardian*, 4 August 1975 and 10 October 1983. *Economist*, 23 February 1985.

29. Ross and others, p 360.

30. Ross and others, p 394.

31. A Klein, *Co-determination and the Law Governing Works Councils*

(Meisenheim, no date) pp 24, 29.

6부 좌파를 끌어들이기

18장 당내 좌우파 투쟁

1. D Coates, *The Labour Party and the Struggle for Socialism* (Cambridge 1975) p 166에서 인용.
2. W Hülsberg, "The Greens at the Crossroads", *New Left Review* 152.
3. J-P Chevènement, *Le Vieux, La Crise, Le Neuf* (Paris 1974) p 57.
4. *Tribune*, 4 November 1983.
5. Chevènement, p 50.
6. T Pfister, *Les Socialistes* (Paris 1977) p 25.
7. *Tribune*, 6 November 1981.
8. *Guardian*, 1 June 1982.
9. *Le Monde*, 11 May 1983.
10. *Le Monde*, 24 February 1984.
11. *Le Monde*, 19 April 1986.
12. 1951년 노동당 당대회에서 한 발언.
13. M Foot, *Aneurin Bevan*, volume 1 (London 1962) pp 237~238.
14. L Hunter, *The Road to Brighton Pier*. C Harman, "Tribune of the People II", *International Socialism* 24에서 인용.
15. M Foot, *Aneurin Bevan*, volume 2 (London 1973) p 373에서 인용.
16. Foot, volume 2, p 477.
17. J Lee, *My Life with Nye* (Harmondsworth 1981) p 280.
18. Foot, volume 2, p 474; *Labour Weekly*, 5 March 1982.
19. M Jacques and F Mulhern (editors), *The Forward March of Labour Halted?* (London 1981) p 98에 실린 E 홉스봄과의 인터뷰.
20. *Labour Weekly*, 22 March 1985.
21. Jacques and Mulhern, p 89.
22. *Guardian*, 16 December 1985.

19장 신사회운동과 사회민주주의

1. *Guardian*, 5 August 1985.
2. *International Socialist Journal* 1, 1964에서 인용.
3. Patrick Jarreau, in *Le Monde*, 26 March 1983.

4. *Le Monde*, 12 April 1986.

5. L Basso, "A New Socialist Party", *International Socialist Journal* 2 (1964).

6. Basso, *ISJ* 2.

7. L Basso, "The Centre-Left in Italy", *New Left Review* 17.

8. *Guardian*, 27 September 1982.

9. *Le Monde*, 7 August 1981.

10. *Le Monde*, 2 May 1986.

11. *Guardian*, 6 November 1982.

12. *Socialist Review*, November 1981.

13. *Socialist Worker*, 21 September 1968에 실린 인터뷰.

14. *Le Monde*, 9 May 1981.

15. *Le Monde*, 12 March 1983.

20장 좌파 지식인과 사회민주주의

1. I Birchall, *Workers Against the Monolith* (London 1974) pp 233~230.

2. *The Labour Party and the CIA*, Radical Research Services (London, no date).

3. D Miller (editor), *A Pocket Popper* (London 1983) p 317.

4. B Magee, *Popper* (London 1982) p 84.

5. M Weyembergh, "A Camus et K Popper", *La Revue des Lettres Modernes*, September 1979.

6. *L'Express*, 30 December 1955.

7. P Anderson, *Arguments within English Marxism* (London 1980) p 53.

8. P Anderson, "Critique of Wilsonism", *New Left Review* 27.

9. A Callinicos, *Is There a Future for Marxism?* (London 1982) p 78[국역: 《마르크시즘의 미래는 있는가》, 열음사, 1992].

10. J Rancière, *La Leçon d'Althusser* (Paris 1974) p 137.

11. *Le Nouvel Observateur*, 9 May 1977. Callinicos, p 108에서 인용.

12. M Foucault, *The History of Sexuality* (Harmondsworth 1981) pp 84~85.

13. A Gorz, *Socialism and Revolution* (London 1975) p 135.

14. English translation, London 1982.

15. Gorz, *Farewell to the Working Class*, pp 84, 131, 137[국역: 《프롤레타리아여 안녕》, 생각의나무, 2011].

16. *Labour Weekly*, 8 October 1982.

17. "The State of the Left in Western Europe", *Marxism Today*, October 1982.

18. *Marxism Today*, April 1985.

21장 극좌파와 사회민주주의

1. 공산주의인터내셔널 2차 대회에서 한 발언. V I Lenin, *British Labour and British Imperialism* (London 1969) p 269에서 인용.

2. *Education for Socialists: The Development and Disintegration of World Stalinism* (New York 1970) p 27.

3. 1968년 5월 9일 자 리플릿. *Partisans* 42, May-June 1968에서 인용.

4. "Death or Glory", *London Calling* (CBS 1979).

5. *Intercontinental Press*, 26 April 1976.

6. *Intercontinental Press*, 26 April 1976.

7. *Intercontinental Press*, 24 May 1976.

8. *International Socialism* 91에서 인용.

9. 1981년 4월에 배포된 OCI 리플릿 *Pour Battre Giscard*.

10. *Rouge*, 3 October 1980, 17 October 1980, 6 February 1981 and 10 April 1981.

11. *Rouge*, 26 June 1981.

12. *Rouge*, 8 March 1985.

13. *Socialist Review*, March 1984에서 인용.

14. P Taaffe, "Marxism and the State", *Militant International Review*, June 1982.

22장 사회민주주의의 대안?

1. R H S Crossman, introduction to Bagehot, *The English Constitution*. T Nairn, "The nature of the Labour Party", *New Left Review* 27에서 인용.

2. L Trotsky, *Writings 1939-1940* (New York 1973) p 43.

3. K Marx, *Revolution and Counter-Revolution* (London 1952) pp 2~3.

찾아보기